Stephan Harbort

»Ich musste sie kaputtmachen«

»Ich musste sie

Stephan Harbort

»Ich wollte nur noch kaputtmachen«

Anatomie eines Jahrhundert-Mörders

Droste Verlag

Bibliografische Informationen Der Deutschen Bibliothek
Die Deutsche Bibliothek verzeichnet diese Publikation in der Deutschen Nationalbibliografie; detaillierte bibliografische Daten sind im Internet über http://dnb.ddb.de abrufbar.

Umschlaggestaltung: Petra Schneider unter Verwendung eines Fotos vom Keystone Pressedienst
Gesamtgestaltung/Satz: Droste Verlag
Druck und Bindung: Clausen & Bosse, Leck
ISBN 3-7700-1174-0

www.drosteverlag.de

Vorwort

Über Jahrtausende hinweg haben die Menschen sich erbittert und erbarmungslos bekämpft und bekriegt – um sich selbst zu befreien und den anderen unfrei zu machen. Und sie werden nicht müde, lassen nicht nach, verzweifelt wird um jeden Zentimeter Freiheit gerungen; auch wenn es den eigenen Tod bedeutet. Der Freiheitsdrang beseelt die Menschen, er treibt sie an und um. Nichts auf dieser Welt hat mehr Menschenleben gekostet als der unversöhnlich geführte Kampf um die Freiheit.

Es ist ein nicht enden wollendes Gemetzel, denn das Böse, Schlechte, Unvollkommene, Missratene gehört auch zum Drama der menschlichen Freiheit. Die Marter, das Maßlose und das Mörderische sind der Preis, der Blutzoll, den wir für unsere Freiheit zu entrichten haben. Wir fürchten uns besonders vor Menschen, die das Unmenschliche nicht scheuen, sondern danach trachten, sich daran ergötzen und dafür töten. Ihre Opfer sind vogelfrei. Die Täter leben jenseits der sozialen Ordnung, aber mitten unter uns. Die gewaltsame Unterjochung des Opfers, seine Vernichtung, wird als triumphaler Befreiungsakt gefeiert. Das Lebensmotto der »Monster« und »Bestien«, die wir gerne verbal als solche etikettieren und sozial exekutieren, mit denen wir aber sonst nichts zu schaffen haben wollen, schockiert: Ich morde, also bin ich.

Um existieren zu können, wollen und müssen sie es immer wieder tun – ohne Rücksicht auf Verluste. Die Gründe sind die Abgründe, die sich im Menschen auftun. Sie können unterschiedlicher Natur sein, einen individuellen Verlauf nehmen, doch am Ende steht immer das Drama. Der Mensch ist das »nicht festgestellte Tier«, hat Nietzsche einmal behauptet. Und die Freiheit der Wölfe bedeutet den Tod der Lämmer. Nicht selten kommen sie im Schafspelz daher: unscheinbar und unberechenbar.

Gemeinhin werden Menschen, die mit heiß-kaltem Herzen töten und nicht davon loskommen wollen oder können, als »Serienmörder« oder »Serienkiller« bezeichnet. Was genau sich hinter diesen Begriffen verbirgt, ist umstritten. Der Fall, von dem das vorliegende Buch handelt, gehört in diese Kategorie und sprengt alle Maßstäbe – damals wie heute. Die schockierenden Gräueltaten übersteigen den Verstand, das Gefühl und die Sprache.

Auch in diesem Fall wird das Böse, das Entsetzliche nicht vollends erhellt und erklärt werden können. Manchmal müssen wir uns mit Beschreibungen begnügen, obwohl wir nach Aufklärung verlangen. Hier stoßen wir an unsere Grenzen. Aber diese Geschichte, dieses Buch soll Perspektiven und Denkanstöße liefern, die etwas weiter sehen lassen. Solche »Ungeheuer«, die ungeheuerliche Taten verüben, gehören ohne Zweifel auf die Anklagebank und eingesperrt – so lange, bis ihre Schuld gesühnt ist und von ihnen keine Gefahr mehr ausgeht.

Aber es hilft nicht wirklich weiter, diese verlorenen Seelen nur unter Paragraphen zu begraben und hinter hohen Gefängnismauern verschwinden zu lassen. Wird der eine hinter Gitter gebracht, beginnt ein anderer sein todbringendes Handwerk. Das schauderhafte Grauen beginnt von vorn. Immer wieder. Wenn wir unsere kollektive moralische, soziale und erzieherische Verantwortung weiterhin verharmlosen oder leugnen, den Tätern die alleinige Schuld zuweisen und sie lediglich auf den gesellschaftlichen Müllhalden entsorgen, droht tödliche Gefahr. Denn: Die angehenden Mörder können sich nicht selbst heilen oder reparieren, ihnen muss geholfen werden, und das rechtzeitig. Und dazu sind wir aufgerufen und verpflichtet, jeder von uns! Solange wir glauben, »Triebtäter« seien rational denkende und pragmatisch entscheidende Verbrecher, die anders handeln könnten, wenn sie denn nur wollten, flüchten wir uns in die falsche Richtung.

Das vorliegende Kriminal- und Justizdrama darf zu Recht als »Jahrhundert-Fall« gelten und führt uns an die Grenzen des Erträglichen – und bisweilen darüber hinaus. Die unsäglichen Verbrechen eines höchst unscheinbaren Mannes, dessen kümmerliche Existenz in sämtlichen Lebensabschnitten kaum wahrnehmbar wurde, sind ein mahnendes Beispiel dafür, wie weit ein Mensch sich von seinesgleichen entfernen kann, wozu er fähig ist, wenn man sich nicht um ihn kümmert. Und es zeigt, wie und wie weit sich seelische Deformationen und sexuelle Perversionen entwickeln können – wenn sie wie Krebsgeschwüre unerkannt und unbehandelt wuchern dürfen. Insofern ist diese Tragödie tatsächlich einzigartig. Deshalb musste sie dokumentiert werden. Deshalb müssen wir sie zur Kenntnis nehmen.

Stephan Harbort
Düsseldorf, im Oktober 2003

Für meine Verlobte Ilona Gantzek.
Deine Liebe ist die größte Anerkennung.

»Aber sobald das Sexualverbrechen den Gegenstand der Wollust vernichtet, vernichtet es die Wollust, die gerade nur im Augenblick der Vernichtung besteht. Darauf muß man sich ein neues Objekt unterwerfen und es abermals töten, ein weiteres und nach ihm die Unendlichkeit aller möglichen Objekte.«

Albert Camus, *Ein Schriftsteller*

»Alles ist gut, wenn es maßlos ist.«

Marquis de Sade, *Die Philosophie im Boudoir*

Die geschilderten Ereignisse sind authentisch. Als Quellen für die Rekonstruktion und Dokumentation dienten die 781 Seiten starke Urteilsschrift des Landgerichts Duisburg (Aktenzeichen 14 Js 529/76), polizeiliche Vernehmungsprotokolle, Tatortbefundberichte, Obduktionsprotokolle, forensische Gutachten, glaubwürdige Presseberichte und persönlich geführte Interviews. Ich habe alle Ereignisorte aufgesucht, um mir vor Ort ein Bild zu machen. Die in wörtlicher Rede oder als Dialog wiedergegebenen Sequenzen wurden den genannten Quellen entnommen oder sinngemäß dargestellt. Die beschriebenen inneren Vorgänge der handelnden Personen fußen auf entsprechenden Selbstaussagen. In seltenen Fällen habe ich mir literarische Freiheiten gestattet – ohne dabei den Wahrheitsgehalt im Kern zu verfälschen. Die Namen einiger Personen sind zum Schutz ihrer Persönlichkeitsrechte geändert worden.

1

Er hatte die mit braunem Eichenlaub gemusterte Gardine zugezogen und das Licht ausgeschaltet. Es sollte ihm vom Haus gegenüber niemand dabei zusehen können. Vor langer Zeit schon hatte er einmal vom Dachboden des Nachbarhauses aus zu seinem Küchenfenster herübergeschaut und festgestellt, dass so nichts zu erkennen war. Er setzte sich an das schmale Ende des hellbraunen Holztischs, sodass er den Herd und den Spülstein aus etwa zweieinhalb Metern Entfernung anstarren konnte. Vor ihm auf dem Tisch lag ein Brotmesser mit Wellenschliff, Klingenlänge 18 Zentimeter.

Seine gelblichen langen Finger betasteten den schwarzen Knauf des Messers. Behutsam. Zögerlich. Langsam ließ er den Daumen der rechten Hand an der Klinge entlanggleiten. Er musste vorsichtig sein, das Messer hatte er kurz vorher nochmals geschärft. Dabei fixierte er den vierflammigen Elektroherd, auf dem ein blauer und ein weißer Kochtopf standen; der blaue mit Deckel, der andere ohne. Er hatte es genauso arrangiert, das war ihm wichtig. Die etwa anderthalb Meter große Puppe, die er mühsam aufgeblasen hatte, gehörte auch dazu. Den dunkelbraunen Rock und die rot-weiß gepunktete Bluse hatte er ihr übergestreift und sie rücklings quer über den Spülstein gelegt.

Dann stand er auf, ging ein paar Schritte und überzeugte sich nochmals davon, dass der Vorhang nicht die kleinste Möglichkeit bot, ihn und alles andere zu erspähen. Er fürchtete sich vor den neugierigen Blicken seiner Nachbarn, die ihn sowieso nicht verstehen würden. Schließlich drehte er sich beruhigt um und ließ seine rechte Hand über die Bluse der Puppe gleiten. Das Spektakel konnte beginnen.

Der raue Stoff fühlte sich unendlich geschmeidig an. Seine dünnen Finger wanderten bis zum Hals der Puppe, den er mit der Hand fest umschloss. Er starrte die Puppe unentwegt an, so, als wenn er ihr etwas sagen wollte. Er kniff die Augen zusammen, sein Kiefer begann zu arbeiten, die Lippen zitterten. Doch er blieb stumm. Dann beugte er sich über den Herd. Er schob den Deckel des blauen Kochtopfs vorsichtig ein kleines Stück beiseite und lugte hinein. Die tief liegenden dunklen Augen fixierten das Objekt seiner Begierde. Minutenlang verharrte er so und glotzte. Es inspirierte, es stimulierte ihn.

Irgendwann hatte er sich satt gesehen. Er schob den Deckel wieder in seine ursprüngliche Stellung. Es musste alles seine Ordnung haben, er durfte sich keinen Fehler erlauben. Nun nahm er vier kleine Kartoffeln und fünf mittelgroße Möhren aus einer Glasschale, die links neben ihm auf der Waschmaschine stand, und legte alles in den weißen Topf. Während seine linke Hand jetzt über die Bluse und den Rock der Puppe streichelte, berührte er mit der rechten den Griff des blauen Topfs. Am liebsten hätte er wieder hineingesehen und sich sofort des Inhalts bemächtigt. Aber es war noch zu früh. Das wusste er aus Erfahrung. Er musste sich beherrschen.

Er trat einen Schritt zurück und betrachtete sein Werk ausgiebig. Schließlich setzte er sich wieder an den Tisch. Er lehnte sich mit dem Rücken an die Wand, nahm den Kopf in den Nacken und schloss die Augen. Er war nicht müde, und er dachte auch nicht nach, er ließ sich einfach von seinen monströsen Gedanken überwältigen, die jetzt von ihm Besitz ergriffen. Alles war leicht, alles war möglich.

Mit einem Mal riss er die Augen auf. Seine Blicke wanderten hektisch zwischen der Puppe und den Kochtöpfen hin und her, die rechte Hand umklammerte nun fest den Knauf des Brotmessers. Er begann leicht zu schwitzen, sein Puls raste. Und dann wurde er wieder von diesem Gefühl überrannt, gegen das er sich nicht wehren konnte, das ihn antrieb. Sein ganzer Körper begann sich zu verkrampfen.

2

»Hast Du schon mal gesehen, wie ein Mann seinen Mantel aufknöpft? Klar. Im Restaurant. Im Kino. Oder auf der Straße, wenn es warm ist. Das ist ja auch ganz normal. Macht aber ein Mann seinen Mantel auf, ohne daß jemand außer Dir dabei ist (zum Beispiel im Wald, in der U-Bahn oder im Treppenhaus), und Du siehst dann sein Geschlechtsteil, dann ist das nicht normal. Das hat schon etwas mit Sex zu tun. Mit bösem. Es gibt nämlich Männer, die eine Freude daran haben, Kindern ihr Geschlechtsteil zu zeigen. Diese Männer nennt man Sittenstrolche.«

Die Idee war richtig, man wollte es erst gar nicht so weit kommen lassen, Kinder über drohende Gefahren rechtzeitig aufklären. Im Auftrag der Innenminister von Bund und Ländern glaubte eine Expertengruppe, den typischen Kinderschänder enttarnt zu haben. Seinen Steckbrief konnte jeder nachlesen, in einem kleinen gelben Heft, 32 Seiten im DIN-A5-Format, erhältlich für 1,50 Mark am Kiosk. Im Juni 1976 war die Aufklärungs-Schrift »im Kampf gegen den sexuellen Mißbrauch von Kindern« als Flaggschiff des »kriminalpolizeilichen Vorbeugungsprogramms« erstmals erschienen. Zur Begründung hieß es: »Bei uns werden jährlich fast 100 000 Kinder zwischen sieben und 14 Jahren sexuell mißbraucht. Seelisch geschädigt. Körperlich verletzt. Und manchmal ermordet.«

Die Lebenshilfe war bestimmt für Kinder vom siebten Lebensjahr an, bündelte »kriminalistischen Sachverstand«, fußte auf »kinderpsychologischem Wissen« und enthielt wohlmeinende Faustregeln wie diese: »Wenn Du einem Sittenstrolch begegnest, nichts wie weg!« Und wie das »Böse« auszusehen hatte, war ebenfalls unzweifelhaft: Es musste ein »Mann mit Mantel« sein, natürlich. Der »Sittenstrolch« war stets ein Fremder, jemand, der wie eine Naturkatastrophe über seine Opfer hereinbrach. Besonders verdächtig erschien, wer »keine Frau hat«. Denn: »Der macht sich, wenn er böse ist, an Jungen und Mädchen heran.« So einfach war das.

Dem »Triebtäter« war man auf die Schliche gekommen. Er hatte jetzt ein Gesicht, er zeigte ein bestimmtes Verhalten. Drohendes Unheil war nun erkennbar, durchschaubar, berechenbar. Nur den »lieben Onkel«, den »netten Nachbarn« hatte niemand auf der Rechnung; so wie jenen 43-jährigen Waschraumwärter, der zu dieser Zeit in einer Duisburger Mansardenwohnung lebte – unauffällig und unbeachtet.

3

Es war kaum auszuhalten. Darbende Natur, schwitzende Menschen. Deutschland erlebte den heißesten Sommer seit dem Beginn meteorologischer Aufzeichnungen. Zweieinhalb Wochen mit örtlichen Tagestemperaturen von jeweils über 30 Grad – das hatte es bis dahin nicht gegeben. »79 Prozent der Bundesbürger«, so ermittelten die Wickert-Institute in einer Blitzumfrage, »finden die Hitzewelle unerträglich.« Und der Fernseh-Meteorologe Martin Teich unkte im ZDF: »Diese große Hochdruckzone wird uns noch einiges zu schaffen machen.«

Tatsächlich ereignete sich allerorten Ungewöhnliches: Im Großraum Berlin fuhren winterliche Streukolonnen, um aufgematschten Asphalt mit Sand griffig zu halten. An der Saar schwärmten Inspektoren aus, um entlang den Flüssen zu verhindern, dass sich »die Bauern das immer knapper werdende Wasser gegenseitig abgraben«, berichtete ein Ministeriumssprecher. Züge fuhren mit Tempolimit, zwischen Köln und Koblenz lag es bei 50 km/h, weil durch Hitzeglut Gleisverformungen zu befürchten waren. Und auf den Autobahnen stauten sich kilometerweit Fahrzeugschlangen, die Betondecken waren bei Temperaturen von über 70 Grad aufgerissen. Auch in Duisburg, der gut 527 000 Einwohner zählenden Industriemetropole im Ruhrgebiet, drohten die ungewöhnlichen Witterungsbedingungen Schaden anzurichten. So musste beispielsweise im Zoo eigens ein Zeltdach installiert werden, um die seltenen Weißwale vor Sonnenbrand zu schützen.

Knapp acht Kilometer Luftlinie vom Tiergarten entfernt, im Arbeiterviertel Laar, hatte es ein kleines Mädchen viel besser als die meisten Erwachsenen, die unter der Bullenhitze ächzten. Es war der 2. Juli, ein Freitag. Das Thermometer zeigte 33,4 Grad. Tanja lachte, jauchzte und sprang immer wieder quietschvergnügt ins Wasser – denn in dem großen Innenhof der schmucklosen Häuserzeile an der Friesenstraße gab es für die vielen Kinder dieses Blocks neben einem Spielplatz auch ein Planschbecken.

Die Viereinhalbjährige aus dem Haus Nummer 3 war nicht allein, ihr zwei Jahre älterer Bruder Thomas tobte mit seiner Schwester ausgelassen über die Rasenflächen des Hinterhofs, und dann hüpften beide immer wieder in die kleine Plastikbadewanne. Es war gegen 15 Uhr, als Jutta, ein Kind aus der Nachbarschaft, sich hinzugesellte. Die Achtjährige wohnte vier Häuser weiter, in Nummer 11. Die Kinder planschten, bespritzten sich mit Wasser, rangen miteinander, sie kicherten. Mitunter wurde es laut.

Das Gejohle hatte einen Bewohner des Hauses Friesenstraße 11 aufmerksam werden lassen. Er argwöhnte, dass sich die Kinder wieder an seinem Mofa zu schaffen machen würden. Es war keine drei Wochen her, da waren die Ventile gelockert worden, beide Reifen waren platt gewesen. Er hatte die Kinder in Verdacht. Der Mann brauchte sein Mofa, um damit zur Arbeit zu kommen, und er brauchte es, um außerhalb von Duisburg herumfahren zu können – am liebsten in einsamen Gegenden, wo ihn niemand kannte. Er war häufig auf Tour, fast jeden Tag.

Jetzt stand er auf dem Dachboden und lugte aus dem Hoffenster. Die Kinder bemerkten den kleinwüchsigen hageren Mann mit der ausgeprägten Stirnglatze nicht. Er schaute zu, wie sich Tanja, Jutta und Thomas amüsierten. Die Kinder waren nackt. Tanja gefiel dem Mann besonders gut: der schlanke Körper, die schulterlangen blonden Haare zu zwei Zöpfen gebunden, das herzerfrischende Lachen, die schelmischen Grübchen in den Wangen. Sein Körper versteifte sich beim Anblick des Mädchens, er begann heftig zu schwitzen, Schweißperlen bildeten sich auf der breiten Stirn. Der Mann hatte das Gefühl, keine Luft mehr zu bekommen. Er knöpfte sein weißes Hemd auf. Sein Blick wurde starr, irgendwie leer, er wirkte geistesabwesend. Die dunklen Augen fixierten nur noch Tanja. Er wollte ganz nah bei ihr sein. Schweißtropfen platschten auf den hölzernen Fenstersims, während der Mann sich dort abstützte. Er war jetzt in Gedanken, begann zu phantasieren.

Ein Schrei riss ihn aus seinem Fiebertraum. Jutta war gestürzt, sie hatte sich das rechte Knie aufgeschlagen. Das Mädchen weinte, wenig später verschwand sie im etwa acht Meter langen tunnelartigen Durchgang, der vom Hinterhof zur Häuserfront führte. Sie brauchte ein Pflaster – und den Zuspruch ihrer Mutter.

Der Mann dachte nach. Er glotzte immer noch unbemerkt durch das Fenster auf den Hof. Tanja und Thomas waren noch da. Um sich besser konzentrieren zu können, begann er über den Dachboden zu schlurfen – wie immer vornübergebeugt, das linke Bein etwas nachziehend. Dann wurde das Hoffenster geschlossen, und der Mann verschwand. Er hatte sich jetzt etwas vorgenommen, er hatte einen Plan.

Gegen 15.45 Uhr kam Thomas nach Hause. Abgekämpft und müde. Wortlos und mit hängenden Schultern schlich er an seiner Mutter vorbei. Die hatte für die Kinder in der Küche kalten Zitronentee bereitgestellt. Hastig stürzte er ein Glas hinunter. Dann noch eins. Petra Bracht hatte auch ihre Tochter erwartet. Aber Tanja kam nicht. Sie hakte nach: »Tomi, wo ist denn die Tanja?«

»Die kommt gleich.«

Eine Viertelstunde verging. Thomas saß vor dem Fernseher, als seine Mutter nachfragte: »Wollte Tanja noch irgendwohin, hat sie was gesagt?«

»Nee.«

Petra Bracht wurde energisch: »Entweder du sagst jetzt, was los ist, oder ich mache die Flimmerkiste aus!«

Keine Antwort.

»Ich warte!«

»Mami, ich weiß es nicht«, lenkte Thomas ein, »die hat nur gesagt, dass sie gleich hochkommt.«

»War noch jemand bei ihr?«

»Nee.«

Hans Bracht studierte die Reiseroute nach Mannheim, als seine Frau ihm von hinten auf die Schulter tippte. »Hänschen, schau doch mal nach Tanja. Sie ist noch unten am Planschbecken. Wir wollen doch nachher los, und ich muss mich noch um die Brote und so kümmern. Gehst du mal eben?« Hans Bracht nickte.

Wenig später stieß er das Stahltor zum Innenhof auf. Es war ungewöhnlich still. Etwas bedrückt verschaffte er sich einen Überblick. Tanja war nicht zu sehen. Es war überhaupt niemand da. *Eigenartig,* dachte er sich. Hans Bracht rief nach seiner Tochter. Keine Antwort. Dann noch mal. Wieder nichts.

Augenblicke später ließ ihn etwas stutzig werden; etwas Vertrautes, das er zu kennen glaubte. Er ging einige Schritte. Und er lag richtig: Es war das Kleidchen seiner Tochter, das unweit des Wasserbassins über dem Zaun hing, sorgfältig zusammengelegt. Tanja musste es ausgezogen haben, damit es nicht nass wurde; genauso wie ihre Schuhe. Hans Bracht griff nach dem Kleidungsstück. Er verharrte einen Moment, dachte nach. Das war schon komisch: Tanja war nicht besonders ordnungsliebend, das wusste er; aber ohne Kleid und Schuhe, halbnackt, seine Tochter wäre so nirgends hingegangen. Bestimmt nicht. Der 34-Jährige spürte, wie sich sein Magen langsam zu verkrampfen begann. Ein Gefühl bahnte sich seinen Weg, das er gut kannte, mit dem er sich aber nie hatte anfreunden wollen, und gegen das er sich nicht wirklich wehren konnte: ein Hauch von Angst.

Quatsch! machte er sich Mut. *Tanja ist bestimmt schon oben. Oder ist sie eventuell doch gestürzt? Hat Tomi sie vielleicht geschubst? Ist sie womöglich bewusstlos geworden, nachdem sie gefallen war? Liegt sie hinter einem der vielen Sträucher? Oder auf der Kellertreppe? Oder hatte sie einfach nur die Hitze nicht vertragen?* Hans Bracht wusste, dass es diese und viele andere Möglichkeiten gab, die meisten davon erschienen auch ihm abwegig. Dennoch inspizierte er nochmals den Hinterhof, die Kellerräume, jede Ecke, jeden Winkel. Keine Spur von Tanja. Anschließend suchte er die Friesenstraße ab. Er traf einen Nachbarn: »Haben Sie die Tanja gesehen?«

»Tut mir Leid, nein.«

Er fragte auf dem Bürgersteig spielende Kinder: »Ihr kennt doch die Tanja, war sie hier?«

Kopfschütteln.

Der besorgte Vater wurde beobachtet – von demjenigen, der im Haus Friesenstraße 11 im zweiten Stock wohnte, vom Treppenaufgang gesehen rechts. Der Mann stand schräg hinter einer altmodischen, schmuddeligen Gardine. Er wollte sehen, aber nicht gesehen werden. Sein Oberhemd war schweißfeucht. Und er war nervös.

Sie wird schon längst zu Hause sein! Hans Bracht machte sich erwartungsvoll auf den Heimweg. Seine Frau hatte ihn früher erwartet, eine knappe halbe Stunde war nun schon vergangen. »Und?« Hans Bracht drückte seiner Frau enttäuscht Kleid und Schuhe in die Hände. »Die Sachen hab' ich unten auf der Bank gefunden. Ich hab' alles nach ihr abgesucht, nichts. Keiner hat sie gesehen.« Er fluchte. Und dann wurde es für einen Moment still, für einen quälend langen Augenblick.

»Hans, wir müssen etwas unternehmen!«

»Jetzt beruhig' dich, sie kommt schon noch oder wir finden sie.«

Hans Bracht versuchte auch sich selbst in die Pflicht zu nehmen, kühlen Kopf zu bewahren: »Wir gehen noch mal los, wir beide. Die Kleine muss doch irgendwo sein. Tomi bleibt hier, falls Tanja doch noch auftaucht.«

Anfangs war dieses Gefühl nur unangenehm gewesen, lästig, unbequem – denn Tanja hatte sich schon häufiger verspätet; allerdings nur für ein paar Minuten, höchstens eine Viertelstunde. Und sie war währenddessen nie unbeaufsichtigt geblieben. Jetzt war es irgendwie anders, das spürten ihre Eltern. Sie hatten keinen Anhaltspunkt, keine Orientierung. Tanja hatte den Nahbereich der Wohnung verlassen. Daran zweifelten sie nicht mehr. Es schien keine Alternative zu geben. Ihre Tochter musste sich also an einem Ort aufhalten, den sie unter *normalen* Umständen nicht hätte aufsuchen dürfen. Allein die nicht zu leugnende Existenz der theoretischen Möglichkeit, dass diese *nicht normalen* Umstände sich tatsächlich ereignet haben könnten, beflügelte die Phantasie. Aber diese Vorstellungen, die sich wie eine böse Vorahnung anfühlten, wollten nicht konsequent zu Ende gedacht werden. Denn die Angst vor der »sich selbst erfüllenden Prophezeiung«, die erst durch ihre Formulierung wirksam und bedrohlich werden konnte, machte sprachlos.

Die Suche musste fortgesetzt werden. Petra und Hans Bracht alarmierten alle Nachbarn, die sie gut kannten. Und die Nachbarn spannten ihre Kinder mit ein. Denn die wussten besser als die Erwachsenen, wo man sich verstecken konnte, wo es etwas zu erleben gab oder wo sich die Kinder der Siedlung trafen.

Es war mittlerweile 17.30 Uhr, als Christina und Roland im Haus Friesenstraße 11 schellten. Sie hatten von ihren Eltern den Auftrag bekommen, die Bewohner nach Tanja zu fragen. Es dauerte eine Weile, dann wurde aufgedrückt. Im Parterre öffnete niemand. Ein Stockwerk höher wurden die beiden schon erwartet. Der Frührentner Heinz Stüllenberg stand in der Tür: »Was gibt's denn?«

»Haben Sie die Tanja gesehen?«

Der 53-Jährige stutzte einen Moment. »Das Mädchen aus Nummer 3, die kleine Bracht? Die mit den Zöpfen?«

Kopfnicken.

»Nee, Kinder, tut mir Leid, hab' ich heute nicht gesehen.«

Zwei Möglichkeiten blieben noch – die Wohnungen unter dem Dach. Bis dorthin waren es 14 Stufen. Die Holztreppe knarrte, als die Kinder sie emporstiegen. Christina zog sich an den Sprossen des Geländers hoch. Das war auch aus Holz, dunkelbraun gestrichen, hier und da war schon die Farbe abgeplatzt. Die Luft war stickig, es roch nach Essen. Oben gab es drei weiß gestrichene Türen, links und rechts wohnte jemand, die mittlere Tür führte zum Dachboden. Roland drückte auf den schwarzen Klingelknopf. Nichts regte sich. Der Junge schellte noch mal. Niemand da. Nun standen sie vor der Wohnung, die rechts vom Treppengeländer abging. An der Tür klebte ein Schild. Den mit krakeliger Schrift geschriebenen Namen konnten sie nicht lesen, die beiden gingen noch in den Kindergarten. Hier wohnte der Mann, der Tanja zwei Stunden zuvor vom Dachboden aus beobachtet hatte.

Christina schellte, sie durfte jetzt auch mal. Als die Kinder schon wieder kehrtmachen wollten, wurde die Tür einen Spaltbreit geöffnet. Das verschwitzte Gesicht des Mannes wurde kaum sichtbar, und er sagte nichts. Aber sein Blick flackerte, wanderte zwischen den Kindern hin und her. Es schien so, als fühle er sich nicht wohl, als behage ihm etwas nicht. Von all dem bemerkten die Kinder nichts. Roland fragte schüchtern nach. Der Mann antwortete mürrisch mit leiser, kaum verständlicher Stimme: »Das Mädel hab' ich nich' gesehen!« Sofort wurde die Tür wieder geschlossen, und der Mann ging zurück in die Küche. Was Christina und Roland nicht gesehen hatten, was sie nicht hatten bemerken können: Das weiße Unterhemd des Mannes war auffallend schmutzig, er hatte sich offenbar die Hände daran abgewischt.

Eine knappe Stunde später. Tanja war immer noch verschwunden. Die Hoffnung der Eltern, ihre Tochter bald und wohlbehalten zu finden, hatte sich nicht erfüllt. Mit jeder Minute, die ohne ein Lebenszeichen von Tanja verstrich, wurde die Befürchtung konkreter, die nackte Angst fühlbar. Hans Bracht wurde es zu bunt: »Wir müssen zur Polizei, da stimmt was nicht!«

Auf der Wache des »Schutzbereichs II« war nicht viel los. Zwei betrunkene Randalierer mussten ausgenüchtert werden, eine Streifenwagenbesatzung hatte einen Verkehrsunfall zu bearbeiten, die übrigen Beamten erledigten Papierkram oder spielten Karten. Dann kamen die Brachts.

»Unsere Tochter ist verschwunden«, begann Petra Bracht aufgeregt zu erzählen, »wir haben schon Stunden nach ihr gesucht. Nur ihr rot geblümtes Schürzenkleid haben wir gefunden; und ihre Schuhe, bei uns im Hinterhof. Dort war sie zuletzt.« Die 33-Jährige war den Tränen nahe, ihr Mann ergänzte: »Wir wollten eigentlich zu meiner Schwester nach Mannheim fahren, unser erster Urlaub. Ich hab' unseren Wagen morgens noch schnell zur Inspektion in die Werkstatt gebracht. Wir warteten auf gepackten Koffern. Unseren Kindern wurde es in der Wohnung zu heiß, sie wollten raus. Seitdem haben wir Tanja nicht mehr gesehen.«

Schnell wurde dem Polizeibeamten klar, dass kein Routinefall vorlag. Da aber Tanjas Aufenthaltsort nebulös blieb, wurde zunächst die Standardmaßnahme eingeleitet – eine »Nahbereichsfahndung«. Alle Streifenwagen des Duisburger Präsidiums erhielten per Funk den Auftrag, »im Rahmen der Streife« nach Tanja Ausschau zu halten. »Mitfahndungsersuchen« wurden an Taxiunternehmen und öffentliche Verkehrsbetriebe gerichtet. Die Beamten des Reviers wurden nach kurzer Lagebesprechung angewiesen, bestimmte Örtlichkeiten in regelmäßigen Abständen anzufahren. Das waren insbesondere die nähere Umgebung der Friesenstraße, die nur einen halben Kilometer entfernten Rheinwiesen, Sportanlagen und Kinderspielplätze. Auch die

Laarer Bürger wurden über Lautsprecherdurchsagen »um Mithilfe« gebeten.

Es war 18.54 Uhr, als die Polizei den ersten Hinweis erhielt. »Ich glaube, ich habe das Kind gesehen«, mutmaßte ein männlicher Anrufer, »oben auf dem Rheindamm.« Ein Boot der Wasserschutzpolizei raste los, zusätzlich zwei Streifenwagen, ein Hubschrauber überflog das Gebiet. Eine halbe Stunde später kam die Rückmeldung: »Fehlalarm.«

Um 20.16 Uhr meldete sich telefonisch eine Frau, die ihren Namen nicht nennen wollte. »Ich möchte niemanden verdächtigen«, begann sie schüchtern, »aber in der Nummer 11 in der Friesenstraße, da wohnt ein Mann, gleich unter dem Dach. Da sind schon mal Kinder zu dem gegangen! Ich weiß nicht, ob das wichtig ist…« Der Polizeibeamte wusste es auch nicht, aber er gab den Hinweis weiter. Zwanzig Minuten später hielt ein Streifenwagen in der Friesenstraße. Die Eingangstür von Haus Nummer 11 stand offen. Wenig später schellten die Polizisten in der zweiten Etage; an der Wohnungstür des Mannes, der Tanja am selben Tag längere Zeit beobachtet hatte. Als sich nichts rührte, wurde angeklopft. Es blieb still, und die Beamten zogen ab. Anschließend überprüften sie die Kellerräume des Hauses und der Nachbarschaft – von Tanja keine Spur.

Als die Dunkelheit eine weitere Suche unmöglich machte, wurde abgebrochen. Petra und Hans Bracht waren erschöpft – körperlich, vor allem aber seelisch. Die Erfolglosigkeit, die Ungewissheit, die Hilflosigkeit, die Unsicherheit, alles kam zusammen. Nichts war mehr so wie vorher. Die Nachbarn spendeten zwar Trost, machten Mut und boten auch für den nächsten Tag ihre Hilfe an. Aber all dies half nicht wirklich. Denn mittlerweile gewann ein Gedanke überhand, und der Eintritt dieser Befürchtung war nun wahrscheinlicher geworden als ihr Ausbleiben: *Tanja muss etwas zugestoßen sein!* Fraglich war nicht mehr, *ob,* sondern *was* passiert war.

Am Samstagmorgen wurde die Suche gegen 7 Uhr fortgesetzt. Die »Vermisstensache Tanja Bracht« war jetzt auch ein Fall für den Bereitschaftsdienst der Duisburger Kripo. Die Ermittler bewerteten zunächst die Aussagen der Eltern, der Nachbarn, die Berichte der Schutzpolizisten. Es folgten Routine-Recherchen, anschließend eine »Beurteilung der Lage«. Das Ergebnis: Ein Verdacht gegen die Eltern erschien »unwahrscheinlich«, ein Unglücksfall »möglich«, ein Kapitalverbrechen »wahrscheinlich«. Gleichwohl fehlten für alle Hypothesen Beweise. Also mussten zunächst tatsächliche und potentielle Zeugen befragt werden: die Familie Bracht, Verwandte, Nachbarn und alle Bewohner der Friesenstraße. Gegen 9.30 Uhr wurden drei Teams gebildet. Ihr Auftrag: »Verbesserung der Informationslage«.

Fünf Minuten später meldete sich auf der Kriminalwache des Präsidiums telefonisch Franz Falenski. Der Mann wohnte in der Friesenstraße 11. »Es geht um das vermisste Mädchen, die Tanja Bracht«, begann der 71-Jährige etwas verlegen zu erzählen, »ich hab' mit meiner Frau lange drüber geredet. Wir sind uns nicht ganz sicher, komisch ist das aber schon ...« Der Kriminalbeamte hörte aufmerksam zu, stellte Fragen, machte sich eifrig Notizen. Es ging um ein verstopftes Abflussrohr und einen unbescholtenen Nachbarn, der »etwas Merkwürdiges« in einer Mülltonne versteckt haben sollte. Dann wiederholte Franz Falenski seine Bedenken: »Wir können uns das nicht vorstellen, und wir wollen auch niemanden anschwärzen, aber vielleicht hat das ja doch was mit dem Kind zu tun.«

Wenige Minuten später erschienen zwei Kriminalhauptkommissare der »Rufbereitschaft« in der Friesenstraße. Sie befragten die Eheleute Falenski und ließen sich die Mülltonne zeigen. Was die Ermittler dort unter Abfällen versteckt fanden, nahm ihnen den Atem. Derartiges hatte keiner von beiden zuvor je gesehen. Doch sie erkannten sofort, worum es sich handelte, woher es stammte. Und sie wussten nun, was zu tun war. Es gab jetzt einen ungeheuerlichen Verdacht – und einen Verdächtigen. Der wohnte im zweiten Stock. Es war der Mann, der Tanja tags zuvor längere Zeit beobachtet hatte. Und der hatte bis zu diesem schwül-heißen Samstagmorgen des 3. Juli 1976 so unauffällig gelebt, als gäbe es ihn gar nicht.

Um 10.05 Uhr klopften die Beamten an seine Tür. Die Kommissare hatten noch keine konkrete Vorstellung von dem, was sie in der Wohnung vorfinden würden. Aber wenn sich nur annähernd bewahrheiten sollte, was sie vermuteten, so erwartete sie die Hölle.

Es verging noch eine Weile, dann wurde geöffnet.

4

Reumütig stand er da, in geduckter Haltung, den Kopf gesenkt, die Hände tief in die Hosentaschen vergraben. Er hatte ein ungutes Gefühl, er fürchtete sich. Dann die Erleichterung, seine Mutter stand in der Tür. Von seinem Vater hätte er Senge bekommen – wie so viele Male zuvor schon.

»Wo warst du denn so lange?«

Er antwortete wie immer, kurz und bündig: »Och, bin so rumgelaufen.«

»Komm rein, wasch' dir die Hände, es gibt gleich Essen.«

Der Junge wohnte in Hindenburg, einer knapp 200 000 Einwohner zählenden Industriestadt in Oberschlesien. Es war gerade drei Wochen her, da hatte er seinen sechsten Geburtstag gefeiert, am 17. April 1939. Er hatte acht Geschwister, davon fünf Brüder, er war als sechstes Kind geboren worden. Sein Vater schuftete als Bergarbeiter von 4 bis 16 Uhr für den Unterhalt der Familie, seine Mutter versorgte den Haushalt. Die elfköpfige Familie teilte sich drei kleine Zimmer in einem typischen Bergarbeiterhaus. In der Doppelhaushälfte im Finkenweg 23 herrschte qualvolle Enge, die Familie lebte in äußerst dürftigen bis ärmlichen Verhältnissen. Die Mutter nächtigte mit seinem jüngsten Bruder in der Wohnküche, der Vater mit den übrigen Söhnen im Zimmer hintenraus, die drei Mädchen im Schlafzimmer zur Straße hin.

Das Geld war stets knapp, der Lohn des Vaters reichte gerade für die notwendigsten Anschaffungen. Die jüngeren Kinder hatten die Kleidung der Älteren aufzutragen, Spielzeug, Süßigkeiten oder andere Annehmlichkeiten blieben die Ausnahme. Die Eltern mussten ihre Kinder vernachlässigen. Notgedrungen. Dennoch entwickelten die sich altersentsprechend, sie zeigten auch in der Schule keine Auffälligkeiten – bis auf *ihn.*

Im Sommer 1939 kam er in die Volksschule. Anfangs waren seine Leistungen »durchschnittlich«. Aber er ging nicht gerne zur Schule. Da waren Mädchen, die ihn wegen seiner »Segelohren« auslachten, und für viele Jungen war er einfach »nur doof«. Die anderen beachteten ihn nicht. Das schmerzte. Zu Hause blieb er stumm, konnte sich nicht mitteilen. Auch dort war er nicht mehr als ein geduldeter Mitläufer, ein Außenseiter, der Sündenbock, das Schlusslicht. Nur von seiner Mutter Hedwig durfte er Hilfe und Zuwendung erwarten. Doch die damals 38-Jährige hatte kaum Zeit für ihn; die Familie, der große Haushalt wollten versorgt werden.

Dann rutschte er auch in der Schule ab, die Leistungen in »Schreiben«, »Rechnen« und »Lesen« waren »ungenügend«. Noch in der dritten Klasse wurde er in eine Sonderschule abgeschoben. Der schmächtige, kleinwüchsige Bursche konnte sich aber auch hier nicht behaupten, zwei Mal blieb er sitzen. Als ihm seine zwei Jahre ältere Schwester Elisabeth bei den Hausaufgaben zu helfen begann, ging es bergauf. Seine schulischen Leistungen besserten sich. Im Frühjahr 1943 wurde er nach bestandener Prüfung wieder in seiner ehemaligen Schule aufgenommen.

Aber das Verhältnis zu seinen nun jüngeren Mitschülern war auch jetzt angestrengt. Er war der »Sitzenbleiber«, der »Hilfsschüler«, der »Depp«. Doch hatte er sich mittlerweile an seine Außenseiterrolle gewöhnt, sich hiermit arrangiert, damit abgefunden. Prügeleien ging er konsequent aus dem Weg. Nur ein einziges Mal wurde es ihm zu bunt: Er ohrfeigte ein Mädchen, zu dem er sich eigentlich hingezogen fühlte. Sie hatte ihn einen »Blödmann« geschimpft.

Zu Hause ging es allerdings weniger glimpflich ab. Besonders seine älteren Brüder schoben ihn immer wieder vor, stempelten den »Kleinen« zum Übeltäter, wenn sie etwas ausgefressen hatten. Seinem Vater, allgemein geachtet und beliebt, kam dies durchaus gelegen. Er, unbeirrbarer und konsequenter Verfechter der Prügelstrafe als wirksames Erziehungsmittel, hielt seinen Sohn eh für einen »Taugenichts«, einen »Versager«. Und er war unnachgiebig – insbesondere dann, wenn er nachmittags von der Schicht kam und nur noch seine Ruhe haben wollte. »Strafe muss sein!« Da kannte »der Alte« keinen Pardon, dann setzte es reichlich Dresche: mit dem Rohrstock, mit dem Hosengürtel. In dieser Zeit versuchte der Junge seinem Peiniger aus dem Weg zu gehen, das Vater-Sohn-Verhältnis war geprägt von Unverständnis, Misstrauen, Aggressionen, Gewalt.

Als einzige Bezugsperson akzeptierte er seine Mutter. »Anständig«, »fromm«, »fleißig«, so wurde sie überwiegend charakterisiert. Bei ihr suchte er Zuflucht, Geborgenheit, menschliche Wärme. Aber seine Mutter sah sich in erster Linie dem Wohl der gesamten Familie verpflichtet, da gab es »keine Extrawurst«. Und dieser vermeintliche Liebesentzug, diese fortwährende Vernachlässigung, diese als ungerecht empfundene Zurücksetzung machten ihm schwer zu schaffen. *Das* tat weh.

Als Zehnjähriger wurde er zum »Jungvolk« eingezogen. Die »Pflichtdienststunden« waren ihm höchst unangenehm, er schwänzte den Unterricht so oft es ging. Das hatte Gründe: Auch bei den »Pimpfen« wurde der »Waschlappen« regelmäßig geschurigelt, weil er teilnahmslos dastand, kein Interesse zeigte, nicht mitmachen wollte, nichts zu sagen hatte. Dann wurde er angebrüllt: »Du hast ja keinen Mumm!« Oder er war einfach nur ein »verdammter Schlappschwanz«. Später musste er strafexerzieren.

Überhaupt hatte er für die Ideologie der Nazis weder Verständnis noch Interesse. Schon in dieser frühen Phase seines Lebens wurde deutlich, dass er kaum Eigeninitiative entwickelte, für Ideen und Anregungen nicht empfänglich war. Er lebte für sich. Allein. Freundschaften mit Gleichaltrigen schloss er nicht. Nicht ein einziges Mal. Allerdings war da auch niemand, der sich mit diesem »Hohlkopf« und »Schwächling« hätte abgeben wollen. Er blieb lieber außen vor, um den sonst drohenden Streitigkeiten, Unannehmlichkeiten und Demütigungen aus dem Weg zu gehen. Er begehrte nicht auf – zu Hause nicht, in der Schule auch nicht. Der streng katholisch erzogene Junge tat alles, was von ihm verlangt wurde: widerspruchslos, lautlos, klaglos. Sein bester Spielkamerad blieb er selbst, Zerstreuung und seelische Entspannung fand er nur bei ausgedehnten Spaziergängen und Erkundungen in der Umgebung Hindenburgs.

Im Verlauf des Krieges wurden seine beiden älteren Brüder zum Militär eingezogen. Seinem Vater blieb dies zunächst erspart, er war als Bergmann »unabkömmlich«. Als Ende 1944 der Einmarsch der Roten Armee unmittelbar bevorstand, verließen seine Mutter, er und die übrigen Geschwister Hindenburg. Der Vater musste bleiben, Beruf und Befehl verpflichteten ihn. Sie fanden Unterschlupf in der schlesischen Gemeinde Dittersdorf, auf dem Bauernhof der Großeltern. Aber auch hier blieb er, jetzt 12 Jahre alt, von einschneidenden Kriegserlebnissen nicht verschont: zusammengeschossene Flüchtlingstrecks, totes Vieh, Leichenteile, grausam verstümmelte Menschen. Und er musste mit ansehen, wie zwei junge Burschen förmlich zerfetzt wurden. Sie hatten nichtsahnend mit scharfen Handgranaten gespielt.

Während der Zeit in Dittersdorf bekam er Typhus. Längere Zeit blieben die Beine gelähmt, sein Allgemeinzustand war streckenweise »bedrohlich«, die Eltern befürchteten das Schlimmste.

Der behandelnde Arzt vermutete zudem eine Hirnhautentzündung. Erst nach knapp einem Jahr begann der Junge sich langsam zu erholen. Allerdings war er weitestgehend hilflos, wie ein Kleinkind – er musste jetzt mühsam lernen, wieder auf eigenen Füßen zu stehen, zu laufen. Insbesondere sein Großvater half ihm dabei. Seine Mutter hingegen gab sich zugeknöpft, kümmerte sich nicht weiter um ihn. Die Unbeholfenheit ihres Sorgenkindes kommentierte sie nur lakonisch: »Der hat sie doch nicht mehr alle.«

Nach Ende des Krieges kam Dittersdorf unter polnische Verwaltung. Mutter und Kinder mussten den Bauernhof verlassen, sie wurden in kargen Holz- und Steinbaracken untergebracht. Nur das Nötigste hatten sie mitnehmen dürfen. Der Vater war kurz vor Kriegsende doch noch eingezogen worden, später in russische Kriegsgefangenschaft geraten. Mehr wusste man nicht. Mutter und Kinder waren nun mittellos, auf sich allein gestellt.

Anfang 1947 wurden auch sie Teil des »Umsiedlungsplans«. Den Bürgern »deutscher Volkszugehörigkeit« war das Wohnrecht entzogen worden, die so genannten Repatrianten (polnische Umsiedler) sollten die »wiedergewonnenen Gebiete« bevölkern. Die Familie entschloss sich, die Heimat zu verlassen. Zunächst fand man Unterschlupf in einem Lager bei Helmstedt, gut 40 Kilometer von Braunschweig entfernt. Sechs Wochen später ging es weiter in die 800-Seelen-Gemeinde Oesdorf, in der Nähe von Brilon im Sauerland.

Der jetzt 14-Jährige wurde, wie die anderen Familienmitglieder auch, auf einem Bauernhof untergebracht. Der Tagesablauf war monoton: um 5 Uhr aufstehen, Kühe melken, dann zur Schule; nachmittags das Vieh zusammentreiben, der Bäuerin im Stall helfen, den Hof fegen. Danach hatte er ein wenig Zeit für sich, meistens besuchte er seine Mutter. Als der Bauer aus der Kriegsgefangenschaft zurückkehrte, wurde der Junge nicht mehr gebraucht, er musste den Hof verlassen. Er hatte sich insgesamt so unauffällig, so unscheinbar geführt, dass niemand nach ihm fragte, ihn niemand vermisste. Der Bäuerin war lediglich aufgefallen, dass das Bett des Jungen jeden Morgen klamm war und stark roch. Der »Schleicher« – so nannten sie ihn, weil er äußerst schweigsam war und sich nahezu lautlos an jemanden heranpirschen konnte – nässte immer noch ein. Er konnte sich das nicht erklären, und er konnte auch nichts dagegen tun. Er ließ es einfach passieren.

Obwohl er in »Deutsch«, »Rechnen« und »Religion« mit »ausreichend«, in »Leibesübungen« gar mit »befriedigend« benotet worden war, musste er nach der vierten Volksschulklasse entlassen werden. »Zu alt«, hieß es. Wieder stand er vor einem Scherbenhaufen. Das war im Herbst 1948.

Nun begann eine Odyssee als Hilfsarbeiter über verschiedene sauerländische Bauernhöfe. Der junge Mann, der so gerne Elektriker gelernt hätte, musste Schweineställe ausmisten oder Bäume schlagen – für ein Dach über dem Kopf, ein paar Mahlzeiten und 50 Mark Lohn. Das Geld musste er bei seinen Eltern abliefern, die ihn dafür einkleideten. Unterdessen waren sein Vater und seine beiden älteren Bruder wohlbehalten aus russischer Gefangenschaft zurückgekehrt. Er wusste nicht recht, was er davon halten sollte. Darüber nachdenken mochte er aber auch nicht. Es war ihm einfach egal.

Die eintönige Maloche auf dem Bauernhof war ihm zuwider. Er hatte sich sein Leben anders vorgestellt. Als er zufällig in einem Gespräch mitbekam, dass der älteste Sohn des Bauern auf die Landwirtschaftsschule gehen sollte, wurde er hellhörig. Plötzlich hatte er wieder eine Perspektive, er sah eine Möglichkeit, der nervtötenden Monotonie zu entfliehen, endlich etwas tun zu dürfen, das ihn interessierte, anspornte.

Und es klappte, die Schule nahm ihn. Aber schon nach drei Monaten ereilte ihn das nächste Fiasko. »Aufgrund der bisherigen Leistungen muß davon ausgegangen werden, dass Ihr Sohn den Lernstoff nicht wird bewältigen können (...)«, hieß es in einem Brief an seine Eltern. Er wurde geschasst.

Es blieben ihm die Bauernhöfe von Oesdorf und Umgebung. Aber er hatte einfach keine rechte Lust zu malochen – der Dreck, der Gestank, das Gemaule des Bauern, der karge Lohn. Obwohl er sich für nichts zu schade war, fand er kaum Anerkennung. Allerdings bemühte er sich auch nicht sonderlich. Immer wieder gab es Ärger, auch beim Melken. Weil er schummelte. Er schaffte fast immer nur die Hälfte, und dann schüttete er Wasser in die Milch, damit der Eimer voll war. Irgendwann wurde es dem Bauern zu viel: »Du hast se doch wohl nicht mehr alle!« Als sein Knecht wutentbrannt den Eimer umtrat, gab es kein Halten mehr. Der Bauer schnappte sich den nächstbesten Holzknüppel und prügelte den Jungen vom Hof.

Obwohl die Empfindungen für seine Familie zwiespältig waren, sehnte er sich nach ihr. Er wollte heim. Die ständige Trennung, der anstrengende, schwierige Umgang mit fremden Menschen, das fortwährende Hin-und-her-geschubst-Werden machten ihm schwer zu schaffen. Er war nur ein Spielball. Jeder durfte über ihn verfügen. Und es gab weder eine Belohnung noch Dank. Er hatte zu funktionieren – wehe ihm, wenn nicht! Verzweifelt sehnte er sich nach Mitgefühl und ein wenig Anerkennung. Doch sein ständiger Wegbegleiter blieb die Entbehrung. Er besaß keine Individualität, er hatte kein Profil, keine Ausstrahlung. Er war einfach nur ein x-beliebiger Stallbursche, ein komischer Kauz, für den sich niemand interessierte. Weil er nicht sprach, weil er nichts zu sagen hatte. Weil er sich nicht traute, weil er sich nichts zutraute. Mehr und mehr verfestigte sich bei ihm der Gedanke, er sei ein Niemand, eine Null, ein Nichts. Der junge Mann wusste auch, warum: Er war hässlich, zu klein, zu dumm, hatte nichts Vernünftiges gelernt, war komisch angezogen, konnte nicht so flüssig reden wie die anderen, wurde gemieden, nicht für voll genommen. Das waren Argumente genug.

Aber das war noch nicht alles. Da regte sich jetzt etwas, da nahm etwas Gestalt an, das hatte es so in den Jahren zuvor nicht gegeben; jedenfalls hatte er nicht weiter darüber nachgedacht.

Nun war es aber da, und er konnte es nicht einfach verscheuchen wie eine lästige Fliege. Es war ein Gefühl, ein Verlangen, ein Wunsch, eine vage Vorstellung. Er wollte Kontakt bekommen zu Mädchen, sie anfassen – und mehr.

Mit 15 hatte er immer noch keine Vorstellung davon, was da zwischen Jungen und Mädchen, zwischen Mann und Frau vor sich ging. Er hätte Kontakt haben können, Mädchen in seinem Alter gab es auf den Bauernhöfen genug. Aber er war zu schüchtern. Er hätte zu Tanzveranstaltungen gehen, Mädchen dort ansprechen können. Aber er ging nicht hin. Er hätte sich bei seinen älteren Brüdern Rat holen können. Aber er fragte nicht nach. Schließlich war ihm immer wieder eingebläut worden, er sei ein Versager. Und jemand wie er scheute Intimitäten. Denn dieser Zustand erforderte Vertrautheit, Verbundenheit, Vertraulichkeit. Ingredienzen der Intimsphäre, die unverrückbar, unantastbar bleiben sollten. Er spürte instinktiv, dass seelische und körperliche Nähe auch Verfehlung, Verwirrung, Verdruss und Verlust bedeuten konnten. Und er hatte schlechte Erfahrungen gemacht: Wenn ihm jemand zu nahe gekommen war, hatte es meistens Ärger gegeben. Er war ein Ritter ohne Rüstung, allem und allen schutzlos ausgeliefert.

Und doch loderte da ein Feuer in ihm, das gelöscht werden wollte. Also onanierte er, erst sporadisch, dann regelmäßig. Immer vor dem Schlafengehen. Er stellte sich den nackten Körper eines Mädchens vor; allerdings nicht den eines bestimmten Mädchens. Dabei war er vollkommen auf seine Phantasie angewiesen, den unbekleideten Intimbereich eines Mädchens oder einer Frau hatte er bis dahin nicht gesehen. Und aufgeklärt worden war er auch nicht. Sexualität war in seiner Familie eine verminte Tabuzone, darüber wurde nicht gesprochen. Er wusste nur so viel: Kinder werden vom Klapperstorch gebracht.

Er war kein junger Mann, der für ein bestimmtes Mädchen schwärmte. Überhaupt wusste er nichts über das weibliche Geschlecht zu sagen. Mädchen waren für ihn eine janusköpfige

Unbekannte: reizvoll und aufreizend, vor allem aber undurchschaubar, unberechenbar und unerreichbar. Mädchen übten auf ihn zunächst eine lediglich sexuelle Anziehungskraft aus. Er wollte mit ihnen zu tun haben, aber nicht um ihrer selbst willen. Sie waren Objekte. Und Sexualität war für ihn etwas Handfestes. Er wollte nicht reden, er wollte anfassen. Er wollte nur wissen, wie sich das anfühlt. Körperlichkeit wollte er zulassen, nicht mehr.

Über Ursprung und Tragweite seiner Gefühle war er sich nie ganz im Klaren. Deshalb konnte er auch die Empfindungen seiner Mitmenschen nicht beurteilen, nicht einordnen. Und seine Bedürfnisse wurden übersehen, meistens aber einfach nicht akzeptiert. Ihm war die Rolle des Befehlsempfängers, des Handlangers zugedacht worden. Mit der Zeit hatte er sich abgewöhnt, Vorstellungen und Vorlieben zu artikulieren. Der So-gut-wie-Analphabet fand keine Worte. Er blieb stumm.

Aber das Verlangen hielt ihn in Atem. Es arbeitete in ihm, es gärte. Er suchte verzweifelt nach Möglichkeiten, um endlich all das erleben zu dürfen, wovon er mittlerweile schon so oft gehört und geträumt hatte. Kurz vor seinem 17. Geburtstag nahm er all seinen Mut zusammen. Helga, eine Magd auf dem Hof, saß nach dem Melken auf einer Holzbank. Sie machte Pause. Er setzte sich neben sie. Sein Puls raste, als er der 17-Jährigen die rechte Hand auf den Oberschenkel legte. Ohne Worte, einfach so. Es vergingen einige Sekunden, die ihm wie eine Ewigkeit vorkamen. Er war fest davon überzeugt, das Richtige zu tun. Es konnte einfach nichts schiefgehen. Er hätte das Mädchen auch anschauen wollen, aber er konnte sich nicht überwinden. Sie musste es so verstehen. Dann passierte doch etwas: Helga schob seine Hand beiseite – und knallte ihm eine. Wortlos stapfte sie davon. Er war schockiert, ratlos. Alles hätte passieren dürfen, nur das nicht.

Bis hierhin war seine sexuelle Entwicklung weitgehend unauffällig geblieben. Dass er regelmäßig masturbierte, dass er in der Pubertät aus seiner emotionalen Zwangsjacke noch nicht herauskam, das war sicher nicht ungewöhnlich, und dass er noch keinen Intimkontakt hatte, das konnte sich noch ändern.

Das tat es aber nicht. Der ungewollte Verzicht auf Intimitäten hielt an, und das Verlangen nach einem Sexualpartner wuchs. Er wollte sich abreagieren. Er musste.

Mit der Zeit entwickelte er eine Vorstellung, die Abhilfe versprach: Wenn es mit Mädchen nicht klappte, dann wollte er sich eben an Tieren schadlos halten. Seit geraumer Zeit hatte er als Stallbursche immer wieder Deckvorgänge beobachtet, insbesondere bei Kühen, Schweinen oder Hunden. Häufig musste er die Kühe des Bauern von der Weide holen, damit sie von den Stieren gedeckt werden konnten. Weil er das Vieh an den Hörnern zu packen und festzuhalten hatte, konnte er nicht alles sehen; aber er bekam so viel mit, um verstehen zu können, was dort prinzipiell passierte. Und dieses Wissen machte er sich zunutze. Er stellte sich auf einen Schemel, hob den Schwanz einer Kuh und drang ein. Dabei stellte er sich vor, das Rindvieh sei ein Mädchen. So kam er zum Höhepunkt. Er versuchte es auch bei Schweinen. Aber die liefen immer vor ihm weg oder entglitten seinen Händen. Die sodomitischen Akte halfen ihm, seine verkrüppelte Sexualität zu kaschieren, seine soziale Frigidität zu vergessen. Scham oder Reue empfand er dabei nicht. Unangenehm war ihm nur, dass seine Klamotten danach arg verdreckt waren.

5

Eine unheilvolle, dramatische Wendung nahm die Entwicklung seiner Sexualität, als er mehrfach beobachten musste, wie Vieh und anderes Getier geschlachtet wurden. Er war jetzt sechzehneinhalb. Regelmäßig half er beim Entdärmen der Kadaver. Erst war es nur ein diffuses, aber angenehmes Gefühl, insbesondere wenn Schweine getötet und ausgenommen wurden. Später, es waren einige Monate vergangen, empfand er schon mehr. Das verzweifelte Zappeln der Tiere, das schrille Gequieke, der aussichtslose Todeskampf, das hervorquellende Blut, das Versterben, die letzten Zuckungen, all das erregte ihn – seelisch *und* körperlich. Er bekam Schweißausbrüche, Herzrasen und ein eigenartiges Kribbeln im Magen und auf der Brust, so, als wenn Ameisen über seinen Oberkörper krabbelten. Erst viele Jahre später sollte er diesem diffusen Erregungszustand einen Namen geben: das »komische Gefühl«.

Die hiermit einhergehende sexuelle Stimulation war gewaltig, er konnte sie nicht zurückweisen, nicht kontrollieren. Das wollte er auch nicht. Es war eine abenteuerliche, faszinierende Erfahrung, der er sich nicht verschließen wollte. Die körperlichen Symptome verschwanden erst, wenn er unmittelbar nach den Schlachtungen masturbierte. Danach war er nicht nur körperlich befriedigt.

Als er die Schlachtvorgänge vollständig sexualisiert hatte, begann er sich Dinge auszumalen, die seine Erregung immens steigerten. Aus Schweinen wurden Mädchen, die er gnadenlos niedermetzelte. Finalen Genuss verschaffte ihm die Horrorvision, den Körper der Opfer aufzuschneiden und sich an diesem Anblick zu ergötzen. In seiner bizarren Parallelwelt hatte er nun endgültig jedes Maß verloren. Die sozialen Gefühle des Alltags wurden ausgeblendet: kein Mitleid, keine Schuld, keine Scham. Er delirierte in einem psycho-sexuellen Ausnahmezustand. Und er war mächtig.

6

In der Realität hingegen war er machtlos. Immer wieder drängte er seine Mutter: »Ich will nach Hause!“ Und jedes Mal wurde er abgewiesen: »Du weißt doch, das geht nicht.« Grund waren die angeblich beengten Wohnverhältnisse: zwei kleine Zimmerchen für neun Personen. Aber dass ein Bewohner mehr keinen wesentlichen Unterschied gemacht hätte, erkannte auch er. Doch er reagierte wie immer – und fügte sich in sein Schicksal.

Wenige Monate später fand sein Vater einen Job im Bergbau und eine neue Wohnung. Im Sommer 1952 verzog die Familie ins Ruhrgebiet, in die knapp 100 000 Einwohner zählende Industriestadt Bottrop – nur er musste weiterhin bei einem Bauern in Oesdorf schuften. Wieder wurde er ausgegrenzt, wieder wurde auf seinen Gefühlen achtlos herumgetrampelt. Wenn sein Leben eine Wand gewesen wäre, sie hätte tausend Risse gehabt.

Drei Monate vor seinem 21. Geburtstag endlich eine gute Nachricht. Seine Mutter schrieb ihm: »Vater ist Dir nicht mehr gram. Komm, sobald Du kannst (...).« Anfang März 1953 kehrte er dem verhassten Oesdorf den Rücken. Seine stille Sehnsucht, Radio- und Fernsehmechaniker zu werden, flammte wieder auf. Einmal durfte er sogar vorsprechen, der Ladeninhaber war mit seinem Vater gut bekannt. Als er gefragt wurde, welchen Schulabschluss er vorweisen könne, lächelte er nur gequält. Er hatte immer noch keinen. Nach fünf Minuten war alles vorbei.

Schließlich kam er doch in Brot und Lohn. Wieder hatte sein Vater ein gutes Wort für ihn eingelegt. Auf der Zeche »Prosper II« in Bottrop fand er eine Anstellung, als Schlepper im Streckenbau. Knochenarbeit. Zwischen 1000 und 1500 Mark netto bekam er monatlich, den größten Teil des Lohns hatte er aber zu Hause abzuliefern. Sein Vater hatte so entschieden. Er wohnte immer noch bei seinen Eltern, schlief mit drei Brüdern in einem Zimmer.

Auf den Bauernhöfen rings um Bottrop fand er wieder Gelegenheit, sich an Tieren zu vergehen. Aber das klappte nicht so gut. Mal fand er keinen Schemel oder Stuhl, auf den er sich hätte stellen können, mal war das Vieh auf der Weide. Oder ein Wachhund schlug an. Einmal wurde es brenzlig, als eine Kuh herhalten musste. Aber er konnte sich noch rechtzeitig die Hose hochziehen, und der Bauer hatte sich wohl auch nicht vorstellen können, was da in seinem Stall vor sich ging. So blieb es bei einem »Mach' dich weg hier!«

Obwohl er nicht darauf vertrauen durfte, dass es gelingen würde, zog er es in Erwägung. Er wollte Sex – mit einem Mädchen. Eine andere Möglichkeit sah er nicht. Und wie er es anfangen sollte, war ebenso ungewiss. Dabei hatte er doch schon alles ausprobiert, glaubte er. Ihm war allerdings auch so gut wie nichts eingefallen, und er hatte sich noch weniger zugetraut. Er hatte es verdrängen wollen, aber immer wieder war sie da, sie hatte sich förmlich in sein Bewusstsein hineingefressen – die Erinnerung an Helga und das, was passiert war; wie sie reagiert hatte, als er mutig alles auf eine Karte gesetzt hatte. Der Lohn: eine schallende Backpfeife. Bitter. Das war nun Vergangenheit, gewiss. Aber er befürchtete, dass dies auch die Zukunft sein könnte – abgewiesen zu werden oder schlimmer noch: nicht seinen Mann stehen zu können.

Die allgegenwärtige Versagensangst wirkte wie ein Gift, sie lähmte seinen Körper, seine Willenskraft. Ob »bei Belbe« im Kolonialwarenladen um die Ecke, auf dem Weg zur Arbeit, in der Kneipe oder in der Straßenbahn – nur in Gedanken sprach er sie an: *Willst' mit mir poppen?* Das war seine Art, Bedürfnisse und Gefühle auszudrücken. Manchmal wünschte er sich, dass Frauen seine Gedanken lesen könnten. Dann hätte er nicht reden müssen. Dann hätte alles wie von selbst gehen können. Dann hätte es geklappt. Aber er bekam den Mund nicht auf. Nicht ein einziges Mal.

Die bluttriefenden Gewaltphantasien wurden seltener und

verblassten merklich, als er nicht mehr für das Schlachten von Schweinen herangezogen wurde. Aber das »komische Gefühl« blieb. Regelmäßig überkam es ihn. Er wusste nicht genau, was zuerst da war: der schnelle Puls, das Kribbeln und die feuchten Hände oder die monströse Trugwelt, in die er sich flüchten konnte. Die Reihenfolge war ihm aber auch egal. Besänftigen konnte er diesen unspezifischen Drang jedenfalls nur, wenn er masturbierte. Dabei stellte er sich vor, wie es hätte sein können – *in den Armen eines halb nackten Mädchens.*

Seine Mutter machte sich Sorgen. Sie war der Meinung, es wäre Zeit, der Junge müsse unter die Haube. Ihr Sohn hatte auch etwas angedeutet, der Beweis aber stand noch aus. Deshalb wurde hin und wieder nachgefragt, zunächst zaghaft: »Wann stellst du sie uns vor?« Später dann energisch: »Wann stellst du sie uns denn endlich mal vor?« Mit gesenktem Blick kam immer dieselbe Antwort: »Och, bald.«

Sie war »Gertrud«, seine »Freundin«. Die gab es allerdings nicht wirklich, sie wurde nur dann ins Leben gerufen, wenn er sich nicht anders zu helfen wusste. Insbesondere im Kollegenkreis. Er hätte dick auftragen können, aber er schwieg lieber. Denn er konnte nicht sicher einschätzen, ob das, was er zum Besten geben würde, auch glaubhaft war. Ihm fehlten einschlägige Erfahrungen. Der einzige körperliche Kontakt zu einem Mädchen war bis dahin eine Ohrfeige gewesen. Und nackte Frauen kannte er nur aus Pornoheften, die seine Kumpels unter Tage in Umlauf brachten. Allerdings interessierte und inspirierte ihn dies kaum.

Aber dann passierte es doch. Eine junge Frau hatte sein Interesse geweckt – und mehr. Roswitha kellnerte in der »Bergmannsklause«, einen Steinwurf von der Wohnung seiner Eltern entfernt. Die 17-Jährige, die alle nur »Rita« riefen, stand in der Woche abends hinter dem Tresen. Er war kein Kneipengänger. Das änderte sich schlagartig, nachdem er Rita das erste Mal gesehen hatte. Jetzt kam er regelmäßig, fast jeden Tag saß er hinten rechts in einer dunklen Ecke. Dort fühlte er sich unbeobachtet und sicher.

Er kam immer gegen halb sechs und bestellte ein Glas Apfelsaft. Bier mochte er nicht. Dann wartete er auf Rita. Wenn sie das Lokal betrat, klebten seine Augen an ihr, und er bekam feuchte Hände. Das, was er in der schummrigen Kaschemme erkennen konnte, gefiel ihm: die blond gefärbten Haare, schulterlang; die kräftigen, knallrot geschminkten Lippen; vor allem aber die üppige Figur, durch eine viel zu enge Bluse und eine noch engere Hose nur notdürftig verhüllt. Die pummelige junge Frau mit der schwarzen dickglasigen Hornbrille erregte ihn. Und er mochte sie – eine für ihn vollkommen neue Erfahrung. Das behielt er natürlich für sich.

Woche um Woche verging. Er hockte auf seinem Stammplatz, natürlich allein, die Ellenbogen auf den Tisch gestützt, die Hände arbeiteten in seinem Gesicht. Und immer wenn er sich sicher sein konnte, dass ein Blickkontakt ausgeschlossen war, glotzte er Rita an. Einmal passierte es doch: Er bekam seine Augen nicht von ihr los, und ihre Blicke trafen sich; für den Hauch eines Augenblicks. *Ertappt!* durchfuhr es ihn. Blitzartig begann er die Decke anzustarren, er hatte Mühe, seine Verlegenheit zu verbergen. Sein Herz raste. Nach einigen Minuten, die qualvoll langsam verstrichen, Entwarnung – Rita hatte nicht reagiert. Jedenfalls war sie nicht zu ihm gekommen und hatte ihm eine geschmiert. Genau das hatte er befürchtet.

Zwei Tage später sprachen sie sogar miteinander. »Das macht 50 Pfennig.« Rita war zum Kassieren gekommen. Das war ungewöhnlich, das hatte sie noch nie getan. Mit zittrigen Händen fingerte er das Geld aus seiner Hosentasche. »Da«, mehr brachte er nicht heraus und zeigte auf das Geldstück. Vor lauter Aufregung vergaß er, ihr Trinkgeld zu geben. Sie blieb noch einen Moment neben ihm stehen, und er hatte das Gefühl, als wollte sie ihm etwas sagen. Aber sie schaute ihn nur an. Sekunden später verschwand sie hinter dem Schanktisch.

Am nächsten Tag verließ er das Lokal nicht um halb zehn, wie sonst. Diesmal war alles anders. Er trank Bier, ein Glas nach dem anderen. Wie viele es werden würden, war ihm egal. Es mussten aber so viele sein, dass er es fertigbrachte. Er wollte Rita etwas fragen. Kurz vor dem Zapfenstreich kam sie endlich. »Wir machen gleich Feierabend. Acht Bier. Macht vier Mark.« Das Geld lag bereits abgezählt auf dem Tisch. Er schob es zu ihr hinüber. Auch an das Trinkgeld hatte er gedacht. 20 Pfennig.

»Was gibt's denn zu feiern?«

Er musste einmal kräftig schlucken, bevor er antworten konnte. »Och, nichts Besonderes.«

Zum ersten Mal lächelte sie ihn an. Er grinste verlegen zurück. Dann nahm er all seinen Mut zusammen: »Willst' mal ins Kino? Äh, ich mein', mit mir.«

Sie lachte laut. »Klar, warum nicht. Ja.« Sie verabredeten sich für den nächsten Tag.

Rita wohnte noch bei den Eltern und teilte sich mit ihrer zwölfjährigen Schwester ein Zimmer. Sie hatte sich mächtig rausgeputzt, war mittags noch beim Friseur gewesen. Pünktlich um halb sieben schellte es. Dann stand er in der Tür. Der schwarze Anzug passte nicht ganz, die Hose war zu lang, die Ärmel zu kurz. Er hatte »das gute Stück« von seinem älteren Bruder Klaus geborgt, für 2 Mark. Die dunkelgraue Krawatte, auch von Klaus, hatte er sich von seinem Vater binden lassen. Das weiße Oberhemd war von ihm. Eine Viertelstunde hatte er vor dem Spiegel zugebracht, jetzt saß alles perfekt: Die dunkelbraunen Haare waren akkurat gescheitelt, streng nach hinten gekämmt, und sie glänzten matt.

Im »Scala« wurde »Singin' in the Rain« gezeigt, mit Gene Kelly und Debbie Reynolds in den Hauptrollen. Auf dem Weg dorthin sagte er so gut wie nichts. Rita aber plauderte munter drauflos, erzählte von den Querelen mit ihrer Schwester, vom tragischen Tod ihres Hundes »Charly« (er war überfahren worden), von ihrer verkorksten Schulzeit und von »Freddy«. Ihren ehemaligen Freund hatte sie jüngst abserviert. Rita war eine kontaktfreudige, resolute Frau, im Umgang mit Männern nicht unerfahren.

Im Kino saß er stocksteif neben ihr und starrte auf die Leinwand. Gerne hätte er sich ihr genähert, aber er hatte keine rechte Vorstellung, was und wie und wann und wo es passieren sollte. Rita war da anders. Nach einer guten Stunde legte sie ihre Hand auf seine. Keine Reaktion. Sie machte noch einen Versuch. Wieder nichts. Dann küsste sie ihn einfach auf die Wange. Jetzt konnte er nicht anders, er musste etwas tun. Er griff nach ihrer Hand und drückte fest zu.

»Hast wohl nicht viel Erfahrung, wie?«

Seine Antwort kam zögerlich: »Och, geht so.«

Sie küsste ihn auf den Mund. Er ließ es geschehen. All das kam ihm irgendwie unwirklich vor, als wenn er sich selbst beobachten oder träumen würde. Aber es war aufregend.

Nach der Vorstellung schlenderten sie noch eine Weile durch die Bottroper Innenstadt. Eng umschlungen. Sie waren jetzt ein Liebespaar, »gingen« miteinander. Um 23 Uhr brachte er sie nach Hause.

Erst während des Heimwegs löste sich die Verkrampfung, die ihn daran gehindert hatte, das zu sagen, was er hätte sagen wollen, das zu tun, was er hätte tun wollen. Die Benommenheit war wie weggeblasen. Immer stärker begann ein Gefühl von ihm Besitz zu ergreifen, das er nicht kannte, das aber wie eine Droge wirkte: Euphorie. Am liebsten hätte er Rita sofort geheiratet. Er dachte an ein eigenes Häuschen, auch an Kinder. Und er war unendlich erleichtert, die Pechsträhne war vorbei. Endlich. Es kam ihm so vor, als sei ein Raum geöffnet worden, aus dem er nicht hatte entweichen können, der einmal seine Zelle gewesen war. Jetzt war er frei. Nun würde alles anders werden, besser. Am liebsten hätte er jemandem davon erzählt, er war so aufgekratzt. Aber da war niemand, der ihm wirklich hätte zuhören wollen. Seine Eltern ließ er im Ungewissen, seine Geschwister, die »Tratschen«, sowieso. Nur im Kollegenkreis offenbarte er sich. Aus »Gertrud« wurde Rita.

Die hatte nach gut einer Woche sturmfreie Bude. Was dann geschehen sollte, war unausgesprochen geblieben. Aber beide wussten, worum es sich drehte.

Schließlich passierte es. Ihr Kommentar: »Das ging aber 'n bisschen fix!« Er war enttäuscht, er schämte sich, er wusste nicht, was er sagen sollte. Am liebsten hätte er sich irgendwo verkrochen. Jetzt litt er wieder unter dieser überwunden geglaubten Beklemmung, dieser sein Selbstwertgefühl bedrängenden Schreckensvision: dass es nochmal so kommt. Drei Tage später versuchten sie es erneut. Dasselbe Ergebnis. Wieder ein Desaster. Rita war stocksauer: »Was soll das denn!« Und als es beim dritten Mal nicht besser wurde, war er nur noch die »Pulle«, die »Lusche«. Rita hatte genug: »Jetzt reicht's aber, du bringst es ja eh nicht. Hau ab!« Diese Worte trafen wie Keulenschläge – die Hoffnungen zerschmettert, sein Gefühlsleben ein Scherbenhaufen. Die Tür zu seiner Zelle war jetzt wieder fest verrammelt. Und er wagte es nicht, daran zu rütteln, es wäre doch ein aussichtsloses Unterfangen. Rita war für ihn fortan nicht mehr zu sprechen. Er war wieder sein eigener Gefangener.

Das zarte Pflänzchen Hoffnung war nicht einfach verblüht, es war ausgerissen worden – mit Stumpf und Stiel. Er konnte sich das nicht erklären. Er war ratlos, fassungslos. Immer kurz bevor er mit Rita hatte verkehren wollen, war er zum Höhepunkt gekommen. Unversehens. Ungewollt. Unwiderruflich. Er hatte sich gründlich blamiert. Daran zweifelte er nicht. Beim letzten Mal war er unter der Last ihres Hohngelächters, ihres beißenden Spotts eingeknickt, zusammengebrochen. Nur die Tränen hatte er unterdrücken können. Das ging ihm nicht mehr aus dem Kopf. Wieder einmal hatte er verloren – seine Freundin, seinen Mut, seine Selbstachtung.

Er hätte es weiterhin probieren können; wenn nicht mit Rita, dann mit einem anderen Mädchen. Aber er wollte sich neuerliche Enttäuschungen und Demütigungen ersparen. Er war überzeugt, es würde ihm partout nicht gelingen. Er hatte genug davon. Auf die Idee, einen Arzt zu konsultieren, kam er nicht.

Bis dahin hatte er sich alles gefallen, hatte alles mit sich machen lassen. Sein Persönlichkeitsprofil war dementsprechend: blass, konturenlos. Selbstwertgefühl und Durchsetzungsvermögen hatten sich nicht entwickeln können, er blieb ein seelischer und sozialer Krüppel. Aber nach all den Jahren der erzwungenen Unterwürfigkeit braute sich jetzt etwas zusammen. Er hatte zu viel geschluckt und zu wenig verdaut. Zwölf Monate hatte er Kohlen geschleppt. Das war ihm zu beschwerlich und zu gefährlich gewesen. Denn: Erst war ihm eine Grubenlampe auf den Fuß gefallen, dann hatte er sich eine Fingerkuppe gequetscht, schließlich das Schienbein aufgerissen. Er schmiss die Arbeit hin. Sein Vater polterte: »Schwächling! Was glaubst du, wer du bist!« Egal. Mit 21 zog er aus. Nur seine Mutter vermisste er – die hatte ihm wenigstens hin und wieder zugehört.

Bei einem Bauern in Bottrop-Kirchhellen kam er unter, als Erntehelfer und Stallbursche. Er hatte keine andere Wahl – ohne Schulabschluss, ohne Berufsausbildung, ohne Berufserfahrung. Ein paar Monate ging es gut, im Dezember 1954 wurde er abserviert. Die Tochter des Bauern hatte sich mehrfach über ihn beschwert: »Faul« sei er, »für nichts zu gebrauchen«.

Schon seit Monaten quälte und inspirierte es ihn wieder, das »komische Gefühl«. Diesmal war es aber nicht an das Erleben eines Schlachtvorgangs gekoppelt, es durchflutete ihn, wenn er im Kino saß, wenn er eine Frau sah, die ihm gefiel, oder einfach so, urplötzlich. Dann musste er raus, wenn möglich in die Wälder. Wenn er sich dort selbst befriedigte, stellte er sich vor, wie er eine junge Frau umbrachte, den Bauch aufschlitzte und hineinsah. Seine Empfindungen waren durchaus zwiespältig: Währenddessen hätte ihn nichts davon abbringen können, danach war es wie nach einer halben Flasche Schnaps am nächsten Morgen. Ernüchtert befürchtete er, *es* tatsächlich zu tun – später mal, irgendwann.

Gegen den Willen des Vaters durfte er in sein Elternhaus zurückkehren. Jetzt musste er wieder kuschen. Wenig später ereilte ihn ein schwerer Schicksalsschlag, am 21. Januar 1955 starb seine Mutter. Herzinfarkt, mit 53. Eine Katastrophe. Sie war sein Rettungsanker gewesen, jemand, der sich wenigstens für ihn interessiert hatte, mit dem er hatte reden können – obwohl dafür kaum Zeit geblieben war. Sein letzter seelischer Halt war weggebrochen. Nun taumelte er orientierungslos durchs Leben: vorsichtig tastend, aber auch immer wieder aneckend. Sein Vater wollte ihn wieder loswerden, von den Geschwistern wurde er geschnitten. Erstmals gab er Widerworte, drohte. Der Dauerfrust mündete in Aggressionen, unverdaute Konflikte wurden wieder hochgewürgt. Früher hatte er sich eingeigelt, nun bot er jedem die Stirn. Immer dann, wenn ihm die richtigen Worte fehlten, ließ er seine Fäuste sprechen. Er wollte nicht länger der Prügelknabe sein.

Zwei Tage nach dem Begräbnis der Mutter kam es zum Bruch mit seinem Vater. Der gab sich unmissverständlich und unversöhnlich: »Fauler Hund, liegst mir nur auf der Tasche. Sieh zu, dass du an Arbeit kommst!« Er stellte ein Ultimatum. Sollte sein Sohn binnen zwei Wochen keine Arbeitsstelle vorweisen können, würde das Konsequenzen haben: »Dann schmeiß' ich dich raus!«

Er war am Tiefpunkt angelangt: keine Arbeit, kein Geld, keine Familie, keine Freunde, keine Zukunft. Die Mittellosigkeit drohte, der soziale Abstieg. Nichts wollte gelingen. Alles erschien ungewiss.

Obendrein quälten ihn nach wie vor ausgeprägte Versagensängste. Selbst bei den Profi-Damen war er unterdessen gescheitert. Ins Bordell hatte er sich nicht hineingetraut, und wenn doch, hatte er die Damen erst gar nicht angesprochen. Er wollte angesprochen werden. Aber selbst für die »Fünf-Mark-Huren«

war er Luft. Seine Mutlosigkeit versuchte er zu kaschieren, seine Erfolglosigkeit zu relativieren – die unpersönliche Zehn-Minuten-Liebe war nichts für jemanden wie ihn. Die Möglichkeit, eine Frau näher kennen zu lernen, schien nun vollends verstellt. Aber er wollte, unbedingt. Gleichzeitig drängten seine unmenschlichen Phantasien, die an Inhaltsreichtum und Intensität zunahmen. Und er hatte etwas dazugelernt: dass er etwas durchsetzen konnte – notfalls mit Gewalt.

7

Die junge Frau wartete an der Ausfahrt der Raststätte „Holmmoor-West", die Autobahn 1 kannte sie bestens. Renate Göbel war auffällig gekleidet: grüner Pullover, kornblumenblaue Jacke, kaffeebrauner Rock, helle Perlonstrümpfe, grüne Slipper. Um den Hals baumelte ein giftgrüner Wollschal. Sie wippte mit dem Oberkörper hin und her, es war kalt an diesem frühen Morgen des 6. Februar 1955. Ihr krauses dunkelbraunes Haar trug sie kurz geschnitten.

Die 19-Jährige wollte mitgenommen werden. Um 9.35 Uhr hielt neben ihr ein blauer Mercedes. Die Tür wurde aufgestoßen: »Wohin?« Sie musterte den Fahrer. Er war zwar nicht ihr Typ, aber er wirkte seriös, wie jemand, dem sie vertrauen durfte. »Ich muss in die Nähe von Münster, meine Tante besuchen«, gab sie zurück. Der Mann, den sie auf etwa 40 schätzte, zündete sich eine Zigarette an. »Du hast Glück, ich fahr' bis Köln.«

Etwa zur selben Zeit stand er am Fenster und starrte auf die Straße. *Er hatte ein Messer in der Hand, und sie war ihm ausgeliefert.* Sein Herz begann schneller zu schlagen, er hatte das Gefühl, keine Luft mehr zu bekommen. Das Kribbeln in der Magengegend wurde stärker. Er knöpfte sein Hemd weiter auf, mit den schweißfeuchten Händen fuhr er sich durch die Haare. Das »komische Gefühl« war wieder da, und es ging nicht weg. Er öffnete das Fenster, atmete mehrmals tief durch. Vergebens. Er wurde es einfach nicht los – und die Bilder im Kopf auch nicht. Er hatte mittlerweile Gefallen daran gefunden. Er stellte sich vor, *das Mädchen hätte Angst vor ihm, er würde gleich über sie herfallen.* Und dann passierte es – zum x-ten Mal.

Lange Zeit hatte er sich an den schaurig-schönen Bildern berauschen können. Begierig war er eingetaucht in die blutige Vision eigener Omnipotenz. Das Kino im Kopf war aufregend gewesen, immer wieder hatte er sich etwas anderes einfallen lassen, ganz nach seinem Geschmack. Aber irgendwann hatte er sich nicht mehr mit der Illusion begnügen wollen, denn die befriedigte nicht wirklich, nicht restlos. Er wurde nicht mehr richtig satt. Er wollte etwas erleben, sich selbst erfahren, hautnah und real. Die Schändung brauchte eine Bühne, er gierte nach einem Opfer aus Fleisch und Blut.

Zwei Tage zuvor war es ähnlich gewesen. Das Verlangen hatte ihn aus der Wohnung getrieben, er war mit Bus und Bahn unterwegs gewesen; mehr als zehn Stunden lang. In einem Waldgebiet in der Nähe von Hamm hatte er sogar eine junge Frau gesehen, die ihren Hund ausführte. Er war ihr hinterhergelaufen, hatte sie immer wieder angestarrt. Es hätte passieren können. Aber sie war unbehelligt davongekommen, er hatte sich nicht getraut. Als er jetzt wieder an die junge Frau denken musste, wollte er sie *poppen* und *kaputtmachen.* Allerdings nicht in seiner Scheinwelt, wo er die Schreie seiner Opfer nicht hören, wo er ihre Haut nicht berühren, wo sein Messer keine Wunden reißen konnte. Und wenn er sie nicht finden würde, dann eben irgendeine andere. *Irgendeine.*

Renate Göbel stand kurz vor zwölf wieder an der Ausfahrt einer Raststätte; diesmal in der Nähe von Osnabrück. Der Fahrer des blauen Mercedes hatte sie nach einer Pinkelpause einfach stehen lassen. Er hatte sich sehr um sie bemüht. Grundsätzlich war sie auch nicht abgeneigt, auf der »Hansalinie« hatte sie schon so manch netten Kerl aufgegabelt. Aber sie bevorzugte stämmige Lastwagenfahrer. Das hatte sie ihrem Begleiter auch zu verstehen gegeben. Eine Viertelstunde später wurde sie wieder mitgenommen.

Das »komische Gefühl« hatte etwas nachgelassen. Aber er spürte diesen Drang, diese innere Anspannung; auch jetzt, als er in der S-Bahn Richtung Dortmund saß. Schräg gegenüber unterhielten sich zwei Frauen. Er schätzte sie auf 30 bis 35. Sie sprachen angeregt über ihre Kinder. In seiner braunen Wolljacke steckte ein Gegenstand, den er jetzt fest umklammert hielt. Er hörte gar nicht mehr zu, er stellte sich nur vor, wie er sie *aufschlitzen und ausnehmen* würde. Er war in Gedanken so sehr damit beschäftigt, dass er gar nicht bemerkte, wie die Frauen beim nächsten Halt den Zug verließen.

Er wollte ins Münsterland fahren, dort in Waldgebieten umherstreifen, ein Opfer aufstöbern. Bottrop und Umgebung waren ihm zu unsicher. Er hatte Angst, dass ihm dort jemand begegnen oder dass ihn jemand während der Tat beobachten könnte, der ihn kannte und der ihn an die Polizei verraten würde. In Münster war er schon häufiger gewesen, er hatte dort um Arbeit nachgefragt. Auch die angrenzenden Regionen kannte er so gut, um sich dort orientieren zu können. Das war ihm wichtig.

Gegen 12.55 Uhr bestieg er in Hamm die Buslinie 5. Endstation sollte das knapp 50 Kilometer entfernte Münster sein. Er wusste, dass der Bus größtenteils über Land fahren würde. Ideal. So konnte er in aller Ruhe die Gegend taxieren. Er wollte dort aussteigen, wo er glaubte, optimale Bedingungen vorzufinden. Irgendwo. Er spürte, dass es jetzt nicht mehr lange dauern würde. Die Anspannung wurde größer, sein Herz begann merklich schneller zu schlagen, mit einem Mal war auch das „komische Gefühl" wieder da. Er wischte mit der rechten Hand am Fenster entlang, er wollte alles ganz genau erkennen können. Seine Handfläche zeichnete dabei einen feinen Schweißfilm auf die Scheibe. Er war aufgeregt. Seine Phantasien ließ er nun nicht mehr zu, er wollte, er musste sich konzentrieren.

»Endstation.« Renate Göbel hatte verstanden. Der freundliche ältere Herr mit dem schütteren grauen Haar hielt in Walstedde, einer 3 000-Seelen-Gemeinde, 20 Kilometer südöstlich von Münster. Er wohnte dort. »Vielen Dank noch mal!« Der Mann nickte kurz und fuhr mit seinem grauen Opel-Rekord davon. Ihrem Ziel war Renate näher gekommen, sie wollte nach Hamm. Denjenigen, die sie mitnahmen, erzählte sie immer eine Geschichte. Niemand sollte wissen, wohin und zu wem sie tatsächlich wollte. Es war 13.35 Uhr, als sie Walstedde verließ und auf der Bundesstraße 63 in Richtung Hamm lief.

Er ließ seinen Blick noch eine Weile prüfend hin und her wandern, dann stellte er hocherfreut fest, dass die Gegend sich für sein Vorhaben bestens eignete: Wiesen, Äcker, Weiden, ein größeres Waldgebiet, Feldwege, nur hin und wieder ein Gehöft, eine kaum befahrene Landstraße. Er war angekommen. Knapp 90 Kilometer hatte er zurückgelegt. An der Haltestelle »Buttermann« – Namensgeber war der dortige Gasthof – stieg er aus. Es war 13.45 Uhr. Dem typischen Fachwerkbau mit den braunen Ziegelsteinen, weißen Fugen und schwarzen Holzbalken schenkte er kaum Beachtung. Er entschied sich, auf dem Randstreifen der Bundesstraße 63 in Richtung Walstedde zu laufen. Bis dort waren es noch etwa anderthalb Kilometer.

Wenige Minuten später erregte etwas seine Aufmerksamkeit. Vielleicht einen halben Kilometer voraus kam ihm jemand entgegen. Er war sich nicht sicher, weil ein hellgrüner Schal das Gesicht bis zur Nase verdeckte – doch Größe und Konturen ließen eine Frau vermuten. Sein Schritt wurde langsamer. Er kniff prüfend die Augen zusammen. Und dann erkannte er den dunklen knielangen Rock. Sofort drehte er sich um. Niemand da. Er ließ seinen Blick unauffällig umherschweifen. Alles ruhig. *Die nimmst' dir jetzt!* Keine Menschenseele weit und breit. Er umfasste mit der rechten Hand das Taschenmesser, das er in der linken Innentasche seiner Jacke trug. Am liebsten wäre er gelaufen, aber er durfte keinen Verdacht erregen. Es waren vielleicht noch 200 Meter. Sein Gang war hastig. Er wollte sich diese Chance nicht entgehen lassen. Es war *die* Gelegenheit.

8

Franz Dietrich machte sich gegen 14 Uhr auf den Rückweg. Er hatte seinen Acker, der an das Waldstück »Lückmannsbusch« grenzte, mit Asche bestreut. Der 45-Jährige betrieb einen Bauernhof, nahe der Bundesstraße 63, knapp einen Kilometer von Walstedde entfernt.

Wie immer radelte er den Waldweg entlang, ein paar Minuten später passierte er die Lichtung. Als er einen größeren Wassertümpel umfahren musste, stutzte er. Dietrich hielt an und lehnte sein Fahrrad an einen Baum. Da lag etwas, keine zehn Meter entfernt. Er hielt es für eine Puppe. Einige Augenblicke später war er sich schon nicht mehr so sicher. Er ging noch ein paar Schritte, um sich Gewissheit zu verschaffen. Entsetzt wich er zurück, schnappte sich das Rad und trat kräftig in die Pedalen. Ihm war unheimlich zumute. Er würde diesen Tag niemals vergessen können. Es war der 8. Februar 1955.

Zu Hause angekommen wählte er die Nummer der Kripo in Lüdinghausen: »Ich habe im Wald eine Leiche gefunden, wahrscheinlich ein junges Mädchen.« Der Kriminalbeamte erklärte ihm, dass er zu Hause bleiben solle, um die Ermittler zum Fundort zu führen.

Zehn Minuten später erschienen zwei Kriminalisten. Dietrich führte die Beamten zur Fundstelle, nur 170 Meter von der Bundesstraße 63 gelegen. Die Ermittler erkannten rasch, dass jede Hilfe zu spät kam. Wenig später forderte einer der beiden Verstärkung an: »Schickt noch einen Streifenwagen. Und sagt denen in Münster Bescheid.« Die Kriminalpolizei in Münster war als »Hauptstelle« zuständig für die Bearbeitung von »Kapitaldelikten« in dieser Region.

Eine Stunde später machten sich zwei Beamte des 1. Kriminalkommissariats an die Arbeit, der Tatort musste untersucht und dokumentiert werden. Der Leichnam befand sich etwa 11 Meter vom Waldweg entfernt, ausgestreckt in Bauchlage. Der Kopf lag auf der linken Seite auf einem mit Moos bewachsenen flachen Baumstumpf. Die Beine waren lang ausgestreckt, der linke Arm lag teilweise unter dem Oberkörper, der rechte abgespreizt auf dem Waldboden. Die Bekleidung saß »nicht regelgerecht«: Rock und Pullover hochgeschoben, Büstenhalter und Unterrock heruntergezogen. Dem Opfer waren Stich- und Schnittverletzungen beigebracht worden. Die linke Ohrmuschel und die Finger der rechten Hand zeigten deutliche Spuren von Tierfraß, das Fleisch war teilweise bis auf die Knochen abgenagt worden.

Um die Leiche herum lagen verschiedene Gegenstände: ein brauner Hornkamm, ein blaues Portemonnaie mit etwas Kleingeld, das Stück eines Strumpfhalters, eine grüne Kollegmappe. Darin fand man unter anderem eine Ausgabe der *Hamburger Morgenpost,* mehrere Fotos, Kosmetika und einen zusammengeknüllten Damenschlüpfer.

Bis hierhin konnten die Beamten keine Besonderheiten feststellen. Es war der typische Tatort, wie er bei einem »Lustmord« mit Überwältigung des Opfers zu erwarten stand. Allgemeines Erstaunen löste hingegen etwas aus, das einen Meter rechts neben der Leiche in Höhe des Kniegelenks gefunden wurde. Es war nicht zu übersehen gewesen. Die Ermittler waren schon häufiger auf so etwas gestoßen, jeder von ihnen – allerdings niemals an einem »Tatort«. Es wurde »asserviert«, in eine Plastiktüte gegeben.

In der Zwischenzeit war eine Mordkommission gebildet worden. Sechs Beamte der zuständigen Fachdienststelle und neun Ermittler aus anderen Kommissariaten würden nun so lange zusammenarbeiten, bis der Mörder überführt war – oder die Erfolgsaussichten gegen Null tendierten. Dann wäre ein derartiger personeller und materieller Aufwand nicht mehr zu rechtfertigen.

Ein wesentlicher Schritt war schnell getan, das Opfer konnte mühelos identifiziert werden. Am Tatort hatte man auch eine Impfbescheinigung gefunden. Sie gehörte Renate Göbel. Ihre Mutter, sie lebte in Hannover, war bereits informiert und nach Münster gebracht worden. Hertha Göbel hatte auch mitgeteilt, dass ihre Tochter im Erziehungsheim »Birkenhof« nahe Hannover untergebracht gewesen sei. Dort galt sie seit dem 29. Dezember 1954 als »abgängig«.

Vier Beamte wurden damit beauftragt, mehr über das Opfer herauszufinden. Denn die Aufklärung dieses Verbrechens schien mit der Beantwortung bestimmter Fragen eng verknüpft: Wo hatte Renate sich in den vergangenen sechs Wochen aufgehalten? Zu wem hatte sie in den letzten Tagen Kontakt gehabt? Wie war sie von Hannover nach Walstedde gekommen? Wen hatte sie hier besuchen wollen? Hatte sie hier gewohnt? Oder vielleicht in einem Nachbarort? Von wem war sie letztmals gesehen worden? Und wo? Vor allem aber: Wer war ihr letzter Begleiter gewesen? Das musste nicht ihr Mörder sein, aber in jedem Fall war er (oder sie) ein »wichtiger Zeuge«. Die örtliche Presse wurde informiert, man erhoffte sich Hinweise aus der Bevölkerung.

Am nächsten Tag wurde obduziert. An der rechten Halsseite klafften drei tiefe Stichwunden, zwei davon »für den Finger durchdringlich bis auf den Kehlkopf«. Rachen und große Blutgefäße waren eröffnet. Die Stichverletzungen verliefen »schräg von oben nach vorn unten« und hatten zu »ausgedehnten Bluteinatmungen in die Lunge« geführt. Renate war an ihrem eigenen Blut qualvoll erstickt.

Die übrigen Verletzungen erschienen den Ermittlern »unpassend«. Sie standen in keinem unmittelbaren Zusammenhang mit dem Tötungsakt. Am linken Oberschenkel verliefen »in Fortsetzung der Gesäßfalten gegen das Kreuzbein aufsteigend zwei strichförmige Schnitte bis unmittelbar an die Afteröffnung«. »Wenige Millimeter daneben« stellte der Obduzent eine »Einstichwunde« fest. Ein Messer »mit etwa 2 Zentimeter breiter Klinge und auslaufender Spitze« sollte das Tatmittel gewesen sein. Der Mörder hatte also mehr getan, als zur Tötung des Opfers notwendig gewesen wäre. Nur was der Täter damit bezweckt hatte, blieb rätselhaft. War Renate gefoltert worden? Hatte man es mit einem Sadisten zu tun? Oder mit einem Psychopathen? War der Mörder vielleicht geisteskrank? Oder hatte er einfach nur die Nerven verloren?

Bei der Eröffnung des Bauchraums fand man einen Fötus. Renate war im dritten oder vierten Monat schwanger gewesen. Dieser besonders tragische Umstand beförderte blitzartig den ehemals werdenden Vater ins Fadenkreuz der Ermittler. War er mit Renate in Streit geraten? Eine Tat im Affekt? Oder doch perfide geplant? Hatte der Täter sich des Problems entledigen wollen – und dabei einen Sexualmord vorgetäuscht?

Gegen die Hypothese »inszenierter Lustmord« sprach indes der »Tatortbefund«: Der Täter hatte das Opfer auf der Lichtung getötet, der Leichnam war also nicht dorthin transportiert worden. Zudem musste Renate Göbel sich heftig gewehrt haben. Auch die lediglich im Schrittbereich des Schlüpfers und am unteren Teil des Rocks nachgewiesenen Spermaspuren sprachen für einen natürlichen Handlungsablauf. Zudem war das Opfer 180 Kilometer von seinem Wohnort entfernt getötet worden, zweifellos untypisch für eine »Beziehungstat«. Die Kommission verständigte sich auf die wahrscheinlichste Ermittlungsrichtung: Renate war ihrem Mörder »zufällig begegnet«. Als »tatkritischer Zeitraum« durfte nach Einschätzung des Gerichtsmediziners der 6. Februar gelten, Renate Göbel war »zwischen 12 und 16 Uhr« getötet worden.

Mittlerweile konnte das Institut für Rechtsmedizin Münster auch einen Untersuchungsbefund vorlegen, der sich mit einem ungewöhnlichen Beweismittel befasste. Etwa einen Meter rechts neben der Leiche, in Höhe des Kniegelenks, war es gefunden worden: ein »relativ frischer« Haufen menschlichen Kots. Die Analysen hatten ergeben, dass das »Asservat 21-55-MK-RE« nicht von Renate Göbel stammte. Das in ihrem Darm vorgefundene Verdaute war »anders gekörnt und wurmfrei«. Dagegen hatte man in dem Kothaufen vom Tatort einen »Madenwurm« entdeckt. Mit »hoher Wahrscheinlichkeit« stammten diese Fäkalien von jenem Mann, der Renate Göbel umgebracht hatte. Die Mediziner vermuteten eine »Angst-Defäkation infolge emotionaler Aufwallung«. Dem Mörder waren offenbar die Nerven durchgegangen. Die Schlussfolgerung der Kommission »Renate«: »wahrscheinlich Ersttäter«.

Aber all diese Hinweise und Erkenntnisse waren zunächst lose Ermittlungsstränge, die noch miteinander verbunden werden mussten. Zunächst galt es, möglichst rasch herauszufinden, wie Renate nach Walstedde gelangt war. Sechs Beamte schwärmten aus. Den Bürgern von Drensteinfurt, Rinkerode, Ahlen, Sendenhorst und Walstedde wurden Fotos des Opfers gezeigt. »Haben Sie diese Frau in den letzten Tagen gesehen?« »Kennen Sie das Mädchen?« Die Beamten ernteten prüfende, neugierige oder erstaunte Blicke, in jedem Fall aber auch ein Kopfschütteln. Eine andere Ermittlungsgruppe wurde losgeschickt, um das Foto von Renate dort vorzulegen, wo Reisende Station machten. Im gesamten Kreis Lüdinghausen wurden Tankstellen, Fernfahrerlokale, Jugendherbergen, Pensionen, Campingplätze und Hotels überprüft. Aber auch hier wollte niemand die junge Frau gesehen haben.

Mittlerweile waren fünf Tage verstrichen, aber keine heiße Spur. Allerdings verfügten die Ermittler nun über nähere Informationen zu Renate Göbel. 1950 war sie als 15-Jährige von ihrer überforderten und gesundheitlich angeschlagenen Mutter in ein Heim gegeben worden, ihren Vater hatte sie kaum gekannt – Friedrich Göbel galt seit Anfang des Krieges in Polen als »vermisst«. Renate war »schwer erziehbar« gewesen, sie hatte häufig die Schule geschwänzt, war immer wieder von zu Hause weggelaufen. Auch in diversen Heimen war der Fürsorgezögling nicht zu halten gewesen. Trotz ihrer Jugend galt sie allgemein als »sexuell erfahren«. Aus ihren Männerbeziehungen hatte sie kein Hehl gemacht. Vornehmlich auf den Autobahnen zwischen Hamburg und Bremen war sie getrampt, hatte dabei regelmäßig im Fernfahrermilieu auch intimen Kontakt gesucht – und gefunden. Von der Polizei war sie mehrfach aufgegriffen und »zurückgeführt« worden; aber schon Tage später hatte sie es nicht mehr ausgehalten und war ausgebüchst.

Es konnte ermittelt werden, dass Renate vom 22. bis zum 29. Dezember 1954 zu ihrer Mutter »beurlaubt« gewesen war. Am 28. Dezember hatte sie sich von ihrer Mutter verabschiedet, angeblich um ins Heim »Birkenhof« zurückzufahren. Dort war sie jedoch nicht angekommen. Renate hatte sich im Januar nachweislich in Oldenburg, Delmenhorst, Bremen, Hamburg und Bremerhaven herumgetrieben, sie war dort aber nie länger als einige Tage geblieben. Derjenige, der sie letztmals lebend gesehen hatte, war Manfred Püttmann, Ausfahrer bei der *Hamburger Morgenpost.* Der 34-jährige Familienvater hatte ausgesagt: »Am 5. Februar habe ich sie das letzte Mal gesehen. Meine Tour ging von Hamburg nach Bremen, sie wollte mit. Ich habe sie öfter mitgenommen. Wir hatten immer einen bestimmten Treffpunkt. Aber gelaufen ist da nichts zwischen uns. In Bremen habe ich sie dann rausgelassen, auf der mittleren Weserbrücke, so um 4.30 Uhr. Danach habe ich von ihr nichts mehr gehört.«

Manfred Püttmann war nur einer von vielen Fernfahrern, die

Renate gekannt hatten. Routinemäßig wurde er überprüft, aber er hatte ein bombensicheres Alibi. Es blieben noch 32 Männer, deren Namen mit Telefonnummer oder Anschrift in ihrem Adressbuch standen. Man hatte das rote Büchlein in ihrem Zimmer im »Birkenhof« gefunden. Da sie dort über anderthalb Monate nicht gewesen war und sie ihre Kontaktadressen in den Wochen vor der Tat sicher benötigt hatte, vermuteten die Ermittler, dass es vielleicht noch ein zweites gab. War dort der Name des Mörders nachzulesen? Hatte er es deshalb mitgenommen?

Aus Sicht der Kommission lag zweifelsfrei ein Sexualverbrechen vor. Die üblichen Verdächtigen mussten überprüft werden, also jener Personenkreis, der bereits wegen solcher oder ähnlicher Delikte »kriminalpolizeilich in Erscheinung getreten« war. Ganz oben auf der Hitliste standen verurteilte »Triebmörder«.

9

Carl Großmann. Fritz Haarmann. Peter Kürten. Adolf Seefeld. Bruno Lüdke. Johann Eichhorn. Paul Ogorzov. Rudolf Pleil. Bernhard Prigan. Heinrich Pommerenke.

Die »großen Lustmörder« waren ein wesentliches oder sogar das zentrale Studienobjekt der »modernen forensischen Psychiatrie«, einer Anfang der fünfziger Jahre in Deutschland noch jungen Wissenschaft. Die Experten für die Seelenheilkunde behaupteten hartnäckig bis stur, »Mordlust« habe vornehmlich etwas mit »Wollust« zu tun. Derjenige, der »monoton dahinschlachtet«, werde von einer »pervers übersteigerten Lust am Töten« angetrieben. Die Ursachen waren auch schnell ausgemacht: »geistige Minderwertigkeit«, »animalische Triebregungen« und »völlige Abnormität«. Mit diesen verschrobenen Etiketten wurden Fundament und Schlüssel für Irrgärten und

Irrenhäuser geliefert. Dorthin gehörten nicht nur die »Sex-Bestien«, sondern auch »Psychopathen« und andere Hirngespinste, die ihr Dasein und Sosein den »Forensen« zu verdanken hatten.

Das Tragische dabei: »Sachverständige« fungierten willig als forensische Allzweckwaffe, produzierten unbeirrt »fachärztliche Gutachten«, um richterliche Unkenntnis zu veredeln. Vermutungen und Hypothesen wurden zur »Lehrmeinung« aufgeblasen, in (zu) vielen »Expertisen« stand himmelschreiender Unsinn geschrieben. Kaum ein Richter wagte zu widersprechen, sie verstanden von all dem zu wenig. Besserwisser bedienten Unwissende, der Trugschluss hatte Hochkonjunktur. Die Folgen waren – zu dieser Zeit wohl unvermeidbare – Fehlurteile, fußend auf psychologischen Vorurteilen und psychiatrischen Vorverurteilungen.

Ein derart unversöhnliches, vernichtendes, der hochabnormen Persönlichkeit des »Massenmörders« nicht gerecht werdendes Urteil wurde auch im November 1950 gefällt, im so genannten Braunschweiger Prozess. Angeklagt war Rudolf Pleil, gelernter Kellner aus Zöblitz im Erzgebirge. Der 26-Jährige hatte 1946/47 zehn Frauen »bestialisch« umgebracht. Im Grenzgebiet zwischen den Ost- und Westzonen war er über seine gutgläubigen Opfer hergefallen, nachdem er sich als Führer angeboten und den Frauen anschließend bei sich bietender Gelegenheit den Schädel eingeschlagen hatte. Sein lapidarer Kommentar: »Erst hab' ich se mit dem Hammer umgehauen, dann hab' ich se bearbeitet.«

Das Urteil des Gutachters war verheerend. Der Facharzt für Nerven- und Geistesheilkunde der Landesheilanstalt Königslutter wies in seinem 22 Seiten starken Pamphlet zielgenau auf »roheste animalische Triebregungen« bei dem Angeklagten hin, der naturgemäß »wie ein Raubtier« gemordet hatte. Dem »bedenkenlosen Triebwesen«, dem »sexuell pervers Degenerierten« fehle »das eigentlich Menschliche fast völlig«, hieß es. Die Ursache für das Morden des Alkoholikers, der zeitlebens unter schweren epileptischen Anfällen litt, lag auf der Hand: »Pleil ist der geborene Verbrecher.« Und die »blutdürstige Bestie« sollte strafrechtlich »voll verantwortlich« gewesen sein. Das Gericht folgte der Einschätzung des »erfahrenen und kompetenten Sachverständigen«, die unabdingbare Unterbringung in einer psychiatrischen Klinik wurde verworfen. Sieben Jahre später fand man Pleil in seiner Einzelzelle, erhängt. Er hatte es »nicht mehr ausgehalten«.

Ähnlich erging es Bernhard Prigan. Dem Gelegenheitsarbeiter wurde über die Jahreswende 1953/54 vor dem Schwurgericht in Mannheim der Prozess gemacht. Die Tatvorwürfe: neben zehn »Notzuchtverbrechen« auch »dreifacher Lustmord«, verübt binnen drei Monaten an jungen Frauen in Oberhausen, Düsseldorf und in der Nähe von Mannheim.

Was viele Bürger über den »Unmenschen« dachten, formulierte das *Badische Volksecho* zum Prozessauftakt in großen schwarzen Lettern: »Prigan – eine Bestie in Menschengestalt.« Auch der »Würger« war von einem Psychiater untersucht worden. Der offenbarte dem Gericht, der Angeklagte »neigt zu Asozialität und Verbrechen«. Die Erklärung hierfür wollte jedem einleuchten, sie war unwiderlegbar – eine »erbliche Vorbelastung« sollte »ursächlich« gewesen sein. Also wurde auch der damals 33-Jährige bedenkenlos und unwidersprochen zum »geborenen Verbrecher« gestempelt. Schließlich hatte der Seelenklempner zudem »eine auffallende Häufung von Entartungsmerkmalen« festgestellt: »spitz angewachsene Augenbrauen«, aber auch ein »aufgehobener Würgereflex«.

Das genügte dem (v)erkennenden Gericht, Prigan wurde zu »dreimal lebenslanges Zuchthaus« verurteilt. Eine dringend notwendige psychiatrische Behandlung blieb ihm verwehrt, der »Triebmörder« galt als »voll schuldfähig«. Die Begründung: »(...) Sein ganzes Tun liegt so auf einer Ebene, die klar erkennen lässt, dass sich hier ein Mensch planvoll kriminell nach furchtbaren, aber gleich bleibenden eigenen Richtlinien betätigt, ein Mensch, der seine Triebe tierisch stillt, aber in planvoller Begehung, die an seinem klaren Gedankenablauf keinen Zweifel lassen. Gewiss ist er ein Psychopath, ein Entarteter, mit Neigung zu allem, was nur asozial genannt werden kann. Aber für das Vorliegen der Voraussetzungen einer verminderten Schuldfähigkeit findet das Gericht nach psychologischem Erforschen der Handlungen und der Täterpersönlichkeit ebenso wenig einen Anhalt wie der Psychiater von der gleichen und der medizinischen Betrachtungsweise her.«

Man wurde sich (fast) immer einig, »Lustmörder« waren nicht menschlich, sie sahen nur so aus. Hinter der Maske des Biedermanns lauerte ein Mordpläne schmiedendes »Ungeheuer«, das lediglich einem genetischen Defekt seine Existenz schuldete. Wer sich *so* aus der Gesellschaft herausgemordet hatte, der musste »tierisch« sein. Und was mit einem »delinquente nato« (dem »geborenen Kriminellen«) zu geschehen hatte, war unzweifelhaft: wegsperren – und zwar für immer.

Diese »Lehrmeinung« verschaffte sich naturgemäß auch in Reihen der Kriminalpolizei Gehör. Und sie wurde akzeptiert. Das Fatale dabei: Kriminalisten jagten Phantome, Fabelwesen; menschenähnliche Kreaturen mit einem vermeintlich immer gleichen Persönlichkeitsprofil, angeblich identischen Verhaltensmustern. Aber was tatsächlich in einem solchen »Monster« vor sich ging, wusste niemand.

10

Sein Vater hatte ihn schon so komisch angeschaut, seine Geschwister auch. Jedenfalls war es ihm so vorgekommen. Hatten sie etwas bemerkt, als er *danach* spätabends heimgekehrt war? Wildfremde Menschen musterten ihn seitdem unentwegt – als wenn sie ihn verdächtigen würden, als wenn sie *davon* wüssten. Einmal war er einem Schutzmann begegnet, zufällig. Als der Polizist auf ihn zugelaufen war, hatte er sich in die Hosen gemacht. *Jetzt is' alles aus!* war ihm durch den Kopf geschossen. Falscher Alarm. Der Beamte hatte ihn nicht mal angesprochen, war schnellen Schrittes vorbeigeeilt.

Er hatte große Angst. Das war schrecklich. Er hatte sich zeitlebens vor vielen Dingen gefürchtet: den Schlägen des Vaters, den Verleumdungen der Geschwister, den Verunglimpfungen der Mitschüler, den Schmähungen der Mädchen. Jetzt war es anders. Da formierte sich etwas Endgültiges, ein Abgrund. Er wurde das Gefühl nicht los, dass da etwas Bedrohliches auf ihn zukam – wie ein Eisberg, der sich erst kurz vor der unvermeidbaren Katastrophe aus der Nebelbank schält. Aber die Gefahr blieb unsichtbar, unberechenbar. Wann, wo und wie er geschnappt werden würde, das hatte er schon viele Male phantasiert. Aber tatsächlich war nichts passiert. Noch nicht. Diese Ungewissheit quälte ihn. Er hatte die Kontrolle verloren, er war vollkommen verunsichert. Ihm waren die Hände gebunden. Er konnte nur abwarten, sich verkriechen und hoffen, dass sie nicht kommen und ihn holen würden.

Jeden Tag hockte er zu Hause und stierte aus dem Fenster. Stundenlang. Ablenkung gab es nicht. Immer wieder ließ er es passieren. Schritt für Schritt wurde Vergangenes gegenwärtig: *wie er sie angesprochen, wie sie ihn vernatzt, wie er sie in den Wald gezerrt, wie er sie geschlagen, wie er sie zu Boden gedrückt, wie er auf sie eingestochen, wie er ihre Kleidung hochgeschoben, wie er ihren Körper begrabscht hatte.* Wenn er daran dachte, kam das »komische Gefühl«. Dann masturbierte er. Das war wie eine Erlösung.

Restlos befriedigt hatte ihn die Tat indes nicht. Schon kurz nachdem er über die junge Frau hergefallen war, hatte er so empfunden. Das konnte doch nicht alles gewesen sein. Ihm war etwas vorenthalten worden. Er hatte sich das anders vorgestellt, er hatte mit seinem Opfer auch verkehren wollen. Aber bevor er in den toten Körper hatte eindringen können, war es ihm wieder passiert – so wie bei Rita. Die Spermaspuren an Renates Kleidung zeugten von seinem Unvermögen. Danach hatte er sich nochmals aufgeilen wollen. Mit dem Messer hatte er an Oberschenkel und Gesäß vorsichtig herumgeschnitten, dann einmal zugestochen. Aber es hatte ihm nichts gebracht.

Immer wenn er sich in Gedanken über den Leichnam beugte, das Messer noch in der Hand, setzte die Ernüchterung ein. Augenblicke später war er nicht mehr Regisseur, sondern nur noch Statist. Aus dem Jäger wurde wieder der Geächtete, der Gejagte, der Gehetzte. Dann starrte er gebannt auf das, was er angerichtet hatte: *Halbnackt und blutbesudelt lag sie vor ihm.* Schließlich war alles wieder präsent. Urplötzlich. Als hätte er sie gerade erst geschändet. Die Angst überwältigte das Verlangen, er wurde aus seinen ekstatischen Trugbildern herausgeschleudert, hinein in den Albtraum, der sein Leben war.

Er musste sich Fragen gefallen lassen: *Hat mich jemand im Bus erkannt? Oder im Zug? Oder auf der Landstraße? Vielleicht ein Autofahrer? Da war doch der mit dem Traktor! Hat der mich wirklich nich' gesehen, als ich mich hinter den Büschen verkrochen hab'? Und im Wald! Hab' ich da was übersehen? Hab' ich da was liegen gelassen? Oder verloren? Hätt' ich sie nich' besser mit Laub und Zweigen zudecken sollen? Und ihre Klamotten! Hätt' ich die nich' verstecken müssen? Hat mich jemand gesehen, als ich aus dem Wald gekommen bin? Finden die das Messer? Hab' ich's weit genug weggeworfen?*

Nicht jede Frage konnte er sicher beantworten. Bestimmte

Passagen des Geschehenen hatten rauschhaften, affektiven Charakter gehabt. Er konnte sich nicht zweifelsfrei erinnern. Es gab mehrere Möglichkeiten.

Renate Göbel selbst spielte in seinen Überlegungen nur eine Nebenrolle. Sie war nicht mehr als ein austauschbares Objekt seiner obskuren Begierde. Er bereute nichts. *Die hat's doch nich' besser verdient, das Miststück. Hab' se doch nur poppen wollen. Hab' se doch auch noch gefragt, ob se will! Gelacht hat se nur. Blöd gelacht hat se. Und dann hat se mich auch noch beschimpft: Idiot. Penner.* Frustration und Obsession hatten sich für einen Moment gefunden, ein hochexplosives Gemisch ergeben, wie eine Treibladung gewirkt. Er hatte sich aus seiner Sicht nichts vorzuwerfen. Nur die Befürchtung, geschnappt zu werden, ließ ihn nicht zur Ruhe kommen.

Er schlief und aß schlecht. Oder gar nicht. Wenn er sich mal aus dem Haus traute, dann erst am frühen Abend, wenn es dunkel war. Er schlenderte ziellos durch die Straßen, den Kopf geduckt, die Hände in den Hosentaschen. Wenn er so lief, hatte er das Gefühl, sie würden ihn nicht bekommen. Zu Hause war das anders. Da hätten *die* vor der Tür stehen können, er wäre ihnen ausgeliefert gewesen. Anfangs hatte er gehofft, die Angst würde sich irgendwann verflüchtigen wie ein übler Geruch. Das Gegenteil war der Fall, es wurde schlimmer.

Nicht nur die Befürchtung, für unabsehbare Zeit in einem dunklen Verlies zu versauern, machte ihm das Leben schwer. Genauso belastend war für ihn, dass er nicht einschätzen konnte, wie weit die Ermittler mit ihrer Untersuchung waren. Er wusste nicht, was die wussten.

11

Die Fahnder der »Mordkommission Renate« hatten zwei Wochen nach der Tat eine erste heiße Spur. In den Lokalausgaben der Tageszeitungen *Glocke* und *Dreingau* war ausführlich über den Mord berichtet worden. Eine Arzthelferin hatte das Opfer auf dem Foto in der Zeitung wiedererkannt. Helga Bartling arbeitete in Walstedde. Während der Mittagspause wollte sie Renate Göbel begegnet sein, auf der Hauptstraße. Was die Zeugin darüber hinaus zu berichten wusste, löste in Reihen der Beamten hektische Betriebsamkeit aus. »Ich bin mir absolut sicher«, hatte die 26-Jährige beteuert, »die war nicht allein. Sie war in Begleitung eines Mannes.« Die Beschreibung des Unbekannten war nicht präzise, aber brauchbar: »Unter 40 Jahre alt, 1,65 bis 1,70 Meter groß, schlank, bräunlich gekleidet, und der hatte einen Hut auf.«

Die Helga Bartling vernehmenden Beamten hielten ihre Aussage für »glaubwürdig«. Hatte der Mann mit Hut Renate Göbel angesprochen, ihr Vertrauen gewonnen, sie begleitet, an den Tatort gelockt und dort umgebracht? Einige Mitglieder der Kommission waren davon überzeugt. Zumal: Renate und der Unbekannte waren in Richtung des späteren Tatorts gelaufen, und dieser Tathergang passte zum Profil des Opfers. Die 19-Jährige galt als »kontaktfreudig«, »abenteuerlustig«, »unvorsichtig«, Fremden gegenüber »aufgeschlossen«.

Alle Verbrecherkarteien des Landkreises Lüdinghausen wurden gesichtet. Jeder Mann, der so alt, so groß und so gebaut war wie Renates Begleiter, gehörte ab sofort zum Kreis der Verdächtigen. Helga Bartling wurden im Polizeipräsidium Münster stapelweise Bilder vorgelegt. »War es der?« Kopfschütteln. Das nächste Foto. »Was ist mit dem?« »Nein.« Einige Male stutzte die Zeugin. Die Abgebildeten hatten »Ähnlichkeit mit dem«. Nach längerem Überlegen gab sie dann doch Entwarnung: »Wohl eher nicht.« Anderthalb Stunden dauerte die »Wahllichtbildvorlage«, das Ergebnis war ernüchternd. »Ich bin mir ziemlich sicher«, resümierte Helga Bartling, »der war nicht dabei.«

Aber es gab noch andere heiße Kandidaten. 32 Männer rückten nun in den Focus der Ermittlungen. Ihre Namen oder Telefonnummern standen in Renate Göbels Adressbuch. Allesamt wurden sie ausfindig gemacht, vornehmlich in Norddeutschland. Drei von ihnen erfüllten die Auswahlkriterien. Sie wurden fotografiert, ihre Bilder Helga Bartling gezeigt. »Lassen Sie sich ruhig Zeit damit.« Die Beamten waren sich durchaus der Gefahr einer »Falsch-Identifizierung« bewusst – insbesondere, wenn Zeugen bei einer »Kapitalsache« unter Erfolgsdruck geraten oder zu geraten glauben. Fünf Minuten später löste sich die Anspannung der Kriminalisten. Allerdings war das Ergebnis frustrierend: dreimal »nein«. Helga Bartling hatte sich entschieden.

Am 22. Februar erreichte die Kommission die nächste Hiobsbotschaft. Das Institut für Rechtsmedizin der Universität Münster teilte mit, dass die an der Kleidung von Renate Göbel gefundenen Spermaspuren »nicht auswertbar« seien. Der Grund: »Wegen der Verschmutzung ist eine genauere Untersuchung nicht möglich.« Die Ermittler hatten gehofft, die »Blutgruppenzugehörigkeit« des Täters feststellen zu können. Wieder ein Misserfolg.

Das Ergebnis nach 15 Tagen intensiver Ermittlungen war nicht dürftig, es war niederschmetternd. 132 Hinweisen aus der Bevölkerung war nachgejagt worden, 68 vorbestrafte »Sittlichkeitsverbrecher« hatte man überprüft, hunderte Befragungen durchgeführt. Keine Spur hatte zum Täter geführt – nicht einmal in seine Nähe.

12

Er hatte keinen Respekt vor der Polizei, er hatte Angst. Warum das so war, wusste er nur zu genau. Die Bilder hatte er nicht vergessen können, immer wieder wurden sie lebendig; insbesondere dann, wenn er an einer Polizeiwache vorbeikam, wenn ein Streifenwagen an ihm vorbeifuhr oder wenn ein Polizist seinen Weg kreuzte. Dann sah er *den Mann auf dem Boden liegen: zusammengekrümmt, vor Schmerzen stöhnend, aus Mund und Nase heftig blutend.* Mehrere Uniformierte, darunter ein Freund seines Vaters, hatten damals auf den Wehrlosen mit schwarzen Gummiknüppeln eingedroschen, mit schweren Stiefeln zugetreten; so lange, bis der Geschundene bewusstlos zusammengesackt war. Sein Vater hatte auch zugesehen, aber nur gemeint: »Recht so, perverses Schwein!« Und der Polizist, dem sie ein Pfund Kaffee gebracht hatten, war auch noch Minuten später kaum zu beruhigen gewesen. Mit glänzenden Augen und geballter Faust hatte er gemahnt: »Mit so einem machen wir hier kurzen Prozess!« Am nächsten Tag war der »Triebtäter« gestorben, man hatte ihn zu Tode geprügelt.

Aus diesem traumatischen Erlebnis hatte er gelernt. Die Polizei ist brutal, schnappt alle Verbrecher, und »Sittentäter« müssen um das nackte Leben fürchten. Er hatte keine konkrete Vorstellung, wer und was mit derlei Etiketten gemeint war. Aber er wusste, dass »Sittenstrolche« Männer waren, die Kindern oder Frauen Gewalt antaten, sie missbrauchten – so, wie er das gemacht hatte. Und er hatte begriffen, dass er einen Schritt weitergegangen war. *Was machen die dann erst mit MIR, wenn die mich kriegen?* Immer, wenn diese Befürchtung von ihm Besitz ergriff, fiel ihm siedendheiß die Drohung des Prügel-Polizisten ein: *Mit so einem machen wir kurzen Prozess!* Und dann würden sie auch ihn totschlagen.

Wie die Kripo in solchen Fällen vorging, wusste er nicht. Er hatte aber gelernt, dass diese Polizisten keine Uniformen trugen.

Das irritierte ihn. Er konnte den Feind nicht erkennen. Jedem Fremden, dem er begegnete, jedem Unbekannten, dem er die Wohnungstür öffnete, musste er misstrauen. Es konnte mit einem Mal vorbei sein. Das war anstrengend. Das war unerträglich. Fieberhaft überlegte er, suchte nach einem Ausweg aus diesem Dilemma.

Schließlich deutete sich so etwas wie eine Lösung an. *Je weiter ich weg bin, desto besser für mich.* Dieser Grundgedanke leuchtete ihm ein. Er musste also die Stadt verlassen, besser noch das Land. Diese Idee beflügelte ihn, sie machte Mut, er schöpfte neue Hoffnung. Aber wohin er gehen sollte, dazu wollte ihm partout nichts einfallen. Und da gab es noch etwas, dass all seine Fluchtpläne zu vereiteln drohte. Er war pleite, lebte vom knapp bemessenen Taschengeld seines Vaters. Dessen Ultimatum hatte er nicht vergessen: »Wenn du nicht in Arbeit kommst, schmeiß' ich dich raus!«

Er ging zum Arbeitsamt in Bottrop. Unverhofft traf er dort seinen ehemaligen Kumpel Friedhelm Kuczera. Sie waren in ihrer gemeinsamen Zeit auf der Zeche »Prosper II« keine Freunde geworden, aber sie respektierten einander. Während der Busfahrten hatten sie dann und wann gequatscht und dabei, jeder für sich, Gemeinsamkeiten ausgemacht. Der 24-jährige Kuczera war ledig, wohnte noch bei seinem Onkel und galt nach einem Arbeitsunfall als »schwer vermittelbar«. Aber er hatte Zukunftspläne.

»Wenn hier für mich nix zu kriegen is', hau ich in'n Sack. Drüben haben meine Eltern 'nen Hof, der geht gut.«

»Wo soll'n das sein?«

»Ostzone, DDR. Kennst' Leipzig?«

Er schüttelte mit dem Kopf.

»In 'nem Vorort. Is' nich' weit von der tschechischen Grenze weg. Wir suchen immer Leute, die ordentlich anpacken können. Kannst ja mal drüber nachdenken.«

Diese Worte gingen ihm nicht mehr aus dem Kopf. Es war

genau das, wonach er gesucht, worauf er gehofft hatte – eine Fluchtmöglichkeit. Er könnte sich aus dem Staub machen, er könnte alles hinter sich lassen. *Dann bin ich frei!*

Zwei Tage später besuchte er Friedhelm Kuczera. Der versicherte, bei seiner Mutter nachfragen zu wollen. Jetzt war er ganz nah dran, das spürte er. Bald würde er sich seinem unbequemen, ungeliebten Vater nicht mehr beugen müssen. Und er wäre seine unsichtbaren Widersacher los, ein für allemal. Davon war er überzeugt.

Die erlösende Nachricht erreichte ihn am 30. März 1955: »Meine Eltern erwarten dich. Viel Glück!« Das fehlende Geld klaute er seinem zweitältesten Bruder, 300 Mark hatte er nun zur Verfügung. Das war genug. Noch am selben Tag machte er sich auf den Weg. Wohin es gehen sollte, wusste nur Friedhelm Kuczera.

Am 1. April erreichte er seinen Bestimmungsort. Der Bauernhof zählte zur sächsischen Gemeinde Borsdorf, gut zehn Kilometer von Leipzig gelegen. Er wurde herzlich aufgenommen, eine für ihn ungewohnte Erfahrung. 280 Mark Lohn sollte er monatlich bekommen. Davon wurden 50 Mark für Kost und Logis einbehalten. Die kleine Kammer im Haupthaus musste er sich mit einem anderen Knecht teilen. Das störte ihn – obwohl er es nicht anders gewohnt war.

Knapp vier Wochen waren nun vergangen, seit er Renate Göbel umgebracht hatte. Erstmals fühlte er sich vollkommen sicher.

Auf dem Hof war immer reichlich zu tun, täglich mindestens zwölf Stunden hatte er zu arbeiten, meistens auch samstags und sonntags. »Freizeit« gab es selten. Seine Aufgaben waren eher schlichter Natur. Er schleppte und zersägte Holz, das gebraucht wurde, um Schäden an Haus, Scheune und Ställen auszubessern. Er reinigte die Wassergräben auf Äckern und Feldern. Er ging dem Bauern beim Düngen und Aussäen zur Hand. Auch im Bauerngarten musste er zupacken: Mulchschichten entfernen, den Boden lockern und glatt rechen, das sprießende Unkraut jäten. Freude empfand er dabei nicht, insbesondere das frühmorgendliche Aufstehen fiel ihm schwer. Doch er bemühte sich.

Manchmal wurde es ihm dennoch zu viel. Er war immer noch ein hagerer Bursche, die harte körperliche Arbeit führte ihn regelmäßig an die Grenzen seiner Leistungsfähigkeit. Wenn er nicht mehr konnte, dann klagte er über Magenschmerzen. Oder über Kopfweh. Oder ihm war übel. Die anderen Knechte mussten seine Arbeit mit erledigen. Anfangs ohne Murren, später widerwillig. Nach drei Wochen war er der »Drückeberger«.

Auch Wilhelm Kuczera, dem Bauern, waren diese Merkwürdigkeiten nicht entgangen. Er sprach mit seiner Frau darüber. Ihr Urteil war vernichtend: »Der taugt doch nischt!« Eine Bewährungschance sollte er nicht bekommen. Der »Faulpelz« musste den Hof verlassen, nach nur einem Monat.

Der Rauswurf ärgerte ihn. Er hatte ein Dach über dem Kopf gehabt, regelmäßig Mahlzeiten bekommen, ein paar Mark verdient. Jetzt stand er wieder mit leeren Händen da, nur den abgewetzten braunen Reisekoffer samt Inhalt durfte er sein Eigen nennen. Zukunftsängste entwickelte er indes kaum. Er war nicht imstande, perspektivisch zu denken oder gar Visionen zu entwickeln. Er dachte und plante kurzfristig, von Tag zu Tag. Zudem hatte Wilhelm Kuczera ihm wohlmeinend geraten: »Versuch's doch mal in Böhlen.«

Der Braunkohlentagebau ernährte dort gut 30 000 Bergleute und Energiewerker. Die knapp 5000 Einwohner zählende Gemeinde, 15 Kilometer südlich von Leipzig auf einer Anhöhe des Schwarzatals gelegen, war in erster Linie Schlafstadt und »Werk«.

Das Landschaftsbild in der Region rings um Böhlen, später »Südraum Leipzig« genannt, wurde dominiert von Brikettfabriken, Schornsteinen, Kraftwerken, riesigen Tagebauen mit eigenen Schienennetzen und wachsenden Abraumhalden. Luft,

Wasser und Boden waren hochgradig verschmutzt; Dörfer, Straßen, Wälder oder Kulturgüter wurden bei Bedarf bedenkenlos überbaggert.

Ihm war Ähnliches widerfahren. Zeitlebens war er fremdbestimmt und ausgebeutet worden, fortwährende Geringschätzung und Missachtung hatten seine Persönlichkeit ausgehöhlt, deformiert, tiefe Krater gerissen. Die Wunden waren vernarbt, aber nicht ausgeheilt. Er blieb ein seelisches Wrack, verschlossen, gehemmt, Schutz in der Anonymität suchend. Er wollte nicht auffallen, er wollte nicht zur Kenntnis genommen werden, er wollte für sich sein. Und er passte irgendwie in diese Einöde, über die schon im Jahre 1905 der Publizist Ludwig Bräutigam geurteilt hatte: »Ich habe noch niemals Lobpreisungen dieses Erdstrichs gelesen. Getadelt wird er eigentlich auch nicht. In landschaftlicher Hinsicht ist ihm das Schlimmste widerfahren: man spricht überhaupt nicht von ihm.«

Schon zwei Tage nach seinem Rausschmiss in Borsdorf fand er eine neue Anstellung. Wilhelm Kuczera hatte Recht behalten. Die *Braunkohlen- und Brikett-AG* wollte ihn als Rangierer entlohnen. Sein Revier wurden die werkseigenen Gruben- und Verbindungsbahnen, über die der Transport der Kohle in die Fabriken und Kraftwerke erfolgte. Das behagte ihm. Er würde nicht wie in Bottrop Kohlen schleppen müssen. Auch mit seiner Unterkunft war er einverstanden, einem Doppelzimmer im »Ledigenheim« seines Arbeitgebers in Böhlen. Dort wohnte er allein, das zweite Bett blieb zunächst leer.

Das war er nicht gewohnt, das hatte er auch nicht erwartet. Deshalb blieb er zunächst misstrauisch. Wie immer. Denn Vergleichbares hatte er nur einmal erlebt, mit Rita. Und dann war er doch gedemütigt worden, auch von Rita. *VERSAGER.* Er war nicht nur deswegen sehr vorsichtig geworden. Aber auch jetzt empfand er wieder etwas, für das es in seinem außerordentlich knapp bemessenen Wortschatz keine Entsprechung gab. Es war nicht nur eine verlockende Vorstellung, es hätte eine Bestätigung sein können, ein Sieg, vielleicht sogar ein Triumph. Schließlich hatte er sich das nicht eingebildet oder nur davon geträumt, es war tatsächlich passiert. Er hatte es geschafft. Wenn er sich jemandem hätte mitteilen, wenn er das Erlebte in Worte hätte kleiden sollen, es wäre »schön« gewesen – eine glatte Untertreibung, aber genauer hätte er sich nicht ausdrücken können. Dass niemand danach fragte, störte ihn nicht. Aber dass er nicht den Mumm aufbrachte, diese betörende Empfindung zuzulassen, sie auszukosten oder für eigene Zwecke auszuschlachten, war »nicht schön«.

Er hatte jetzt endlich einen Job. Zudem fand er mit seinen neuen Kollegen ein Auskommen. Und er hatte ein Zimmer für sich. Er würde so viel Geld verdienen wie nie zuvor. Er hatte eine Perspektive. Er hatte es allen gezeigt, sie widerlegt. Auf das Erreichte hätte er stolz sein dürfen. Aber er traute sich nicht, er traute sich selbst nicht über den Weg. Denn: *»Du bringst es doch eh zu nix!«* Sein Vater hatte ihn häufig so niedergemacht. Die unliebsame Vergangenheit holte ihn immer wieder ein. Für viele andere war er der Depp gewesen, der Trottel. Er hatte diese Schmähungen nicht nur geschluckt, sondern auch verinnerlicht, widerstrebend akzeptiert. *»Doof bleibt doof.«* So hatten ihn auch seine Brüder aufgezogen. Er vertraute diesen achtlos dahingeworfenen Prophezeiungen mehr als sich selbst. Er hatte einen Namen, eine Identität, aber keine Persönlichkeit, die es ihm gestattete, einen eigenen Standpunkt zu entwickeln und zu vertreten.

Den Wunsch, die Vorstellung, ein Mädel *poppen und kaputtmachen,* hatte er in den Wochen zuvor zurückdrängen können. Die Angst, dass *sie* ihn kassierten, war der Schlüssel zu der Zelle gewesen, in der er verharrte, aus der er sich nicht hatte befreien können.

Neun Wochen waren nun seit seiner Flucht verstrichen, und er war immer noch ein freier Mann. Niemand hatte unangenehme Fragen gestellt oder ihn verdächtigt. Es war überhaupt nichts passiert. *So einfach ist das!* Diese Erfahrung beflügelte seine Phantasie, der Gedanke ließ ihn nicht mehr los. *SO EINFACH IST DAS!*

Er missbrauchte und tötete seine Opfer, wenn ihm danach war, wenn er nicht anders konnte. Gelegenheiten gab es reichlich, meistens traf es Frauen in seinem Alter. Die Opfer wehrten sich nicht, ließen alles geschehen. Erst als er ihnen seine Hände um den Hals schlang, schlugen sie heftig mit den Armen, schrien, versuchten ihn zu beißen, zu treten, sich loszureißen. Aber er gab keinen Pardon. Er genoss es, ihren Widerstand zu brechen. Wenn ihre Körper erschlafften, kam er zum Höhepunkt. Nur ein einziges Mal war eine junge Frau mit dem Leben davongekommen. Wenn es nach ihm gegangen wäre, hätte er auch sie getötet. Aber er war gestört worden, von einem der Zimmernachbarn. Der hatte so penetrant und so heftig an seine Tür geklopft, dass er die schaurig-schönen Bilder in seinem Kopf nicht hatte festhalten können.

Ihm war zunächst gar nicht aufgefallen, dass es nicht mehr passiert war. Aber als das »komische Gefühl« ihn wieder überkam, urplötzlich, da realisierte er, was ihm so sehr fehlte, dass er sich auf Dauer nicht mit bloßen Hirngespinsten würde abspeisen lassen. Er wollte endlich wieder über eine Frau verfügen können. Schrankenlos. Hemmungslos.

Die einmal erfolgreich praktizierte Strategie wollte er beibehalten. Böhlen und Umgebung erschienen ihm für sein Vorhaben zu riskant. Er befürchtete, durch Arbeitskollegen zufällig beobachtet und anschließend verpfiffen zu werden. Aber der Nachbarort Zwenkau, nur wenige Kilometer entfernt zwischen Weißer Elster und Pleiße in der Leipziger Tieflandsbucht gelegen, bot sich an; insbesondere die dortigen Waldgebiete.

Wenn es die Witterung zuließ, durchstreifte er die Umgebung Zwenkaus. Er marschierte auf Feldwegen in den Außenbezirken Kotzschbar und Imnitz, trieb sich am Wasserwerk herum oder versuchte es entlang der Bundesstraße 2. Er war gespannt und angespannt. Jederzeit konnte ihm ein potentielles Opfer begegnen, das erregte ihn. Sofern ihm die Örtlichkeit zusagte, sie ausreichend Deckung bot, wurden seine Schritte kürzer, aber er blieb nicht stehen. Obwohl niemand zu sehen war, wollte er nicht auffallen. Er ging weiter, kehrte aber regelmäßig dorthin zurück. *Vielleicht kommt dann ja eine. Und dann schnapp' ich se mir!*

Aber seine großen Erwartungen blieben unerfüllt. Wenn er sich müde gelaufen hatte und nicht mehr damit rechnete, jemandem zu begegnen, den er schänden und töten konnte, schlug er sich in die Büsche. Dort onanierte er und stellte sich vor, wie es gewesen wäre, hätte er doch Glück gehabt.

Dass er seine Gier nicht stillen konnte, irritierte ihn. Anfangs wollte ihm nicht einleuchten, warum es nicht gelang. Er war ratlos. Ihm fiel einfach nichts ein. Dabei hatte er aus seiner Sicht doch alles richtig gemacht, war genau nach Plan vorgegangen. Aber irgendwann erkannte er, dass ein negatives Ergebnis auch die Lösung sein konnte: *Da sind keine Mädels.* Er war zur richtigen Zeit am falschen Ort gewesen.

Er musste seine Methode, von der er so überzeugt gewesen war, ändern. Nicht wie er vorgehen würde, war entscheidend, sondern wo. Nach reiflicher Überlegung fiel seine Wahl auf Zwenkau. Er kannte sich dort mittlerweile gut aus. In der Innenstadt würde er auf eine Frau treffen, die er überfallen konnte – davon war er überzeugt. Ihm war durchaus bewusst, dass er ein höheres Risiko eingehen würde, aber er vertraute darauf, dass ihn in der Dunkelheit niemand erkennen konnte. Er würde sein Opfer von hinten anspringen, in den Würgegriff nehmen, in eine dunkle Ecke zerren, dort töten, die Kleider vom Leib reißen, sich an dem Leichnam vergehen – und anschließend unerkannt in der Dunkelheit verschwinden. So wollte er vorgehen. Er war optimistisch, er glaubte an seine Chance.

Er stand einfach nur da und starrte in die Dunkelheit. Das ging schon eine knappe halbe Stunde so. In der hellbraunen Cordhose und dem blauen Perlonanorak war er so gut wie nicht zu erkennen, und der Torbogen des Zwenkauer Rathauses bot ihm ausreichend Deckung. Die drei Meter hohe Eingangspforte hinter ihm war längst verschlossen worden. Er hatte sich diesen Ort ausgesucht, weil das Rathaus auf dem Mühlberg thronte und er von oben herab Straße und Bürgersteige weithin einsehen konnte – eine ideale Ausgangsposition, um unbemerkt vorbeikommende Passanten beobachten und belauern zu können. Aber außer einem eng umschlungen dahinschlendernden Pärchen, einem älteren Herrn mit Hund und einem Fahrradfahrer hatte er niemand ins Visier nehmen können.

Er war am späten Nachmittag aufgebrochen. Die genaue Uhrzeit kannte er nicht. Dann aber begannen die Glocken der gegenüberliegenden Laurentiuskirche zu läuten. Er zählte neun Schläge. Es war der 14. Mai 1955.

Wenig später hörte er Schritte. Aber er konnte niemanden sehen. Er beugte seinen Oberkörper nach vorn und spähte an der Hauswand vorbei nach links. *Eine Frau!* durchfuhr es ihn. Er hatte die gelockten dunklen Haare erkennen können, sie reichten bis weit über die Schultern. Seine Hände verkrampften sich. Blitzartig trat er einen Schritt zurück. Er klebte förmlich an der kalten Steinwand. Sie sollte ihn nicht bemerken können.

Sekunden später passierte die Frau das Rathaus auf dem gegenüberliegenden Bürgersteig. Das Gesicht konnte er nicht ausmachen, sie lief schräg an ihm vorbei, keine 20 Meter entfernt. Sein Herz begann heftig zu pochen. Er musterte sie: dunkle Wildlederjacke mit Kapuze, dunkle Cordhose, schwarze Schaftstiefel. *Dich krieg' ich!*

Als sie ihm den Rücken zukehrte, war es soweit. Er marschierte über den menschenleeren Rathausvorplatz, überquerte die Straße und folgte ihr. Sie drehte sich nicht um, sie ahnte nichts von der tödlichen Gefahr, die sich in ihrem Rücken anbahnte.

Noch nicht. Obwohl die Straße wie leergefegt war, wollte er den Überfall erst dann beginnen, wenn sie eine Örtlichkeit erreichten, wo er sein Opfer möglichst ungestört malträtieren konnte. Er musste also Abstand halten, um keinen Verdacht zu erregen. Er durfte aber auch nur so weit zurückbleiben, dass er sie bei günstiger Gelegenheit binnen Sekunden überwältigen konnte. Er ließ sie etwa 40 Meter vor sich herlaufen.

Wenige Minuten später erreichten sie den Friedhof. Während seine Augen die Frau unablässig fixierten, begann er zu überlegen. *Hier? Hinter den Büschen sieht mich keiner. Aber wie krieg' ich die über'n Zaun?* Am liebsten hätte er sich sofort über sie hergemacht. Aber die Sache erschien ihm noch zu riskant. Und er traute sich nicht zu, den Körper der Frau über den Zaun zu wuchten. *Zu hoch.* Ein unüberwindbares Hindernis.

Die Frau bog nach links ab in Richtung Krankenhaus. Unbekümmert setzte sie ihren Weg fort. Er forcierte das Tempo, verringerte den Abstand. Er wurde ungeduldig. Ein paar hundert Meter weiter konnte er auf der rechten Straßenseite einen größeren Parkplatz ausmachen. Dort standen auch mehrere Autos, die im fahlen Licht der Straßenlaternen kaum zu erkennen waren. Er ging noch schneller. Lange hatte er nicht nachdenken müssen. *Hier!* Er wollte sie überwältigen, zwischen zwei parkende Wagen zerren. Nur noch ein paar Meter, dann würde er sie packen. Er hatte nur noch Augen für sie. *Jetzt!*

Auf jenes Geräusch, das ihn hätte zurückhalten müssen, reagierte er nicht mehr.

13

Es war stockfinster. Nur gelegentlich wurde die nächtliche Stille durch Hundegebell zerrissen. Der muffig-faulige Gestank machte das Atmen schwer. Nur durch einige winzige Löcher wurde der Raum belüftet. Er konnte nicht einschlafen, er war niedergeschlagen, zu aufgeregt. Und er machte sich Sorgen.

Hab' ich doch nich' mit Absicht gemacht. Konnt' doch nix dafür. Is' doch ungerecht. Das hätt' 'nem anderen auch passieren können.

Zwei mal zwei Meter waren ihm von seiner Freiheit geblieben. Die einzige Abwechslung in diesem mittelalterlich anmutenden Verließ waren die große Blechschüssel, in der er seine Notdurft zu verrichten hatte, und die unbequeme Pritsche, auf der er lag.

Hab' mich doch entschuldigt. Das andere konnt' ich doch nich' sagen. Die hätten mich doch sofort totgeschlagen.

Ja, ich musst' wieder an die Sache denken, als das passiert ist. Deshalb war ich auch so nervös. Und dann hab' ich das Ding einfach vergessen. Kann doch mal vorkommen, verdammt! Is' doch auch nich' viel passiert.

Er drehte sich auf die Seite. Eine Decke hatten sie ihm nicht gegeben. Es war kalt. Er drängte sich ganz nah an die Zellenwand. Das Gekritzel dort konnte er nicht lesen. Vielleicht würde er sich morgen damit beschäftigen, wenn es hell war. Dann holten ihn seine düsteren Gedanken wieder ein.

Was is', wenn die kommt und sich die Leute hier anguckt! Und der Typ mit dem Auto hat mich auch gesehen. Was is', wenn die mit dem Finger auf mich zeigen! Der da, der war's. Die kriegen das doch raus. Und ich komm' hier nich' weg. Wieso hab' ich den übersehen, warum hab' ich den nich' gehört? War doch keiner da, nur ich und die. Kacke!

Plötzlich ein Geräusch. Er zog die Knie an. Jemand war an der Tür. Mit lautem Getöse wurde der Sehschlitz aufgerissen.

Das Licht einer Taschenlampe suchte sich ein Ziel und verharrte für einige Momente auf seinem Gesicht. Er zeigte keine Reaktion, tat so, als würde er schlafen. Der Lichtstrahl verschwand, der Riegel wurde wieder vorgeschoben. Erst als er sich entfernende Schritte hörte, öffnete er die Augen. Er starrte auf die Stäbe, die das winzige Zellenfenster vergitterten.

Warum musste dieser Blödmann sich auch einmischen! Wollt' wohl 'nen Helden spielen. Hätt' doch auch vorbeifahren können. Hat der mein Gesicht gesehen? Hab' mich doch immer geduckt, weggedreht. Außerdem war's doch stockduster. Der kann mich doch gar nich' gesehen haben. So richtig. Das ging doch alles ruck, zuck. Und die blöde Kuh hat immer nur geschrien, mit 'n Armen so rumgefuchtelt. Aber hübsch war se. Die langen lockigen Haare, nettes Gesicht. Mehr hab' ich ja nich' gesehen. Leider! War einfach zu dunkel. Die hätt' mir aber wohl gefallen. Die hätt' ich gern gepoppt. Und dann hätt' ich se kaputtgemacht. Verdammte Kacke!

Irgendwann schlief er ein.

Das Kreisgericht Leipzig hatte ihn in die Strafvollzugseinrichtung Torgau geschickt. In »Fort Zinna«, ehemals sächsische Landesfestung und später Militärgefängnis der Nazis und Sowjets, wurden seit 1950 auch »Staatsfeinde« zwangskaserniert. Der Mord an Renate Göbel war ihm nicht vorgeworfen worden, auch nicht der gescheiterte Überfall auf die junge Frau in Zwenkau. Man hatte ihn nach Paragraph 104 des Strafgesetzbuches der DDR abgeurteilt. Eine Gedankenlosigkeit war ihm zum Verhängnis geworden. Der »Tatbestand«: Als Rangierer hatte er vergessen, einen Hemmschuh von den Gleisen zu nehmen. Deshalb waren zwei Waggons eines Braunkohlenzugs aus den Schienen gesprungen. Er sollte dieses Unglück »vorsätzlich herbeigeführt« haben – also »Sabotage«. Flugs war aus dem unscheinbaren Nischenmenschen, der gesellschaftliche wie politische Geschehnisse und Zusammenhänge vollends ignorierte, ein »Kollaborateur« geworden.

Und dabei wäre aus seiner Sicht alles vermeidbar gewesen. Wenn er den Polizisten, den Stasi-Handlangern, dem Staatsanwalt oder dem Richter nur hätte erklären können, wie es wirklich gewesen war, warum er nicht aufgepasst hatte: dass er sich erst kräftig geärgert hatte; weil er der jungen Frau so nahe gekommen war, ohne sie tatsächlich zu erreichen; dass es einfach nicht geklappt hatte. Und irgendwann hatte er sich von der Vorstellung benebeln lassen, es wäre ihm doch geglückt. Das war ihm während der Arbeit passiert. Wollte er eine weitere Katastrophe vermeiden, musste er darüber schweigen. Sonst wäre alles herausgekommen. Er hätte beichten müssen, dass er dieser Frau aufgelauert und sie angegriffen hatte, um sie zu schänden und zu töten; dass er sich an dieser Vision ergötzt und dass mit einem Mal der Bremsklotz für ihn aufgehört hatte zu existieren. So war ihm sein beharrliches Schweigen schließlich zum Verhängnis geworden. Er hatte sich auch um eine andere Erklärung bemüht. Doch es war ihm nichts eingefallen. Nur sein Richter hatte ausreichend Phantasie entwickelt.

Er saß fest. Nun hatte er auch seine körperliche Freiheit eingebüßt. Zuvor waren die emotionalen und seelischen Hindernisse, die er wie ein scheuendes Springpferd nicht hatte überwinden können, fühlbar gewesen, aber gegenstandslos geblieben. Jetzt beherrschten ihn drohender Stacheldraht, tristes Mauerwerk, kalte Stahltüren.

Wieder konnte er sich nicht wehren, musste sich beugen, verbiegen, anpassen – bis zur Unkenntlichkeit. Fortan existierte er nur noch als Zahl: »886«, benannt nach seiner Zellen-Nummer. Zwei Monate später bekam er den Zusatz »rechts«, weil in seinem »Haftraum« ein weiterer Gefangener untergebracht worden war, dessen Pritsche links an der Wand stand. So konnten Häftlinge aus derselben Zelle unterschieden werden.

Er hatte bis dahin einiges mit- und durchgemacht, insbesondere in der entbehrungsreichen Nachkriegszeit. Aber die Bedingungen im Torgauer Knast waren kaum zu ertragen. »Tote

Oma« – ein spinatähnliches Gemisch aus wenig Blutwurst und viel Wasser – wurde nur heruntergewürgt, weil etwas anderes nicht zu bekommen war. Mit der genauso häufig ausgeschenkten »Krautsuppe« verhielt es sich ähnlich. Pro Tag erhielt jeder Strafgefangene zwei Blatt Klopapier, die Zahnbürsten wurden nach Gutdünken der Wärter ausgegeben. In den Zellen gab es nichts Persönliches; auch kein Buch, kein Papier, keinen Bleistift. Die verordnete Untätigkeit war eine qualvolle Nebenstrafe.

Ihm machte das weniger zu schaffen. Er wusste, dass er aus seiner Zelle wieder herauskommen würde, und er vertraute darauf, dass dies nach sechs Monaten tatsächlich der Fall wäre. Auch seine Befürchtungen, die junge Frau aus Zwenkau oder der Autofahrer könnten ihn beschuldigen, verloren allmählich ihren bedrohlichen Charakter. Sie verkümmerten mit der Zeit wie Blumen, die kein Wasser mehr bekamen. Seine Phantasien hingegen begannen zu sprießen. Jeden Tag lag er längere Zeit nahezu regungslos auf seinem Holzbett, den Mund halb geöffnet, die Augen geschlossen, und war nicht mehr ansprechbar.

Seine Tagträume führten ihn an Orte, die er nicht kannte, die schemenhaft blieben, schattengleich. Wenn er dort angekommen war, spürte er, dass bald etwas passieren würde. *Er ging ein paar Schritte, schaute nach links, nach rechts, drehte sich um. Dann setzte er sich auf eine Bank.*

Sekunden später ließ er eine junge Frau vorbeilaufen; jedenfalls kam es ihm so vor, als würde nicht viel Zeit verstreichen. In seinen Träumen hatte er kein exaktes Zeitgefühl. Dort wurde auch nicht gesprochen. Aber alles andere konnte er nach Belieben inszenieren: die Beute, die Jagd, den Kampf, das Erlegen, die Schändung, das Sterben. Jede Vorstellung mündete in einen orkanartigen Triumph, keinem Opfer gelang es, ihm zu entkommen. Undenkbar.

Am 12. April 1956, fünf Tage vor seinem 24. Geburtstag, wurde »886 rechts« entlassen. Allerdings durfte er seinen Aufenthaltsort immer noch nicht frei wählen. Er wurde zum *Volksgut August Bebel* geschickt, einem Schweinemastbetrieb in der gut 7 000 Einwohner zählenden Gemeinde Leisnig, zentral eingebettet in das Städtedreieck Leipzig – Dresden – Chemnitz. Sein Auftrag: Schweine füttern, Ställe ausmisten.

Während seines dreizehnmonatigen Aufenthalts in der DDR war er ohne jeden näheren menschlichen Kontakt geblieben. Obwohl er das Alleinsein gewohnt war, konnte er sich mit dem Alleine-gelassen-Werden nach wie vor nicht recht anfreunden – jedenfalls nicht auf Dauer. Er vermisste seine Familie, besonders seine ältere Schwester Elisabeth, die in Hamburg lebte. Zu ihr hatte er stets ein ordentliches Verhältnis gehabt. Er hatte auch nicht vergessen, dass sie es gewesen war, die ihm vor Jahren als Einzige bei den Schulaufgaben geholfen hatte. In seiner Not schrieb er ihr einen Brief; nicht mehr als eine halbe Seite lang – er wusste nicht, worüber er berichten sollte. Aber er bekam Antwort. So erfuhr er, dass seine Brüder wohlauf waren und sein Vater wieder geheiratet hatte.

Das monotone Schuften in den Schweineställen zermürbte ihn. Der Lebensmut des jungen Mannes, der Renate Göbel umgebracht hatte, war ungebrochen, aber seine Lebensfreude war getrübt. Dass er eigentlich für lange Zeit hinter den hohen Mauern eines Gefängnisses hätte verschwinden müssen, dass ihm die Freiheit geschenkt wurde, obwohl er sie nicht verdient hatte, realisierte er indes nicht. Er war selbstgerecht, undankbar, er haderte mit seinem Schicksal. *Ich mach' immer nur die Dreckarbeit. Immer ich!* Seine Unzufriedenheit begann wie ein Krebsgeschwür zu wuchern.

Von Woche zu Woche wurde er aggressiver. Der Mastbetrieb bot keinerlei Abwechslung. Schuften, essen, schlafen – tagein, tagaus. Die Stallungen erschienen ihm wie ein düsterer Moloch, der erbarmungslos alle seine Körperkräfte verschlang. Er war mitunter so müde und ausgelaugt, dass er sich nicht einmal in seine bizarren Tagträume flüchten konnte.

Mitte September erreichte ihn ein Brief, der alles verändern sollte. Er war von Elisabeth. Sie schrieb von ihrer bevorstehenden Hochzeit, und sie hatte eine Frage formuliert, mit der er nicht gerechnet hatte. Er war perplex. Und gerührt. *Ich? Ich soll nach Hamburg kommen?* Er las den Brief ein zweites Mal. Kein Zweifel. Je länger er diesen Gedanken zuließ, desto klarer erschien ihm die Konsequenz, die sich daraus ergeben würde. *Die sehen mich hier nie wieder! NIE WIEDER!*

Renate Göbel war jetzt anderthalb Jahre tot. Er hoffte, dass *die* aufgegeben hatten. Jetzt war der Weg frei, er würde in seine Heimat zurückkehren können. Und genauso kam es. Die Hochzeit der eigenen Schwester wurde von den DDR-Behörden als Ausreisegrund akzeptiert. Am 14. Oktober 1956 erreichte er Hamburg.

Während der Hochzeitsfeier seiner Schwester wurden sie einander vorgestellt. Der erste Kontakt war zaghaft. Nur zögerlich gab er ihr die Hand – weil es sich so gehörte. Und *nur* deshalb. Zu mehr konnte er sich nicht durchringen. Er hatte zu viel Respekt. Er war unsicher. Er wusste nicht, wie er reagieren sollte. Auch sie blieb ähnlich zurückhaltend: keine Umarmung, kein Kuss – nur ein flüchtiger Händedruck. Wiederholt war sie vorgewarnt worden: »Das is'n komischer Kauz.«

Aber Anneliese, seine Stiefmutter, erkannte schnell, dass er vor allem Hilfe brauchte, Zuwendung. Der »Bursche« tat ihr Leid. Die 52-Jährige sorgte dafür, dass er wieder im Hause seines Vaters wohnen durfte. Regelmäßig suchte sie das Gespräch. Er mochte das, er fühlte sich in ihrer Gegenwart wohl. Anneliese schimpfte nicht; auch dann nicht, wenn er mal etwas verbockt hatte.

Entlohnt wurde er von einem Bauern in Bottrop-Kirchhellen, der ihn als Stallburschen eingestellt hatte. Dort wäre er gerne länger geblieben, aber nach zwei Monaten war er es satt, von dem älteren Knecht bevormundet und drangsaliert zu werden.

Seine Stiefmutter wusste Rat: »Die bei Mannesmann suchen Leute.« Gemeint war die *Mannesmannröhren-Werke AG,* ein für die damalige deutsche Ruhrwirtschaft typischer Montankonzern. Er ging hin, wurde im »Verwaltungshaus« vorstellig – und bekam tatsächlich eine Stelle als Stahlwerker am Hochofen im werkseigenen Hüttenwerk in Duisburg-Huckingen. Bis Anfang August 1958 bekam er dort monatlich 2 000 Mark netto. Dann wurde er geschasst. Die Begründung: »Arbeitsmangel«.

Fortan blieben Gelegenheitsjobs alles, was für *ihn* zu bekommen war: Er schleppte als Postarbeiter so lange Pakete, bis ein Furunkel am rechten Fuß ihn zur Aufgabe zwang; er reparierte bei einer Schrottverwertung Bergbaustempel, bis das Unternehmen den Standort nach Süddeutschland verlegte; er ging einem Landwirt in Duisburg-Huckingen zur Hand, bis der ihn nicht mehr wollte.

Ende April 1959 kam er wieder bei *Mannesmann* unter, diesmal als Hilfsarbeiter. Er verließ sein Elternhaus und bezog ein Zimmer im firmeneigenen Arbeiterhotel. An seinem neuen Arbeitsplatz wurde er überall dorthin gesteckt, wo keine Qualifikationen vonnöten waren, sondern ausschließlich Handlangerdienste erwartet wurden, Dreckarbeit zu erledigen war – erst in der Feineisenstraße, dann auf dem Brammenplatz, später im Kaltwalzwerk. Er war stets derjenige, der fegen, putzen, schrubben, für die anderen Sprudel oder sonst was besorgen musste. Er sprach nur, wenn er gefragt wurde, wenn er etwas nicht wusste, wenn er etwas nicht verstanden hatte. Und immer, wenn sich jemand mit ihm einen üblen Scherz erlaubte, lächelte er nur still in sich hinein.

Nach Schichtende verkroch er sich häufig in seinem Zimmer, schlief ein wenig oder döste, wurde mit der Zeit aber zunehmend unruhiger. Denn sein unheimlicher und unbefriedigter Trieb gebärdete sich wie ein hungriges Raubtier. Aus dem Dilemma der Ereignislosigkeit flüchtete er sich regelmäßig in das Ritual der Inszenierung, der Illusion. In Gedanken fiel er über unzählige junge

Frauen her, brachte ihnen den Tod. Doch seine explosiven Vorstellungskräfte katapultierten ihn lediglich in eine neue Enttäuschung. Er war nur einen faulen Kompromiss eingegangen, die eingebildete Leidenschaft entpuppte sich als ein Muster ohne Wert, die Selbstenthemmung blieb ein frommer Wunsch. Die brutale Realität hingegen war bedrohlich und ernüchternd. Er sah keine Lösung, keinen Ausweg. Das ging jetzt schon Monate lang so.

Die unerfüllte Begierde war launenhaft und tyrannisch. Es half auch wenig, wenn er onanierte. Die maßlosen Bilder in seinem Kopf waren nicht mehr als die Vorspeise eines Festessens, an dem er nicht teilnehmen durfte. Ihre Wirkung war begrenzt, nur temporär. Und die Trugbilder erzeugten keinen tatsächlichen Rückstoß, keinen wirklichen Nervenkitzel. Die absolute Befriedigung war nicht möglich. Immer wieder musste er sein todbringendes Vernichtungswerk aufs Neue beginnen lassen. Eine Sisyphusarbeit. Die Wonnen der mörderischen Imagination waren trügerisch. Das wollte er nicht länger akzeptieren. Er war regelrecht ausgehungert.

14

Er keuchte, der Kampf hatte ihn angestrengt, besonders das Würgen. Mit beiden Händen hatte er so lange kräftig zugedrückt, bis sie nicht mehr mit den Fäusten gegen seine Arme schlagen und mit den Beinen strampeln konnte und leblos zusammengesackt war. Für einen Moment richtete er sich auf und horchte gebannt in die Dunkelheit. Nichts. Offenbar hatte niemand etwas mitbekommen.

Die junge Frau lag jetzt vor ihm: rücklings, die Beine gespreizt, Rock und Unterrock bis zu den Hüften hochgeschoben, die beiden übereinander getragenen Schlüpfer heruntergerissen.

Um sich noch einmal aufzugeilen, betatschte er ihren Körper. Er genoss es. Dass er einen Leichnam schändete, störte ihn nicht weiter. Aber er konnte das »komische Gefühl" nicht mehr einfangen. Es war vorbei. Er ließ von ihr ab und machte sich davon.

Nach einer halben Stunde Fußmarsch erreichte er das Wohnheim. Es war bereits weit nach Mitternacht. Unbemerkt schlich er durch das dunkle Gebäude in den zweiten Stock und schloss die Tür zu seinem Zimmer auf. Er zog die verdreckten Klamotten aus, wusch sich die Hände und das Gesicht. Dann setzte er sich auf das Bett und kehrte in Gedanken an den Tatort zurück. Er onanierte und stellte sich vor, mit seinem Opfer doch verkehrt zu haben. Kurze Zeit später schlief er tief befriedigt ein.

Nur wenige Stunden später, gegen 7.20 Uhr, wurde die Leiche von fünf Jugendlichen entdeckt, die eine Radtour unternahmen. Der tote Körper lag in einer Mulde des Rheinuferparkgeländes an der Moerser Straße, etwa 120 Meter von der Graf-Spee-Brücke entfernt, die Rheinhausen mit Duisburg verband. Kripobeamte aus Rheinhausen, Moers und Mönchengladbach nahmen wenig später die Ermittlungen auf.

Die Ermordete konnte schnell identifiziert werden als die Haushälterin Frieda Pfundner, geboren am 4. August 1935 im thüringischen Mühlhausen. Als Todesursache wurde »Erstickung durch Würgegriff« angenommen. Zunächst mussten die Lebensumstände und -gewohnheiten des Opfers erhellt werden, da keine Spuren am Tatort und an der Leiche gefunden werden konnten, die auf einen Kampf hindeuteten. Die Kripo vermutete deshalb, dass sich Täter und Opfer gekannt oder kurz vor der Tat kennen gelernt hatten.

Die Ermittler fanden heraus: Frieda Pfundner war im November 1957 aus der sowjetischen Besatzungszone in die Bundesrepublik gekommen und hatte seitdem in der Gaststätte »Kronenburg« an der Atroper Straße in Duisburg-Hochemmerich gearbeitet. Mit einer Arbeitskollegin hatte die 23-Jährige sich dort ein Zimmer geteilt. Die junge Frau war auf sich allein gestellt gewesen, hatte keinen festen Bekanntenkreis. Ihre Verwandtschaft war in der Sowjetzone geblieben.

Arbeitskolleginnen beschrieben Frieda Pfundner als »vergnügungssüchtig« und »dem Alkohol ergeben«, ihr wurden zahllose Männerbekanntschaften nachgesagt, die, »wenn überhaupt, nur ein paar Tage hielten«. Regelmäßig sollte sie sich im »Musikdorf«, einem Tanzlokal in Rheinhausen, aufgehalten haben – um dort »junge Burschen aufzugabeln«. Damit sie bei Männern »besser ankam«, hatte sie sich ihre schwarzen Haare strohblond färben lassen.

Auch die Aussage ihrer ehemaligen Chefin stützte die Einschätzungen der anderen Zeugen: »Wenn sie um 15 Uhr Feierabend hatte, ist sie immer losgezogen, über den Rhein in die Duisburger Altstadt. Wenn sie an der Theke einen traf, der sie mit ins Bett nahm, dann ging sie mit. Wenn es sogar noch Geld gab, war es noch besser.«

Letztmals war sie am 17. Juni 1959, in der Nacht von Dienstag auf Mittwoch, lebend gesehen worden, als sie in der Duisburger Altstadt die Kneipe »Sonne« etwa gegen 1 Uhr verließ; allerdings nicht allein, sondern in Begleitung eines Mannes, mit dem sie zuvor mehrere Stunden am Tresen gestanden und sich »lebhaft« unterhalten hatte. Als Tatzeit wurde »zwischen 2 und 3.30 Uhr« angenommen. Demnach war der letzte Begleiter Frieda Pfundners dringend verdächtig.

Eine Reihe von Zeugen konnte sich an den Begleiter des Opfers erinnern. Jetzt wurde fieberhaft nach einem Mann gefahndet, auf den folgende Beschreibung passte: »Etwa 28 Jahre alt, zirka 1,75 Meter groß, schlank, breite Schultern, volles dunkelblondes Haar, schmales Gesicht, trägt am rechten Ringfinger einen goldenen Siegelring mit schwarzer Platte, spricht Berliner Dialekt.« Einem Zeugen sollte der Verdächtige sich als »Günther« vorgestellt haben. Die Täterbeschreibung wurde sofort an die Presse weitergereicht.

Unterdessen lag das Ergebnis der Obduktion vor. Die vermutete Todesursache wurde bestätigt: »Gewaltsame Einwirkung gegen den Hals mittels Würgen.« Die Gutachter stellten überdies an der rechten Kopfseite »eine flächenhafte, stumpfe Gewalteinwirkung« fest. In der Vagina des Opfers konnte Sperma nachgewiesen werden. Weitere Spermaspuren fanden sich an der Schambehaarung, im Gras unterhalb der Vagina, am linken Oberschenkel, am linken Hosenbein und im Schlüpfer des Opfers. Aber lediglich die im Stoffgewebe des Schlüpfers gesicherten Spermien waren für eine Untersuchung auf blutgruppenspezifische Eigenschaften geeignet. Sie enthielten »Substanzen der Blutgruppe A«.

Die Kripo vermutete nun, dass der Täter Frieda Pfundner an den Tatort gelockt, sie dort mit einem überraschenden Schlag auf den Hinterkopf niedergestreckt, vergewaltigt und anschließend erwürgt hatte. Und »Günther« war der Verdächtige Nummer 1.

Sechs Tage nach dem Mord standen nur 13 Menschen hinter dem Sarg von Frieda Pfundner: Die Wirtsleute der Gaststätte »Kronenburg«, das Personal aus dem Lokal und der Pfarrer. Sie nahmen Abschied von einer jungen Frau, die sich in der gesellschaftlichen Grauzone bewegt hatte und deren Leben dort von einer sozialen Randfigur ausgelöscht worden war.

Am 26. Juni erschien bei der Rheinhausener Kripo eine junge Frau, die von dem Mord an Frieda Pfundner gelesen hatte. Christel Glatzek war fest davon überzeugt, dem Mörder bereits begegnet zu sein. Die 22-Jährige erschien den Ermittlern zunächst wenig glaubwürdig: eine arbeitslose Herumtreiberin ohne feste Bleibe, wegen »gewerbsmäßiger Unzucht« vorbestraft, die zudem für ein paar Gläser Schnaps alles tat.

Aber man ließ die junge Frau erzählen: »Ich habe vor einer ganzen Weile, ist vielleicht zwei Monate her, mit so einem Typen gezecht. Nicht weit von hier in der »Schultheiß-Quelle«. Er gefiel mir, sah auch ganz manierlich aus. Als es schon spät geworden war, bot er mir an, bei ihm zu übernachten. Dafür sollte ich mit ihm Geschlechtsverkehr haben. Ich war einverstanden, da ich sonst nicht gewusst hätte, wo ich bleiben sollte. Mit einem Taxi sind wir dann zum Rheinuferpark gefahren und dort ausgestiegen. Er hatte mir vorher erzählt, dass er dort in der Nähe wohnen würde. Die Adresse hat er mir aber nicht gesagt. Nachdem wir ausgestiegen sind und das Taxi weg war, schlug er mir mit einem Mal mit der Faust auf den Hinterkopf. Ich war total benommen. Dann hat er mich am Kragen meines Mantels gepackt und zu Boden gezerrt und angebrüllt: Zieh deine Hose aus! Ich habe mich aber geweigert. Da hat er mir noch ein paar Mal ins Gesicht geschlagen. Anschließend hat er mir den Rock hochgeschoben und den Schlüpfer heruntergerissen. Ich hatte furchtbare Angst und habe mich nicht mehr gewehrt. Als er fertig war, hat er sofort zugedrückt. Dann bin ich bewusstlos geworden.«

Nachdem Christel Glatzek den Mann detailliert beschrieben hatte, erkannten die Beamten durchaus Parallelen zum Mord an Frieda Pfundner und begannen nachzufragen. Dabei stellte sich heraus, dass Christel Glatzek sogar den Namen ihres Peinigers kannte. Den hatte sie nämlich auf seinem Personalausweis abgelesen, als sich die beiden in der Kneipe näher gekommen waren: Hans-Günther Vogel. Der Name war ihr nicht mehr aus dem Kopf gegangen, weil der Mann nicht nur »Vogel« hieß, sondern auch perfekt Vogelstimmen imitieren konnte. Und sie erinnerte sich daran, dass der Mann sich als »ehemaliger Volkspolizist« ausgegeben hatte, der vor sechs Jahren aus der DDR geflüchtet war. Nur angezeigt hatte sie die Tat nicht. Ihre Begründung: »Mir hätte doch sowieso keiner geglaubt!«

Die Mordkommission hatte jetzt eine heiße Spur. Denn schnell stellte sich heraus, dass es tatsächlich jemanden gab, der alle Suchkriterien erfüllte. Es war der Arbeiter Hans-Günther Vogel aus Walsum, den viele regelmäßige Kneipengänger in der Duisburger Altstadt nicht mit Namen kannten, aber genau wussten, wer gemeint war, wenn vom »Zwitscherer« gesprochen wurde. Der 29-Jährige wurde am 28. Juni in seiner Firma, wo er als Lagerist arbeitete, kassiert.

In den stundenlangen Vernehmungen bestritt Vogel nicht, den Abend mit Frieda Pfundner verbracht zu haben: »Es stimmt, ich habe mit ihr ein paar Mal getanzt, und wir haben auch längere Zeit gequatscht. Wir haben uns später auch geküsst, ein bisschen gefummelt, aber sonst ist nichts passiert.« Nachdem sie das Lokal »Sonne« verlassen hätten, wären sie getrennte Wege gegangen. Vogel gab weiter an, um kurz nach 1 Uhr mit dem Moped zu seiner Tante nach Rheinberg gefahren zu sein. Leidenschaftlich bestritt er, Frieda Pfundner getötet zu haben: »Ich kannte sie doch kaum, warum hätte ich sie denn umbringen sollen!«

Seine geschiedene Frau sah das etwas anders: »Das ist ein brutaler Typ. Dem traue ich alles zu!« Eng wurde es für Vogel, als die Tante sein Alibi nicht bestätigen wollte. Angeblich hatte sie den Verdächtigen »zuletzt vor anderthalb Monaten« getroffen, beim Geburtstag seiner Mutter. Als das Ergebnis der Blutuntersuchung vorlag, schienen die Versatzstücke dieses Verbrechens endlich ein Bild zu ergeben: Vogel hatte tatsächlich die Blutgruppe A. Demnach sprach alles dafür, dass er mit dem Opfer kurz vor dessen Ermordung Intimkontakt gehabt hatte. Theoretisch hätte es allerdings auch jeder andere Mann gewesen sein können, sofern er die Blutgruppe A aufwies. Aber auch alle anderen Indizien wiesen auf Vogel hin – und die erbosten und verängstigten Bürger von Rheinhausen verlangten nach rascher Aufklärung.

Auch die Staatsanwaltschaft in Moers erkannte einen »dringenden Tatverdacht«. Demnach überwogen die belastenden Indizien »erheblich«. Der Amtsrichter war derselben Auffassung und unterschrieb den Untersuchungshaftbefehl. Der »Beschuldigte« wurde ins Gefängnis gesteckt. Hans-Günther Vogel war jetzt ein mutmaßlicher »Lustmörder«, der »zur Befriedigung des Geschlechtstriebs« Frieda Pfundner getötet haben sollte.

Die ersten Tage waren schlimm gewesen, kaum auszuhalten. Er hatte sich auf seinem Zimmer verkrochen, nur zum Essen war er in die Kantine des Wohnheims gegangen. Und dort hatte es nur ein Thema gegeben: den »Sexmord«. Schließlich war das Opfer keine fünf Kilometer vom Arbeiterhotel entfernt getötet worden. So etwas passierte sonst nie, darüber musste geredet werden. Das permanente Palaver vom »Aufhängen«, »Kastrieren« oder »an die Wand stellen« zerrte an seinen Nerven. Sie wussten es nicht besser, aber sie meinten *ihn.*

Es war der 1. Juli, als er in der Kantine am Nachbartisch ein Gespräch belauschte, dessen Inhalt ihm höchst seltsam vorkam. Drei Männer diskutierten über »das Schwein«, das die Frau umgebracht haben sollte. Er konnte nicht alles mithören, aber er verstand so viel: Ein Mann war vor zwei Tagen von der Polizei geschnappt worden, und man glaubte, dass er die Frau umgebracht hatte.

Er verstand das nicht. Warum hatte die Polizei *den* geholt? Wie war das möglich? Lange dachte er darüber nach, aber er fand nur eine Erklärung: *Die haben den so lange verkloppt, bis der weich war.* Nur *so* konnte es gewesen sein. Er war ungeheuer erleichtert, aber schlagartig wurde ihm wieder bewusst, was ihm blühte, würde man ihn holen. Aber auch diese Angst zog an ihm vorüber wie ein Schwarm Wildgänse auf dem Weg ins Winterquartier.

In der Folgezeit fand er wieder die notwendige Ruhe, um sich mit dem Mord an der Frau auseinander zu setzen. Obwohl er sein Ziel nicht erreicht hatte, ließ er sich von seinen Erinnerungen immer wieder einfangen: wie sie ihm plötzlich entgegengekommen war; wie er sie gefragt hatte, ob sie mit ins Gebüsch käme; wie er ihr mit der Faust gegen den Kopf geschlagen hatte; wie sie benommen zusammengesunken war; wie er sie in den Würgegriff genommen hatte; wie sie die Böschung heruntergestolpert waren; wie er sich gleich auf sie geworfen hatte; wie er mit ihr geschmust und sie geküsst hatte; wie er ihren Körper befummelt hatte; wie sie plötzlich wieder voll zu Bewusstsein gekommen war; wie er sie mit beiden Händen gewürgt hatte; wie sie gestorben war.

Aber körperliche *und* seelische Entspannung konnte er sich nur dann verschaffen, wenn er das Erlebte in seiner Phantasie manipulierte. Es war nur ein winziges Detail, das er veränderte, aber genau danach verlangte, gierte er. In seinen Tagträumen drang er in den toten Körper der Frau ein – und kam *dort* zum Höhepunkt. Diese Vorstellung befriedigte und quälte ihn mehr als alles andere. Denn der Genuss war nicht von Dauer; er konnte dieses unbeschreibliche Gefühl nicht konservieren, nach ein paar Minuten Ekstase war alles vorbei. Es war eine flüchtige Begegnung mit etwas, dass er sich nur vage vorstellen, dass er nicht festhalten konnte. Und weil er wieder versagt hatte, war er über die Frau hergefallen und hatte sie unerbittlich zu Tode gewürgt.

Erneut hatte er eine Gelegenheit vertan. Aber es würden sich andere ergeben. Er war überzeugt davon, es irgendwann vollbringen zu können. Und dann begann er wieder zu suchen.

15

Am 29. Juli 1959 meldete die *Westdeutsche Allgemeine Zeitung* im Essener Lokalteil: »Noch keine Spur von Michaela. Große Suchaktion blieb ohne Erfolg – Wer sah das Mädchen?« Weiter hieß es: »Die 16jährige Michaela Kurth, die seit dem 26. Juli verschwunden ist, wurde trotz intensiver Fahndung immer noch nicht gefunden. Beamte der Kriminalpolizei und der Schutzpolizei, die auch mit Suchhunden ausgerüstet waren, hatten mit einer Großsuchaktion keinen Erfolg. Es erscheint jetzt auch zweifelhaft, ob Michaela sich noch in Essen aufhält. Auf Grund der Meldungen in den Essener Zeitungen gingen der Polizei zwar mehrere Hinweise zu. Sie führten aber ebenfalls zu keinem Erfolg. Zwei Zeugen gaben an, daß sie Michaela am 28. Juli in der Nähe des Hauptbahnhofs und am 29. Juli im Naturschutzgebiet in Altenessen gesehen hätten. Die Polizei konnte aber noch nicht feststellen, ob Michaela wirklich dort gesehen worden ist, oder ob eine Verwechslung vorliegt.

Die Kriminalpolizei bittet die Bevölkerung, bei der Suche nach Michaela Kurth mitzuhelfen. Jede Polizeidienststelle nimmt Hinweise entgegen. Das Mädchen wird wie folgt beschrieben: etwa 1,65 Meter groß, brünettes Haar mit Dauerwellen, grüngraue Augen. Es ist 16 Jahre alt, wirkt aber etwa zwei Jahre älter. Michaela trug zuletzt einen rot-weiß gestreiften Pullover mit langen Ärmeln, blaue Nietenhosen (Blue Jeans), weiße Unterwäsche, weiße Sandalen und hatte einen grünen Bastkorb bei sich."

Michaela war von einem Besuch des Strandbades am Essener Baldeneysee nicht zurückgekehrt. Von ihrem zwei Jahre jüngeren Bruder hatte sie sich gegen 18.15 Uhr verabschiedet, ihr letztes Lebenszeichen. Die Essener Kripo vermutete einen »kriminellen Hintergrund«, zumal Michaela nach Auskunft ihrer Eltern »sich nie und nimmer mit einem Fremden eingelassen hätte« und in dieser Beziehung als »äußerst reserviert und zurückhaltend« galt – ein aufgeweckter Teenager ohne Auffälligkeiten. Die Suche wurde auch in den folgenden Tagen fortgesetzt, blieb aber erfolglos. Von Michaela keine Spur.

16

Manfred Teufel kannte den Stadtwald in Essen: dichter Baumbestand, vielfach durch reichlich Kuschelgebüsch unterbrochen, das weitläufige Waldgelände durchzogen mit parkähnlichen Wegen, auf den freien Flächen wucherte Farnkraut. Er fotografierte die Stelle, an der es passiert war.

Er ging ein paar Schritte, und wieder drückte er auf den Auslöser seiner Kamera. Das, was er hier finden sollte, war kaum zu erkennen. Es lag unter ausgerissenem Farnkraut, das bereits vertrocknet war und eine bräunliche Farbe angenommen hatte. Vorsichtig schob er es beiseite. Ein kurzer Blick genügte. Sein erster Gedanke: *Was für eine Sauerei!* Er wandte sich ab, zückte ein Taschentuch und strich sich den Schweiß von der Stirn. Ihm war übel. Er kannte das. Doch er hatte sich nie daran gewöhnen können.

Der 46-Jährige arbeitete seit mehr als zwanzig Jahren bei der Kripo, davon verbrachte er zwölf im »Erkennungsdienst« des Präsidiums in Essen. Seine Aufgaben: Spurensicherung und -auswertung. Der Kriminalhauptmeister war zufällig in anderer Sache in der Nähe des Stadtwalds unterwegs gewesen, als er einen Funkspruch mitgehört hatte: »Gruga 12/24, fahren Sie Stadtwald, Südtor. Code 101. Sie werden erwartet.« »Code 101« bedeutete, dass eine »Leichensache« zu bearbeiten war. Am Treffpunkt hatten drei Jugendliche auf ihn gewartet, allesamt blass um die Nase. Sie gehörten zur Pfadfindergruppe St. Georg, die an diesem Tag ein Geländespiel veranstaltete. Dabei waren die Jungen auf etwas gestoßen, das sie fortan als unliebsame Erinnerung begleiten würde.

Er drehte sich wieder um und schoss noch ein Bild, diesmal aus kurzer Entfernung. Der süßliche, strenge Geruch stieg ihm jetzt in die Nase. Er legte die Kamera beiseite, nahm seinen Notizblock und begann zu notieren: »Rückenlage, Madenfraß. Kopf vom Rumpf getrennt, auf der rechten Gesichtshälfte liegend. Teilskelettiert. Rechter Arm angewinkelt, Handfläche zeigt zum Boden. Linke Hand ausgestreckt, schräg vom Körper entfernt. Fingerspitzen in Höhe der Gürtellinie. Beine leicht gespreizt. Rechter Fuß auf dem Boden, flach ausgestreckt, Zehenspitzen zeigen nach oben. Linker Fuß angewinkelt. Hackenpartie in Höhe des Knies. Bauchraum und Beine stark aufgedunsen.«

Teufel legte Stift und Papier neben sich auf den Boden und nahm ein Paar Einmal-Handschuhe aus dem Spurensicherungskoffer. Er hatte im Mund des Leichnams etwas gesehen. Teufel konnte nicht erkennen, was es war, aber zweifellos gehörte es nicht dorthin. Jemand musste es dort deponiert haben. Als er den Kopf mit der rechten Hand festhalten wollte, um den Gegenstand zu bergen, löste der Schädel sich vollends vom Rumpf. Wieder wurde ihm übel.

Nach einem kurzen Verschnaufen griff Teufel abermals nach dem Kopf. Mit Daumen und Zeigefinger umfasste er den weißgrauen Gegenstand, zog ihn langsam hervor, legte ihn auf einer Papiertüte ab. Dann nahm er ein 5-Mark-Stück aus seinem Portemonnaie, legte es daneben und fotografierte alles. Für Teufel war das Routine. Was der dreifache Familienvater indes nicht ahnen konnte: Er hielt ein Beweismittel in Händen, dem später entscheidende Bedeutung zukommen würde. Teufel steckte es in die Papiertüte.

Er griff wieder zu seinen Schreibutensilien und notierte: »Unterkiefer vom oberen Teil des Schädels getrennt. Halstuch in Höhe des 4. oder 5. Halswirbels, doppelt geknotet. Farnkraut in der Verknotung. Drosselung?!« Mittlerweile war auch ein Streifenwagen der Schutzpolizei eingetroffen. Teufel wies seine Kollegen an, den Leichenfundort weiträumig abzusperren. Das Schlimmste hatte er noch vor sich. Er musste den toten Körper entkleiden. Das Ergebnis seiner Untersuchung hielt er auf mehreren Fotos fest: Der Brustkorb war eröffnet, einzelne Rippen ragten hervor. Der Bauchraum war übersät mit Maden. Auch zur Bekleidung machte er sich Notizen: »Rot-weiß gestreifter Pullover, langärmelig. Nietenhose, eng anliegend. Unterwäsche fast vollständig zerstört.« Wenige Meter von der Leiche entfernt lagen weiße Damensandaletten, ein Fahrtenmesser mit Scheide, ein Gürtel und ein grüner Bastbeutel.

Teufel wusste um die »Vermisstensache Kurth«. Er kannte zwar keine Details, aber er ahnte instinktiv, dass es sich um den Leichnam des jungen Mädchens handeln könnte. Die kriminalistische Beurteilung bereitete ihm weniger Kopfzerbrechen: *Fremdeinwirkung*. Das Farnkraut auf der Leiche, wie auch das zu einer Schlinge verknotete Taschentuch im Halsbereich ließen keine andere Schlussfolgerung zu.

Konsequenz dessen war die Einrichtung einer Mordkommission. 16 Beamte nahmen sich des Falls an. Schnell stellte sich heraus, dass es sich bei dem Opfer um Michaela Kurth handelte. Die aufgewühlten Eltern identifizierten die Kleidung der Toten als die ihrer Tochter. Eine Vergleichsuntersuchung des Zahnschemas beseitigte letzte theoretische Zweifel.

Das Ergebnis der Obduktion hingegen war nicht eindeutig. Die Untersucher teilten mit, dass zur Todesursache »nichts Sicheres gesagt werden kann«. Maden und anderes Getier hatten ganze Arbeit geleistet, die Fäulnis hatte Organe und Innereien zudem nahezu vollständig zersetzt. Allerdings sei »Erdrosseln mittels des Haltstuches am wahrscheinlichsten«. Auch das Motiv konnte durch die Gerichtsmediziner nicht erhellt werden. »Eine Defloration hat nicht stattgefunden«, hieß es. Ob ein sexueller Hintergrund vorlag oder von einer »Beziehungstat« auszugehen war, blieb ungewiss.

Um sich ein Bild von Michaela machen zu können, wurden ihre Eltern, der zwei Jahre jüngere Bruder, nahe Verwandte und Schulfreundinnen befragt. Die 16-Jährige war demnach eine ausgezeichnete Schülerin, besuchte ein Gymnasium und hatte sogar eine Klasse überspringen dürfen. Gelegentlich kümmerte sie sich um das Pferd ihrer besten Freundin, in erster Linie hatte sie sich jedoch dem Handballsport verschrieben – genauso wie ihr Vater. In der Schule als auch im Sportverein galt sie als lebensbejahende junge Frau. Von ihrem Freund, einem 18-jährigen Mitschüler, hatte sie sich einen Monat vor ihrem Verschwinden getrennt. Ihrer Freundin hatte sie von einer neuen Beziehung erzählt, den Namen aber nicht preisgeben wollen. Warum sie zur Tatzeit im Stadtwald gewesen war, konnte niemand sagen. Michaela wirkte zuletzt optimistisch und gelöst. Jetzt war sie tot. Ermordet.

Über die Lokalpresse wurde die Bevölkerung mobilisiert. Ohne »sachdienliche Hinweise« würde man nicht weiterkommen, davon waren die Ermittler nach anderthalbwöchigen intensiven Ermittlungen überzeugt. Ihr Eifer wurde belohnt. Wenige Stunden nach Auslieferung der Essener Lokalzeitungen erschien eine junge Frau im Präsidium. »Es geht um die Sache mit dem Mädchen im Stadtwald«, begann die 22-jährige Studentin zu erzählen, »so gegen 18.30 Uhr bin ich da lang gerannt. Das ist meine Strecke, da laufe ich fast jeden Tag. In der Nähe, da, wo das Mädchen gefunden wurde, habe ich einen jungen Mann gesehen. Der kam plötzlich aus dem Gebüsch gestürzt und ist weggerannt. Komisch, habe ich mir gedacht. Irgendwie komisch.«

Jetzt gab es einen Verdächtigen. Seine Beschreibung wurde am nächsten Tag in allen Essener Tageszeitungen abgedruckt: »20 bis 22 Jahre alt, etwa 1,72 Meter groß, schlank, gepflegte Erscheinung, dunkelblondes Haar, leicht gewellt und zurückgekämmt, frisches Gesicht, hohe Stirn. Der Mann trug einen beigegrauen Anzug und ein auffallendes gelbes Campinghemd.«

Es meldeten sich insgesamt 16 Bürger, allen Hinweisen wurde Beachtung geschenkt. Nicht wenige junge Männer, die auffällige gelbe Campinghemden zu tragen pflegten und auf die auch die übrigen Merkmale mehr oder weniger zutrafen, wurden von der Mordkommission unter die Lupe genommen. Die Beamten stießen auch auf eine ganze Reihe Verdächtiger, mit der sie sich zu befassen hatten: zwei notorische Exhibitionisten; ein 25-jähriger Jogger, der sich aber als gesuchter Bankräuber entpuppte; ein Maurer, 26, der in der Nähe des Leichenfundortes sein Geschäft verrichten musste; ein Hausierer, der das gelbe Hemd allerdings kurz zuvor von einer Wäscheleine geklemmt hatte; ein Kellner, der das vermeintliche Beweismittel aber erst nach dem Mord geschenkt bekommen hatte. Auch Michaelas Exfreund wurde überprüft. Aber der besaß nicht ein einziges gelbes Hemd und hatte zur angenommenen Tatzeit mit drei Freunden für ein Theaterstück geprobt, das die Laienspielgruppe der Schule zwei Wochen später aufführen sollte. So blieb der »Mörder mit dem Campinghemd« ein Phantom.

Auch das im Mund des Opfers gefundene Taschentuch, das nicht Michaela gehörte, führte zu keiner Spur. Es war ein umgearbeitetes Kaffeebeutelchen, wie es von einer Hamburger Versandfirma an Privatleute verschickt wurde. Wochenlang wurde die Kundenkartei der Firma mit zehntausenden Adressen auf Hinweise durchgearbeitet.

Das Ergebnis aller Bemühungen: Fehlanzeige. Es vergingen Tage, Wochen, Monate – ohne dass sich ein Erfolgserlebnis einstellen wollte. Der anfängliche Optimismus der Kommission »Michaela« war nun wie weggeblasen, und die Presse begann zu sticheln. Über »erfolglose Ermittlungen« wurde berichtet, andernorts hieß es: »Fahndung ins Ungewisse«.

Er wusste nicht, wie es weitergehen sollte. Es war unerträglich geworden. Ziellos schlenderte er durch die spärlich beleuchteten Straßen, strich immer wieder mit den Händen durch sein blondes Haar, das er streng nach hinten gekämmt trug. Die Erinnerung an das, was in den Monaten und Jahren zuvor geschehen war, konnte er nicht auslöschen. *Wie konntest du mir das nur antun!* Er war blamiert worden, erniedrigt, gedemütigt. Obendrein drückten ihn hohe Schulden. Um all dem zu entgehen, war er vom Lande in die Großstadt gezogen, hatte in Essen einen neuen Anfang versucht – als Handelsreisender für Küchenmaschinen.

Wieder eine Sackgasse, aus der er nicht herausgekommen war. Er hatte kaum Umsatz gemacht, sich mitunter tagelang nichts zu essen kaufen können. Das Luftschloss, in das er bereitwillig und hoffnungsfroh eingezogen war, hatte sich als düstere Ruine entpuppt. Schwere Depressionen quälten, lähmten ihn, er war fix und fertig. Eine radikale Lösung seiner Probleme hatte er mitunter in Erwägung gezogen, aber jedes Mal verworfen. Selbstmord kam für ihn nicht infrage. Er wollte leben.

Vor einer Litfaßsäule machte er Halt. Er studierte aufmerksam das rot eingerahmte Fahndungsplakat, begann zu lesen: »Mord an Michaela Kurth. (...) Wer kennt diesen Mann? (...)« Als er fertig war, stutzte er. Dann studierte er den gesamten Text ein zweites Mal. Plötzlich ergriff ihn ein Gedanke, eine Idee. Er brauchte nicht lange zu überlegen, schnell stand sein Entschluss fest. Er war unumstößlich. *Es muss ENDLICH Ruhe sein!*

Ähnlich hatten all jene empfunden, die sich Michaela verbunden fühlten. Die 17 Tage der quälenden Ungewissheit, als sie noch vermisst wurde, waren für ihre Familie nahezu unerträglich gewesen. Mutter und Vater hatten engen Kontakt zur Polizei gehabt. Beharrlich war die Suche nach Michaela vorangetrieben worden. Herumgekommen war dabei allerdings wenig, eigentlich nichts. Jeden Tag dieselbe Enttäuschung: »Wir haben noch kein Lebenszeichen.« Oder: »Nein, wir haben sie noch nicht gefunden.« Sie hatten unverdrossen gebangt, gehofft, gelitten, auch versucht, sich auf das Schlimmste vorzubereiten. Und doch hatte sie die Todesnachricht getroffen wie ein Keulenschlag.

Aber die niederschmetternde Bestätigung der schlimmsten Befürchtungen war eine schmerzhafte Voraussetzung gewesen, um mit der Trauerarbeit beginnen, um sie meistern zu können. Das Martyrium indes hatte lediglich ein neues Gesicht aufgesetzt, eine hässliche Fratze. Solange der Täter nicht gefasst war, würde keine Ruhe einkehren. Aus dem Albtraum war ein Trauma geworden, das ungeklärte Verbrechen an Michaela war jetzt der fruchtbare Nährboden für unerwünschte und ungeheuerliche Phantasien, die Mutter, Vater, Tochter, Verwandte und

Freunde heimsuchten. Einige Fragen waren zwar beantwortet worden, aber dafür hatten sich neue aufgedrängt: *Warum ist das überhaupt passiert? Warum gerade Michaela? Hätten wir es verhindern können? Warum sind wir nicht bei ihr gewesen? Was ist ihr in den letzten Stunden widerfahren? Hat sie gelitten?* Und vor alledem: *Wer hat sie umgebracht?*

Er hatte noch einmal darüber schlafen wollen. Jetzt war er so weit, wollte Schluss machen mit seinem verpfuschten Leben, der Einsamkeit, den Enttäuschungen, den Entbehrungen. Gut sechs Monate nach der Ermordung von Michaela Kurth betrat er die Wachstube des Polizeireviers Essen-Borbeck. Es war der 13. Februar 1960, ein Sonnabend, kurz nach Mitternacht. Das, was er in dürren Worten erklärte, elektrisierte die Beamten: »Ich habe die Michaela Kurth getötet.«

Unverzüglich wurden die zuständigen Ermittler aus dem Bett geklingelt. »Hier sitzt ein gewisser Konrad Meckler, 23 Jahre alt, geboren in Würzburg, Industriekaufmann, behauptet steif und fest, die junge Frau im Stadtwald getötet zu haben.«

Eine Dreiviertelstunde später saßen zwei Kripobeamte dem Verdächtigen gegenüber. Der gestand, dass er Michaela im Freibad am Baldeneysee kennen gelernt, mit ihr ein Verhältnis begonnen und sich mit dem Mädchen auch am Tage ihres Verschwindens getroffen habe. Später habe er ihr gebeichtet, verheiratet zu sein. Sie sei deswegen »sauer gewesen«, habe weglaufen wollen. Aber: »Ich habe sie nicht gehen lassen, sie am Halstuch festgehalten. Und dann habe ich zugezogen.«

Die Kriminalisten waren skeptisch. Meckler verstrickte sich in Widersprüche. Er gab zu, Michaela getötet zu haben; nur wie, das wusste er nicht exakt zu sagen. Und an das Taschentuch in der Mundhöhle des Opfers musste der selbst ernannte Verdächtige auch erst erinnert werden, bevor er sich dazu bekennen konnte: »Ja, ich habe sie geknebelt.« Meckler war längst nicht in der Lage, alle Fragen zufrieden stellend zu beantworten. Nur in einem Punkt blieb er standhaft: »Das habe ich nicht mit Absicht gemacht!« Angeblich wollte er die junge Frau bis zur Bewusstlosigkeit gewürgt, sie dann im Gras liegen gelassen haben. Allerdings konnte Meckler die Beamten auch mit Detailwissen überzeugen.

Der Erfolg war greifbar nahe. Und die Ermittler des Essener Präsidiums hatten ihn auch bitter nötig. Der Druck der Öffentlichkeit, den Fall »doch endlich« aufzuklären, war immens. Zudem hatte die Presse schon lange jede Zurückhaltung aufgegeben, die fruchtlosen Fahndungsbemühungen waren immer wieder eine Schlagzeile wert gewesen. Kein Zweifel, der Kripo kam ein geständiger Mörder wie gerufen.

Nach und nach wurden Ecken und Kanten des Geständnisses abgeschliffen, Meckler bejahte bereitwillig diverse Vorhaltungen. Drei Tage später waren »letzte Zweifel« an der Glaubwürdigkeit seiner Aussagen ausgeräumt.

Dennoch erinnerte man sich in Reihen der Ermittler an die Zeugin Erika Beutner. Die 22-Jährige hatte etwa vierzehn Tage vor Entdecken der Leiche in der Nähe des späteren Fundortes ein Liebespärchen beobachtet und eine Beschreibung des Mannes geliefert. Die passte auf Meckler. Dass Erika Beutner »höchstwahrscheinlich« Michaelas Mörder gesehen hatte, schlossen die Kriminalisten aus ihrer damaligen Aussage: »In dem Farnkraut dort habe ich auch etwas Rotes gesehen.« Man vermutete, dass dies der rot-weiß gestreifte Pullover des Opfers gewesen war. Jetzt sollte die Zeugin versuchen, Meckler bei einer »Wahlgegenüberstellung« zu identifizieren, auch wenn mehr als sechs Monate vergangen waren.

Am 17. Februar musterte Erika Beutner im Präsidium hinter einem venezianischen Spiegel acht junge Männer. Sie ließ sich Zeit. Dann erklärte sie den Beamten: »Die Fünf, der war's. Da bin ich mir ziemlich sicher.« Konrad Meckler war derjenige, der das weiße Schild mit der aufgeklebten schwarzen Fünf in Händen hielt. Das Verbrechen an Michaela Kurth war aufgeklärt, ihr

Mörder überführt: zahlreiche Indizien, eine glaubwürdige Belastungszeugin, obendrein ein Geständnis – das war genug.

Aber schon drei Wochen später wollte Meckler kein Mörder mehr sein, er widerrief sein Geständnis. Seine Begründung: »Ich war total von der Rolle. Meine Frau hatte einen Liebhaber, erwartete von dem Typen sogar ein Kind. Sie wollte die Scheidung. In meinem Beruf als Handelsvertreter kam ich auch nicht voran, hatte hohe Schulden. Ich habe einfach keinen Ausweg mehr gesehen. Und dann habe ich die Idee gehabt, in den Knast zu gehen.« In der Not sei ihm das Gefängnis als »Hort der Geborgenheit« erschienen, er habe »allein sein« wollen, hinter Gittern – ungestört und doch »versorgt«.

Woher er denn all die Dinge gewusst habe, wurde Meckler gefragt. »Aus der Zeitung«, erklärte er, »außerdem von den Fahndungsplakaten.« Es hätte durchaus so gewesen sein können; Tatortbeschreibungen, genaue Skizzen mit Straßennamen, Wegverläufe, Details zu Leichenfundort, Alter, Aussehen und Bekleidung des Opfers waren dort nachzulesen gewesen. Aber jetzt glaubte ihm niemand mehr, nun wollte ihm niemand mehr glauben.

Am 3. September 1960 erhob die Staatsanwaltschaft Anklage wegen »Mordes«. Das Schwurgericht in Essen allerdings ließ das ursprüngliche Geständnis gelten und ging davon aus, dass »der Angeklagte das Mädchen bis zur Bewusstlosigkeit gewürgt, es anschließend geknebelt und dann hilflos im Wald zurückgelassen hat.« Also kein »Mord«, sondern »gefährliche Körperverletzung mit Todesfolge«. Dafür verhängte das Gericht am 1. März 1961 acht Jahre Zuchthaus. Nur das wohlmeinende Schlusswort des Vorsitzenden ließ Meckler vorsichtig hoffen: »Wenn Sie nicht schuldig sind, müssen Sie mit allen Mitteln versuchen, von der Strafe freizukommen.«

17

Hans-Günther Vogel hatte alles zunächst für einen dummen Zufall gehalten, der sich bald aufklären würde – natürlich zu seinen Gunsten. Erst als ihm der Haftbefehl vorgelesen worden war, hatte er verstanden, dass es um *ihn* ging, dass man ihm Abscheuliches vorwarf, dessen er gar nicht fähig war. Das wusste allerdings nur er selbst, alle anderen zweifelten oder glaubten an seine Schuld. Das war unerträglich.

Jetzt saß er in seiner Zelle und befürchtete das Schlimmste: dass man ihn tatsächlich für ein Verbrechen wegsperren würde, das ein anderer begangen hatte. Er war kein gläubiger Mensch, aber nun begann er zu beten, die Polizei möge doch an den Richtigen geraten. Aber sie kamen immer nur zu ihm. Woche für Woche versuchten ihn immer dieselben Beamten aus der Reserve zu locken, von etwas zu überzeugen, das er sich nicht einmal vorstellen konnte. Und sie appellierten immerzu an sein Ehrgefühl, die moralische Verantwortung, seine Schuldgefühle, die ihn angeblich sosehr quälten: »Herr Vogel, denken Sie an die Frieda, Ihre Mutter, Ihren Vater, die Geschwister, die vielen Verwandten. Die gehen jetzt durch die Hölle. Helfen Sie diesen unschuldigen Menschen und sich selbst. Befreien Sie sich von dieser ungeheuren Schuld. Geben Sie es doch endlich zu, machen Sie allem ein Ende.«

Nach drei Monaten verlor er seinen Job, Besuch bekam er nur noch von seiner Mutter und seinem Rechtsanwalt. Jeden Tag rechnete er mit neuen Hiobsbotschaften, angeblichen Beweisen oder Indizien, die ihn zu etwas stempeln sollten, das er nicht sein konnte. Am heftigsten litt er darunter, nichts tun zu können, nichts tun zu dürfen. Er war zur Untätigkeit verdammt und musste ausharren. Er schlief kaum noch, verlor den Appetit, nahm 15 Kilo ab. Sollte man ihn schuldig sprechen, es käme einem Todesurteil gleich. Er würde den harten und eintönigen Vollzug nicht schaffen, die fortwährende Ungerechtigkeit nicht ertragen können.

Als er nach neun Monaten aus der Untersuchungshaft entlassen wurde, wartete nur seine Mutter auf ihn. Das Gericht hatte entschieden, dass die Beweise für eine Anklageerhebung »nicht ausreichten«. Die Freude über die wiedergewonnene Freiheit wich der Erkenntnis, dass sein Ruf demontiert, seine Existenz zerstört worden war. Als gebrochener Mann kehrte er seiner Heimat den Rücken. Nur seiner Mutter schickte er in den folgenden Jahren immer wieder mal eine Postkarte.

18

Sie trug ihr Haar genau so, wie er es mochte: blond, gelockt, schulterlang. Deshalb hatte er sie ausgesucht. Auch die knabenhafte Figur war ganz nach seinem Geschmack. Ihr hübsches Gesicht war starr, die Augen weit aufgerissen, der Blick leer. Der Mund war halb geöffnet, so, als wenn sie etwas sagen wollte. Aber sie konnte nicht sprechen. Es war keine erwachsene Frau, sie erschien ihm viel jünger, aber ihr genaues Alter kannte er nicht.

Er war nervös, aufgeregt, erregt. Er wurde das Gefühl nicht los. Er musste sich über sie hermachen.

Sie lag jetzt vor ihm auf seinem Bett. Er streichelte mit seiner Hand behutsam über den blauen Pullover, Marke »Arnell«, der zahllose unregelmäßig geformte dunkle Flecken aufwies, befingerte die braune Cordsamthose. Sie zeigte keine Regung, ließ sich alles gefallen. Das passte ihm nicht. Sie sollte sich wehren – wie das Mädchen mit den brünetten gewellten Haaren in Essen, das er im dortigen Stadtwald getroffen hatte. Mit einem Ruck riss er die Vorderseite der an den Knien durchgescheuerten Hose auf. Der Riss reichte vom unteren Hosentürchenansatz in der Naht des rechten Hosenbeins nach unten, vielleicht 30 Zentimeter weit.

Mit Zeige- und Mittelfinger befummelte er den an zwei Stellen eingerissenen Schlüpfer, der ihr viel zu groß war. Wieder zeigte sie keine Regung. Er schlug ihr mit der flachen Hand ins Gesicht: »Jetzt bist' dran!« Seine Hände umschlangen ihren Hals, er begann kräftig zuzudrücken. Dann riss er ihre Beine auseinander, rieb sich an ihr. Minutenlang.

Aber es brachte nichts. Ihre Leblosigkeit und Passivität störten ihn. Er ließ von ihr ab und begann zu onanieren. Seine Augen fixierten sie dabei unablässig, während abartige Phantasien ihn in eine andere Welt katapultierten. *Sie begann sich zu wehren, heftig schlug sie mit den kleinen Händen gegen seine Unterarme, versuchte nach ihm zu treten. Aber sosehr sie sich auch zur Wehr setzte, es nutzte nichts.* Und dann klappte es bei ihm.

65 Mark hatte er für sie bezahlt. »Mit so einer Partypuppe sind Sie nie mehr allein«, war im Prospekt nachzulesen, »und sie erfüllt Ihnen jeden Wunsch. Sie ist sehr anschmiegsam und absolut anspruchslos. Sie ist aus fleischfarbener Kunststoffolie gefertigt und **mit allen weiblichen Vorzügen** ausgestattet. Sie wird ohne Kleidung geliefert. Sie können Sie ganz nach Belieben kleiden.«

Das hatte ihn überzeugt. Sie maß 150 Zentimeter, hatte Brüste, aber keine Haare, auch keine Scheide. Bevor er über sie herfallen konnte, musste er sie aufblasen. Anschließend verpasste er ihr eine Perücke, drapierte sein Opfer mit Unterwäsche, dazu Pullover, T-Shirt, Bluse, Hose, Rock oder ein Kleid. Die Klamotten stammten aus Altkleidersammlungen.

Obwohl er das Zimmer 209 im werkseigenen Arbeiterwohnheim in der Angershauser Straße 47 alleine bewohnte, versteckte er all seine Utensilien in einem Schrank. Er hatte Angst, die Putzfrauen oder der Hausmeister könnten sie finden.

Er war mittlerweile 29, vermied aber weiterhin zwischenmenschliche Kontakte. Nur seine älteren Geschwister Friedhelm und Elisabeth, beide inzwischen verheiratet, besuchte er hin und wieder – allerdings so gut wie nie aus eigenem Antrieb.

Meist saß er bei derlei Gelegenheiten friedlich und nahezu teilnahmslos vor dem Fernseher, schaute sich Musiksendungen an. Selten versäumte er es, seinen Nichten und Neffen Schokolade mitzubringen.

Auch im Ledigenwohnheim fand er zunächst keinen Anschluss, er blieb ein belächelter Sonderling, der oft gedankenverloren vor der Tür auf der Straße stand. Niemand kümmerte es, was in ihm vorging.

Nach Schichtende zog es ihn häufig ins Kino. Sein Zimmer stopfte er voll mit elektrischen Geräten, für die er besonderes Interesse entwickelt hatte. Nach und nach kaufte er vier Fernseher, drei Radios, drei Tonbandgeräte mit Verstärkern, diverse Küchen-Elektrogeräte, einen Plattenspieler, einen Kassettenrekorder und stapelweise Musikkassetten. Am liebsten hörte er Schlager und Heimatlieder.

Sein Tagesablauf war weitestgehend stereotyp: malochen, das Zimmer aufräumen oder putzen, einkaufen, kochen, essen, fernsehen, schlafen. Er rauchte mäßig, trank kaum Alkohol. Es schmeckte ihm einfach nicht. Den überwiegenden Teil seiner Freizeit verbrachte er allerdings mit längeren Streifzügen und Spaziergängen durch Wälder und Felder in der Umgebung Duisburgs oder anderswo. Er wollte sich nicht an der Natur erfreuen oder dort entspannen, er suchte nach etwas – ohne Unterlass, fieberhaft.

Das »komische Gefühl« überkam ihn in unregelmäßigen Abständen. Tage und Wochen konnten vergehen, ohne dass sich etwas regte. Dann aber traf es ihn wie ein Blitz aus heiterem Himmel. Es gab zunächst keinen äußeren Anlass, und es gelang ihm nicht, die körperlichen Symptome zu ignorieren. Auch die sich hieran entzündenden Phantasien konnte er nicht zurückweisen. *Es* war zu stark, und *er* war zu schwach.

Wenn ihn die Puppen nicht mehr reizten oder die zunehmend verblassenden Erinnerungen an reale Schandtaten ihm nicht die gewünschte Inspiration und Stimulation verschafften, zog er los. Er fuhr mit Bus und Bahn kreuz und quer durch Duisburg, gerade so wie es ihm in den Sinn kam. Mal verschwand er im »Heltorfer Forst«, mal stapfte er durch den Stadtwald, er umrundete den Remberger See, oder er versuchte im Revierpark »Mattlerbusch« ein Opfer aufzustöbern. Nicht selten wich er auch in weiter entfernte Regionen des Ruhrgebiets aus, dann legte er bis zu 100 Kilometer pro Tag zurück. Er tat dies, weil ihm dort Anonymität garantiert wurde.

Schon auf dem Weg in eines seiner Reviere ließ er sich von einem Gefühl gefangen nehmen, das durchaus zwiespältige Empfindungen in *ihm* auslöste: Jagdfieber. Es wollte ihm nicht gelingen, sich mit dieser Gefühlsmixtur anzufreunden: Die angenehme Erfolgserwartung konkurrierte heftig mit der unangenehmen Misserfolgserfahrung. Die Befürchtung, am Ende wieder mit leeren Händen dazustehen, trübte seine Vorfreude. Denn genau das hatte er in den Monaten und Jahren zuvor häufig erleben müssen. So manche Frau hatte er ins Visier genommen, sie verfolgt, aber es war immer schief gegangen. Die Anwesenheit von Spaziergängern oder Radfahrern, die stets zum ungünstigsten Zeitpunkt aufgetaucht waren, hatten ihn unschlüssig werden lassen, stark verunsichert war er von seinem teuflischen Vorhaben zurückgetreten. Mitunter hatte er auch einfach zu lange gezögert, die Chance vertan. Oder er hatte sich von der äußeren Erscheinung eines potentiellen Opfers abschrecken lassen – er wagte sich nämlich nur an Frauen heran, die ihm körperlich unterlegen waren. Er war sehr mißtrauisch, vorsichtig, ängstlich – und deswegen so erfolglos.

Er war früher aufgestanden als üblich. Er hatte sich etwas vorgenommen. Der 24. April 1962 sollte ein besonderer, ein unvergesslicher Tag werden. Einen triftigen Grund hatte er auch: Das »komische Gefühl« plagte ihn schon seit den späten Abendstunden am Tag zuvor. Er hatte deswegen bereits zweimal onaniert, aber es war dadurch nicht wesentlich besser geworden. Immer noch kribbelte es auf der Brust, quälte ihn eine innere Unruhe. Er musste raus, er verlangte nach einem Opfer. Ob es eine Frau, einen Teenager oder ein Kind treffen würde, war ihm prinzipiell egal.

Er brauchte an diesem Dienstag nicht zur Arbeit, er hatte eine Freischicht. Das sonnige Frühlingswetter nährte die Hoffnung, er könnte erfolgreich sein, es endlich vollbringen. Um 10.30 Uhr stand er an der Haltestelle »Mühlenkamp«. Von hier aus hatte er bereits unzählige Ausflüge dieser Art begonnen, die Linie 9 fuhr im 12-Minuten-Takt. Sein Plan sah vor, eine Gegend zu durchstreifen, in der er vorher noch nicht gewesen war. Anderthalb Stunden später erreichte die Bahn ihre Endhaltestelle, den Bahnhof in Dinslaken. Dort stieg er in einen Bus der Bundespost, der zwischen Dinslaken-Bahnhof und Dorsten verkehrte, via Hünxe und Gahlen.

An der Haltestelle »Witte Hus«, einem Ausflugslokal, stieg er aus und ging ein Stück die Provinzialstraße zurück in Richtung Dinslaken-Bruckhausen. Gegen 12.30 Uhr bog er nach rechts ab in einen kleinen unbefestigten Verbindungsweg, der nach etwa 600 Metern in eine asphaltierte Straße, den Sternweg mündete. Das wusste er nicht. Er konnte lediglich erkennen, dass der von zahlreichen Laubbäumen gesäumte Weg zunächst durch bebaute Felder und nach gut 150 Metern in ein Wäldchen führte – eine einsame Strecke, von außen kaum einsehbar, die vornehmlich von Landwirten, an Sonn- und Feiertagen aber auch gelegentlich von Spaziergängern genutzt wurde. Hier wollte er sein Glück versuchen.

Wolkenloser Himmel, 20 Grad. Er konnte nicht sicher einschätzen, ob ihm jemand begegnen würde. Aber die Chancen standen besser als sonst. *Das* wusste er. Wenn ihm jetzt eine Frau in die Arme laufen würde, es wäre um sie geschehen. Das »komische Gefühl« wurde stärker, er spürte das unangenehm-angenehme Kribbeln auf der Brust, in den Armen. Sein Herz begann schneller zu schlagen. Seine Erregung war gewaltig. Er verschaffte sich einen Überblick, drehte sich um, schaute nach rechts, nach links. Er fixierte die Umgebung jetzt mit den Augen eines Jägers, der das Terrain sondierte. Und dann marschierte er los.

Eine Viertelstunde später stand er in der Provinzialstraße an der Haltestelle »Lindenkamp« und wartete ungeduldig auf den Bus, der ihn zum Bahnhof in Dinslaken bringen sollte. Er wollte nach Hause – so schnell wie möglich. Das »komische Gefühl« verspürte er nicht mehr. Um 12.51 Uhr bestieg er den Bus.

Es war kurz nach 13 Uhr, als ein VW-Käfer über den Verbindungsweg in Richtung Sternweg holperte. Am Steuer saß Rudolf Dibbern, neben ihm seine Schwiegermutter. Sie waren auf dem Weg zu einer Trauerfeier. Plötzlich stutzte der 46-Jährige. Links vor seinem Wagen auf einer Grasnarbe lag etwas, das ihn irritierte. Erkennen konnte er zunächst nur einen roten Popelinmantel mit weißen Knöpfen und ein Kleid, schwarz-weiß gepunktet. Ihm war nicht wohl bei der Sache. Er stoppte den Wagen und stieg aus. »Hermi, bleib sitzen, ich mach das schon.«

Seine Befürchtung wurde zur Gewissheit: Vor ihm lag ein junges Mädchen – ob tot oder lebendig, konnte Dibbern ohne weiteres nicht feststellen. Er kniete nieder, versuchte den Puls zu ertasten. Nichts. Aber er sah, dass die Wangen des Mädchens noch gerötet waren, und in Händen und Armen verspürte er noch etwas Körperwärme. Nur der Gesichtsausdruck beseitigte letzte Zweifel. Er hielt das Mädchen für tot.

Dibbern fuhr weiter bis zum Sternweg und alarmierte von der dortigen Landmaschinenwerkstatt »Hesseln und Söhne« die Polizei. Für »Tötungsdelikte«, die in Dinslaken »anfielen«, war die Kripo in Essen zuständig. Kurz vor 16 Uhr trafen die ersten Beamten ein, begannen Tatort und Leiche zu untersuchen.

Der Leichnam lag auf dem Rücken, beide Arme waren angewinkelt, der rechte oberhalb des Kopfes, der linke etwas abgedreht oberhalb der Hüfte. Die Finger waren gekrümmt, die Oberschenkel deutlich gespreizt. Der Mund des Opfers war leicht geöffnet, und die Augen waren geschlossen. »Auffällig« erschienen den Kriminalisten die blau-violett verfärbten Lippen. Um den Hals war ein »Tchibo«-Taschentuch festgebunden und an der rechten Halsseite verknotet. Der Fundort ließ keine Kampfspuren erkennen. Auch an der Leiche konnten die Beamten »grobsichtig« keine Kampf- oder Abwehrverletzungen feststellen. Auf dem Verbindungsweg glaubten sie allerdings etwas zu erkennen, das nicht eindeutig zu identifizieren war, aber mit »einiger Wahrscheinlichkeit« für »Spuren eines Kraftfahrzeugs« gehalten wurde.

Die Mordkommission interpretierte den Tatortbefund: Die Ermittler vermuteten, das Opfer sei nicht am Fundort ermordet, sondern erst nach der Tat dort abgelegt worden. Die Tötung habe »wahrscheinlich« in einem Auto stattgefunden.

Schnell fanden die Beamten heraus, dass es sich bei der Toten um Ilona Dönges aus Rees handelte, die seit Ostermontag vermisst wurde. Die 13-Jährige war am zweiten Ostertag nachmittags nach Hause gekommen, um von ihrer Mutter Geld für ein Eis zu bekommen. Dreißig Pfennig hatte sie erhalten und war wieder losgezogen. Mit einer Freundin aus der Nachbarschaft war sie anschließend zu einer Kirmes in Dinslaken gefahren, per Anhalter. Gegen 21 Uhr hatten sich die beiden getrennt. Zwei Stunden später war Ilona in Wesel an der dortigen Rheinbrücke von einem Autofahrer zweifelsfrei erkannt worden. Wo sich die Schülerin in den folgenden zwölf Stunden aufgehalten hatte, konnte nicht ermittelt werden. Letztmals lebend gesehen wurde sie von einem Kraftfahrer, dem das Mädchen am Tattag auf der Bundesstraße 8 aufgefallen war, kurz vor dem Ortseingang Dinslaken in Höhe des Friedhofs, gegen 11 Uhr. Der Zeuge berichtete, Ilona habe sich um eine Mitfahrgelegenheit bemüht.

Lange konnte die Tote demnach nicht an der Fundstelle gelegen haben, zumal ein Bauer, der den Verbindungsweg mit seinem Traktor am Dienstag gegen 12 Uhr befahren hatte, glaubhaft versicherte, dass er zu dieser Zeit niemanden dort habe liegen sehen. Ilona war ihrem Mörder demnach zwischen 12 und 13 Uhr begegnet.

Gefasst berichtete Ilonas Mutter der Kripo von ihrer Tochter: »Sie war doch so froh und erleichtert, weil sie gerade in die 8. Klasse versetzt worden war. Ein fleißiges Kind war sie, hat auch immer im Haushalt geholfen. Mit ihr hat es eigentlich nie Probleme gegeben, nur einmal habe ich ihr Hausarrest geben müssen – da war sie die Nacht nicht nach Hause gekommen, hatte sich mit einem Burschen herumgetrieben.«

Ilona galt allgemein als kontaktfreudig, sie war allerdings im Umgang mit Freundinnen etwas leichtfertig, bisweilen oberflächlich. Und entgegen den Bekundungen ihrer Mutter missachtete sie des Öfteren elterliche Vorgaben und Verbote. Insbesondere traf sie sich regelmäßig mit einem Mädchen aus der Nachbarschaft, obwohl die Eltern ihr »diesen Umgang« untersagt hatten. Das Mädchen mit den blonden Locken interessierte sich genauso für junge Männer wie fast alle pubertierenden Mädchen in ihrem Alter. Küssen und Streicheln waren erlaubt – weiter ging es nicht.

Die Ermittler stießen bei den Befragungen zu Persönlichkeit, Verhalten und Lebensgewohnheiten des Opfers allerdings auf keine Hinweise, die sie dem Mörder hätten näher bringen können.

Er war müde. In den letzten Tagen hatte er keine Ruhe gefunden. Es war die Angst, die ihn mürbe machte. Stundenlang saß er am Fenster seines Zimmers im zweiten Stock und stierte auf die Angershauser Straße. Bislang waren *sie* nicht gekommen, um ihn abzuholen. Aber jeden Moment konnte ein Streifenwagen vorfahren, und dann wäre es vorbei. Er würde ihren Fragen, vor allem aber ihren Schlägen nicht standhalten. Nach wie vor war er davon überzeugt, dass so jemand wie er so lange verprügelt wird, bis er gesteht. Er würde alles erzählen.

Allerdings war es nicht so schlimm wie beim ersten Mal, sechs Jahre zuvor, oder bei anderen Gelegenheiten. Er vertraute darauf, dass er keinen Fehler gemacht hatte. Er war sehr vorsichtig geworden. Zuversicht und Furcht stritten unablässig und heftig miteinander. Aber er stellte sich immer wieder auf die Hinterbeine: *Die kriegen MICH nich'!*

Mittlerweile lag der »Mordkommission Dönges« das Ergebnis der Obduktion vor. Die äußere Besichtigung hatte ergeben: »(…) Kratzer an beiden Oberschenkeln sowie Rötungen und Hautdefekte am Scheideneingang, insbesondere an den kleinen Schamlippen, ferner eine Einkerbung des Jungfernhäutchens, nicht aber ein Einriss.« Die Verletzungen sollten von »mechanischen Einwirkungen« herrühren. Ilona war also missbraucht, nicht aber vergewaltigt worden. Der innere Befund sprach für »Ersticken« als Todesursache, entweder durch »einen Würgegriff« oder »Drosseln mit dem Taschentuch«. Optimistisch stimmte die Ermittler der gelungene Nachweis von Spermien und Samenflüssigkeit. Der Mörder hatte die Blutgruppe 0.

Weitere Untersuchungen wurden angeordnet. Ein Experte des Bundeskriminalamtes untersuchte die Kleidungsstücke des Opfers – und wurde fündig. Er entdeckte Spermaspuren am linken Revers, an der linken Tasche und am rechten unteren Innenfutter des Mantels, ferner an der Vorderseite des Rocks, an der hinteren Außenseite des Hüfthalters und am oberen Endes eines Strumpfes. Zudem wurde auf der Innenseite des Schlüpfers ein »Gemisch von Vaginalsekreten und Sperma« nachgewiesen. Alle Spuren deuteten wiederum auf einen Täter mit Blutgruppe 0.

Nur der Untersuchungsbefund zum »Tatmittel« passte nicht ins Bild. Am »Tchibo«-Taschentuch fanden sich »große Mengen von Epithel-Zellen und Kochsalz«. Jemand mit Blutgruppe A hatte dort Schweiß abgesondert, der mit dem Opfer (Blutgruppe 0 MN) kurz vor der Tat »engen Kontakt« gehabt haben musste. Dieses Gutachten provozierte Fragen: War Ilona von zwei Männern umgebracht worden? Oder von einem Pärchen? Hatte sie den oder die Mörder auf der Kirmes kennen gelernt? Oder stammten die Schweißspuren von einem Mann, mit dem sie die Nacht zuvor verbracht hatte? Oder von ihrer Freundin? Die konnte allerdings bald als »Spurenlegerin« ausgeschlossen werden.

Der Mord an Ilona war mittlerweile zum Stadtgespräch geworden. Unverständnis und Angst beherrschten die lebhaften Diskussionen. Und es meldeten sich zahlreiche Bürger, die »sachdienliche Hinweise« gaben. Mehrere Zeugen berichteten unabhängig voneinander, am Tattag gegen 12.45 Uhr »einen verdächtigen Wagen« gesehen zu haben, und zwar ganz in der Nähe des Leichenfundortes, auf dem Verbindungsweg, zirka 120 Meter vom Sternweg entfernt. Es sollte ein »Goggomobil«, 600 ccm, türkis-grün, gewesen sein – ein preisgünstiger Kabinenroller, den wegen des geringen Hubraums jeder fahren durfte, der einen Motorrad-Führerschein Klasse 1 besaß.

Heiß wurde diese Spur, als der Kraftfahrer, der Ilona am Dienstag um 11 Uhr auf der Bundesstraße letztmals lebend gesehen hatte, erklärte: »Das war ein Goggomobil, türkis-grün. Der ist auf der B 8 in Richtung Wesel gefahren, hat den rechten Blinker gesetzt und ist genau auf die Stelle zugefahren, wo das Mädchen stand. Ich konnte aber nicht sehen, ob das Mädchen in den Wagen eingestiegen ist.«

Die Essener Kriminalisten suchten nun fieberhaft nach jenem Mann, dem besagtes »Goggomobil« gehörte. Für sie war klar: Er hatte Ilona in seinem Wagen mitgenommen, vermutlich wenig später dort getötet, die Leiche schließlich am späteren Fundort abgeladen. So musste es gewesen sein.

Er erinnerte sich gerne an den Moment, in dem ihm das Mädchen entgegengekommen war. Keine hundert Meter hatte er zurückgelegt, und genau dort, wo die Felder endeten und der Wald begann, war es passiert. Aber wenn der Film in seinem Kopf weiterlief, spürte er, wie sich bald Wut und Enttäuschung breit machten. *Hab' se doch nur gefragt, ob se mit mir poppen will. Und dann wird die auch noch frech. Ob ich das denn überhaupt könnte!*

OB ICH DAS DENN ÜBERHAUPT KÖNNTE! Er verstand die Reaktion seines Opfers nicht, er fühlte sich provoziert, gehänselt, erniedrigt. *Die sind doch alle gleich, die Weiber! ALLE!* Schuldgefühle waren ihm fremd, sein mörderischer Entschluss gerechtfertigt: *Die hat mich richtig vernatzt. Ich musst' se doch kaputtmachen!*

Die Nachricht schlug ein wie eine Bombe. »Er hat gelogen. Er war nicht bei ihr. Und er besitzt jede Menge Tchibo-Tücher«, berichteten zwei Beamte der Mordkommission ihren Kollegen. Sie hatten bei ihren Nachforschungen herausgefunden, dass Rüdiger Karthaus nicht die Wahrheit gesagt hatte. Es kam noch besser: Der Verdächtige hatte versucht, mehrere Bekannte zu einer Falschaussage zu bewegen. Die hätten zu seinen Gunsten erklären sollen, er sei zur Tatzeit bei ihnen gewesen.

Der 52-jährige Betonbauer besaß überdies ein »Goggomobil«, türkis-grün, wohnte in Walsum und war den Kriminalisten von Beginn an suspekt gewesen. Der ehemalige Bergmann hatte sich in Widersprüche verwickelt, und es war herausgekommen, dass er mehrfach versucht hatte, sich Frauen und Kindern »unsittlich« oder »in eindeutiger Absicht« zu nähern. In einem Fall hatte ihn die Staatsanwaltschaft Duisburg sogar angeklagt – wegen »Unzucht mit einer Minderjährigen«. Das Verfahren war aber »aus Mangel an Beweisen« eingestellt worden. Für Karthaus sprach allerdings, dass er nie gewalttätig geworden war.

Jeden Tag wurde der Verdächtige vernommen. Aber Karthaus blieb standhaft, bestritt alle Vorwürfe. In der Nähe des Leichenfundortes wollte er »noch nie gewesen« sein, die teilweise widersprüchlichen Aussagen erklärte er mit »Gedächtnislücken« oder »Erinnerungsfehlern«. Das Ergebnis der Blutgruppenuntersuchung war ebenfalls nicht geeignet, ihn zu entlasten: Er besaß die Blutgruppe 0 und galt als »Ausscheider von H-Substanzen«. Nach Auffassung des Gutachters war er »als Spurenleger nicht auszuschließen.«

Es ergaben sich weitere Verdachtsmomente gegen Karthaus. Er hatte seinen Wagen am 25. April, also nur einen Tag nach dem Verbrechen, vollständig gereinigt und seine Kleidung, die er am 24. April getragen hatte, in die Wäscherei gegeben. Warum das genau zu diesem Zeitpunkt erfolgt war, konnte Karthaus den Beamten nicht plausibel machen.

Vollends überzeugt von der Schuld des Verdächtigen waren die Ermittler, als er in einer Vernehmungspause erklärte: »Was würden wohl meine Frau, meine Tochter, meine Verwandten und Arbeitskollegen sagen, wenn ich die Tat zugeben würde. Ich verliere dann doch meine Arbeitsstelle, und meine Familie käme in Not.«

Das war kein Geständnis, auch kein Beweis, aber ein weiteres schwer wiegendes Indiz – auch wenn Karthaus später alles abstreiten würde. Der Staatsanwaltschaft genügte die »Beweislage«, sie ließ den Verdächtigen festnehmen. Am 5. Mai erließ das Amtsgericht Dinslaken einen Untersuchungshaftbefehl »wegen des dringenden Verdachts des Mordes zum Nachteil Ilona Dönges«. Der nach wie vor vehement seine Unschuld beteuernde »Beschuldigte« wurde eingesperrt. Die Nachricht von der »Aufklärung eines hässlichen Verbrechens« beruhigte die verängstigte Bevölkerung.

Von alldem bekam er nichts mit. Beim Fernsehen und Radiohören begnügte er sich mit Musiksendungen, er las grundsätzlich keine Zeitung, es interessierte ihn nicht wirklich, was um ihn herum passierte. Mit Menschen in seiner Umgebung sprach er kaum, mit Fremden nur dann, wenn es sein musste. Mehr als ein kleinlautes »Morjen« oder »Tach« war ihm nicht zu entlocken, meistens sah er einfach weg, wenn ihm jemand begegnete. Er blieb lieber allein – und flüchtete sich regelmäßig in seine Tagträume.

Ein Hochgefühl überkam ihn förmlich, wenn er sich ins Gedächtnis rief, wie er seine Hände um ihren Hals geschlungen und zugedrückt hatte. Er konnte nicht genau einschätzen, wie lange das

Mädchen gelitten hatte. Aber dass es so gewesen war, daran bestand für ihn kein Zweifel: Der immer schwächer werdende Widerstand, der aussichtslose Kampf, das letzte Aufbäumen des Mädchens, all dies hatte er begierig beobachtet, und es hatte ihn maßlos erregt. Der Augenblick des Todes, als ihr Körper mit einem Mal zusammengesackt war, hatte ihn tief bewegt – vor allem seelisch. Nun hatte er einen Weg gefunden, um sich nicht nur körperlich zu befriedigen. *Endlich!*

Aus dem Erlebten ergab sich für ihn eine zwingende Konsequenz. Er würde es wieder tun. Er wollte es. Er musste es.

19

Monika Reimer war die älteste von drei Schwestern. Die Elfjährige wohnte in Wehofen, einem eher ländlichen Ortsteil der Kleinstadt Walsum, nahe Duisburg. Vater und Mutter waren berufstätig, er als Arbeiter in einem Abbruchunternehmen, sie putzte in einem Kaufhaus und in einer Arztpraxis.

Monika war ein ernstes, stilles, fleißiges, folgsames Kind, das keinerlei Schwierigkeiten bereitete. Ihre Eltern konnten sich auf sie verlassen. Monika kümmerte sich auch um ihre Schwestern, wenn die Eltern berufsbedingt nicht zu Hause sein konnten. Äußerlich erschien sie noch sehr kindlich und erweckte keineswegs den Eindruck eines über elf Jahre alten Mädchens. Ihre schulterlangen mittelblonden Haare hatte sie stets zu einem Pferdeschwanz zusammengebunden.

Sie ging in die 6. Klasse der Lindenschule, einer Gemeinschaftsschule in Walsum. Auch dort gab sie sich still und zurückhaltend, die Lehrer schätzten sie als »problemlos«, obwohl ihre Leistungen bestenfalls mittelprächtig waren.

Der etwa 1,7 Kilometer lange Schulweg führte von ihrer Wohnung über die Straße »Unter den Linden« durch die Schachtstraße, anschließend durch die belebte Holtener Straße, von dort aus unter einer Werksbahnunterführung hindurch über den »Schwarzen Weg« links an einem Kornfeld vorbei, sodann weiter durch die Hoeveler Straße und die Dr.-Hans-Böckler-Straße bis zur Schillerstraße. Dort war die Lindenschule.

Monika war von ihren Eltern mehrfach eindringlich ermahnt worden, den »Schwarzen Weg«, einen mehrere hundert Meter langen unbefestigten schmalen Pfad, »niemals allein« zu benutzen. Als in der Presse über die Ermordung von Ilona Dönges berichtet worden war, hatten Monikas Eltern ihren Kindern gebetsmühlenartig eingeschärft: »Nicht von fremden Männern ansprechen lassen. Will einer was, sofort weglaufen. Keine Süßigkeiten annehmen. Niemals mit jemandem mitgehen.« Um ihre Kinder zu überzeugen, hatten sie ihnen sogar ein Bild der ermordeten Ilona Dönges gezeigt, dazu den Zeitungsartikel vorgelesen. Alle drei Mädchen hatten daraufhin die Anweisungen ihrer Eltern stets befolgt.

Am 4. Juni 1962, es war ein Montag, machte sich Monika um 7 Uhr im Badezimmer für die Schule fertig. Ihre Eltern hatten das Haus bereits eine halbe Stunde vorher verlassen, wie üblich. Sie zog sich ihr neues rotes Kleid an und band ihre Haare zu einem Pferdeschwanz. Der Unterricht würde um 8 Uhr beginnen, ihre Schwestern mussten erst später los. Monika schmierte noch Butterbrote für sich und ihre Schwestern, um 7.30 Uhr verließ sie die Wohnung.

Am späten Nachmittag rief Vera Reimer Monikas Klassenlehrerin an. Sie machte sich Sorgen, ihre Tochter war nicht nach Hause gekommen. Die Auskunft, die sie erhielt, war verblüffend und alarmierend. Monika sollte etwas Außergewöhnliches getan haben, etwas, das bis dahin nicht vorgekommen war, nicht ein einziges Mal: Sie hatte die Schule geschwänzt, war einfach nicht hingegangen – oder dort nicht angekommen.

Vera Reimer telefonierte mit Verwandten, Freunden, Bekannten, Freundinnen und Mitschülerinnen ihrer Tochter, ihr Vater hörte sich in der Nachbarschaft um. Aber alle Bemühungen blieben fruchtlos. Niemand wollte das Mädchen gesehen haben, nirgendwo hatte sie sich gemeldet.

Kurz nach 18 Uhr erschienen ihre besorgten Eltern in der Kriminalaußenstelle Walsum und meldeten Monika als vermisst. Noch am selben Abend und in den folgenden Tagen fanden groß angelegte Suchaktionen statt, insbesondere Monikas Schulweg und angrenzende Gebiete wurden mehrfach gründlich abgesucht, auch der »Schwarze Weg« und das dortige Kornfeld. Sträucher und Buschwerk wurden durchkämmt. Nichts, das Mädchen blieb unauffindbar.

Zeitgleich sorgte ein weiteres Verbrechen an einem Mädchen für Schlagzeilen. Die Tragödie begann am 12. Juni 1962, dem ersten Werktag nach Pfingsten, in der Eichendorffstraße am südlichen Stadtrand von Neuss, einer Kleinstadt unweit von Düsseldorf. Dort spielte Manuela Hallich, in kurzer Entfernung zu ihrer elterlichen Wohnung. Eine Nachbarin sah die Fünfjährige und gab ihr einen Groschen, sie sollte sich dafür Süßigkeiten kaufen. 100 Meter weiter bekam sie für das Geld an einem Kiosk in der Hölderlinstraße einen Erdbeer-Lutscher. Minuten später wurde sie von einem Mann angesprochen: »Ich geh' zur Kirmes. Willst' mitkommen?« Sie nickte mit dem Kopf. In Neußerfurth, einem nördlichen Stadtteil von Neuss, war tatsächlich Kirmes. Diese Begegnung wurde von einem elfjährigen Jungen beobachtet, der sich in einem nur wenige Meter entfernten Hauseingang vor seinen anderen Spielkameraden versteckte. Er sah, wie der Mann das Mädchen mit den schulterlangen Zöpfen auf die Lenkstange seines Fahrrades setzte und in die Pedalen trat.

Der Zufall wollte es so, dass die Nachbarin, die Manuela das Bonbongeld gegeben hatte, eben zu dieser Zeit mit ihrem Fahrrad heranfuhr, als der Unbekannte sich entfernte. Die 54-Jährige ahnte Schlimmes, rief dem Mann hinterher, nahm dann die Verfolgung auf. Doch sie musste bald aufgeben, kurz vor dem »Reuschenberger Busch« machte sie kehrt und alarmierte Manuelas Mutter. Die Frauen suchten anschließend das Waldgelände ab, vergeblich. Um 13.30 Uhr hetzte Regina Hallich zur Polizei.

Innerhalb kürzester Zeit lief eine Großaktion an. Eine Hundertschaft der Bereitschaftspolizei Wuppertal, vier Gruppen der Verkehrsüberwachung der Landespolizei mit Porschewagen und Motorrädern, ein »Alarmzug« der Düsseldorfer Schutzpolizei, alle verfügbaren Schutzleute und Kripobeamten aus Neuss und Grevenbroich, aber auch die Neusser Feuerwehr suchten fieberhaft nach dem entführten Mädchen. Spätabends musste die Aktion erfolglos abgebrochen werden.

Am nächsten Tag wurde die Suche gezielt fortgesetzt. Diesmal war auch ein Hubschrauber im Einsatz, dazu 20 Polizeihunde und mehr als 30 Düsseldorfer Kriminalbeamte. An die Anwohner der Eichendorff- und Hölderlinstraße wurden 1000 Handzettel verteilt. Alle Bürger, die am oder in der Nähe des Entführungsortes wohnten oder sich regelmäßig dort aufhielten, wurden befragt. Polizeistreifen durchsuchten Schrebergärten, Lauben, Heuschober, Strohmieten, Waldungen, Erdmulden. Das unübersichtliche Gelände, vor allem aber das hoch stehende Getreide erschwerte die Fahndung.

Mittags gaben die Neusser und die Düsseldorfer Polizei eine gemeinsame Pressekonferenz. Der die Ermittlungen leitende Kriminalkommissar Klaus Hinrichs begann sein Statement mit einer düsteren Prognose: »Es ist eine recht böse Geschichte. Wir müssen mit dem Schlimmsten rechnen.« Dann beschrieb er den Verdächtigen: »Dieser Mann ist 30 bis 35 Jahre alt. Seine genaue Größe ist unbekannt. Er ist schlank und hat ein blasses, eingefallenes Gesicht. Er war mit einer mittelbraunen, gabardineähnlichen Hose und einem Gehrock aus ähnlichem Stoff, der jedoch heller wirkte, einem hellbraunen Hut und schwarzen Schuhen bekleidet. Er trug ein mittel- bis dunkelblaues, möglicherweise auch grünlich erscheinendes und vielleicht gemustertes Hemd.« Weiter erklärte der 46-Jährige den überaus zahlreich erschienenen Pressevertretern: »Tatverdächtig sind Personen, auf die diese Beschreibung zutrifft und die am Dienstag zwischen 10.30 Uhr und mindestens 13 Uhr nicht zu Hause oder auf ihrer Arbeitsstelle waren. Das Fahrrad muss nicht Eigentum des Entführers sein und der Mann muss keineswegs ein Neusser Einwohner sein, obwohl die Vermutung nahe liegt, dass er aus Neuss oder aus Düsseldorf stammt. Die Kriminalpolizei ist an allen Informationen über Personen, auf die die vorstehenden Merkmale zutreffen, dringend interessiert.«

Auch die erschreckende Hypothese, dass es sich um denselben Täter handeln könnte, der auch in Dinslaken und Walsum – Monika Reimer galt nach wie vor als vermisst – zugeschlagen hatte, wurde diskutiert. Dr. Bernd Wehner, der Leiter der Düsseldorfer Kriminalpolizei, wollte dieses Horror-Szenario »nicht ausschließen« und wies in diesem Zusammenhang auf die unsäglichen Gräueltaten des »Vampirs von Düsseldorf« hin. Der Fabrikarbeiter Peter Kürten hatte 1929 mit seinen äußerst brutalen Morden an Kindern, Frauen und Männern eine ganze Stadt terrorisiert. Dr. Wehner wollte Parallelen erkannt haben und mahnte: »Das hat damals auch mit einer Kindesentführung angefangen.« Kürten selbst schied als Verdächtiger aus. Er hatte 1931 unter dem Fallbeil sein Leben verloren.

Abschließend ermunterte Kommissar Hinrichs die Bevölkerung zur Mitarbeit und formulierte einige Fragen: »Wer hat den beschriebenen Entführer zur Tatzeit gesehen oder beobachtet? Wer hat den Entführer mit dem vermissten Kind auf dem Fahrrad gesehen? Sind auch andere Kinder am Dienstag oder an anderen Tagen irgendwo in Neuss oder Umgebung oder in Düsseldorf von einem Mann angesprochen worden und zum Mitgehen oder zum Mitfahren auf einem Fahrrad aufgefordert worden? Haben Kinder, die am Dienstag in oder in der Nähe der Eichendorff-, Weber- und Hölderlinstraße spielten, Beobachtungen in Bezug auf den Mann mit dem Fahrrad gemacht?« Für »sachdienliche Hinweise, die zur Ergreifung des Täters führen«, wurden 3 000 Mark ausgelobt.

Am Nachmittag wurde nochmals der »Reuschenberger Busch« abgesucht. Bei drückender Hitze stöberten 50 Polizisten, den Knüppel in der Hand, durch das teilweise sumpfige Gelände. Zeitgleich suchten Kräfte der Feuerwehr mit Schlauchbooten an den Ufern der Erft. Gefunden wurde so einiges, im Gebüsch oder Morast lagen Schlüpfer, Schuhe oder Brieftaschen, aber letztlich nichts, was auf Manuela oder ihren Entführer hinwies. Auch die eingesetzten Suchhunde nahmen keine Spur auf. Manuelas Eltern hielt es nicht mehr zu Hause: Aus einiger Entfernung beobachteten sie das vergebliche Bemühen der Polizei – und hofften und bangten.

Am nächsten Tag meldeten sich zahlreiche Bürger, die aufmerksam die Zeitung gelesen hatten. Eine Frau, deren Angaben als »glaubhaft« eingeschätzt wurden, berichtete aufgeregt, am Dienstagabend, gegen 19.30 Uhr, einen Mann und ein Kind, das Manuela »täuschend ähnlich sah«, in der Nähe des Bahnhofs in Schiefbahn, einer kleinen Gemeinde nahe Neuss, gesehen zu haben. Sofort wurden Polizisten aus Neuss, Grevenbroich, Krefeld-Kempen und Mönchengladbach in Marsch gesetzt. Aber die Suche musste nach Stunden ergebnislos abgebrochen werden.

Auch andere Zeugen wollten dem mysteriösen Unbekannten begegnet sein: mal in Zons, mal in Neusserfurth, dann in Düsseldorf – allerdings etwa zur selben Zeit. Alle Spuren führten ins Nichts.

In Duisburg, Wuppertal, Leverkusen und Köln wurden die Akten ähnlicher Verbrechen der jüngeren Vergangenheit »nach Tatgleichheit« überprüft. Und tatsächlich ließ ein »Sittlichkeitsdelikt« aus dem Raum Köln frappierende Übereinstimmungen erkennen. Am 2. Juni – also nur zehn Tage vor Manuelas Entführung – hatte ein Mann an einer Baustelle zwei Kinder angesprochen, schließlich eine Siebenjährige auf seinem Fahrrad mitgenommen. Der Täter war mit dem schreienden Kind bis nach Rodenkirchen gefahren und hatte versucht, das Opfer in einem Gebüsch zu missbrauchen. Passanten, von den Hilferufen des Kindes angelockt, hatten den Täter schließlich vertrieben und Schlimmeres verhindert. Die Personenbeschreibung dieses Mannes stimmte mit der von Manuelas Entführer »sehr gut« überein, auch die benutzten Fahrräder waren, so wollten es Zeugen beobachtet haben, jeweils »aluminiumfarbig mit roten Streifen«.

Dunkle Vorahnungen schienen sich zu bewahrheiten. Die Kripo hatte es offensichtlich mit einem Serientäter zu tun. Die Kriminalisten in Duisburg, Essen, Neuss und Düsseldorf tauschten deshalb fleißig Informationen aus. Obwohl die Taten in Neuss und Köln deutliche Unterschiede zu dem Mord an Ilona Dönges in Dinslaken und der »Vermisstensache Reimer« in Walsum aufwiesen, konnte keine Entwarnung gegeben werden. Möglicherweise jagte die Polizei einen »Psychopathen«, der sich nicht so »perseverant« (gleichartig) verhielt, wie es Kriminalisten und Kriminologen erwarten würden.

Die Suchmaßnahmen wurden auch am Freitag, den 15. Juni fortgesetzt. In Neuss-Holzheim waren die Wehre der Erft geschlossen worden, um den Wasserspiegel in den oberen Bachläufen zu senken. Schon im Morgengrauen begannen Männer der Neusser Freiwilligen Feuerwehr damit, das Bachbett der Obererft im Gebiet des »Reuschenberger Buschs« nach Hinweisen zu durchforsten. Gegen 5.30 Uhr stieß man schließlich etwa 50 Meter unterhalb einer Steinbrücke im Uferschlamm auf einen leblosen menschlichen Körper. Die Tote, zweifelsfrei ein Kind, hatte noch einen Rollschuh angeschnallt, der zweite fand sich in unmittelbarer Nähe der Brücke. Eine Stunde später war die Leiche identifiziert. Manuelas Eltern brachen weinend neben dem toten Körper ihrer Tochter zusammen.

Die noch am selben Tag durchgeführte Obduktion ergab als Todesursache »Erwürgen«, der Täter hatte den Leichnam »mit an

Sicherheit grenzender Wahrscheinlichkeit« von der Brücke in den Bach geworfen. Spuren sexuellen Missbrauchs waren nicht mehr nachweisbar, der Leichnam hatte zu lange im Wasser gelegen. Allerdings konnten die Gerichtsmediziner definitiv sagen, was nicht passiert war: »Das Opfer ist nicht vergewaltigt worden.«

Die »Mordkommission Hallich« hatte alle Hände voll zu tun, 180 »Einzelspuren« musste nachgegangen werden. Mehrfach schien es so, als sei man dem Täter dicht auf den Fersen. In Zons renommierte ein Betrunkener: »Ich bin der Mörder!« Aber er war es nicht. Im Düsseldorfer Caritasheim unternahm ein 27-Jähriger einen Selbstmordversuch. Der Mann besaß ein Fahrrad, das dem des Mörders sehr ähnlich war. Schnell keimte Hoffnung auf. Aber auch der Lebensmüde konnte es nicht gewesen sein – er hatte ein »wasserdichtes Alibi«, berichtete die Kripo. Dann fiel zwei Schupos in unmittelbarer Nähe des Leichenfundortes ein junger Mann auf, der sich merkwürdig benahm, der Täterbeschreibung stark ähnelte und sich nicht ausweisen konnte. Der Verdächtige wurde kassiert – und noch am selben Tag wieder freigelassen. Es hatte sich herausgestellt: Der 25-Jährige war ein unbescholtener Versicherungsvertreter und hatte »mal austreten« wollen. Schließlich tippte der elfjährige Junge, der den Mörder bei der Entführung vom Hauseingang kurze Zeit hatte beobachten können, in der »Lichtbildvorzeigekartei« auf das Foto eines »Sittentäters«: »Der hat so ausgesehen wie der da.« Auszuschließen war die behauptete Ähnlichkeit nicht, nur hatte dieser Mann zur Tatzeit volltrunken in einer Ausnüchterungszelle des Düsseldorfer Präsidiums ausharren müssen. Wieder Pustekuchen!

Die Neusser Polizei wandte sich erneut an die Bevölkerung. In einem Aufruf hieß es: »Helfen Sie der Polizei, diesen Unhold unschädlich zu machen, bevor er ein weiteres Verbrechen begeht. Denken Sie daran, dass vielleicht auch Ihr Kind sein nächstes Opfer sein könnte.« Den Medien wurde ob der eigenen Erfolglosigkeit trotzig versichert: »Die Suche nach dem Täter wird mit aller Härte und unter Einsatz aller möglichen Mittel fortgesetzt.«

Am 16. Juni alarmierte eine Mitteilung die Düsseldorfer Polizei. Gegen 11 Uhr wurde Christiane Droßmann von ihrer Großmutter als vermisst gemeldet – wieder war es ein fünfjähriges Mädchen, das offenkundig entführt worden war. Christiane hatte auf der Hügelstraße gespielt, ganz in der Nähe der elterlichen Wohnung, und war »von einem Onkel« auf einem Fahrrad mitgenommen worden. Das hatten ihre Spielkameraden berichtet. Unverzüglich ließ die »Funkleitstelle« nach dem Kind fahnden. Die Streifenwagen der »Schutzbereiche« 4 und 5, unterstützt durch Funkkräder, starteten eine systematische Suche in der Umgebung. Nur 15 Minuten später konnte der Alarm zurückgenommen werden. Christiane war gefunden worden – vier Häuser weiter in einem Hinterhof, putzmunter. Sie war auch tatsächlich von einem Fahrradfahrer mitgenommen worden – allerdings von ihrem richtigen Onkel. Den hatte man bei all der Aufregung ganz außer Acht gelassen.

Kurze Zeit später wurde der Polizei das verdächtige Verhalten eines Mannes gemeldet, auf den die Beschreibung des Mörders von Manuela »haargenau« zutreffen sollte. Der war in der Henkelstraße 7 auf dem Hof erschienen und hatte die »Mitteilerin« gefragt, ob er sich dort umziehen könne. Die 32-jährige Hausfrau hatte einen Nachbarn gebeten, auf den »komischen Fremden« aufzupassen, während sie die Polizei alarmieren wollte.

Als wenig später zwei Streifenwagen in der Henkelstraße eintrafen, war niemand mehr da. Die Beamten suchten nach dem Unbekannten, fanden jedoch nur dessen Hemd und Hose, die er über einen Zaun geschmissen hatte. Wieder eine Sackgasse.

Mittlerweile hatte die Mordkommission mehr als 400 »Spurenakten« anlegen müssen, die in kriminalistischer Kleinarbeit zu überprüfen waren. Die Erhöhung der Belohnung auf 14 000 Mark hatte nochmals eine Flut von Anrufen und Hinweisen ausgelöst. Pausenlos waren die Beamten im Einsatz, alle Kräfte wurden mobilisiert, insbesondere die Fahndung intensiviert und ausgedehnt. Jeder Mann, der dem nun auch veröffentlichten Phantombild ähnelte, musste sich eine Überprüfung und unangenehme Fragen gefallen lassen – ein harmloser Radfahrer auf wenigen Kilometern sogar fünfmal. Eine ganze Reihe gesuchter Täter blieben im dichtmaschigen Netz der Fahndung hängen: steckbrieflich gesuchte Diebe, Einbrecher, Betrüger, Räuber – nur der Mörder von Manuela nicht.

Am 17. Juni meldete die *Deutsche Presse-Agentur:* »Dinslaken. Wieder ein Mädchen verschwunden. Am Montagmorgen wird die Polizei im Kreis Dinslaken in einer Großaktion nach der seit Tagen verschwundenen elfjährigen Monika Reimer suchen. Auch ein Hubschrauber soll eingesetzt werden. Das Verschwinden des Mädchens weist Parallelen zum Fall der ermordeten fünfjährigen Manuela Hallich aus Neuss auf. Daher interessiert sich auch die Düsseldorfer Kriminalpolizei für den Dinslakener Fall.«

14 Tage nach Monikas Verschwinden kreiste erstmals ein Hubschrauber des Bundesgrenzschutzes in etwa fünf Meter Höhe über dem Kornfeld, unmittelbar neben jenem »Schwarzen Weg«, den das Mädchen gelegentlich benutzt hatte, um die Strecke bis zu ihrer Schule abzukürzen. Die von den Rotorblättern erzeugten Luftwirbel brachten die Roggenähren tüchtig in Bewegung. Plötzlich stutzten der Pilot und sein Beobachter. Beide glaubten einen Schultornister zu erkennen, daneben ein kleiner Menschenkörper, eingehüllt in einen roten Mantel.

Auf einer nahen Trabrennbahn setzte der Hubschrauber auf. Inzwischen unterrichtete Funkstreifenwagen fuhren in das Kornfeld und wurden an der bezeichneten Stelle fündig. Den Schutzpolizisten bot sich ein grauenhafter Anblick: Der Leichnam war bereits vollständig in Verwesung übergegangen. Neben dem Tornister lagen einige Schulhefte, auf denen der Name der Gesuchten stand. Auch die Beschreibung des vermissten Mädchens passte. Kein Zweifel. Es waren die Überreste von Monika Reimer, die dort im Kornfeld lagen.

An diesem Tag kam es knüppeldick für die wackeren Todesermittler des Essener Präsidiums; erst die Nachricht vom Leichenfund des vermissten Mädchens, die hektische Betriebsamkeit auslöste, keine zwei Stunden später noch eine Hiobsbotschaft: Die Staatsanwaltschaft beantragte »die Aufhebung des Haftbefehls« gegen Rüdiger Karthaus, den mutmaßlichen Mörder von Ilona Dönges. Nach »eingehender Prüfung« war man zu der Auffassung gelangt, die Indizien seien »zu schwach«. Der abrupte Sinneswandel war in erster Linie auf die frappierenden Parallelen bei den Mädchenmorden in Dinslaken und Walsum zurückzuführen.

Auch die in dieser Hinsicht sehr vorsichtigen Kriminalisten konnten sich dieser bedrückenden Annahme nicht mehr verschließen. Beide Opfer waren Kinder, 11 und 13, trugen zur Tatzeit einen roten Mantel, wurden vormittags in der Nähe eines einsamen Feldwegs getötet, jeweils durch »Einwirkung gegen den Hals«, die Tatorte trennten zudem nur wenige Kilometer. Die Annahme, dass etwa zur selben Zeit in der Region Dinslaken/Walsum zwei Täter mit nahezu identischem Modus Operandi »Lustmorde« an Kindern verübt hatten, vermochte niemanden zu überzeugen. Derjenige, der über Ilona hergefallen war, hatte auch Monika umgebracht. Und weil Rüdiger Karthaus den zweiten Mord nicht begangen haben konnte, musste er freigelassen werden.

Die Ermittler der zuständigen Kriminalhauptstelle Essen mussten von vorn beginnen. Die Ausgangslage war allerdings mehr als ungünstig. Der Mord an Ilona Dönges bot kaum Ermittlungsansätze, mittlerweile hatte der Täter einen Vorsprung von neun Wochen, und bei Monika Reimer tappte man vollends im Dunkeln. Am Tatort konnten nach »derart langer Liegezeit« keine »verwertbaren Spuren« gesichert werden, sogar die Todesursache blieb zunächst vakant, obwohl Würgen oder Drosseln vermutet wurde. Um mehr Informationen zu bekommen, fuhren noch am selben Montagabend Lautsprecherwagen durch die Bergarbeitersiedlungen Walsums und riefen die Bevölkerung zur Mithilfe bei der Fahndung auf.

Einen Tag nach ihrer Entdeckung wurde die Leiche obduziert. Aber weder äußere noch innere Besichtigung ergaben Hinweise darauf, wie Monika ums Leben gekommen war, Fäulnis und Maden hatten ganze Arbeit geleistet. Der Gerichtsmediziner entnahm deshalb den unversehrten rechten Kopfnickermuskel und einen Teil des rechten Lungenoberlappens. Zwischen den einzelnen Muskelfaserzügen des Kopfnickermuskels fanden sich sowohl an der Oberfläche als auch in der Tiefe des Gewebes Ansammlungen von Blutpigmenten. Ein gleichartiger Befund ergab sich bei der Untersuchung des Lungenoberlappens, und zwar unterhalb des Lungenfells und zwischen den netzförmigen Bindegewebsstrukturen. Diese »typischen Erstickungsblutungen« führte der Sachverständige auf »eine gewaltsame Einwirkung am Hals« zurück. Ob das Opfer erwürgt oder erdrosselt worden war, blieb indes offen.

Nachdem man auch die Kleidung Monikas durch einen Spezialisten des Bundeskriminalamtes hatte untersuchen lassen, waren die rechtsmedizinischen Untersuchungen abgeschlossen. Das Ergebnis war äußerst dürftig, bis auf den Befund des Pathologen hatten die Ermittler keine neuen Erkenntnisse gewinnen können. Es war wie verhext, sie standen mit leeren Händen da.

In der 6. Klasse der Lindenschule blieb fortan an einem der vorderen Tische ein Stuhl leer – dort hatte Monika gesessen. Keine ihrer Klassenkameradinnen wollte sich auf diesen Platz setzen. Viele Eltern ließen ihre Kinder nun nicht mehr unbeaufsichtigt zur Schule gehen, auch wenn es nur ein paar Schritte um die Ecke waren. In allen Schulen mahnten Lehrer zu besonderer Vorsicht, auch Polizeibeamte gaben Verhaltenshinweise. Was viele dachten und befürchteten, erzählte ein 36-jähriger Schlosser einer Walsumer Lokalzeitung: »Wer weiß denn, wann sich dieser Mörder sein neues Opfer sucht? Man ist doch nicht mehr sicher.«

Monikas Eltern waren all dem Leid, das urplötzlich über sie hereinbrach, schutzlos ausgeliefert. Ihre Mutter brach unter der seelischen Last zusammen, der Hausarzt stellte einen »Nervenschock« fest. Auch Heinz Reimer war den beruflichen und väterlichen Pflichten nicht mehr gewachsen, er ging nicht mehr in den Betrieb, saß zu Hause apathisch im Wohnzimmer und versuchte zu begreifen, was nicht zu begreifen war. Die Kinder der Reimers, die achtjährige Birgit und die 14 Monate jüngere Christel, fanden vorerst Zuflucht bei der Klassenlehrerin ihrer ermordeten Schwester.

Unheilvolle, bedrückende Stille war eingekehrt in die Wohnung der Reimers, dort, wo noch vor kurzem fröhliches Kinderlachen widerhallte. Die Reimers hatten für die Wohnung große Opfer bringen müssen. Monatelang hatten sie bis spät in die Nacht hinein für ihr neues Heim geschuftet, die Kinder notgedrungen allein gelassen. Sie waren gerade umgezogen, als Monika ihrem Mörder in die Hände fiel. Große Pläne hatten sie geschmiedet, wollten nach Jahren der Entbehrung endlich wieder mit den Kindern in den Urlaub. All das ergab jetzt keinen Sinn mehr. Um sie herum gab es nur noch Dunkelheit.

Auch die Mehrzahl der 45 000 Walsumer Bürger befand sich im emotionalen Ausnahmezustand, die *Westdeutsche Allgemeine Zeitung* berichtete von »panischer Angst« vieler Eltern. Die forderten lautstark Schutz für ihre 5 933 Schulkinder, allerorts fürchtete man den mysteriösen Unbekannten. Wie ein Flächenbrand verbreitete sich die Angst vor neuen Untaten des »Monsters«, nicht nur in den Nachbarstädten Walsum und Dinslaken. Und die kritischen Zwischenrufe, die man in Kreisen der Kripo gar nicht gerne hörte, wurden immer lauter: »Was machen die eigentlich?«

Die Essener Kriminalisten unterteilten ihre Ermittlungen in drei Bereiche: Spurensuche und -auswertung, Öffentlichkeitsarbeit, personenbezogene Maßnahmen. Berge von Flugblättern, Plakaten und Handzetteln wurden im gesamten Ruhrgebiet verteilt, in beiden Mordfällen hatten der Regierungspräsident, die Staatsanwaltschaft und die Kreisverwaltung eine Belohnung von insgesamt 13 000 Mark ausgesetzt – damals eine beträchtliche Summe.

Die Ermittler versuchten den Kreis der potentiell Verdächtigen einzuengen. Aus den näheren Tatumständen schlussfolgerten sie, dass der Mörder von Ilona und Monika pädophil sei, wegen anderer Sexualdelikte vorbestraft sein dürfte und sich im Gebiet der Tatorte gut ausgekannt haben musste. Niemand wollte annehmen, dass der Täter die abgelegenen Feldwege zufällig ausgewählt hatte. Es musste also in erster Linie ein »alter Bekannter« aus der Region sein.

Auch die möglicherweise wertvollen Erkenntnisse aus den Verfahren in Neuss und Köln wurden berücksichtigt. Dem elfjährigen Jungen, der den Mörder in Neuss auch längere Zeit von vorn gesehen hatte, wurden stapelweise Fotos vorgelegt, die »Sittentäter« im Alter von 20 bis 45 zeigten. Anschließend musste er die Bilder solcher Männer begutachten, die »einschlägig in Erscheinung getreten« waren: Mörder und Totschläger, die ihre Opfer »zur Befriedigung des Geschlechtstriebs« getötet oder dies versucht hatten. Die Beamten machten sich während der einstündigen Prozedur eifrig Notizen. Am Ende waren es fünf Namen, die auf einer Liste standen. Die Fotos dieser Männer hatte der Junge besonders lange betrachtet und auf Nachfrage mit »vielleicht« geantwortet. Wieder hatten die Ermittler neue Spuren – nur handfeste Beweise, die fehlten immer noch.

Am 21. Juni erschütterte die Meldung eines weiteren Verbrechens die ohnehin schon verängstigte Bevölkerung an Rhein und Ruhr. Die *Düsseldorfer Nachrichten* empörten sich: »Nicht zu fassen: Neuer Kindermord!« Einen Tag zuvor war die Leiche eines Mädchens in Köln-Porz aus dem Rhein geborgen worden. Arbeiter hatten den toten Körper entdeckt, als sie am Ufer ein Schiff entluden.

Die Kripo vermutete, dass es sich bei dem Opfer um die fünfjährige Ingeborg Anders aus Essen handeln musste, die seit dem 19. Juni vermisst wurde. Zudem lagen den Behörden zu dieser Zeit sonst keine Anzeigen zu »abgängigen« Kindern vor.

Ihr Vater konnte den nackten Leichnam nicht zweifelsfrei identifizieren. Zunächst erklärte der 42-jährige Autohändler beim Anblick des Kindes: »Ja, das ist meine Ingeborg!« Wenig später aber war er sich »nicht mehr sicher«, weil er meinte, seine Tochter sei »viel größer« als die Tote. Deshalb mussten die Mutter und die beiden Geschwister Ingeborgs aus Essen geholt werden, die noch zwischen Hoffnung und Verzweiflung schwankten. Auch ihnen wurde der Leichnam gezeigt. Fassungslos und unter Tränen bestätigten alle die erste Einschätzung des immer noch zweifelnden Vaters.

Die Obduktion ergab, dass Ingeborg missbraucht und von ihrem Mörder erwürgt worden war. Als »dringend tatverdächtig« galt Ingo Kappes, ein Arbeitskollege von Ingeborgs Vater. Der 22-jährige Schweißer aus Essen-Heisingen hatte Ingeborg am Dienstag von zu Hause abgeholt, angeblich, um mit der Kleinen »eine Spritztour zu machen«. Mit dem Einverständnis ihrer Mutter war Kappes mit dem Mädchen in seinem gelben Opel-Rekord 61 davongefahren – das letzte Lebenszeichen von Ingeborg und ihrem Begleiter.

Jetzt wurde im gesamten Bundesgebiet fieberhaft nach dem Wagen mit dem Kennzeichen »E-AJ 546« gefahndet. Acht Stunden nach Entdeckung der Leiche meldete sich ein Tankwart aus Ittenbach im Siebengebirge bei der Polizei. Kappes hatte bei ihm getankt, aber nicht bezahlen können. Als Pfand war von dem schlanken 1,90-Meter-Hünen ein Reserverad zurückgelassen worden. Die Kripo erweiterte die Großfahndung jetzt auch auf das benachbarte Ausland.

Drei Kindermorde innerhalb von 16 Tagen ließen die Kripo am Niederrhein nervös, die besorgten Bürger hysterisch und die Presse süchtig werden – schlechte Nachrichten sind eben auch immer gute Nachrichten. Schnell machten Gerüchte die Runde: »Bei der

Polizei sind noch Hunderte Kinder vermisst gemeldet!« Bis zum 30. Mai waren der Landeskriminalpolizei in Nordrhein-Westfalen tatsächlich 293 Kinder als vermisst gemeldet worden, 109 Mädchen und 184 Jungen. Allerdings blieben nur drei Minderjährige dauerhaft verschwunden: eine 13-Jährige aus St. Vit bei Wiedenbrück und zwei Jungen aus Wuppertal und Essen, sechs und acht Jahre alt. Das Mädchen war von zu Hause weggelaufen, der Junge aus Wuppertal vermutlich beim Spielen am Ufer der Wupper ertrunken. Nur im Fall des achtjährigen Klaus Jung ging die Kripo von einem »kriminellen Hintergrund« aus, er war letztmals am 31. März auf einer Kirmes in Essen gesehen worden. Erst vier Jahre später sollte sich das Schicksal des Jungen klären: Er war dem vierfachen Kindermörder Jürgen Bartsch in die Hände gefallen und wie die übrigen Opfer in einem ehemaligen Luftschutzstollen gefoltert und anschließend getötet worden.

Die extrem ungewöhnliche zeitliche und örtliche Häufung der an sich sehr seltenen Sexualmorde an Kindern provozierte Fragen, die Bevölkerung verlangte Aufklärung. Die Kriminalisten gaben sich alle Mühe, aber ihre Antworten klangen wenig überzeugend. Kriminaloberrat Hans Kiehne, Leiter der Mordkommission, die Ingo Kappes jagte, erklärte lapidar: »Sexualdelikte häufen sich eben zu bestimmten Jahreszeiten.« Der Chef der Essener Todesermittler, die die »scheußlichen Verbrechen« an Ilona Dönges und Monika Reimer aufzuklären versuchten, ergänzte: »Für das fast gleichzeitige Losschlagen dieser verschiedenen Täter haben wir keine Erklärung. Vielleicht spielt die Witterung eine Rolle. Die Mädchen sind leicht angezogen. Das kann aufreizen.« Und Dr. Wehner, der Leiter der Düsseldorfer Kripo, hielt alles für »einen Zufall«, gab sich indes überzeugt, eine »Kindermord-Psychose« festgestellt zu haben, die »schleunigst abgebaut« werden müsse. Nur wie, das verriet er nicht.

Wesentlich optimistischer äußerte sich der Vizepräsident der Deutschen Kriminologischen Gesellschaft. Der *Deutschen Presse-Agentur* verriet er wohlmeinend, wie den Unholden beizukommen sei, und richtete einen flammenden Appell an alle Bürger: »Achtet auf Eure Mitmenschen, auf Schul- und Arbeitskameraden, Freunde und Gefährten. Abnormes Verhalten dem anderen Geschlecht gegenüber kann ein Zeichen dafür sein, dass Triebstörungen vorliegen.«

Zum Kummer der Kriminalpraktiker schalteten sich auch noch diverse Landespolitiker in den Kampf gegen die »Bestien« ein. Den Anfang machte der SPD-Landtagsabgeordnete Gustav Stapp. Als Bürgermeister der ebenfalls betroffenen Stadt Walsum schlug er vor: »Alle Kinder sollen unentgeltlich mit Bus und Bahn zur Schule fahren dürfen.« Der donnernde Applaus seiner Anhänger, vor allem aber potentieller Wähler war ihm gewiss.

Nun hatte jeder etwas zu sagen, die Erfolglosigkeit der Polizei wurde zum Zankapfel der Politik, ein sensibles Feld ohne Rücksicht auf (Gesichts-)Verluste als Wahlkampfthema – am 8. Juli musste das neue Landesparlament gewählt werden – missbraucht. Bisweilen wurde es polemisch. »Weite Kreise haben das Gefühl«, posaunte der FDP-Landesvorsitzende Willi Weyer, »dass zwar genügend Polizeibeamte zur Kontrolle der Parkuhren zur Verfügung stehen, jedoch zu wenige zur Verfolgung von Gewaltverbrechern.« Das ging an die Adresse des für solche Belange zuständigen CDU-Innenministers, der postwendend versicherte: »Die Kindermorde in den letzten Wochen haben die Polizei veranlasst, alle erdenklichen Maßnahmen zur Verhütung weiterer Verbrechen zu ergreifen.« Derweil stellten sich die Kripo-Chefs in Düsseldorf und Köln demonstrativ an die Seite ihres obersten Dienstherrn. »Wir haben die Dinge unter Kontrolle. Zu einer Angstpsychose besteht kein Anlass, zumal man mit Angst keinen Mörder fängt«, hieß es kurz und bündig. Und Bundesjustizminister Stammberger ließ es sich nicht nehmen, natürlich genau das zu tun, was Politiker bei derlei Gelegenheiten immer zu tun pflegen: Er forderte »härtere Strafen für Sittlichkeitsverbrecher«.

Aber »die Serie des Grauens« riss nicht ab. Am 22. Juni fuhren alle verfügbaren Streifenwagen der Schutzpolizei durch Gelsenkirchen. Über Lautsprecher wurde die Bevölkerung zur Mitarbeit aufgefordert: »Achtung. Hier spricht die Polizei. Gesucht wird die 13-jährige Hanna Brauers. Sie ist etwa 1,50 Meter groß, hat kurze braune Haare und ist bekleidet mit einer blauen Strickjacke, einem gelben Pullover und einem rot-weiß-grün gestreiften Rock. Hinweise bitte an die nächste Polizeidienststelle.«

Bereits am späten Nachmittag erhielten die Ermittler durch die Meldung eines Spaziergängers erschütternde Gewissheit. Der hatte das Mädchen in einem Wäldchen in Wanne-Eickel gefunden, nahe der Bundesstraße 226. Eine Mordkommission, bestehend aus Bochumer und Gelsenkirchener Kriminalisten, begann sofort zu ermitteln. Noch am späten Abend lagen die ersten Ergebnisse vor: Hanna war demzufolge am Mittwochnachmittag zu Bekannten nach Gelsenkirchen-Erle gefahren und gegen 21 Uhr mit einem Schienenbus der Bundesbahn zurückgefahren. Am Hauptbahnhof in Gelsenkirchen hatte sie wenig später ein junger Mann »ausländischer Herkunft« angesprochen, den das Mädchen augenscheinlich kannte. Zeugen wollten sogar den Eindruck gewonnen haben, dass Hanna von ihm erwartet wurde. Sie habe den Mann mit »du« angeredet und sei dann ohne weiteres auf sein Moped gestiegen. Die ersten Untersuchungen am Tatort hatten ergeben, dass Hanna am Fundort missbraucht und anschließend erwürgt worden war. Kampfspuren deuteten auf heftige Gegenwehr des Mädchens.

Während die Fahnder in Gelsenkirchen, Essen, Duisburg und Düsseldorf erfolglos blieben, konnten ihre Kollegen in Köln einen Volltreffer landen. Endlich. Ingo Kappes, der mutmaßliche Mörder von Ingeborg Anders, war geschnappt worden, auf der Autobahn zwischen Heilbronn und Stuttgart. Hier war er einer Autobahnstreife aufgefallen, weil er seinen Wagen an einem Seil hinter sich herzog. Ihm war das Benzin ausgegangen.

Nach zwei Stunden Kreuzverhör hatte der Sohn eines Zahnarztes ein Geständnis abgelegt: »Sie war so süß, ich konnte nicht anders. Später habe ich sie in den Fluss geworfen, obwohl ich wusste, dass sie noch lebte.« Er war im Kölner »Königsforst« über sein Opfer hergefallen und hatte das wehrlose Mädchen später in der Nähe von Bonn in den Rhein geworfen. Blut- und Faserspuren am Tatort und im Wagen von Kappes bestätigten seine Aussagen. Es bestand kein Zweifel mehr: Er hatte Ingeborg getötet. Und vielleicht auch Ilona? Oder Monika? Oder Manuela? Oder alle drei?

Die Kölner Kriminalisten fragten nach, und sie bekamen Antwort: »Quatsch, kann ich nicht gewesen sein, war die ganze Zeit krank.« Tatsächlich konnte er für die Zeit vom 15. Mai bis zum 18. Juni ein nicht zu erschütterndes Alibi vorweisen: Er hatte wegen einer Salmonellen-Infektion in einem Essener Krankenhaus gelegen, auf der dortigen Quarantänestation.

Unterdessen war die Kripo in Gelsenkirchen einen wichtigen Schritt vorangekommen. Die Ermittler hatten einen 24-jährigen Italiener kassiert. Man war dahinter gekommen, dass Guiseppe Rocca derjenige gewesen war, der Hanna Brauers am Bahnhof in Gelsenkirchen abgeholt und mitgenommen hatte. Der zweifache Familienvater war am selben Abend erst gegen 22 Uhr in seine Wohnung im Gelsenkirchener Stadtteil Erle zurückgekehrt und konnte für die Tatzeit kein Alibi vorweisen. An seiner Jeanshose fanden sich zudem frische Blutspuren, deren Herkunft Rocca nicht erklären konnte. Und die am Tatort gefundenen Reifenspuren passten augenscheinlich zum Moped des nun »dringend Tatverdächtigen«.

Der Hinweis auf Rocca war von jener Familie gekommen, die Hanna kurz vor ihrer Ermordung besucht hatte. Der mutmaßliche Mörder, nach eigenem Bekunden mit Hanna »locker befreundet«, war auch kurz dort gewesen. Die Kripo vermutete, dass er sich mit der 13-Jährigen für abends verabredet hatte. Das aber wollte der Verdächtige partout nicht bestätigen. Und Rocca bestritt auch vehement, später mit Hanna in den Wald gefahren zu sein und sie dort getötet zu haben. Das Amtsgericht Gelsenkirchen favorisierte schließlich die Tatversion der Kripo und schickte Rocca ins Gefängnis.

Während in Köln und Gelsenkirchen die Bürger ein wenig durchatmen konnten, herrschte am Niederrhein und nahezu im gesamten Ruhrgebiet Alarmstimmung. Überall wurde über »die verdammten Kindermörder« geschimpft, diskutiert, gerätselt. Die *Düsseldorfer Nachrichten* installierten ein »Bürgertelefon«. Das Meinungsspektrum der Leserschaft schwankte heftig zwischen Verständnis und Verachtung. Eine Anruferin: »Es handelt sich um die Triebverbrecher. Die meisten Leute übersehen in ihrer verständlichen Wut, dass es sich um kranke Menschen handelt, die eigentlich unser Mitleid verdient hätten. Ich bin selbst Mutter von zwei Kindern. Trotzdem wollte ich Ihnen das gesagt haben.« Viele gestresste Bürger hielten es aber mit jenem Mann, der erbost forderte: »Ich habe jetzt tagelang die scheußlichen Kindermordgeschichten verfolgt. Ich kann nur sagen, diese Burschen müsste man an die nächste Wand stellen!«

Tageszeitungen berichteten auch von beherzten Versuchen einzelner Bürger, ungesetzliche Volksjustiz auszuüben. So meldete beispielsweise die *Rheinische Post:* »Polizei verhindert Lynchjustiz. Bornheim b. Bonn. Ein 24-jähriger Arbeiter wurde von mehreren Zeugen dabei beobachtet, wie er ein fünfjähriges Mädchen ansprach und in einen Busch lockte. Bevor der Mann sich an dem Kind vergehen konnte, wurde er in die Flucht geschlagen. Im Ortsteil Botzdorf konnte der Flüchtende von mehreren Männern gestellt werden, die ihn jämmerlich verdroschen. Hinzugerufene Polizeibeamte hatten Mühe, den Mann aus der Menge zu befreien.«

Die täglich zunehmende öffentliche Empörung zwang die Ermittlungsbehörden in den betroffenen Gebieten zum Handeln. Wenn schon kein erlösender Fahndungserfolg gelingen wollte, sollte zumindest nichts unversucht bleiben, um weitere Gräueltaten zu verhindern. An besonders gefahrenträchtigen Stellen, insbesondere in Waldgebieten und an den Schulen am Stadtrand, wurden Wachposten und Streifen verstärkt. Überdies patrouillierten alle verfügbaren Hundestreifen und Reiterstaffeln. Sogar pensionierte Polizisten wurden reaktiviert; ein imposantes Polizeiaufgebot, das den oder die Mörder abschrecken und den irritierten Bewohnern der Region Zuversicht vermitteln sollte. Flankierend erfolgten immer wieder eindringliche Appelle an die Bevölkerung: »Lassen Sie Ihre Kinder nicht unbeaufsichtigt!« »Melden Sie verdächtige Beobachtungen.«

Besonders im Großraum Duisburg war die extreme Verunsicherung mit Händen zu greifen. Das Stadtbild, aber auch das Verhalten vieler Menschen hatte sich verändert: Jede Menge Fahndungsplakate klebten in Schaufenstern, an Litfaßsäulen, Straßenlaternen oder Verkehrsschildern; auf Polizisten in Uniform traf man nun wesentlich häufiger als sonst; vor Schulen bildeten sich größere Menschenmengen, wenn Eltern ihre Kinder abholten; viele Spielplätze waren nahezu verwaist.

Nicht nur Staatsanwaltschaft und Polizei bemühten sich nach Kräften, auch die städtischen Jugendämter gingen in die Offensive. So wurde in Duisburg eine groß angelegte Aufklärungsaktion zur »Bekämpfung von Sittlichkeitsverbrechen« gestartet. 20 000 Löschblätter mit einer Bildergeschichte wurden an die Kinder der Stadt verteilt. Die zeigte eine »noch-mal-gut-gegangene« Verführung durch den »Kinderschänder«. Die Kids sollten »abgeschreckt« und gegen die Lockmittel der »Sittenstrolche« immun gemacht werden.

Die Essener Kriminalisten, zuständig für die Aufklärung der Morde an Ilona Dönges und Monika Reimer, traten nach wie vor auf der Stelle. Eine Überprüfung der fünf Verdächtigen, die der elfjährige Tatzeuge im Neusser Fall auf Fotos »vielleicht« als Mörder von Manuela Hallich erkannt zu haben glaubte, war ein Schlag ins Wasser gewesen. Drei konnten bombensichere Alibis vorweisen, einer war zu den Tatzeiten bereits wieder inhaftiert gewesen, und der andere konnte nicht befragt werden: Er war bei einem Verkehrsunfall ums Leben gekommen. Auch die pfiffige Idee eines jungen Kriminalkommissars erwies sich als wenig hilfreich. Er hatte vorgeschlagen, alle Schutzpolizisten mit den

Bildern bekannter Sexualverbrecher auf Streife zu schicken. Unmöglich, es wären einfach zu viele gewesen.

Jetzt waren auch ungewöhnliche Methoden gefragt, die meisten Standardmaßnahmen erschienen ausgereizt. Unterdessen wurde Horst Kuhnert, der Leiter der Mordkommission, über die bevorstehende Beisetzung Monika Reimers in Walsum informiert. Der 51-jährige Kriminaloberrat nahm es bei all der Hektik des Tagesgeschäfts zunächst nur beiläufig zur Kenntnis. Aber auch in den Stunden danach beschäftigte ihn diese Ankündigung, ohne dass er konkret darüber nachdachte.

20

»Jeder Verbrecher kehrt an den Tatort zurück.« So lautet ein althergebrachter kriminalistischer Erfahrungsgrundsatz. Insbesondere Mördern wird dieses Verhaltensmuster zugeschrieben.

Namhafte Kriminologen bemühten sich frühzeitig um Erklärungen für diese im Schrifttum nicht unumstrittenen, aber zahlreich belegten Verhaltenssyndrome. Der Universitätsprofessor Hans Groß (†1915), zu Lebzeiten weltweit führende Autorität in der Kriminalistik, zeigte sich in seinem *Handbuch der Kriminalistik* noch skeptisch: »Ob da Aberglaube der Verbrecher oder Aberglaube der Kriminalisten mitspielen, ob es Zufall oder Wahrheit ist, dass es den Täter (namentlich den Mörder) wie mit Teufelsgewalt an den Ort der Tat zurückzieht und ihn veranlasst, so oft als möglich wieder dahin zurückzukommen und sich den Schauplatz des Verbrechens anzuschauen, vermag ich nicht sicher zu beurteilen.«

Erich Liebermann von Sonnenberg, in den dreißiger Jahren Chef des preußischen Landeskriminalpolizeiamtes und stellvertretender Leiter der Berliner Kripo, bezweifelte die Existenz dieser »absonderlichen Verhaltensweise« nicht und lieferte in seinem 1934 erschienenen Werk *Kriminalfälle* eine durchaus plausible Begründung: »Gott und die Natur haben es so gefügt, daß sich mit jeder Übeltat der Täter selbst eine Wunde schlägt. Wer schon mal ein Unrecht tief bereut hat, der weiß, daß es ihn dann in die Nähe des Verletzten treibt, um wieder gutzumachen. Und da, wo nichts mehr gutzumachen ist, weil keine Reue Tote wiedererweckt, und wo der Täter sich dem Erschlagenen nicht mehr nähern kann, da treibt es ihn zurück an die Stelle, wo er ihn letztmals lebend gesehen hat, an den Schauplatz der Tat. Mit dieser Stätte ist sein Schicksal verknüpft, sie steht immer wieder vor seinen Gedanken. Im Wachen und Träumen lebt ihr Bild vor ihm auf, wie mit tausend Fäden zieht ihn die Mordstätte an.«

Auch der renommierte Bonner Strafrechtsprofessor Hans von Hentig glaubte an die »auf unbekannten Instinkten beruhende Kreisbewegung des Mörders«. In *Zur Psychologie der Einzeldelikte: Der Mord* (1951) philosophierte er: »Die Erfahrung lehrt, daß neben dem Impuls zur Flucht auch Kräfte der Anziehung wirksam sind. Mächtige Triebe sind es, die den Täter der Vorsicht abspenstig machen.« Dann belegte er seine Hypothese mit zahlreichen Kasuistiken wie dieser: »Robert K. (der Mörder) auch in der Tatstraße wohnhaft, befand sich nachmittags unter den Neugierigen, die nach Entdeckung des Mordes unentwegt auf der Straße standen und immer von neuem ihre Beobachtungen und Meinungen austauschten.«

Derartige Fälle sind auch in der modernen Kriminalistik und Kriminologie vielfach ausführlich beschrieben worden. Gleichwohl werden derlei Rückkehrgelüste überwiegend als Ausnahmen von der Regel gesehen, und das Motivspektrum ist wesentlich vielgesichtiger als ursprünglich angenommen.

Insbesondere Sexualmörder neigen dazu, an den Ort der Schändung zurückzukehren. Der Tatort selbst, aber auch seine nähere Umgebung inspiriert, lässt die Erinnerungen aufflammen, gibt der Phantasie neue Nahrung. Der Adrenalin-Junkie braucht keine Droge, er berauscht sich an den Bildern, die ihm durch den Kopf schießen: Den Opfern wird wieder aufgelauert oder sie werden angesprochen, dann überwältigt, missbraucht, getötet. Die imaginäre Umsetzung des Erlebten gelingt umso besser, je authentischer das Setting ist.

Gelegentlich mischen die Täter sich auch unter die Gaffer, beobachten den Abtransport der Leiche, beäugen gespannt die polizeilichen Ermittlungen, hören, welche Vermutungen die Leute anstellen. Dieses mitunter auch von Neugier beeinflusste Verhalten fußt aber in erster Linie auf dem unstillbaren Verlangen, weiterhin Kontrolle auszuüben, die Häscher sehenden Auges und innerlich triumphierend zu düpieren. Auch Heinrich Pommerenke, nach zahlreichen in den sechziger Jahren verübten Sexualmorden noch heute in Haft, suchte die Nähe zur Polizei. Seine Begründung: »Ich wollte die Macht spüren, fühlte mich unbesiegbar.«

Gelegentlich geben aber auch ganz pragmatische Überlegungen den Ausschlag. Nämlich dann, wenn der Leichnam oder am Tatort vergessene oder in Eile vergrabene Beweismittel nachträglich gefahrlos beiseite geschafft werden sollen. Es müssen also nicht immer sexuelle oder emotionale Bedürfnisse sein, die ein solches Verhalten initiieren.

Während über die Motivation der Täter für derartiges Verhalten anfangs munter gestritten wurde, blieben die sich hieraus ergebenden kriminalistischen Möglichkeiten unbestritten. Das führende Fachjournal *Kriminalistik* forderte gar in seiner Januarausgabe des Jahres 1965: »Diese Erfahrungstatsache muß der Kriminalist in den Bereich seiner Ermittlungstätigkeit einbeziehen. Es ist zu fragen, wie er das tut und welche Möglichkeiten sich ihm hier bieten. Unauffällige, überraschende Lichtbildaufnahmen! Feststellung der Personalien der Anwesenden! Beobachtung der Anwesenden durch besonders geeignete Beamte! Wer drückt sich vom Tatort bei Lichtbildaufnahmen oder bei der Feststellung der Personalien u. ä.?«

Horst Kuhnert war seit 12 Jahren Chef der Mordkommission im Essener Polizeipräsidium. Der zweifache Familienvater saß allein im Zimmer 211, seinem Büro, die abschließende Besprechung mit den Kollegen hatte anderthalb Stunden gedauert. Es war spät geworden, wie immer. Seit knapp zwei Wochen verfolgten sie Spur um Spur, auch an den Wochenenden. Aber ein Ende war nicht in Sicht.

Er hätte wie die anderen nach Hause gehen können, zu seiner Frau, seinen Söhnen. Aber unentwegt musste er an die beiden Mädchen denken und wie sie umgekommen waren und an die Eltern der Opfer. Er spürte die Verantwortung, die bleischwer auf ihm lastete. Und die fortwährende Erfolglosigkeit begann an seinem sonst ausgeprägten Selbstbewusstsein zu nagen. *Habe ich auch nichts übersehen? Könnte ich nicht vielleicht doch etwas überlesen haben? Habe ich meinen Kollegen auch immer aufmerksam zugehört?*

Er hatte es sich zur Angewohnheit gemacht, in solch prekären Situationen das gesamte Aktenmaterial nochmals auszuwerten. Vor ihm auf dem Tisch lag jetzt der Ordner mit den Vernehmungsprotokollen der Verdächtigen im Walsumer Fall. Er setzte seine Lesebrille auf und drehte an der Tischlampe. Er brauchte mehr Licht. Als er beiläufig die Beschriftung des Aktendeckels studierte, stutzte er. *Monika Reimer. Moment mal. Morgen ist doch die Beerdigung.*

Mehrere Tage lang hatte er das Kornfeld, aber auch die nähere Umgebung des Leichenfundortes von Kriminalbeamten in Zivil observieren lassen. Der Mörder war nicht gekommen. Oder er war nicht kontrolliert worden. Dann hatte er die Aktion abgeblasen.

Monika wird morgen beerdigt. Plötzlich erinnerte er sich wieder. Jetzt fiel ihm ein, was ihm Stunden zuvor nicht in den Sinn gekommen war. Er hatte Monate zuvor in mehreren älteren Fachaufsätzen einen spektakulären Fall recherchiert, und von dem Mörder waren merkwürdige Verhaltensweisen berichtet worden. *Kürten. Peter Kürten.* Er war sich mit einem Mal sehr sicher, über die grauenvolle Mordserie Ende der zwanziger Jahre in Düsseldorf gelesen zu haben. Ein Psychiater und ein Kriminalbeamter hatten über den Fall und ihre Erfahrungen mit dem Serienmörder berichtet.

Er stand auf und öffnete einen Schrank. Es dauerte nicht lange, bis er fündig wurde. *Kriminalistische Monatshefte. Jahrgang 1930. Das müsste es sein.* Er nahm den Band heraus, legte ihn auf den Schreibtisch und begann zu blättern. *Volltreffer!* Ungeduldig begann er zu lesen. Wenig später stieß er auf die entscheidenden Passagen: »Es scheint sogar die Regel gewesen zu sein, daß er durch Aufsuchen der Tatorte neuen sexuellen Reiz zu gewinnen trachtete: ›Die Überfallstelle der Frau Kühn habe ich am selben Abend noch zweimal und später auch noch öfters aufgesucht; dabei hatte ich auch schon mal Samenerguß. Als ich die Leiche des Kindes Ohliger morgens mit Petroleum begoß und anzündete, erfolgte beim hellen Schein Samenerguß. Diesen Tatort habe ich denselben Morgen um 8.30 Uhr und 9.30 Uhr wieder aufgesucht und in der Folgezeit noch häufig.‹ «

Es kam noch besser: »Wenn man ihn aber frei darüber reden läßt, dann berichtet er selber über seine sadistischen Erregungen: ›Ich bin immer wieder an die Gräber der Opfer gegangen, bin wiederholt nach Mülheim gefahren an das Grab der Klein und auf den Stoffeler Friedhof. Wenn ich so mit den Händen die Graberde betastete, ist es manchmal auch zu einer sexuellen Erregung gekommen, wenn ich mir die Vorgänge so vergegenwärtige. Bei der Grabstätte der Hahn konnte ich mich stundenlang aufhalten. Wenn es an den Gräbern zum Samenerguß kam, dann war's ohne mein Zutun.‹ «

Das reichte, er hatte genug gelesen. Horst Kuhnert war keineswegs überzeugt, dass es klappen würde. Aber einen Versuch war es wert. Er nahm den Hörer ab und begann zu telefonieren.

21

Es war kurz nach sechs, als er aufwachte. Er hatte unruhig geschlafen. Wieder spürte er diese Schmerzen und Verspannungen im Nackenbereich, in den Schultern, im Rücken. Er verdiente seinen Lohn nach wie vor bei *Mannesmann,* jetzt als Verputzer. Allerdings ließ ihn der Vorarbeiter nur die Dreckarbeit machen, er musste schwere Zementsäcke schleppen oder beim Gerüstbau mit anpacken. Er war ein schmächtiger Bursche, das kraftraubende Heben und Tragen war er nicht gewohnt.

Bevor er irgendwann spät in der Nacht eingeschlafen war, hatte er lange überlegt, ob er es wagen sollte. Die Beerdigung des Mädchens in Walsum war ihm nicht mehr aus dem Kopf gegangen. *Soll ich da wirklich hingehen?*

Am Tag zuvor hatte das Dilemma begonnen, als es in der Mittagspause unter seinen Arbeitskollegen zu einer lebhaften Diskussion gekommen war. Auslöser war ein Artikel in der *Bild*-Zeitung über das ermordete Mädchen in Walsum gewesen, in dem auch auf die Beerdigung am nächsten Tag hingewiesen worden war. Seine Kollegen, größtenteils selbst Familienväter, hatten sich empört und zahlreiche Vorschläge gemacht, was mit „dem Schwein" passieren sollte, wenn man ihn zu fassen bekäme: „In einem dunklen Loch verrecken lassen!" „Am nächsten Baum aufknüpfen!" „Rübe ab!" Das war wenig schmeichelhaft gewesen, anfangs hatte er es sogar mit der Angst zu tun bekommen. Aber schnell hatte er auch erkannt, dass ihm tatsächlich keine ernsthafte Gefahr drohte. Mehr noch: Er hätte ihnen so gerne entgegengeschleudert, dass *er* es war, über den sie sich das Maul zerrissen.

Aber da war zudem dieser merkwürdige Impuls, den er sich nicht recht erklären konnte, weil dessen Realisierung das Ende von allem bedeuten würde, der ihn auch jetzt noch schwer beschäftigte. *Das Mädchen sah ihn mit großen Augen an.* Das Unaussprechliche, das Undenkbare ließ ihn jetzt nicht mehr los.

Denn es war gekoppelt an eine Emotion, die er aus seinem Bewusstsein vollkommen hatte vertreiben wollen, die sich aber immer wieder zurückgekämpft hatte: Er fühlte sich schuldig, und er wollte sich bekennen.

Es war eine unendliche Traurigkeit, die von ihm Besitz ergreifen wollte, die ihm den quälenden Eindruck vermittelte, als sei er es, dem die Luft wegbliebe, dem zwei große Pranken um den Hals geschlungen würden. Und er spürte, dass er diesem Druck irgendwann nicht mehr würde standhalten können, dass er diese seelischen Ketten würde sprengen müssen. Aber es gelang ihm nach wie vor, seine unbeholfenen Entschuldigungen herunterzuwürgen, obwohl ihm ganz anders zumute war. Denn er wollte andererseits unbedingt existieren, sich selbst erhalten. Und so war es ihm stets geglückt, diesen Erlösung verheißenden, bedrohlichen Reiz auszuschalten – genauso wie seinen Fernseher oder das Radio, wenn er davon genug hatte.

Nur heute wollte ihm dies nicht gelingen. Seitdem er von einem Kollegen, der mit der Familie Reimer flüchtig bekannt war, erfahren hatte, dass die Beerdigung am Freitagmorgen stattfinden würde, war er unschlüssig. Er konnte sich einfach nicht entscheiden. Er war sich nicht sicher, ob er all dem gewachsen sein würde. Er hatte Angst.

Horst Kuhnert war der Erste, der im Besprechungsraum der Mordkommission erschien. Es war kurz vor sieben, und die Müdigkeit machte ihm zu schaffen. Er gähnte ausgiebig, setzte sich dann an seinen angestammten Platz, am oberen Kopfende der Tischreihe links. Auf dem Messingschild, das unmittelbar vor ihm auf dem Tisch klebte, war schon seit vielen Jahren zu lesen: „Achtung! Hier sitzt der Chef!" Seine Kollegen waren auf die Idee gekommen, und er hatte es sich gefallen lassen. Er wollte kein Spielverderber sein. Aber seitdem hatte es auch niemand gewagt, sich dorthin zu setzen. Kuhnert wurde von seinen Kollegen respektiert – als Vorgesetzter *und* Mensch.

Noch in der Nacht hatte er seine Kollegen angerufen und eine außerordentliche Besprechung angekündigt, eine Stunde früher als üblich. Vor Beginn der Beerdigung war noch einiges zu erledigen, wollten sie tatsächlich erfolgreich sein. Während die Angehörigen der Kommission nach und nach eintrudelten, studierte Kuhnert seine Unterlagen. Er hatte noch in der Nacht ein Fahndungskonzept erstellt, das er in der Runde vortragen wollte.

»Wir sind vollzählig.« Kuhnert nahm die Meldung seines Stellvertreters wohlwollend zur Kenntnis. Mit einem Mal war es still geworden, man hätte eine Stecknadel fallen hören können. Niemand wusste, was Kuhnert dazu bewogen hatte, die ohnehin erschöpften Kollegen noch früher als gewöhnlich um sich zu scharen. Aber allen Anwesenden war klar, dass etwas Außergewöhnliches passiert sein musste – oder bevorstand.

»Ich habe mir die Sache lange überlegt«, begann Kuhnert seinen Vortrag, »und bin zu der Überzeugung gekommen, dass wir es probieren sollten. Denken wir nur an den Fall Kürten. Hätten die Kollegen damals gewusst, was wir wissen, hätte man ihn wahrscheinlich viel früher geschnappt. Ich kann nicht ausschließen, dass wir es mit einem ähnlich gestrickten Täter zu tun haben. Jetzt stellt euch mal vor, unser Mann kommt tatsächlich zur Beerdigung, und wir sind nicht vor Ort.«

»Zwischenfrage.« Ein Kollege meldete sich zu Wort.

»Hans, bitte.«

»Ist denn damit ernsthaft zu rechnen? Der müsste doch schön blöd sein. Wenn er nur einen Funken Verstand besitzt, dann rechnet er damit, dass wir auch da sind. Und wir hätten uns umsonst ins Zeug gelegt. Wie beim letzten Mal!«

Hier und da nickten Kollegen zustimmend. Aber Kuhnert ließ sich nicht von seinem Vorhaben abbringen: »Kann natürlich sein, dass wir von diesem Kerl eine völlig falsche Vorstellung haben. Ich kann auch nicht sagen, wie groß unsere Chance ist. Aber wir haben eine, soviel ist sicher. Es hat schon genug Beispiele für ein solches Verhalten gegeben. Und den einen oder anderen hat man tatsächlich dabei erwischt. Vielleicht kommt er, weil er neugierig geworden ist. Oder weil er sich uns überlegen fühlt. Ist mir doch egal. Hauptsache, er kommt!«

Kuhnert war energisch geworden. »Hat einer von euch noch etwas zu ergänzen?« Allgemeines Kopfschütteln. »Dann lasst uns jetzt die Einzelheiten besprechen.« Kuhnert studierte kurz seinen »Einsatzbefehl«, den er nach Ende der Besprechung an alle Kollegen verteilen würde. Sein Konzept sah vor, dass acht Beamte die Zugänge des Friedhofs überwachen sollten, weitere acht waren für die Beobachtung und Überprüfung einzelner Trauergäste vorgesehen. Im Besprechungszimmer der Mordkommission wurde eine »Führungsstelle« eingerichtet, Kuhnerts Vertreter und ein weiterer Beamter waren für Kommunikation, Koordination, Personen- und Kennzeichenüberprüfungen sowie Alarmierungen zuständig. Kuhnert selbst hatte sich zwei Kollegen zugeteilt, die ihn auf dem Friedhofsgelände unterstützen sollten. Für den bevorstehenden Einsatz war auch ein Sonderkanal geschaltet worden, um jederzeit einen ungestörten Informationsaustausch gewährleisten zu können.

Da keine Täterbeschreibung existierte, mussten andere Verdachtsmomente genügen. Kuhnert erklärte: »Schaut euch die Leute genau an. Jeder, der irgendwie nicht ins Bild passt, ist verdächtig: Männer zwischen 20 und 40 ohne Begleitung. Oder Burschen, die nicht angemessen gekleidet sind. Oder derjenige, der sich verspätet. Oder abseits herumlungert. Schnappt euch die Leute, ohne großes Aufsehen zu erregen. Wer keinen Ausweis dabeihat, wird fotografiert – ohne Ausnahme.«

Zwei zivile Funkwagen, jeweils besetzt mit zwei Beamten und einem Diensthund, sollten sich in der näheren Umgebung des Friedhofs aufhalten, dort Streife fahren oder im Ernstfall einem Flüchtenden nachsetzen. Ein Hubschrauber des Bundesgrenzschutzes stand in Bereitschaft, der das Einsatzgebiet binnen fünf Minuten erreichen konnte. Überdies war ein Zug der Essener Bereitschaftspolizei in Alarmbereitschaft versetzt worden, falls nach einem Verdächtigen in unwegsamem Gelände gesucht werden müsste. Kuhnert hatte an alles gedacht.

Er lag immer noch im Bett. Dass es ein wenig klamm war, störte ihn nicht sonderlich. Er nässte noch immer ein, vornehmlich dann, wenn er sich Sorgen machte oder ein wenig durcheinander war. Neben seinem Kopfkissen lagen zwei Puppen, die er sich in der Abteilung für Kinderspielzeug eines Kaufhauses besorgt hatte. »Heidi« und »Anna«. Er wollte sie mit Namen ansprechen, wenn er sich mit ihnen unterhielt. Das tat er aber nicht. Er starrte sie nur an. Seine Gedanken kreisten um jenen Tag, an dem er in Walsum dem Mädchen mit dem Pferdeschwanz und dem roten Mantel begegnet war.

Hatte er bis dahin den Todeskampf, die Tötung und den Missbrauch der anderen Mädchen in seinen Tagträumen stets bis zur Neige ausgekostet, so war es hier anders. Er erinnerte sich, dass sie mit ihm gekommen war, ohne etwas zu sagen, ohne sich zu wehren. Im Schwitzkasten hatte er sie ins Kornfeld geschleppt, war dort über sie hergefallen. *Alle anderen haben mich doch vernatzt. Die aber nich'. Die hat gar nich' aufgemuckt.*

Es hatte ihn schon damals irritiert. Erst als sie verzweifelt versucht hatte, sich seinem tödlichen Würgegriff zu entwinden, war er richtig in Fahrt gekommen. Jetzt wollte er davon nichts mehr wissen. *Er sah in ihr Gesicht: der halb geöffnete Mund, die gebrochenen Augen. Sie starrten ihn an. Unablässig. Unbarmherzig.* Ihm war zum Heulen zumute. Aber das ging nicht. Sein Vater hatte es ihm strikt verboten. *Ein ganzer Kerl flennt doch nicht!* Obwohl sein Vater bereits vor drei Jahren gestorben war, galt das einmal Gesagte für ihn noch immer.

Es waren noch knapp zwei Stunden, die Beisetzung sollte um 10 Uhr auf dem Friedhof in Alt-Walsum stattfinden. Er zögerte. Es zog ihn mit Macht dorthin, aber sein Instinkt riet ihm, es nicht zu tun. Doch er wusste, dass er sich würde entscheiden müssen. Bald.

Horst Kuhnert hatte die Besprechung beendet. Jetzt wusste jeder, was zu tun war. Um 9.30 Uhr sollten die Positionen eingenommen werden. Insgesamt 25 Beamte waren jetzt im Einsatz. Kuhnert hatte ein engmaschiges Fahndungsnetz gesponnen.

Der Friedhof in Alt-Walsum, dem nördlichsten Ortsteil der Stadt, konnte nahezu problemlos überwacht werden. Das Friedhofsgelände lag an der Peripherie Walsums, 800 Meter weiter südlich machte der Rhein eine Flucht unmöglich. Auch ein Entweichen in Richtung Westen war nahezu ausgeschlossen, der Walsumer Nordhafen stellte ein kaum zu überwindendes Hindernis dar. Leicht zu kontrollieren war ebenfalls der Bahndamm, der das Gelände in nördlicher Richtung begrenzte. Nur die unwegsamen Wald- und Sumpfgebiete der Rheinauen östlich des Friedhofs boten reichlich Möglichkeiten zum Unterschlupf.

Würde der Mörder erscheinen und sich verdächtig machen, es gäbe kein Entrinnen. Sollte ihm auf dem Friedhofsgelände wider Erwarten doch die Flucht glücken, würde er der »äußeren Absperrung« in die Hände laufen. Und die Fahnder dort konnten notfalls zwei Diensthunde von der Leine lassen. Auch das Wetter stimmte die Beamten optimistisch: 22 Grad, leichter Wind aus Südost, kaum Wolken am Himmel. Die Falle war gestellt.

Er war aufgestanden und stützte sich mit beiden Händen auf dem Spülstein ab. Mühsam baute er sich vor dem kleinen Spiegel auf. Sein Konterfei hatte ihm noch nie sonderlich behagt: die hohe Stirn; die wenigen dunkelbraunen, dünnen Haare; die tief liegenden, großen, ausdruckslosen braunen Augen; der lauernde, stechende Blick; die deutlich abstehenden, großen Ohren; die spitz zulaufende Nase; die scharfen, rechts und links der Nase senkrecht nach unten verlaufenden Falten; die schmalen Lippen; die gelbliche Gesichtsfarbe. Daran konnte er sich nicht erfreuen.

Die Verunsicherung, die langsam, aber unaufhaltsam von ihm Besitz ergriff, machte ihm zu schaffen. Denn er hatte sich mittlerweile entschieden, er wollte hingehen. Aber er war vollkommen unschlüssig, was er auf dem Friedhof anstellen, wie er sich dort verhalten sollte. Und er fürchtete sich vor den Blicken der Mutter des Mädchens und des Vaters und der Geschwister und der Verwandten und der Freundinnen. Als er darüber nachdachte, wurde es ihm zu viel. Er musste sich hinsetzen.

Noch konnte er von seinem Entschluss zurücktreten. Aber dann würde es so sein wie immer, und er glaubte fest daran, eine Mission erfüllen zu *müssen*. Ein Zeichen wollte er setzen, das niemand sehen, das niemand hören, das niemand verstehen würde; eine Botschaft, die ihren Adressaten niemals erreichen konnte. Aber das war ihm egal. Es ging ja nicht anders. Und er hoffte darauf, endlich etwas loszuwerden.

Er nahm sich fest vor, die Beerdigung aus der Ferne zu beobachten, er wollte kein unnötiges Risiko eingehen. *Mach keinen Quatsch!* bläute er sich ein. Denn sein größtes Problem war, dass er sich selbst nicht trauen konnte. Er war ein Taugenichts, ein Versager, ein Niemand – ein kleiner Malocher ohne Qualifikationen und Qualitäten. Und jemand wie er wäre nicht imstande, ernsthaften Widerstand zu leisten, würde etwas schief gehen. Er wäre überfordert, seine Nerven würden ihm durchgehen. Wie immer. Er hatte zwar keine konkrete Vorstellung, aber ein ungutes Gefühl und obendrein reichlich Erfahrung darin, wie sich so ein Desaster anfühlt.

Er trank nur einen Bohnenkaffee mit Milch und Zucker und aß nichts. Er hätte keinen Bissen herunterbekommen, die Anspannung war zu groß. Er schaute auf die Uhr. 9.20 Uhr. Es wurde höchste Zeit, wenn er noch zum Friedhof wollte.

Acht Minuten später bestieg er an der Haltestelle »Mühlenkamp« einen Straßenbahnzug der Linie 9 und löste eine Fahrkarte bis »Walsum-Vierlinden«. Von dort aus war es noch etwa ein halber Kilometer bis zum Friedhof.

Die beiden Männer unterhielten sich angeregt. Sie spazierten die Königstraße in Richtung Rhein. Das Gezwitscher der Vögel, die in den Lindenbäumen hockten, überhörten sie genauso wie die Bergungsgeräusche, die der Südostwind vom Nordhafen hinübertrug. Wenig später bogen sie nach rechts ab in die Querstraße. Plötzlich verharrten sie für einen Moment. Einer der Männer griff mit seiner rechten Hand nach etwas, das in der linken Innentasche seines Mantels steckte, ohne es herauszuziehen. Er neigte den Kopf etwas nach vorne und zog die Schultern hoch. Jetzt begann er etwas zu flüstern.

»Gruga 70/01 für Gruga 70/21.«

»Gruga 70/21. Kommen Sie.«

»Gruga 70/01. Haben Position eingenommen.«

»Gruga 70/21. Verstanden.«

Im Vorbeifahren konnte er die Tageszeit an einem Kirchturm ablesen: 9.55 Uhr. Noch fünf Minuten. Jetzt war klar, dass er es nicht rechtzeitig schaffen würde. Ihm war immer noch mulmig zumute. Da kam etwas auf ihn zu, von dem er nicht wusste, wie es für ihn ausgehen würde. Zwei Dinge hatte er sich unbedingt vorgenommen: den Sarg betrachten und den Eltern des Mädchens die Hand reichen. Er wollte einfach an das Grab herantreten, in die Gruft hinunterschauen, sich umdrehen, die Hände der Mutter ergreifen und sagen: »Tut mir echt Leid!« Er legte den Kopf in den Nacken, starrte an die Decke und stellte sich vor, wie es wohl sein würde.

An der Beerdigung nahmen mehr als tausend Menschen teil. Viele Mütter mit Kinderwagen, die Schulkameraden und Lehrer des Mädchens und die Leiter der örtlichen Behörden geleiteten den weißen Sarg. Noch an der offenen Gruft empörte sich der Rektor der Lindenschule: »Für derartige Verbrechen fordern wir die Todesstrafe!« Hunderte antworteten spontan mit »Ja«.

All dies wurde intensiv beobachtet. Acht Kriminalbeamte hatten sich unauffällig unter die Anwesenden gemischt. Alles, was sie sahen und hörten, konnte von Bedeutung sein. Mancher

Teilnehmer der Beerdigung musste sich Fragen gefallen lassen: »Warum sind Sie hierher gekommen?« »Wie heißen Sie?« »Wo wohnen Sie?«. Die Personalien wurden so unauffällig wie möglich per Funk an die »Führungsstelle« weitergegeben und dort mit dem »Bundesfahndungsbuch« abgeglichen. Jeder Mann, der keinen plausiblen Grund für seine Anwesenheit nennen konnte, wurde auch fotografiert.

»Walsum-Rathaus«, tönte es aus dem Lautsprecher. Er zählte nach. *Noch vier Stationen.* Dann würde er die Bahn verlassen müssen. Dann würde es kein Zurück mehr geben. Am liebsten wäre er schon jetzt ausgestiegen. Aber er blieb sitzen. Die Türen schlossen sich wieder. Er kam sich vor wie damals im Knast. Da hatte er auch rausgewollt, aber nicht raus gekonnt. *Kacke! Was mach' ich nur!* Mitten in seine Gedanken hinein wurde der nächste Halt angekündigt: »Alt-Walsum. Friedhof.«

Horst Kuhnert stand etwas abseits in der Nähe eines Toilettenhäuschens, ein Handsprechfunkgerät in der linken Tasche seines Jacketts. Er wollte nicht auffallen und einen möglichst präzisen Überblick behalten. Wenige Meter entfernt hielten sich zwei Kollegen bereit, die auf seine Anweisung hin Verdächtige überprüfen sollten. Außerhalb des Friedhofsgeländes notierten Kripobeamte fleißig Autokennzeichen. Vielleicht würde der Gesuchte mit dem Wagen kommen.

Es war gegen 10.30 Uhr, als Kuhnert ein Mann auffiel. Der gewiefte Kriminalist beobachtete den Burschen zunächst, sein Alter schätzte er auf 25 bis 30. Der Verdächtige drückte sich am Südeingang des Friedhofs herum, die Hände tief in die Hosentaschen vergraben. Er ging auf und ab und erweckte den Eindruck, als wisse er nicht, ob er das Gelände nun betreten oder verlassen sollte. Der junge Mann wirkte unschlüssig. Und er war nicht so gekleidet, wie man es hätte erwarten dürfen.

Kuhnert gab das verabredete Zeichen, er drückte dreimal die

Ruftaste seines Funkgerätes. Zwei Kollegen kamen aus dem Toilettenhaus. Kuhnert zeigte in Richtung Friedhofseingang: »Der komische Vogel da vorn. Los!«

Die Beamten machten sich auf den Weg, jeder für sich. Sie wollten den Verdächtigen nicht verschrecken, liefen deshalb einige Umwege. Aber sie ließen ihn nicht aus den Augen. Unterdessen beorderte Kuhnert einen Funkwagen zum Südeingang: »Bereithalten. Zielperson hat kurzes dunkelbraunes Haar, trägt helle Cordhose, blaues Polohemd, mehrfarbiges Leinenjackett.«

Wenn er gewusst hätte, was passieren würde, er wäre erst gar nicht losgefahren. Und irgendwie hatte er es auch geahnt. *Kacke!* Er war tieftraurig, aber auch erleichtert. Denn es war vorbei.

»Kriminalpolizei.« Jetzt hatten sie ihn. Einer der Beamten zeigte dem Mann seine Dienstmarke. Der wurde unruhig, presste die Lippen zusammen, ballte die rechte Hand zu einer Faust, vermied Blickkontakt.

»Was machen Sie hier?«

Keine Antwort.

»Junger Mann. Hören Sie schlecht! Ich wiederhole mich ungern: Was machen Sie hier auf dem Friedhof?«

»Das geht euch 'n Scheißdreck an!« Der Mann wurde zunehmend ungehaltener.

»Wie heißen Sie?«

Wieder Schweigen.

»Weisen Sie sich bitte aus!«

»Hab' nix dabei!«

»Dann müssen Sie uns jetzt begleiten. Sie sind festgenommen!«

Der Mann ließ sich widerstandslos abführen. Kuhnert hatte alles beobachtet und beeilte sich, seine Kollegen zu erreichen. Wenig später nahm er einen Beamten zur Seite: »Was war los?«

»Wollte nichts sagen und konnte sich nicht ausweisen.«

Der Mann wurde in einen Streifenwagen gesetzt und ins Präsidium gefahren. Man wollte herausfinden, wer er war und was er auf dem Friedhof gewollt hatte.

Der Straßenbahnzug erreichte die Haltestelle »Dinslakener Bruch«. Alle Passagiere verließen die Bahn – bis auf einen; der saß regungslos da, den Kopf nach hinten gelegt, die Augen halb geöffnet. Der Schaffner ging auf den Mann zu und tippte ihn vorsichtig gegen die Schulter. »Hallo, Sie da. Endstation!« Er schaute den Kontrolleur an, als gäbe es ihn gar nicht – einfach durch ihn hindurch. »Is' wohl gestern 'n bisschen spät geworden, wa?« Er blieb die Antwort schuldig.

Er war einfach sitzen geblieben, er hatte sich nicht aufraffen können, er hatte sich nicht getraut. Anstatt zum Friedhof zu gehen, hatte er sich ausgemalt, wie es wohl dort gewesen wäre. Immer wieder hatte er das Mädchen in seinem Sarg angeschaut, anschließend der Mutter die Hand gereicht. Wortlos. Jetzt wusste er nicht, ob er lachen oder ob er weinen sollte.

»Jetzt wird's aber Zeit!« Noch etwas benommen rappelte er sich hoch, würdigte den Schaffner keines Blickes, sprach kein Wort, stieg aus und schlurfte davon. Und er wusste immer noch nicht, was er von all dem zu halten hatte.

Mittlerweile hatte sich herausgestellt, dass Kuhnert und seinen Kollegen ein dicker Fisch ins Netz gegangen war. Der Festgenommene war ein Drogendealer, der sich am Friedhof mit einem Junkie verabredet hatte. Bei der Leibesvisitation des 24-Jährigen waren fünf »Briefchen« gefunden worden, gefüllt mit Heroin. Das Rauschgiftdezernat hatte anschließend die Wohnung des Mannes durchsucht und war fündig geworden: In einem Heizungsschacht hatten mehrere Beutel Heroin gelegen, zusammengenommen etwas mehr als ein Kilogramm. Ein spektakulärer Fahndungserfolg.

Das eigentliche Ziel der »Aktion Friedhof« aber war verfehlt worden. Vermutlich. Höchstwahrscheinlich. 14 Männer hatten die Beamten überprüft, aber alle hatten sie wieder ziehen lassen müssen. Bis auf einige Namen und Adressen standen die Ermittler mit leeren Händen da.

Horst Kuhnert lehnte am Fenster seines Büros. Die Enttäuschung stand ihm ins Gesicht geschrieben. Geistesabwesend schaute er einer Straßenbahn hinterher, die am Polizeipräsidium vorbeifuhr. *Haben wir ihn vielleicht übersehen? Oder haben wir uns einfach nur blöd angestellt? Oder war er gar nicht da? War das alles nur eine Schnapsidee?* Aber egal, was und warum es auch passiert sein mochte, Kuhnert blieb sich treu: *DICH krieg' ich!*

22

Es waren nur noch ein paar Meter. Dann würde er neu anfangen können – und müssen. *»Wenn Sie nicht schuldig sind, müssen Sie mit allen Mitteln versuchen, von der Strafe freizukommen.«* Konrad Meckler erinnerte sich nur ungern an die Worte jenes Richters, der ihn hinter Gitter geschickt hatte. Im September 1961 war er wegen »gefährlicher Körperverletzung mit Todesfolge« durch das Landgericht Essen zunächst zu acht Jahren Haft verurteilt worden. Er sollte die 16-jährige Schülerin Michaela Kurth im Stadtwald in Essen getötet haben, in den Abendstunden des 26. Juli 1959. Auch die folgenschwere Einschätzung des psychiatrischen Gutachters wollte ihm nicht mehr aus dem Kopf: *»Die Tat passt zu dem Angeklagten wie die Nuss in die Schale.«* Im November 1962 war im Revisionsverfahren ein erneuter Schuldspruch ergangen, aber das Gericht hatte die Strafe auf sechs Jahre abgemildert. Niemand hatte ihm abnehmen wollen, dass er einen Mord gestanden hatte – nur um in einer Zelle Ruhe vor seinen Problemen zu finden.

Konrad Meckler stand jetzt vor der Schleuse, einige Formalitäten waren noch zu erledigen. Es war der 3. April 1965. Fünf Jahre seines Lebens hatte er absitzen müssen. *Fünf verdammte Jahre!* Oft war er der Verzweiflung nahe gewesen, hatte resignieren wollen. Jeder hielt ihn für einen »verdammten Mädchenmörder". Da drinnen, aber auch da draußen. Das hatten sie ihn im Knast immer wieder spüren lassen, und in Freiheit würde er diesen Makel auch nicht loswerden. Er hatte sich selbst gebrandmarkt, zum Abschaum der Gesellschaft erklärt. Eine törichte Kurzschlusshandlung war ihm zum Verhängnis geworden.

Über all die Jahre hatte er sich vorstellen müssen, wie der Mörder Michaelas wohl aussah, wo er wohnen könnte, ob er verheiratet war, was *der* gerade tat, als er in der Not mit dem Gedanken spielte, seinem Leben ein Ende zu setzen. *Dieses verdammte Schwein!*

Nachdem er seine wenigen Habseligkeiten quittiert hatte, öffnete sich die Schleuse. Jetzt konnte er wieder eigene Entscheidungen treffen, das tun, wonach ihm gerade war. *Endlich frei!* Er atmete tief durch. Der gelernte Industriekaufmann hatte die Schmähungen und die Demütigungen und die Schläge und die Vergewaltigungen nur ertragen können, weil er noch mit dem Scheusal abrechnen musste, das für all seine Qualen mitverantwortlich war. Konrad Meckler hatte jetzt nur noch ein Ziel vor Augen: *Ich will wissen, wer DU bist! Und dann wirst du reden!*

23

An die Erfolglosigkeit der Polizei hatte er sich mittlerweile gerne gewöhnt. Mehrere Kinder und Jugendliche und eine junge Frau waren ihm zum Opfer gefallen, aber niemand hatte ihn verdächtigt – auch bei dem missglückten Überfall auf die junge Frau in Zwenkau nicht. Neun Jahre war er nun schon unbehelligt geblieben, seine Jagdstrategie hatte sich tatsächlich bewährt. Und die Angst, geschnappt zu werden, hatte ihre alles durchdringende Intensität eingebüßt. Aber er blieb vorsichtig.

Er war auch mit 31 Jahren kein Mensch, der sich gerne mitteilte. Sein auffälligstes Merkmal blieb seine Unauffälligkeit. Er wollte sich nicht von der Masse der Menschen abheben, sondern mit ihr verschmelzen. So wie ein Chamäleon durch das Anpassen der Hautfarbe an die jeweilige Umgebung seine Jäger zu täuschen sucht, so hatte er sich formal und sozial angeglichen – mitunter bis zur Unkenntlichkeit. Sein Ziel: Er wollte kein Aufsehen erregen, unbeachtet, vor allem aber unangetastet bleiben. Allerdings konnte diese nahezu vollständige soziale Mimikry sich nur ausbilden und verfestigen, weil niemand genauer hinsah.

Doch er litt jetzt auch unter seiner sozialen »Verpuppung«. Er wusste sehr wohl zwischen seiner mörderischen Passion und anderen Bedürfnissen zu unterscheiden. Er brauchte nicht erst durch seine Schwester Elisabeth daran erinnert zu werden, dass er »immer noch« Junggeselle war. Die Sehnsucht nach einer Frau, die ihm Gefühle der Geborgenheit und Wertschätzung vermitteln würde, ließ sich eben nicht dadurch besänftigen, dass er masturbierte oder dass er sich aufmachte, um eine Frau zu malträtieren und zu töten. Er konnte dieses Problem nicht gewaltsam lösen, und das machte es für ihn so schwer. Aber er war nicht bereit aufzugeben, alle Hoffnungen zu begraben. Es musste doch auch für ihn Mittel und Wege geben.

Ganz gegen seine Gewohnheit hatte er sie sich nach der Frühschicht besorgt, er war dem Rat Elisabeths gefolgt. Die Montagsausgabe der *Westdeutschen Allgemeinen Zeitung (WAZ)* lag jetzt vor ihm auf dem Tisch. Er war neugierig – und aufgekratzt. Das nicht zu erschütternde Vertrauen in die Erfahrung seiner bereits verheirateten Schwester nährte die verlockende Vorstellung, es könnte klappen: *Die muss es doch wissen!*

Er schlug die Zeitung auf und begann zu blättern. *Unsere Meinung, Der Sport, Lokaler Sport, Politische Umschau.* Er las nur die Seitenüberschriften, daran wollte er sich orientieren. *Stadtpost, Unsere Serie/Unser Roman, Heutzutage.* Anhand der Schlagzeilen und der Bilder konnte er feststellen, dass er noch nicht das gefunden hatte, wonach er fieberhaft suchte. Er las weiter: *Feuilleton, Zu Hören/Zu Sehen, An Rhein und Ruhr.* Am Ende der Zeitung stieß er auf eine Doppelseite, die sein Interesse weckte. Dort waren keine Artikel abgedruckt oder große Werbeanzeigen, sondern etwas anderes. Über dem Kleingedruckten stand geschrieben, worum es sich drehte: *Grundstücke, Schlafstellen, Nutzfahrzeuge-Verleih* oder *Verloren/Gefunden.* Aber auch hier wurde er nicht fündig.

Weil er annahm, etwas übersehen zu haben, legte er die Zeitung wieder zusammen und begann von vorn. Auf der letzten Seite schließlich wähnte er sich am Ziel: *Das muss es sein!* Unter *Verschiedenes* war ihm am unteren Ende der Seite eine Kleinanzeige aufgefallen, in der zum Schluss der Name einer Frau und ihre Anschrift genannt wurden. Neugierig geworden, begann er das Geschriebene zu studieren: »Mein Ehemann, Günther Loos, Duisburg, Hohenzollernstr. 18, und ich haben kurze Zeit nach der Kapitulation 1945 geheiratet und führen seit je ein glückliches Ehe- und Familienleben mit unseren vier Töchtern. Meine berufl. Tätigkeiten einschl. meiner selbständigen Schreibstubentätigkeit dienten nur dem wirtschaftl. Wiederaufbau meiner Familie. Ich habe das Schreibbüro aus eigenem Ermessen aufgegeben und lebe auch heute nur für meinen Ehemann und unsere vier Töchter, da ich meinen Ehemann und meine vier Töchter inniglich liebe. Ich verbitte mir anders lautende Gerüchte und bitte ggf. um Mitteilung. Edith Loos, geb. Bönemann, Duisburg, Hohenzollernstr. 18.«

Er dachte nach. Aber er konnte sich darauf keinen Reim machen. Enttäuscht warf er die Zeitung in den Papierkorb.

Zwei Tage später kaufte er sich noch einmal die *WAZ*. Wieder begann er erwartungsvoll zu blättern. Frustriert wollte er die Zeitung schon beiseite legen, als ihm ein Bild ins Auge sprang. Er begann höchst interessiert zu lesen: »*Süße Begierde*. Regie: Alberto Lattuada. Schauspieler: Christian Marquand. Katherine Spaak. Jean Sorel. Frei ab 18 Jahren. Edmund Luft präsentiert den Film der Woche: ›Ich halte *Süße Begierde* für den besten Film der Woche, weil er mit Poesie und Überlegung vom Dasein eines siebzehnjährigen Mädchens erzählt, das von der Liebe träumt und sie schließlich findet, wobei die Farben jenes Traumes verblassen.‹«

Das Geschriebene beeindruckte ihn wenig, aber an dem Bild, mit dem für diesen Film geworben wurde, entzündete sich sein Verlangen. Es zeigte eine junge Frau mit dunklen schulterlangen Haaren auf einem Bett, nur mit einem weißen Nachthemd bekleidet, bis zur Hüfte hochgeschoben, die Oberschenkel unbedeckt. Ihrem lasziven Blick war er nicht gewachsen. Sie himmelte ihn an. Er begann alles um sich herum zu vergessen. Und dann lag er neben ihr.

Nachdem er sie getötet hatte, musste er sich die Hände waschen. Er war wie befreit – für den Moment, für diesen Tag. Aber er war immer noch nicht am Ziel, die Sache mit der Zeitung ging ihm nicht mehr aus dem Kopf.

Als ihm seine Schwester geraten hatte, es doch mit der Wochenendausgabe zu probieren, unternahm er einen neuen Anlauf. Und er wurde belohnt. In der Rubrik *Damen* fand er endlich jede Menge Lesestoff: »**43jährige,** 1,70, charm., Beamtenwitwe, ev., blond, gutaussehend (durch Unfall leicht behindert), sucht (...)« Oder: »**Dame,** 29, 1,72, kath., blond, vielseitige

Interessen, möchte passenden Partner kennenlernen. Spätere Heirat erw. Bildzuschriften erb. unt. 68.156 WAZ Duisburg.«

Aber so manches verstand er nicht. Mit »Wasserfrau« konnte er genauso wenig anfangen wie mit »Aparte Stud.-Paed.« oder »schuldl. gesch. Akad.« Dennoch schnitt er alle Anzeigen aus, die ihm interessant und lohnenswert erschienen. Er zeigte sie seiner Schwester, ließ sich alles erklären. Mit ihrer Hilfe antwortete er auch auf eine Reihe von Annoncen – und legte jeweils das gewünschte Bild von sich dazu.

Gespannt wartete er auf Post. Tagelang. Wochenlang. Aber der Briefträger brachte nur Rechnungen oder Reklame. Irgendwann gab er die Hoffnung auf.

Auch im August 1965 arbeitete er noch bei *Mannesmann.* Von seinem Zimmer im Arbeiterhotel in Duisburg-Angersheim war es nicht weit bis zu seinem bevorzugten Jagdrevier. Er benötigte zu Fuß ganze 15 Minuten, um drei Baggerseen im Grenzbereich der Stadtteile Huckingen und Großenbaum zu erreichen. Dort fand er ideale Bedingungen vor: ein von wenigen schmalen Straßen und Feldwegen durchschnittenes Areal, kaum bebaut, von zahlreichen hohen Bäumen und dichten Gebüschgruppen bestanden, die ausreichend Deckung boten. Mittlerweile kannte er sich dort bestens aus.

Es war am 15. August, einem Sonntag, als er sich mittags aufmachte. Er wollte wieder an den Baggerseen Liebespaare beobachten. Monate zuvor waren ihm bei einem seiner Streifzüge eine Frau und ein Mann aufgefallen, die sich dort miteinander vergnügt hatten, weil sie sich unbeobachtet glaubten. Aber *er* war ihnen nicht aufgefallen und hatte hinter einem Busch hockend alles genau beobachten können. Das war eine vollkommen neue Erfahrung gewesen, die ihn sexuell enorm stimuliert hatte. Als das Paar sich seiner Kleidung entledigt und Zärtlichkeiten ausgetauscht hatte, war er ohne Mühe zum Höhepunkt gekommen. Daran hatte er nun Gefallen gefunden.

Von der Angershauser Straße bog er nach links ab in die Mündelheimer Straße, einer Hauptverkehrsader Huckingens, lief einige hundert Meter und ging dann rechts in die Seitenstraße Mühlenkamp. Er durchquerte eine Wohnsiedlung, um nach etwa 400 Metern den asphaltierten Weg »Am Rembergsee« zu erreichen. Dort schlug er sich in die Büsche, nach etwa 150 Metern erreichte er einen verschlungenen Trampelpfad, der den gesamten See umfasste.

Immer wenn er auf diesem Weg einem Pärchen begegnet war und es hatte anstarren können, war es in ihm aufgeflammt: das »komische Gefühl«. Dabei hatte er sich jedesmal fest vorgenommen, eine Frau *zu poppen und kaputtzumachen* – wenn sich die Gelegenheit ergeben würde.

Jetzt konnte es jederzeit passieren; die Aussicht, ein Pärchen beim Liebesspiel begaffen zu können oder gar einem Mädchen oder einer Frau zu begegnen, beflügelte seine schmutzigen Gedanken. In leicht gebückter Haltung schlich er auf dem Trampelpfad entlang, niemand sollte ihn sehen. Als seine dunklen Augen den Uferbereich abtasteten, begannen sich feine Schweißperlen auf seiner Stirn zu bilden. Plötzlich glaubte er, ein Geräusch oder gar Stimmen zu hören. Er hockte sich hin, verharrte, lauschte, ließ einige Minuten verstreichen. Falscher Alarm. Vielleicht ein Tier.

Im Pirschgang arbeitete er sich langsam weiter vorwärts. Er vermied es peinlichst, auf herumliegende Äste, Plastiktüten oder Cola-Büchsen zu treten. Einerseits wollte er nicht gehört werden, andererseits sollten ihm keine Geräusche entgehen, die menschlichen Ursprungs sein konnten.

Es waren vielleicht 30 Minuten vergangen, da verharrte er urplötzlich und ging in die Knie. Diesmal gab es keinen Zweifel. Es hörte sich an wie ein leises Kichern, das sich in unregelmäßigen Abständen wiederholte. Es kam aus östlicher Richtung. In extrem geduckter Haltung schlich er weiter voran. Das ihn umgebende dichte Buschwerk machte es unmöglich, weiter als einige Meter zu sehen. Aber das Kichern wurde deutlicher, lauter. Er musste sich aufrichten und einen Blick riskieren. Und tatsächlich: keine 30 Meter von ihm entfernt gab eine Lichtung den Blick frei auf eine Frau und einen Mann, die er beide auf Mitte 20 schätzte.

Was er dort mit ansehen konnte, ließ ihm das Blut in den Kopf schießen. Er war wie elektrisiert. Das Pärchen war nackt und vergnügte sich. Er kauerte sich zusammen, um möglichst wenig von sich preiszugeben. Begierig klebten seine Augen auf dem wohlgeformten Körper der Frau. Wenn sie sich bewegte oder mit der Hand durch ihr brünettes schulterlanges Haar fuhr, hatte er alle Mühe, sich zu beherrschen. Am liebsten wäre er aufgestanden und hätte sich auf sie gestürzt.

»Süße, ich komm gleich wieder.«

»Wo willst du hin?«

»Ich muss mal, dauert nicht lange.«

Der Mann kam jetzt direkt auf ihn zu. *Was mach' ich? WAS MACH' ICH?* Er zog sich zunächst mit einem Ruck die Hose wieder hoch. Jetzt waren es vielleicht noch 15 Meter. Er versuchte sich noch kleiner zu machen. Aber er durfte sich nicht bewegen, jedes Geräusch konnte ihn ans Messer liefern. Der Mann war groß und muskulös, auch das machte ihm Angst. Aber es war zu spät.

Der Mann erkannte ihn zunächst nicht, weil er mit so etwas nicht gerechnet hatte. Er zögerte einen Moment. Dann wurde er laut: »Hey, was treibst du hier?«

Vorsichtig stand er auf. Ihm versagte die Stimme, er begann am ganzen Körper zu zittern.

Der Mann sah den geöffneten Hosenschlitz. »Du verdammtes Schwein, dir werd' ich helfen!« Er baute sich vor ihm auf und stieß ihn kräftig vor die Brust.

»Hab' doch nix gemacht«, begann er zu flüstern, während er seine Arme schützend vor sein Gesicht hielt, »hab' doch nix gemacht. Ehrlich!«

»Mach dich hier weg – bevor ich's mir anders überleg'!«

Er drehte sich um und rannte so schnell er konnte. Erst als er das Wald- und Buschgelände hinter sich gelassen hatte, traute er sich stehenzubleiben. Er war vollkommen außer Atem, fix und fertig. Vorsichtig drehte er sich um. Niemand da. *Gott sei Dank!* Es war vorbei.

Als er einige Minuten verschnauft hatte, ging er nach Hause. Immer noch in Gedanken. Er schwor sich, beim nächsten Mal noch vorsichtiger zu sein.

Zu Hause angekommen, legte er sich aufs Bett. Obwohl ihm der Schreck noch in den Gliedern saß, begann er das Erlebte fortzuspinnen. In Gedanken tat er mit der Frau nun all das, was der Mann mit ihr getan hatte – und darüber hinaus viele Dinge, die der Mann niemals getan hätte, zu denen er nicht fähig gewesen wäre. *Er* aber genoss es.

Das Erlebte hatte für ihn zwei Konsequenzen: Er würde auch weiterhin Liebespaaren auflauern, aber er wollte sich nicht mehr mit der Rolle des Beobachters begnügen. Und er hatte gelernt, dass er den Begleiter der Frau würde beseitigen müssen, um seine Phantasien blutige Realität werden zu lassen. Er zog die obere Schublade des Nachttischschränkchens auf, nahm einen Gegenstand in die Hand und betrachtete ihn längere Zeit. Und dann bekam er allmählich eine Vorstellung davon, was und wie er es anstellen würde.

24

Seit anderthalb Stunden saßen sie nun in der »Faßschenke«, einer Kneipe im Zentrum Duisburgs. Anke Gladisch hatte allen Grund zum Feiern. Nur wenige Tage nach ihrem 22. Geburtstag hatte die Kindergärtnerin ihre Führerscheinprüfung bestanden. Roman Berthold, ihr Freund, hatte das Lokal vorgeschlagen. Es war nur zwei Straßen von seiner Firma entfernt. Der 25-jährige Maschinenbaupraktikant, der unbedingt Ingenieur werden wollte, besaß kein Auto und wohnte noch bei seinen Eltern – genauso wie seine Freundin.

Das ausgelassen feiernde Paar hatte sich vor anderthalb Jahren auf einer Geburtstagsparty kennen gelernt. Sie schätzte besonders seinen Humor, sein Einfühlungsvermögen und seinen Realismus. Nur mit seinem überschießenden Temperament mochte sie sich nicht anfreunden. Sie hatte es ihm nicht gesagt, aber sie dachte ernsthaft darüber nach, mit Roman Kinder zu haben. Irgendwann mal.

Er hatte sich sofort unsterblich in sie verliebt, aber lange Zeit geschwiegen. Anke war ganz nach seinem Geschmack: zärtlich, warmherzig, lebensfroh, schlagfertig. Und sie war ungemein hübsch. Seit ein paar Monaten verspürte der groß gewachsene junge Mann den Wunsch, mit Anke eine Familie zu gründen. Er hätte gerne um ihre Hand angehalten, aber er glaubte, es sei noch zu früh, und er hatte Angst, sie könnte ihn abweisen.

Während Roman an diesem Abend kräftig becherte, beließ Anke es bei zwei Gläschen Weinbrand. Sie war mit ihrem neuen Wagen gekommen, einem blauen VW-Käfer. Das Geld hatte sie von ihren Eltern geliehen bekommen, zur Hälfte aber auch angespart.

Sie saßen im hinteren Teil der Kneipe, dort, wo sie einigermaßen ungestört sein konnten. Heimlich tauschten sie unter dem Tisch Zärtlichkeiten aus. Da beide keine eigene Wohnung hatten, mussten sie notgedrungen in schummrigen Lokalen schmusen oder im Auto. Denn beide durften den anderen noch nicht bei sich im Zimmer übernachten lassen.

Roman machte einen Vorschlag: »Sollen wir wieder nach Großenbaum fahren? Du weißt schon.«

Anke ergriff seine Hand: »Bist wohl mutig geworden, wie?«

»Quatsch!« Roman wurde etwas ungehalten.

»Reg dich nicht auf, Schatz. Wir fahren gleich.«

Um kurz nach 21 Uhr verließen sie die Kneipe – eng umschlungen.

Es waren keine Ameisen in seinem Bett, aber er glaubte zu spüren, dass reichlich Getier über seine Brust krabbelte. Er kratzte sich erst gar nicht, weil er aus Erfahrung wusste, dass das Kribbeln sich *so* nicht würde beseitigen lassen. Er stand auf und ging ans Fenster. Es dämmerte bereits.

Die Erinnerung an das Liebespaar, das er genau eine Woche zuvor ausgespäht hatte, befeuerte seine Phantasie und weckte *das* Bedürfnis. Er musste etwas dagegen unternehmen. Nach kurzem Überlegen entschied er, nicht mehr mit Bus oder Bahn zu fahren. Er wollte genau dort die Fährte aufnehmen, wo er beim letzten Mal verjagt worden war. Obwohl seine Strategie vorsah, niemals in der Umgebung seiner Wohnung einem Opfer aufzulauern, ließ er diesen ehernen Grundsatz an diesem Abend nicht gelten. *Wenn es dunkel is', erkennt mich doch keiner.*

Er hatte dieses Gebiet rund um die Baggerseen mittlerweile so oft abgesucht, dass er sich auch bei Dunkelheit mühelos orientieren konnte. Und wenn doch etwas schief gehen sollte, wusste er, auf welchen Wegen er schnellstens in Richtung Wohnung flüchten konnte. Das beruhigte ihn. Er nahm das rote Klappmesser in die Hand. *Der soll nur kommen!* Er steckte es in die rechte Hosentasche und verließ um 21.10 Uhr sein Zimmer.

Anke Gladisch fuhr langsam und vorsichtig. Roman Berthold hatte alle Mühe, sich zu beherrschen. Er wäre ganz anders gefahren. Schneller. Aber er wollte seine Freundin auch nicht verärgern, nicht jetzt. Es wäre nicht das erste Mal gewesen, wenn sie sich ob seines aufbrausenden Temperaments gezankt hätten.

»Du musst hier rechts.« Anke Gladisch hatte die kleine Seitenstraße, die vom »Altenbrucher Damm« abging, übersehen. Das Fahren bei Dunkelheit machte ihr noch zu schaffen, es war ungewohnt für sie. Keine fünf Minuten später hatten sie ihr Ziel erreicht – den Parkplatz des zu einem Freibad umgebauten Großenbaumer Baggerlochs. Sie parkte den Wagen am rechten Rand des Weges und schaltete die Scheinwerfer aus.

Roman Berthold, nun doch stark beschwipst, musste erst mal austreten. Zwei Minuten später bestieg er wieder den VW-Käfer. Wortlos begannen die beiden zu schmusen.

Er war schon ganz in der Nähe, marschierte über den Weg »Am Kiekenbusch«. Nach knapp 300 Metern bog er nach links ab in die Beckerfelder Straße. Er wollte zum Parkplatz am Freibad. Aus Erfahrung wusste er, dass dort insbesondere in der Dunkelheit Autos standen, in denen sich Pärchen amüsierten. In der freien Natur war damit jetzt nicht mehr zu rechnen.

Als er an der nächsten Wegkreuzung nach links in die Buscherstraße abbog, konnte er den Wagen schon aus der Ferne erkennen. Er verharrte einen Moment und verschaffte sich einen Überblick. Nur ein dunkler Wagen stand auf dem Parkplatz, und sonst war weit und breit niemand zu sehen und nichts zu hören. Er nahm das Messer hervor, klappte die 14 Zentimeter lange Klinge nach außen und ließ es wieder in der Hosentasche verschwinden. Dann begann er sich an den Wagen heranzupirschen. Zunächst wollte er herausfinden, ob sich in dem Auto überhaupt jemand befand. Das hatte er in der Dunkelheit aus etwa 200 Metern Entfernung nicht erkennen können.

Als Anke Gladisch zufällig in den Rückspiegel schaute, glaubte sie zu erkennen, wie eine dunkle Gestalt in geduckter Haltung quer über die Straße lief. Ihr wurde etwas mulmig:

»Schatz, da hinten ist einer.« Roman Berthold drehte sich um, konnte aber niemanden sehen. »Ich schau mal nach.« Er stieg aus, stützte sich mit dem rechten Arm auf dem Wagendach ab, drehte den Kopf zur Seite und kniff die Augen zusammen. »Da ist aber niemand.« Roman Berthold setzte sich wieder zu seiner Freundin und umarmte sie.

Als er gehört hatte, wie sich die Wagentür öffnete, war er hinter einem Busch in Deckung gegangen. Er kroch wieder hervor und schlich bis an das Heck des Wagens. Den Mann vermutete er auf dem Fahrersitz. Um eine Flucht der Insassen unmöglich zu machen, kroch er an der rechten Seite des Autos nach vorn und stach mit seinem Taschenmesser wuchtig in den Reifen. Dann schlich er wieder zurück. Er wollte die Fahrertür aufreißen und den Mann erstechen.

Wieder war es Anke Gladisch, die ihn bemerkte, als sie instinktiv in den Außenspiegel schaute. Die junge Frau erschrak fürchterlich, startete aber geistesgegenwärtig den Wagen und fuhr von der Buscherstraße nach rechts in den Verbindungsweg zur »Graf Spee'schen Kiesbaggerei«.

»Hast du den denn nicht gesehen? Das ist bestimmt so ein Verrückter!«

»Jetzt beruhig' dich doch, ist doch gar nichts passiert.« Roman Berthold hatte den Mann jetzt auch im Rückspiegel sehen können. Als durchtrainierter Sportler fühlte er sich mit seiner Körpergröße von 1,88 Meter dem eher kleinwüchsig erscheinenden Unbekannten überlegen. »Fahr noch ein Stück, wir hängen ihn ab. Falls er uns noch mal in die Quere kommt, schnapp' ich ihn mir. Der kann was erleben!«

»Das machst du nicht. Versprich mir das!«

Auf dem für den übrigen Verkehr gesperrten Privatweg, den sie befuhren, waren links Schmalspurgleise für Kieselloren verlegt. Nach 250 Metern stoppten sie kurz, Anke Gladisch musste sich orientieren. Es war stockfinster. Nach links ging es in die Straße »Am Kiekenbusch«. Sie schaute nochmals in den Rückspiegel. Wieder packte sie die nackte Angst: »Der ist immer noch hinter uns her!« Roman Berthold drehte sich um. Tatsächlich: In einiger Entfernung folgte ihnen dieser Mann, von dem sie nicht wussten, warum er das tat.

Nach kurzem Zögern bog Anke Gladisch ab, übersah dabei aber das Sperrschild »Durchfahrt für Kraftfahrzeuge verboten«, und sie konnte nicht ahnen, dass der Weg eine Sackgasse war. Nach 400 Metern musste sie wenden.

Er war dem langsam fahrenden Wagen hinterhergelaufen und hatte alles mitbekommen. Er wusste, dass sie würden zurückkommen müssen. Und das war seine Chance, genau darauf hatte er spekuliert.

Als Anke Gladisch an der Kreuzung kurz stoppte, würgte sie den Motor ab. Die geringe Fahrpraxis. Die Angst. Die Nervosität. Ihr wurde schlecht vor Aufregung. Es war wie in einem Horror-Film.

»Anke, was ist?«

»Ich glaub', ich muss gleich kotzen.«

Erneut versuchte sie, den Wagen in Gang zu bringen. Aber es klappte nicht. »Lass mich mal.« Roman Berthold hatte zwar keinen Führerschein, aber er vertraute auf seine Erfahrungen, die er mit dem Auto eines Freundes gemacht hatte. »Rutsch 'rüber.« Während ihr Freund um den Wagen herumlief, kletterte sie auf den Beifahrersitz. Roman Bertholds erster Versuch schlug fehl. Als er es erneut versuchen wollte, schrie seine Freundin laut auf. Ihr Blick war starr nach vorn gerichtet.

Er hatte den Wagen mittlerweile erreicht, das Scheinwerferlicht ließ Beine und Unterkörper erkennen – aber Oberkörper und Kopf waren zunächst nur schemenhaft auszumachen. Roman Berthold gab sein Vorhaben auf, stieg aus und baute sich vor dem Fremden auf, den er um einen Kopf überragte.

»Was willst du Schwein?«

Die Antwort traf ihn vollkommen überraschend. Er sah das Messer im Licht der Scheinwerfer noch aufblitzen, er versuchte auch noch eine Abwehrbewegung zu machen, aber schon durchbohrte die wuchtig von unten nach oben geführte Klinge seinen Brustkorb. Er schrie laut auf, presste beide Hände auf die Wunde. Roman Berthold begann zu taumeln, drehte sich um und brüllte: »Anke, fahr, fahr, der will dich!«

Seine Freundin hatte alles beobachtet und war wieder auf den Fahrersitz gerutscht. Anke Gladisch war geschockt, entsetzt. Endlich gelang es ihr, den Motor zu starten. Sie legte hastig den ersten Gang ein und fuhr rechts an den Männern vorbei in Richtung Buscherstraße. Ihr Freund lief torkelnd hinter dem Wagen her. Nach etwa 50 Metern schaute sie gebannt in den Innenspiegel. Sie erkannte Roman, der sich die Straße mühsam entlang schleppte – aber der Mann folgte ihr nicht mehr, er war stehen geblieben. Anke Gladisch bremste. Wenig später erreichte Roman Berthold das Auto. »Anke, ich kann nicht mehr!« Er blutete stark und versuchte noch, sich am Wagendach abzustützen. Doch dann sackte er lautlos zusammen. Seine Freundin stürzte zu ihm herüber. »Roman. ROMAN!« Er verlor das Bewusstsein.

Die Schreie des jungen Mannes hatten ein älteres Ehepaar aufmerksam werden lassen, das sich nur wenige hundert Meter entfernt aufhielt. Das Paar eilte den Überfallenen zu Hilfe und alarmierte wenig später einen Krankenwagen und die Polizei.

Er lief zu dieser Zeit so schnell er konnte, das blutverschmierte Messer noch in der rechten Hand, über ein Wiesengelände, spurtete dann einen Feldweg entlang in Richtung der hell erleuchteten Häuser, die aus der Ferne schon deutlich zu erkennen waren. Als er die ersten Bauernhöfe erreichte, stoppte er, putzte das Messer am Wegrand im Gras ab, klappte es zusammen und steckte es ein. Dann ging er im Schritttempo weiter.

Es war nicht so passiert, wie er es sich vorgestellt hatte. Er war davon ausgegangen, dass der Begleiter der Frau unmittelbar nach der Messerattacke versterben, wenigstens aber keine Bedrohung mehr darstellen würde. Wie lange es dauerte, bis der Tod beim Würgen oder Drosseln eintrat, das konnte er nahezu sicher einschätzen. Aber im Umgang mit einem Messer war er ungeübt. Dass sein Opfer sich auf den Beinen hatte halten können und dem Wagen mit der Frau gefolgt war, hatte ihn irritiert. Überdies hätte er die Frau weiter verfolgen können, aber er hatte es für aussichtslos gehalten. Und er hatte befürchtet, dass die Schreie des Mannes gehört worden sein könnten. Deshalb war er geflüchtet.

Zehn Minuten nach dem Überfall erreichte er sein Zimmer im Arbeiterhotel seiner Firma. Das Messer wusch er unter dem Wasserkran ab, säuberte anschließend auch die Kerbe vom Blut des Opfers. Die Sache hatte auch ihn mitgenommen. Ganz gegen seine Gewohnheit ging er um kurz nach 22 Uhr in die nächste Kneipe. Im »Steinernen Kreuz« kippte er drei Gläser Bier. Eine halbe Stunde später war er wieder zurück. Als er den missglückten Überfall Revue passieren ließ, überkam ihn erneut das »komische Gefühl«. Er stellte sich vor, dass er seine Opfer in deren Auto beim Geschlechtsverkehr beobachten könnte. Und er malte sich aus, wie er den Mann töten, die Frau in seine Gewalt bringen, sie vergewaltigen und anschließend ihr Leben mit bloßen Händen beenden würde. Als er fertig war, schlief er sofort ein.

Für Roman Berthold gab es keine Rettung mehr. Er wurde im Berufsgenossenschaftlichen Unfallkrankenhaus um 22.38 Uhr tot eingeliefert.

Wenige Minuten, nachdem der sterbende Roman Berthold mit einem Krankenwagen abtransportiert worden war, rasten mehrere Funkwagen der Duisburger Kripo zum Tatort. Die noch anwesenden Zeugen wurden ins Präsidium gebracht und dort vernommen. Drei Beamte des »Erkennungsdienstes« verschafften sich einen Überblick und begannen mit der Spurensicherung. Aber die Beamten stießen zunächst lediglich auf eine etwa 40 Meter lange, schlangenlinienförmige Blutspur, die vom Kreuzungsbereich Buscherstraße/Am Kiekenbusch bis in den Verbindungsweg zur »Graf Spee'schen Kiesbaggerei« führte und in eine 1,10 x 0,60 Meter großen Blutlache mündete. Die Tatwaffe blieb unauffindbar. Der Tatort wurde weiträumig abgesperrt, die Suche nach weiteren Beweismitteln sollte erst am nächsten Morgen fortgesetzt werden. Es war einfach zu dunkel, und für die sternenklare Nacht waren keine Niederschläge angekündigt worden, die Spuren hätten vernichten können.

Es fiel auch den Kripobeamten schwer, aber Anke Gladisch musste vernommen werden – sobald als möglich. Sie hatte den Mörder gesehen. Doch ihre Beschreibung des Mannes, der ihren Freund kaltblütig umgebracht hatte, gab nicht viel her: »Zirka 35 Jahre alt, vielleicht 1,75 Meter groß, schlank, dunkelhaarig, eventuell dunkler Anzug oder dunkle Kombination.« Kurze Zeit später erlitt die tapfere junge Frau einen Nervenzusammenbruch.

Am Tag darauf lag das Ergebnis der Obduktion vor. Die tödliche Verletzung war der Stich in die linke Seite des Brustkorbs gewesen. Hier waren die »6. Rippe in ihrem knorpeligen Anteil« und die »anschließenden Weichteile zwischen der 5. und 6. Rippe total durchtrennt«. Der Stich war in die Brusthöhle eingedrungen, hatte den »Zwischenrippenraum und den Herzbeutel unmittelbar am Zwerchfellansatz eröffnet« und das Herz genau an seiner Spitze getroffen. Der Einstich ins Herz war zwei Zentimeter lang und »klaffte bis zu 1,5 Zentimeter«, der Stichkanal maß zehn Zentimeter. Roman Berthold war »innerlich verblutet«.

Auch die Beamten, die den Tatort untersuchten, hatten Neuigkeiten. An der Kreuzung Buscherstraße/Am Kiekenbusch konnten die Spur eines Fahrradreifens und diverse »Fußeindruckspuren« gefunden werden – allerdings »unbestimmten Alters«. Wer sich dort wann aufgehalten hatte, blieb zunächst ungewiss.

Am 24. August meldeten die Duisburger Lokalzeitungen das Verbrechen: »Gräßliche Bluttat erregt Großenbaum«, »Neben der Freundin ermordet«, »Überfall auf Liebespaar – Autofahrer tödlich verletzt«. In der Zwischenzeit hatte sich ein älterer Mann bei der Kripo gemeldet, der zur Tatzeit einen Verdächtigen etwa einen halben Kilometer vom Tatort entfernt gesehen haben wollte, »mit einem Messer in der Hand«. Der Zeuge wurde als »glaubwürdig« angesehen, die Beschreibung des mutmaßlichen Täters erweitert. Jetzt sollte der Mörder so aussehen: »35 Jahre alt, 1,70 Meter groß, volles, ovales Gesicht, in dem beide Jochbeine etwas vorstehen. Dunkle Haar- und Augenbrauenfarbe.«

Aber die Duisburger Kriminalisten hatten schlechte Karten, dem Phantombild konnte der Name des Mörders nicht zugeordnet werden. Auch die folgenden Tage vergingen, ohne dass sich eine heiße Spur auftat. Stattdessen wurden Verhaltenshinweise für die insbesondere im Süden der Stadt verunsicherte Bevölkerung gegeben: »Wir raten allen Pärchen, nicht in die »Rendezvous-Wäldchen« zu fahren! Nicht aussteigen, wenn sich eine finstere Gestalt nähert! Gas geben und schnell wegfahren ist das beste.«

Als die Beamten mit ihrem Kriminalisten-Latein am Ende waren, wurde nochmals die Presse mobilisiert. Die »Mordkommission Berthold« erhoffte sich Hinweise und veröffentlichte die Personenbeschreibung des mutmaßlichen Mörders ein zweites Mal. Darüber hinaus war in jeder Duisburger Zeitung zu lesen: »Für die Aufklärung der Tat wird die Bevölkerung erneut um Mithilfe gebeten. Hierbei ist die Beantwortung folgender Fragen von besonderer Bedeutung: 1. Wer kennt eine Person, auf die die Beschreibung zutrifft, und die sich in verdächtiger Weise für die Insassen parkender Pkw interessiert? 2. Wer ist in der näheren Umgebung des Tatortes schon einmal in ähnlicher Weise belästigt worden? 3. Wer hat am Sonntag, dem 22. August 1965, zwischen 21 und 22.30 Uhr, am Tatort oder in der Nähe des Tatortes verdächtige Personen gesehen? 4. Wer kennt eine solche Person, die im Besitz eines feststehenden, beiderseitig geschliffenen Messers oder Stiletts mit etwa 3 bis 4 Zentimeter breiter Klinge ist? Hinweise nimmt jede Polizeidienststelle entgegen.«

Zwei Tage nach dem Überfall hatte er vom Tod des Mannes erfahren, der von ihm niedergestochen worden war – allerdings nicht aus der Zeitung, die er ohnehin nicht las, sondern von Arbeitskollegen aus seinem Wohnheim. Die Todesnachricht berührte ihn nicht, schließlich hatte er nichts anderes erwartet, und der *Blödmann hätt' doch abhauen soll'n. War der doch selber schuld. Ich musst' den doch kaputtmachen, um an die Frau ranzukommen!*

In helle Aufregung versetzte ihn indes ein Fahndungsplakat der Kripo, das eines Morgens in der Eingangshalle seines Wohnheims hing. Nachdem er festgestellt hatte, dass es sich um den Überfall am Freibad drehte, blieb er wie angewurzelt vor dem Aushang stehen. Er drehte sich mehrfach um. Er wollte nicht beobachtet werden. Denn er glaubte, wenn er zu lange vor dem Plakat stehen bleiben würde, könnte er auffallen. Als er sich unbeobachtet wähnte, begann er hektisch zu lesen. Insbesondere die Personenbeschreibung des Gesuchten überprüfte er auf Übereinstimmungen. Er musste das Geschriebene ein zweites Mal studieren, er war zu aufgeregt, um alles sofort verstehen zu können. Aber dann wurde ihm Angst und Bange. Es stimmte fast alles.

Spät in der Nacht schlich er in die Eingangshalle, nahm das Plakat ab, zerriss es und entsorgte die Schnipsel in einem Müllcontainer. Er wollte dadurch verhindern, dass die Mitbewohner des Heims wegen der Beschreibung des Täters *ihn* verdächtigen könnten.

In den nächsten Wochen verließ er sein Zimmer nur, wenn er zur Arbeit erscheinen musste. Freiwillig hatte er sich sogar zur Nachtschicht gemeldet, die ihm so zuwider war. Er wollte vermeiden, dass ihn tagsüber jemand sah – und als Mörder entlarven könnte. Immer wieder wurde im Ledigenheim über den Fall diskutiert, denn der Mord war in der näheren Umgebung, nur knapp zwei Kilometer entfernt geschehen. Manch einer vermutete den »Unhold« in den eigenen Reihen: »Sind doch alles Junggesellen hier. Dem einen oder anderen wär' das glatt zuzutrauen.« Gemeint waren in erster Linie Gastarbeiter, denn in den Zeitungen war auch berichtet worden, der Täter sei »vermutlich Ausländer«. Anke Gladisch hatte bei der Kripo tatsächlich entsprechend ausgesagt.

Er äußerte sich zu all dem nicht, schwieg eisern. Jeden Tag verkroch er sich in seinem Zimmer, bastelte an seinen Elektrogeräten herum oder spielte mit seinen Kinderpuppen, um sich abzulenken. Als nach Wochen niemand gekommen war, um ihn zu holen, und auch die großsprecherischen Stimmen zu diesem Fall nahezu verstummten, konnte er durchatmen. Für die Zukunft nahm er sich vor, nur noch außerhalb Duisburgs nach Opfern zu suchen. Er wollte kein unnötiges Risiko mehr eingehen.

25

Ihm war nicht wohl bei dem Gedanken. Sechs Jahre hatte er in seinem Zimmer zugebracht, ohne auf jemanden Rücksicht nehmen zu müssen. Zum ersten Mal in seinem Leben war er nicht auf das Entgegenkommen seiner Eltern oder Geschwister angewiesen gewesen, die ihn immer dann aufgenommen hatten, wenn er in finanzielle Not geraten war. Dieses Zimmer war *sein* Refugium. Hier konnte er ungestört und unbeobachtet bleiben, die 24 Quadratmeter nach seinen Vorstellungen gestalten, seinen Bedürfnissen anpassen.

Und jetzt sollte alles anders werden – auf einmal, einfach so. Der Hausverwalter hatte angekündigt, dass er sich das Zimmer »ab sofort« mit einem Kollegen teilen müsse. *Mannesmann* hatte 50 Arbeiter neu eingestellt, die Junggesellen ohne feste Bleibe mussten im Wohnheim untergebracht werden. Das passte ihm nicht. Doch er begehrte nicht auf, er schluckte es.

In der ersten Zeit sprachen sie kaum miteinander. Rolf Hansen hatte sich anfangs über die vielen Haushaltsgeräte, Fernseher und Radios gewundert, aber nichts gesagt. Und dass sich sein schweigsamer Kollege zunächst als Schreibmaschinentechniker ausgegeben hatte, obwohl derartige Jobs bei *Mannesmann* gar nicht vergeben wurden, hatte er amüsiert zur Kenntnis genommen, es aber auf sich beruhen lassen. Der 30-Jährige wollte Auseinandersetzungen nach Möglichkeit vermeiden, es sich mit seinem Zimmerkumpel nicht verderben. Zudem verbrachte der Baggerführer die meiste Zeit mit Helga, seiner acht Jahre jüngeren Verlobten, die noch bei ihren Eltern wohnte.

Mit der Zeit kamen sich die beiden näher, entdeckten Gemeinsamkeiten: ins Kino gehen, über Motorräder fachsimpeln, Frauengeschichten. Während Rolf Hansen in erster Linie die körperlichen Vorzüge seiner Verlobten anpries, schwadronierte sein Kumpel über diverse zwischenmenschliche Kapriolen und sexuelle Eskapaden, die aber merkwürdig allgemein gehalten waren. Ohne Unterlass bemühte er sich zu versichern, wie toll alles gewesen sei, aber Einzelheiten wollte er doch lieber für sich behalten. Hansen kam all das doch recht merkwürdig vor: Sein Kumpel vergnügte sich angeblich jede Woche mit einer anderen, nur wurde ihm keine Frau vorgestellt, nicht ein einziges Mal.

Neben ausgeprägter Gemüts- und Kontaktarmut war die hochgradige sexuelle Abnormität das bedeutsamste Merkmal seines Persönlichkeitsprofils. Als zentrales Wesenselement seiner sexuellen Perversionen hatte sich in der Zwischenzeit ein ausschließlich mit destruktiven Phantasien behafteter Sadismus herausgebildet. Stets verschafften ihm solche exzessiven Visionen höchste Genugtuung, die darauf abzielten, eine um ihr nacktes Leben kämpfende Frau mit bloßen Händen zu töten. Vollkommene Befriedigung wollte sich aber nur dann einstellen, wenn zwei Ingredienzen das blutige Festmahl veredelten: Das Opfer musste sich verzweifelt wehren, mit den Händen gegen seine Arme schlagen, nach ihm treten, sich aufbäumen. Und er musste den

Todeskampf durchgehend beobachten, sich daran weiden können, wie es langsam zu Ende ging.

Er wollte über seine Opfer absolut und uneingeschränkt verfügen, sie dehumanisieren, degradieren, zum Spielball der eigenen zügellosen Begierde machen. Sowohl in seinen Tagträumen als auch im realen Gemetzel waren Kinder, Jugendliche und Frauen pulsierende Objekte, deren Reaktionen geplant, kalkuliert, reguliert und im Endstadium der vollkommenen Beherrschung intensiviert und ausgedehnt wurden.

Seinen lebensgroßen Puppen legte er Stricke um den Hals und hängte sie an die Wand seines Zimmers. Dann masturbierte er und stellte sich vor, dort würde ein Mädchen sich dem drohenden Erstickungstod entgegenstemmen. Stets vergeblich. Es waren die Momentaufnahmen der Schrankenlosigkeit, der Allmacht, die ihn seelisch befriedigten. Er konnte Grenzen überschreiten – beliebig oft, beliebig lange. Alles war leicht, alles war möglich.

Schon lange ging es ihm nicht mehr um Sexualität im engeren Sinne. Sexuelle Handlungen wurden nun instrumentalisiert, um Gewalt ausüben, um seine Opfer entmachten und dominieren zu können. Den erzwungenen Geschlechtsverkehr erlebte er als die intimste Form der Bemächtigung. Aber er blieb, was er war: ein ungeliebter, unbeachteter, isolierter, scheuer, angstvoller Mensch.

Und die sexuellen und zwischenmenschlichen Irritationen und Irrwege erwiesen sich nunmehr als unüberwindbare Hürden. Denn Gefühle der körperlichen Befriedigung und seelischen Befreiung waren jetzt gekoppelt an vielfältige Formen der sexualisierten Gewalt. Das notwendige Erregungsniveau konnte er nur noch dann erreichen, wenn er all das tat, was er üblicherweise nicht tun durfte.

Was zu diesem Zeitpunkt weder er noch sonst jemand ahnen konnte: Seine abnormen Bedürfnisse würden weiter wuchern – wie ein Krebsgeschwür, das unerkannt und unbehandelt bleibt und immer neue Metastasen bildet. Und er würde sich gegen *al-*

les vergehen, was Menschen heilig ist, er würde das tun, wovon kaum jemand zu sprechen wagt.

Zwischen Rolf Hansen und ihm entwickelte sich eine Freundschaft. Trotz der beengten räumlichen Verhältnisse, mit denen sie vorlieb nehmen mussten und die nur selten Privatheit zuließen, gab es kaum Differenzen. Unterdessen hatte Hansen ihm auch Helga Zyrus vorgestellt, seine Verlobte. Die 22-jährige Friseurin fand er auf Anhieb sympathisch – und attraktiv. Hin und wieder unternahm man nun auch etwas zu dritt, amüsierte sich auf der Kirmes, ging ins Kino oder fuhr zum Pferderennen nach Dinslaken oder Gelsenkirchen.

Im Sommer 1966 bekam Hansen eine Kur verschrieben, ein chronisches Rückenleiden machte ihm schwer zu schaffen. Helga Zyrus war dessen mehrwöchige Abwesenheit nicht unrecht. Es kriselte in ihrer Beziehung. Helga fühlte sich vernachlässigt – besonders sexuell. Die lebenslustige junge Frau mit den kurz geschnittenen rotblonden Haaren, die gerne mal über die Strenge schlug, hatte keine ernsthaften Trennungsabsichten, aber sie suchte eine Abwechslung. Und dafür hatte sie sich ausgerechnet den Freund ihres Verlobten ausgeguckt. Der Grund war einleuchtend: Sie vermutete, dass sie ihn mühelos herumkriegen würde.

Er hatte von ihren Absichten nichts mitbekommen. Darum war er auch vollkommen perplex, als Helga eines Abends vor seiner Tür stand – mit einer Flasche Sekt in der Hand.

»'n Abend, kann ich reinkommen?«

Er sagte nichts, nickte nur kurz.

»Mir war langweilig, und da hab' ich mir gedacht, kommst' einfach mal vorbei.«

»Och, warum nich'.«

»Guck mal.« Sie hielt ihm die Sektflasche entgegen. »Hab' was zum Picheln mitgebracht. Was meinst'?«

»Wegen mir.« Mehr brachte er nicht heraus. Es war das erste

Mal, dass eine Frau ihn besuchte. Obwohl er Helga nun schon ein knappes Jahr kannte und sie sich prima verstanden, war es nicht so wie sonst. Instinktiv spürte er, dass sie nicht um ihrer Freundschaft willen gekommen war oder um zu plaudern. Das irritierte und verunsicherte ihn. Da war auf einmal mehr. Und dieser Überschuss erinnerte ihn schlagartig an alle Erniedrigungen und Peinlichkeiten, die er bei derlei Gelegenheiten hatte ertragen müssen.

»Was stierst'n so? Hast'n Geist gesehen?«

Er hatte sie und sich für einen Moment vergessen. »Och, nee. Is' nix. Hab' nur kurz an Rolf gedacht. Was der jetzt wohl so macht und so.«

»Den vergessen wir jetzt mal.« Helga drückte ihm die Sektflasche in die Hand. »Kriegst' die auf?«

Während er sich an der Flasche zu schaffen machte, besorgte sie zwei Biergläser und stellte sie auf den Tisch. Helga kannte sich in der Bude ihres Verlobten aus. Er ließ den Korken gegen die Decke knallen und schenkte ein.

»So, mein Lieber, auf uns beide. Verstehst'?« Helga schaute ihn entrückt an.

»Is' klar.«

Sie unterhielten sich über ihre Arbeit, seinen Job, die Familie, Rolfs Rückenbeschwerden, die gestiegenen Lebensmittelpreise und den Hund, der in Helgas Nachbarschaft ständig kläffte. Nach dem zweiten Glas Sekt wurde Helga direkter: »Mit Rolf is' nur noch tote Hose. Der hat mich schon lange nich' mehr angefasst.« Dann rückte sie deutlich näher und nahm seine Hand.

Das verstand er. Und er war auch dazu bereit. Die Angst, wieder zu versagen und die Befürchtung, *die Verlobte* seines Freundes könnte schwanger werden, vermochten seinen Enthusiasmus nicht zu bremsen. Auch der Alkohol, den er nicht gewohnt war, half ihm dabei, seine Skrupel zu überwinden. Ihm wurde warm.

Dann nahm er all seinen Mut zusammen: »Willst' poppen?«

Helga ließ sich nichts anmerken. Sie war ein wenig pikiert, und sie hätte es sich schon etwas romantischer gewünscht. Aber sie kannte auch seine unverblümte, ungelenke Art, sich auszudrücken. Also antwortete sie nicht, sondern legte seine Hände auf ihr Dekolleté.

Sie küssten sich, begannen zu schmusen. Dann zogen sie sich aus und berührten einander. Das gefiel ihm. Helga war jetzt bereit. Er wollte auch. Doch es tat sich nichts. Sie versuchte ihn zu stimulieren, er ließ sich alles gefallen. Aber es regte sich immer noch nichts. Eine Viertelstunde bemühte sie sich – nur eine Erektion kam nicht zustande. Schließlich gab sie entnervt auf.

»Was is'n los?«

Er stand da, hilflos, ratlos, konnte ihr nicht in die Augen schauen – und nichts erwidern. Mit allem hatte er gerechnet, nur damit nicht. Früher war er dafür verspottet worden, dass er sich nicht beherrschen konnte. Und das hatte er auch heute befürchtet. Aber dass sich bei ihm gar nichts tat, war noch schlimmer als das, was er früher hatte durchmachen müssen. Er spürte förmlich die unzähligen spitzen Zeigefinger, die auf ihn gerichtet waren. Und er hörte seinen Vater toben: *Versager. Versager. Versager.*

Helga hakte nach: »Hab' ich was falsch gemacht?«

Es dauerte eine Weile, bis er antwortete. Zögerlich. Kaum hörbar. »Nee.« Mehr gab es dazu nicht zu sagen. Seine Gedanken behielt er für sich. *So normal klappt das bei mir eben nich'. Das is' doch nix!*

Jetzt war Helga endgültig bedient. Sie zog sich an und ging – ohne ihn eines Blickes zu würdigen. Wortlos.

Er war wie vor den Kopf geschlagen, musste sich setzen. Wieder so eine Blamage. Eine ganze Weile stierte er auf den Wasserhahn des Waschbeckens, den er aber gar nicht wahrnahm. Er war am Boden zerstört, seine hochfliegenden Erwartungen hatten sich nicht erfüllt, erneut drohte ein dunkler Abgrund ihn zu verschlucken. Wo seine Unfähigkeit herrührte, konnte er sich nicht mit letzter Gewissheit erklären. Aber die Konsequenz aus alldem erschien ihm einleuchtend: *Mit den Frauen klappt das einfach nich'!*

Seine Frigidität akzeptierte er wie ein Naturgesetz, dem er sich zu unterwerfen hatte, gegen das er machtlos war. Aber er tröstete sich damit, dass es für ihn auch andere Möglichkeiten gab, um sich austoben zu können, um diesen unheilvollen Drang loszuwerden. Dass dies den qualvollen Tod eines anderen Menschen bedeuten würde, ließ ihn keineswegs zurückschrekken, es faszinierte, es erregte ihn. Nichts und niemand würde ihn davon abhalten können, er wollte auch weiterhin Menschenleben auslöschen, sich an den Qualen seiner Opfer berauschen. Es gab kein Zurück mehr. Und er war entschlossener denn je.

26

»Wir sehen uns morgen, tschüss.« Angelika Fritz verabschiedete sich von ihrer Kollegin und verließ das Büro um kurz nach 18 Uhr. Die 20-Jährige arbeitete seit einem halben Jahr in der Buchhaltung von »Edeka«, dem Lebensmittelgroßhandel. Sie wollte ihren Freund besuchen, mit dem sie sich am Nachmittag telefonisch verabredet hatte.

Angelika Fritz wohnte seit knapp drei Monaten bei ihrer Großmutter in Marl, einer etwa 85 000 Einwohner zählenden Industriestadt im nördlichen Ruhrgebiet. Ihr Vater hatte sie kurzerhand vor die Tür gesetzt, er war die ständigen Streitereien satt, und es hatte ihm nicht gepasst, dass seine Tochter sich gleich für eine ganze Reihe von Männern interessierte, obwohl sie in festen Händen war. Als er zudem von einer Arbeitskollegin Angelikas zufällig erfahren hatte, dass seine Tochter sich mit ihren zahlreichen Affären und Amouren auch noch brüstete, war es genug. Hilfe von ihrer Mutter konnte Angelika nicht mehr erwarten, sie war dreieinhalb Jahre zuvor bei einem Zugunglück ums Leben gekommen.

Die junge Frau hatte noch keine weit reichenden Lebensziele, sie wollte zunächst in ihrem Beruf Fuß fassen und ausreichend Geld verdienen, damit es für eine eigene Wohnung reichte. Alles Weitere würde sich finden. Angelika legte keinen gesteigerten Wert auf einen großen Freundeskreis, ihre Sorgen und Nöte besprach sie mit einer Freundin, die sie schon seit der Volksschule kannte. Probleme bereitete ihr in erster Linie die Koordination diverser Termine und Verabredungen mit einer Reihe von Männern. Die etwas leichtfertige und lebensbejahende junge Frau wollte sich nicht für einen Partner entscheiden, sie genoss es, umschmeichelt und umworben zu werden.

Für den 13. September 1966 hatte sie in ihrem blauen Notizbuch vorgemerkt: »Wolfgang, 18.30 h. Konstantinos, 21.30 h, Palantini.«

Wolfgang Ramstetter wohnte noch bei seiner Mutter. Der 28-Jährige arbeitete nur sporadisch – nämlich dann, wenn seine Mutter verärgert die finanzielle Unterstützung verweigerte. Um nicht in die Verlegenheit zu geraten, wie andere malochen zu müssen, hatte er nach dem schulischen Scheitern vorsorglich auf eine Berufsausbildung verzichtet. Immer wieder war er mit dem Gesetz in Konflikt geraten, hatte sich beim Einsteigen in eine Wohnung oder beim Klauen im Kaufhaus erwischen lassen. Dreimal war er ins Gefängnis geschickt worden, letztmals im Juni 1965. Jetzt stand er unter Bewährungsaufsicht.

Wolfgang und Angelika hatten sich vor zwei Monaten in einer Bar kennen gelernt, die von einem Freund geführt wurde, der in dem Ruf stand, Frauen »gefügig« zu machen und auf den Strich zu schicken. Wolfgang unterstützte seinen Kumpel dabei, wenn es sein musste. Angelika war das egal. Eifersüchtig wurde sie nur, wenn es keine Hure war, mit der sich ihr Freund abgab. Dann kam es regelmäßig zu heftigen und lautstarken Auseinandersetzungen, die nahezu übergangslos in wilde Versöhnungsorgien mündeten. Obwohl beide es mit der partnerschaftlichen Treue nicht so genau nahmen, wollten sie selbst nicht hintergangen oder betrogen werden. Ramstetter war zudem »schuldig geschieden«, seine Frau hatte die außerehelichen Eskapaden nicht mehr ausgehalten.

Um 18.45 Uhr schellte Angelika Fritz im Haus Nummer 137 der Konrad-Adenauer-Straße. Ramstetters Mutter war nicht zu Hause – eine günstige Gelegenheit, um sich ungestört näher zukommen. Eine halbe Stunde später verließen sie die Wohnung, es zog sie ins »Alfredo«, Ramstetters Stammkneipe. Dort blieben sie eine Weile. Während er Bier orderte, bestellte sie Kaffee und Cola. Es vergingen keine 20 Minuten, und schon wurde aus der Unterhaltung ein Streitgespräch. Sie wollte herausbekommen, wo er den Tag über gewesen war, und er bemühte sich zu erfahren, warum sie schon so früh gehen wollte. Er behauptete, die ganze Zeit in der Wohnung geblieben zu sein, weil das Wetter so schlecht gewesen sei, und sie log, sie müsse gleich noch unbedingt zu einer Arbeitskollegin nach Marl-Sinsen, um dort etwas abzuholen. Jeder flunkerte so gut er konnte.

Gegen 21.30 Uhr trennten sie sich – im Streit. Angelika Fritz musste sich jetzt sputen, sie war mit einem jungen Griechen in einem Eiscafé in der Bergstraße verabredet, und der wartete sicher schon. Um Zeit zu sparen, nahm sie eine Abkürzung. Sie mied die belebte Bonifatiusstraße und lief über die Brassertstraße bis zum Eduard-Weitsch-Weg. Der gepflasterte Rad- und Fußgängerweg führte auf einer Strecke von knapp 300 Metern am »Försterbusch« vorbei, einem kleinen Waldgelände, das noch nicht durchforstet worden war und dessen dichter Baumbestand von Birken und Eichen dominiert wurde.

Als Angelika Fritz den Eduard-Weitsch-Weg erreichte, begann es heftig zu regnen. Auch die Dunkelheit schreckte sie nicht – der kleine Fußweg war kaum ausgeleuchtet, und die Neonlampen hatten Kinder und Jugendliche mit Steinen größtenteils eingeschmissen.

Als sie etwa die Hälfte des Weges absolviert hatte, sah sie eine dunkle Gestalt auf sich zukommen. Angelika Fritz nahm es eher beiläufig zur Kenntnis, denn sie kannte diese Strecke und hatte ähnliche Situationen schon vielfach erlebt. Nichts Besonderes also.

Das änderte sich schlagartig, als der Mann sich ihr wenig später unvermittelt in den Weg stellte. Angelika Fritz musterte den Fremden argwöhnisch, der sie so komisch anglotzte. Schließlich sagte der Mann etwas, das sie aber zunächst nicht verstand. Der Unbekannte hatte zu leise und zu undeutlich gesprochen.

Sie fragte zurück: »Bitte, was wollen Sie?«

Der kleingewachsene Mann drehte sich einmal kurz um, dann wiederholte er, was er zuvor gesagt hatte: »Willst' poppen?«

Angelika Fritz dachte an einen üblen Scherz. Sie wurde ungehalten. »Du hast sie doch wohl nicht mehr alle, scher dich zum Teufel, du Spinner!«

Dann ging alles so schnell, dass Angelika Fritz sich kaum wehren konnte. Der Mann schlang ihr den rechten Arm um den Hals, drückte kräftig zu und hielt mit der anderen Hand ihre rechte Hand fest. So brachte er sie zu Boden. Aus diesem Griff konnte die junge Frau sich nicht mehr befreien, ihre Schläge mit der freien linken Hand blieben wirkungslos.

»Willst wohl nich' poppen, wie? Dir werd' ich helfen!« Aus den Worten ihres Peinigers schloss sie, der Mann wolle sie lediglich vergewaltigen, sie würde noch mit dem Leben davonkommen. Gerade als sie losschreien wollte, drückte der Mann so fest zu, dass ihr die Luft wegblieb. Dann wurde sie vom Weg in den Wald gezogen. Teils stolperte sie mit vorwärts, teils wurde heftig an ihr gezerrt. Dabei verlor sie ihren rechten Schuh.

Zu ernsthafter Gegenwehr war sie nicht mehr imstande – benommen und halb bewusstlos war sie dem unheimlichen Fremden ausgeliefert, auf Gedeih und Verderb. Sie spürte keine Schmerzen, nur eine beängstigende Hilflosigkeit.

Nachdem der Mann sie einige Meter weit in den Wald geschleppt hatte, wurde Angelika Fritz auf den Boden geschleudert. Die Handtasche, die sie bis dahin krampfhaft festgehalten hatte, fiel neben ihre Schulter. Plötzlich war der Mann über ihr, seine Knie gruben sich neben ihrem Oberkörper in den vom Regen aufgeweichten Waldboden. Als sie die kalten Hände spürte, die ihr wieder den Atem nahmen, wollte sie dagegenhalten. Aber es war zu spät. Der Blick in das Gesicht des Mannes, das sich mehr und mehr zu einer hässlichen Fratze verzerrte, war furchterregend. Angelika Fritz wurde ohnmächtig. Und dann war es vorbei.

Zwei Tage später entdeckte ein städtischer Arbeiter zufällig den Leichnam, als er in den »Försterbusch« ging, um dort auszutreten. Eine eiligst gebildete Mordkommission der zuständigen Kripo Recklinghausen nahm die Arbeit auf. Am Tatort bot sich den Beamten ein Bild des Grauens: Die Leiche lag 15 Meter vom Eduard-Weitsch-Weg entfernt unter einem Baum, rücklings, das Gesicht leicht nach links geneigt. Die Brombeersträucher neben der Toten waren in einer Breite von 30 bis 40 Zentimetern niedergetreten. Der Unterkörper war nackt, ein anthrazitfarbener Mantel, ein schwarzer Wollrock und ein weißer Halbunterrock waren bis zur Hüfte hochgeschoben. Teile des hellblauen Schlüpfers hingen in einem Brombeerstrauch. Zwischen den Füßen lag ein schwarzer Schuh. Der Oberkörper war durch die Kleidung völlig bedeckt.

Gravierende Abwehrverletzungen waren nicht zu erkennen, lediglich an der linken Hand fanden sich geringfügige Schürfwunden am Nagelbett des Daumens und an der Oberseite des Zeigefingers. Auch die Beine waren äußerlich unverletzt. An der linken Halsseite entdeckten die Beamten eine drei mal zehn Zentimeter große flächige Hautrötung sowie mehrere Hautkratzer, die vom Kinn bis zum Ohr reichten. Die Kopfhaut wies kleinere Verletzungen mit dezenten Blutabrinnspuren auf.

Außer einer angedeuteten, etwa 50 Zentimeter breiten Schleifspur am rechten Fuß der Leiche konnten keine Hinweise gefunden werden. In den beiden Tagen zuvor waren wiederholt gewitterartige Regenschauer niedergegangen, das feuchte Herbstwetter hatte dem Mörder in die Hände gespielt.

Der Leichnam wurde noch am selben Abend im Gerichtsmedizinischen Institut der Universität Münster obduziert. Bei der äußeren Besichtigung wurden unter anderem zahlreiche »punkt- bis mohnkorngroße Blutaustritte« an den Oberlidern, den Augenbindehäuten und der Mundschleimhaut dokumentiert. Im Inneren des Körpers fanden die Sachverständigen »vielfache Blutungen im Muskel- und Bindegewebe des Halses, insbesondere im Bereich des Kehlkopfes«, darüber hinaus »punktförmige Blutungen auf dem Lungenfell und dem Herzüberzug«. Als Todesursache wurde »gewaltsame Einwirkung gegen den Hals durch Würgen« festgestellt.

Ein für die Ermittlungen bedeutsamer Befund ergab sich bei weiterführenden Untersuchungen: Im Gebärmutterhals und im Scheidensekret waren mehrere »vollständig erhaltene Samenfäden vorhanden«. Die Ermittler hofften, dem Mörder über dessen Blutgruppenzugehörigkeit näher zu kommen.

Und ein Verdächtiger war schnell ausgemacht: Wolfgang Ramstetter. Der vorbestrafte Gauner und Zuhälter war zweifelsfrei der letzte Begleiter der Ermordeten gewesen, zudem hatte ein Kellner des Lokals »Alfredo« ausgesagt, es sei an dem Abend zu einem »heftigen« Streit zwischen beiden gekommen. Und ein winziges Detail am Tatort erschien den Beamten besonders beachtenswert, das Ramstetter belasten sollte. Der Schlüpfer des Opfers war nämlich nicht zerrissen, sondern zerschnitten worden. Ein »ungewöhnlicher« Befund, der zu einem Sexualmord nicht recht passen wollte. Die Ermittler hielten es für lebensfremd anzunehmen, ein »Triebtäter« benutze eine Schere, um die Vagina des Opfers zu entblößen. Vielmehr drängte sich ihnen die Hypothese auf, der Täter habe das tatsächliche Motiv lediglich »kaschieren« wollen – und dabei »nicht richtig nachgedacht«.

Warum Ramstetter seine Freundin umgebracht haben sollte, erschien den Kriminalisten nahe liegend. Entweder hatte er sie im Anschluss an die Auseinandersetzung im »Alfredo« getötet, weil der Streit weiter eskaliert war und er die Beherrschung verloren hatte, oder Angelika Fritz war umgebracht worden, weil sie sich geweigert hatte, für Ramstetter »anzuschaffen«. Und weil er damit gerechnet haben musste, als Freund des Opfers ins Visier der Kripo zu geraten, sollte er einen Sexualmord vorgetäuscht haben, um die Ermittlungen in eine falsche Richtung zu lenken.

Ramstetter wurde vernommen. Sein Alibi: »Angelika sagte mir, dass sie noch zu einer Kollegin musste, etwas abholen. Kurz bevor wir die Kneipe verlassen wollten, fing es stark an zu regnen. Ich schlug ihr vor, von zu Hause einen Schirm zu holen. Als ich nach zehn Minuten zurückkam, war sie aber nicht mehr da. Danach habe ich sie nicht mehr gesehen. Ich bin um kurz vor 22 Uhr nach Hause gekommen.«

Das klang glaubhaft. Dummerweise wollte Ramstetters Mutter die Version ihres Sohnes nicht bestätigen: »Der Wolfgang hat keinen Schirm geholt, das wüsste ich doch. Der ist an dem Abend so gegen 22 Uhr pitschnass nach Hause gekommen und ist auch nicht mehr weggegangen.« Die Kriminalisten schlussfolgerten hieraus: Ramstetter hatte also »kein glaubhaftes« Alibi, und er hätte genügend Zeit gehabt, um den »Försterbusch« gegen 21.45 Uhr erreichen zu können.

Auch seine Erklärung für den Disput mit seiner Freundin kurz vor der Tat wollte die Beamten nicht überzeugen. »Es stimmt«, erzählte er sichtlich angespannt, »wir haben uns gestritten. Ich wusste von anderen Kerlen, das hat mich richtig gefuchst. Deshalb habe ich ihr Vorwürfe gemacht. Aber dann hat sie mir geschworen, dass sie mit den anderen Schluss machen würde. Und das habe ich ihr auch geglaubt. So ist es gewesen.«

Am 17. September verbreiteten die Marler Lokalblätter eine Erfolgsmeldung: »Mord an junger Frau aufgeklärt? Freund verhaftet.« »Verdächtiger gefaßt – Mordfall Fritz kurz vor der Aufklärung.« »Mord im ‚Försterbusch'. War es der Freund des Opfers?«

Ramstetter war 24 Stunden zuvor festgenommen worden. Dabei hatte die Kripo auch seine Wohnung durchsucht und Kleidungsstücke mitgenommen, die er am 13. September getragen hatte. Sie sollten durch Experten des Bundeskriminalamtes untersucht werden. Bei seiner »verantwortlichen Vernehmung« war den Beamten ein weiteres belastendes Indiz aufgefallen: »Oberhautverletzungen« an der rechten Halsseite. Die waren von den Beamten zuvor übersehen worden, Ramstetter hatte stets einen Rollkragenpullover getragen. Zudem waren es »keine frischen Verletzungen«.

Aber Ramstetter blieb hartnäckig, vehement bestritt er, seine Freundin ermordet zu haben. Und er bemühte sich, den Ermittlern die Kratzspuren am Hals plausibel zu machen: »Wenn wir miteinander geschlafen haben, wurde es schon mal stürmisch. Wir waren immer ganz scharf, haben uns heftig umarmt und so. Kleine Kratzer oder Knutschflecken waren keine Seltenheit bei uns. An dem Abend war es auch so, sie hat mich am Hals erwischt.« Jetzt wollte ihm niemand mehr glauben, die Kripo wertete die Aussage des Verdächtigen als »Schutzbehauptung«.

Die Mordkommission sah sich in ihrer Einschätzung bestätigt, als das Gutachten des Bundeskriminalamtes vorlag. Der Sachverständige hatte an Hemd, Hose und Schuhen Ramstetters »Vegetationsrückstände« nachgewiesen, wie sie auch im »Försterbusch« vorkamen: »Brombeerstacheln und Flugsamen von Weideröschen«, die überdies »von gleicher Beschaffenheit und gleichem Reifegrad« waren.

Das Untersuchungsergebnis wurde dem Verdächtigen vorgehalten. Ramstetter hatte auch diesmal eine Erklärung. »Das ist doch klar«, begann er, »ich bin mit Angelika einen Tag vor ihrer Ermordung dort gewesen. Wir haben uns da auf den Boden gelegt und miteinander geschlafen.«

Nichtsdestotrotz wähnten die Ermittler sich nach wie vor auf der richtigen Spur. Doch das sollte sich bald ändern. Ein Experte des Bundeskriminalamtes hatte auch den Schlüpfer des Opfers untersucht und festgestellt, dass der, nicht wie irrtümlich angenommen »zerschnitten«, sondern zerrissen worden war. Die Annahme, der Täter habe ein Sexualverbrechen vortäuschen wollen, erwies sich als kriminalistischer Trugschluss. Der Tatortbefund ließ sich jetzt nicht mehr in die ursprünglich angenommene Richtung interpretieren. Die Beamten des »Erkennungsdienstes« hatten bei der Spurensicherung am Tatort nicht genau genug hingesehen und ein Untersuchungsergebnis behauptet, das es gar nicht gab.

War man anfangs davon ausgegangen, den letzten Geschlechtspartner des Opfers anhand der gefundenen Spermien mühelos identifizieren zu können, mussten die Ermittler auch hier zurückstecken. Angelika Fritz hatte die Blutgruppe A 1 MND, Ramstetter A 1 B MND. Da auch Angelika Fritz die Blutgruppe A 1 durch ihre Körpersekrete ausgeschieden hatte, kam es zu einer Vermischung der Spurenträger. Insbesondere trug auch die lange Liegezeit dazu bei, dass »nicht zweifelsfrei« festgestellt werden konnte, welche Blutgruppe jener Mann hatte, von dem die Samenfäden in der Vagina des Opfers stammten.

Unterdessen hatte sich ein älterer Herr bei der Mordkommission gemeldet und erklärt, ihm sei etwa zur Tatzeit vor seinem Haus ein Mann aufgefallen, der sich »komisch« benommen habe und »nicht in die Gegend gehörte«. Der Zeuge wohnte etwa 400 Meter vom Tatort entfernt und hatte seinen Hund ausführen wollen, war wegen des starken Regens jedoch im Hauseingang zunächst stehen geblieben. Dabei hatte er den Unbekannten eine Zeit lang beobachtet und den Eindruck gewonnen, der Mann »suchte etwas oder wartete auf jemanden«.

Die Kripo hielt es für möglich, dass der Zeuge Wolfgang Ramstetter gesehen hatte. Und das wäre ein weiteres Indiz für dessen Täterschaft gewesen. Denn Ramstetter behauptete stur, an diesem Abend nicht am Tatort und auch nicht in dessen Nähe gewesen zu sein. Aufklärung versprach eine Gegenüberstellung. Sieben Männer im Alter von 18 bis 25, die Ramstetter in Körpergröße, Statur und Haarfarbe nahe kamen, wurden aufgeboten, dazu der Verdächtige. Und tatsächlich stellte der Zeuge bei einem der Männer, die ihm präsentiert wurden, Übereinstimmungen fest: »Die Nummer zwei, der könnte es gewesen sein.« Aber es war nicht Ramstetter, den der Zeuge als Verdächtigen erkannt zu haben glaubte, sondern ein Kriminalbeamter aus dem Raubdezernat, der sich als Vergleichsperson zur Verfügung gestellt hatte.

Auch in der Folgezeit gelang es der Mordkommission nicht, den Verdacht gegen Ramstetter zu erhärten. Schließlich wurde die Untersuchungshaft am 7. Oktober 1966 aufgehoben. Die Staatsanwaltschaft verzichtete auf eine Anklage, ein »hinreichender Tatverdacht« war »nicht begründbar«. Der Staatsanwalt ging davon aus, dass die wenigen Indizien nicht ausreichen würden, um vor einer Schwurgerichtskammer einen Schuldspruch zu erwirken. Ramstetter war ein freier Mann.

Die Mordkommission ermittelte monatelang weiter, ohne dabei ihren »Kandidaten« aus den Augen zu verlieren. Und genau der machte vier Monate später wieder von sich reden. Aber zunächst plauderte ein anderer: Heinz Mucha. Der 52-Jährige saß genauso wie Ramstetter wegen »schweren Diebstahls« in der Justizvollzugsanstalt Werl ein. Beide teilten sich eine Zelle, und Mucha hatte etwas erfahren, das er für mitteilenswert hielt. Erst petzte er beim Gefängnisdirektor, dann erschienen kurz darauf zwei Beamte der »Mordkommission Fritz«. Denen steckte er: »Gestern hat der Ramstetter mir erzählt, er hätte seine Freundin umgelegt. Wörtlich hat er gesagt: ›Ja, ich habe sie umgebracht, damit du beruhigt bist, die Bullen können es mir aber nicht nachweisen.‹«

Ramstetter wurde zur Rede gestellt. Er räumte freimütig ein, es genau so erzählt zu haben, aber: »Der Typ ist mir nur auf den Keks gegangen. Der wollte ständig wissen, was ich so draufhätte und so. Und dann habe ich ihm einfach diesen Schwachsinn erzählt, damit er endlich Ruhe gibt. Mehr war das nicht. Ich habe Angelika nicht umgebracht!«

Ob es das verspätete Geständnis eines Mörders war oder nur »Knastgerede«, konnte nicht geklärt werden. Die Beamten machten die Angelegenheit aktenkundig, mehr gab es nicht zu tun. Im Januar 1967 mussten die Kriminalisten das Handtuch werfen, die Mordkommission wurde aufgelöst. Obwohl einige Beamte auch jetzt noch von der Täterschaft Ramstetters überzeugt waren, hatte es nicht gereicht, die Tat »6238/66« blieb »ungeklärt«.

Wieder war er ungeschoren davongekommen. Nicht weniger als ein halbes Dutzend Mordkommissionen in Nordrhein-Westfalen suchte fieberhaft nach einer Spur, die sie zu ihm führen würde. Vergeblich. Tausende Hinweise waren ausgewertet worden. Nichts. Fehlanzeige. Kriminalistische Knochenarbeit über Wochen, Monate, Jahre. Umsonst. Mehr als 100 Verdächtige hatte man kassiert, aber *er* war nicht dabei gewesen. Ein intellektuell minderbegabter Malocher aus Duisburg, untalentiert und ungebildet, narrte die Kripo – und mordete fast nach Belieben.

Die Ermittlungen hatten sich nahezu auf die gesamte Bundesrepublik erstreckt, aber niemandem war es gelungen, die einzelnen Fäden miteinander zu verbinden. Jeder Mord, den er begangen hatte, war ausführlich dokumentiert worden. Und es gab signifikante Parallelen, die allerdings nicht als charakteristische Merkmale einer Mordserie verstanden wurden. Das vermeintlich perfekte Ermittlungssystem hatte vor einem Mann kapitulieren müssen, der keine besonderen Qualitäten besaß, sich primitiver Hilfsmittel bediente und eine höchst simple Strategie verfolgte.

27

Im März 1967 schlug der *STERN* Alarm: »Die westdeutsche Kriminalpolizei wird von einer Lawine des Verbrechens überrollt. Die Bundesrepublik ist zum Tummelplatz für deutsche und ausländische Gangster geworden. Gegen mehr als 60 000 Verbrecher liegen Haftbefehle oder Festnahmeersuchen vor, aber die Polizei ist außerstande, diese Ganoven aufzuspüren. Die Kriminalität in der Bundesrepublik nahm in den vergangenen zehn Jahren dreimal so schnell zu wie die Bevölkerung. Die deutsche Kriminalpolizei, einst in der ganzen Welt bewundert, führt heute einen aussichtslosen Kampf gegen das moderne Verbrechertum.«

Tatsächlich stimmten die Kriminalstatistiken damals auch Berufsoptimisten nachdenklich: Jede Stunde wurden 120 Bundesbürger bestohlen; pro Tag fielen 17 Kinder, Mädchen oder Frauen einem Sexualverbrechen zum Opfer; in jeder Woche beklagten mehr als 1 000 Bürger den Diebstahl ihres Autos; nicht weniger als 171 Mörder wurden gesucht – und nicht gefunden. Unter dem Strich blieb nahezu jede zweite Straftat unaufgeklärt.

Die deutsche Kriminalpolizei war damals wie heute föderalistisch strukturiert und organisiert, also in jedem Bundesland ein bisschen anders. Schon zu Zeiten der Weimarer Republik waren sich alle Fachleute einig gewesen, dass mit derartigen Organisationsstrukturen kaum ein Blumentopf zu gewinnen war. Allerdings hatten die Siegermächte nach dem Zweiten Weltkrieg befürchtet, eine wie die ehemalige »Reichskriminalpolizei« einheitlich geführte Kriminalpolizei könne ein gefährliches Machtinstrument werden, wenn es in falsche Hände geriet.

Der politisch verordnete kriminalpolizeiliche Föderalismus erwies sich schnell als unbequemer Hemmschuh, insbesondere dann, wenn man so genannte reisende Verbrecher wirksam bekämpfen wollte; also jene Straftäter, die sich nicht an Orts-, Stadt- oder Landesgrenzen hielten und stahlen, raubten oder mordeten, wo es ihnen gerade passte. Das unübersichtliche, unhandliche und überanstrengte länderübergreifende Informationssystem wies zu viele Lücken im Fahndungsnetz auf. So wurden zwar einige Delikte, die einen »reisenden Täter« vermuten ließen, erkannt und in der »Straftatenkartei« auch bundesweit erfasst, aber eine Zusammenführung von Taten und Täter gelang zu selten. Viele wertvolle Ermittlungsansätze und Hinweise zerbröselten im Getriebe der Behördenbürokratie oder wurden überhaupt nicht weitergegeben.

Den kriminalistischen Erfolg gefährdete zudem ein vermeidbares Kompetenz- und Zuständigkeitswirrwarr. Ein Beispiel: Als im Sommer 1966 der 19-jährige Metzger Jürgen Bartsch, der vier Kinder zu Tode gefoltert hatte, in seinem Wohnort Langenberg im Rheinland gestellt wurde, war für diesen Fall die Kriminalhauptstelle Düsseldorf zuständig, obwohl Langenberg kriminalgeographisch zu Essen gehörte. In Essen hatte Bartsch zwei der Opfer entführt, und Essen hätte als Kriminalhauptstelle (solche Behörden sind damals wie heute für die Bearbeitung »herausragender Delikte« eines bestimmten Landkreises oder Regierungsbezirkes vorgesehen) auch die Ermittlungen führen dürfen. Aber die Essener Kriminalisten durften den Fall des »Kirmesmörders« nicht bearbeiten, sie mussten ihn »zuständigkeitshalber« ihren Düsseldorfer Kollegen abtreten, die mit den Verhältnissen in Langenberg überhaupt nicht vertraut waren. So einfach war das – oder so kompliziert.

In *diesem* Fall war es nicht anders: Beamte aus Münster mussten sich im 20 Kilometer entfernten Walstedde zurechtfinden, Fahnder aus Mönchengladbach und Moers in Rheinhausen, Kriminalisten aus Essen in Walsum und Dinslaken, Düsseldorfer Kripobeamte in Neuss, Ermittler des Präsidiums in Recklinghausen in Marl.

Und derlei Zuständigkeitsklüngel und Kompetenzgerangel schürte reichlich Ressentiments und Vorurteile, die überflüssig waren wie ein Kropf und das System mitunter lähmten. Der damalige Leiter der Düsseldorfer Kripo, Dr. Bernd Wehner, brachte es auf den Punkt: »Wir haben eine verwirrende Vielfalt von Ortspolizeien, die häufig nicht miteinander, sondern gegeneinander arbeiten.«

Dass die Kripo wesentlich häufiger als gewünscht auf die Dienste ihres geschätzten Kollegen »Kommissar Zufall« vertrauen musste, hatte auch etwas mit der unzureichenden Ausstattung zu tun. In Schleswig-Holstein war 1966 von einer parlamentarischen Untersuchungskommission festgestellt worden: »Bei der Kripo besteht noch ein erheblicher Mangel an Kraftfahrzeugen; die Funkausstattung ist nicht ausreichend und zum Teil veraltet; die vorhandenen Fernsprechvermittlungsanlagen reichen zum Teil nicht aus; das Fernschreibnetz entspricht nicht den heutigen Anforderungen; die Zahl der Wohnungsdienstanschlüsse (Telefone) der Kripo-Beamten ist zu gering; die Karteien im Erkennungsdienst sind überaltert; die 9-mm-Pistole ist unhandlich. (...)«

Viele Beamte waren nicht nur wegen fehlender Mittel desillusioniert und demotiviert, geringe Aufstiegschancen und karger Lohn für harte Arbeit drückten allgemein die Stimmung. 93 Prozent der Kriminalisten blieben im »mittleren Dienst« hängen, das Fußvolk der Kripo musste sich mit 600 bis 900 Mark im Monat begnügen. Und wer besonders fleißig oder erfolgreich war, wurde trotzdem nicht früher befördert – entscheidend war die Anzahl der Dienstjahre, nicht die der gelösten Kriminalfälle.

Aber die Irrungen und Wirrungen bei der Kripo im Allgemeinen sind nur bedingt geeignet, um die Erfolglosigkeit im Besonderen zu erklären. Denn *ihm* standen hoch motivierte, kompetente und bestens ausgerüstete Vorzeige-Kriminalisten gegenüber, die Crème de la Crème. Was dem gemeinen Kripo-Mann im grauen Alltag fehlte, sein Kollege in einer Mord- oder Sonderkommission konnte darüber verfügen. Schließlich ging es bei der Aufklärung spektakulärer Verbrechen auch ums Prestige, da ließen sich die politisch Verantwortlichen nicht lumpen; und schon gar nicht, wenn die Bevölkerung durch Kinder- und

Mädchenmorde in Serie verschreckt wurde. Die »Bestie(n)« musste(n) gefasst werden – um jeden Preis.

Doch was die wackeren Kriminalisten auch versuchten, es wurde nichts daraus. Hätte die Kripo *ihn* nicht an seinem *Modus Operandi* zumindest als *Serien*täter erkennen können, vielleicht sogar erkennen müssen? Das *Kriminalistik Lexikon* definiert diesen Fachbegriff als »Art und Weise der Begehung von Straftaten und anderen kriminalistisch relevanten Handlungen, einschließlich ihrer Verschleierung sowie der angewandten Mittel und Methoden in den jeweiligen räumlichen, zeitlichen und sozialen Bezügen«. Die Tathandlungen basieren demnach auf rationalen Überlegungen und Entscheidungen, die ausnahmslos instrumentell, strategisch, pragmatisch ausgerichtet sind. Versatzstücke der Tatbegehungsweise sind: Tatort, Tatzeit, Opfertyp, Tatwaffe, die Art des Zugangs zum Tatort, die Art der Annäherung an das Opfer, die Art des Gewinnens von Kontrolle über das Opfer, Mittäter, spezielle Begleithandlungen (zum Beispiel Feuer legen oder den Wachhund vergiften). Die Ziele: ungestörte Tatausführung, Verschleierung der eigenen Identität oder der des Opfers, Gewährleistung des Taterfolgs, Garantie von Fluchtmöglichkeiten.

Bis Mitte der siebziger Jahre ging man in Wissenschaft und Forschung überwiegend davon aus, dass die so genannte Perseveranzhypothese zutreffend sei. Sie wurde von Dr. Robert Heindl, dem »Nestor der deutschen Kriminalpolizei« und »Begründer der modernen Kriminalistik in Deutschland«, Mitte der zwanziger Jahre entwickelt. Er ging davon aus, dass insbesondere Berufsverbrecher an einer einmal erfolgreich angewandten Arbeitsweise beharrlich (= perseverant) festhalten – bedingt durch »eine minderwertige psychische und physische Ausstattung«. In seinem Buch *Polizei und Verbrechen* schrieb er 1926: »Doch die Perseveranz des Berufsverbrechers geht noch weiter. Er bleibt nicht nur der einmal gewählten Verbrecherklasse treu, sondern er praktiziert innerhalb dieser Klasse fast stets nur einen ganz bestimmten Ausführungstrick.«

Die Perseveranzhypothese fußt demnach auf der aus der kriminalpolizeilichen Praxis hergeleiteten Erkenntnis, dass »Täter mit besonders hoher krimineller Energie ähnliche Straftaten ausführen und dabei ihre Arbeitsweise häufig beibehalten« *(Handbuch der Kriminalistik, 1977)*. Obwohl diese kriminalistische Erfahrungstatsache in dieser verallgemeinerten und stringenten Formulierung nunmehr als obsolet gilt, war *er* ein Paradebeispiel für deren Existenz.

Seine schlichten, aber vollkommen zutreffenden Überlegungen: ein ihm fremdes und körperlich unterlegenes Opfer; ein Jagdrevier, in dem er anonym bleiben konnte; ein Tatort, der ausreichend Sichtschutz bot; ein überraschender Angriff; die sofortige Tötung des Opfers; ein kurzer Aufenthalt am Tatort; der Verzicht auf die Mitnahme von Gegenständen (etwa Bargeld oder Kleidung des Opfers); die unverzügliche Rückkehr in seine Wohnung.

An diesem Generalplan hielt er unverdrossen fest, alle bisherigen Morde erfüllten entsprechende Kriterien – nur die Tötung des Maschinenbaupraktikanten an einem Baggersee in Duisburg war atypisch.

Individuell geprägt war sein Tatverhalten überdies von perversen Bedürfnissen und einer sexuellen Dysfunktion, die in der Summe der Merkmale eine so genannte *Signatur* erkennen ließen. Verstanden werden hierunter unverwechselbare Handlungssequenzen, die die speziellen Bedürfnisse *eines* Täters abbilden und keinen strategischen oder rationalen Charakter aufweisen. Hierdurch unterscheidet sich die *Signatur* vom *Modus Operandi,* der lediglich die kognitiv gesteuerten Tathandlungen beschreibt, die innere, psychopathologisch bedingte und hochsignifikante Struktur der Tat, ihre charakteristische Ausprägung hingegen weitestgehend unberücksichtigt lässt.

John E. Douglas, ehemaliger FBI-Agent und renommierter Serienmord-Experte, definierte diesen »Verhaltens-Fingerabdruck« 1992 im *FBI Law Enforcement Bulletin* wie folgt: »Die Visitenkarte ist das, was über das zur Begehung des Mordes Notwendige hinausgeht. Die Handschrift ist sehr häufig phantasiegebunden. Sie mag sich entwickeln, was jedoch nicht heißt, dass sie sich im landläufigen Sinne verändert. Vielmehr ist dies ein Prozess des sich nach und nach ausprägenden Themas. Die Handschrift bleibt im Kern – im Gegensatz zum Modus operandi – unverwechselbar erhalten.«

Der ehemalige Kriminalist und jetzige Präsident des »Institute for Forensic« in Seattle, Robert D. Keppel, beschreibt die »psychologische Visitenkarte« in seinem Buch *Signature Killers* (1997) als »persönlichen Ausdruck, den unverwechselbaren Stempel, den er der Tat aufdrückt als Ergebnis eines psychologischen Zwangs, sich auf diese Weise sexuell zu befriedigen«. Zu einer ähnlichen Einschätzung gelangt Brent E. Turvey *(Criminal profiling, 1999),* Wissenschaftler und Fallanalytiker in den USA: »Eine Täter-Handschrift ist das Muster eines unverwechselbaren Verhaltens, das charakteristisch ist für emotionale und psychologische Bedürfnisse.«

Er wollte seine Opfer nicht nur missbrauchen, sondern insbesondere den Todeskampf der Opfer beobachten und auskosten. Um dieses Ziel zu erreichen, war er gezwungen, Frauen und Kinder solange zu würgen oder zu drosseln, bis der Tod eintrat. Eine von diesem rituell eingefärbten Muster abweichende Tötungsart kam für ihn nicht in Betracht, alles andere hätte seinen Drang nicht beseitigen, ihn nicht restlos befriedigen können.

Wesentlich mitgeprägt wurde sein Verhalten zudem von der Unfähigkeit, den Geschlechtsverkehr vollziehen zu können. In jedem Fall, der einen solchen Versuch erlaubte, kam es bei ihm zu einem vorzeitigen Samenerguss – ebenfalls ein *ihn* charakterisierendes Merkmal, das ein gleichartiges Spurenbild produzierte. Und doch gelang es nicht, die Taten dieses Mannes als die eines Serienmörders zu interpretieren. Wurde da etwa geschlampt? Oder nicht genau genug hingeschaut?

Zunächst: Zweifelsfreie Beweise für eine Serientäterschaft

gab es nicht – keine übereinstimmenden Täterbeschreibungen, Fingerspuren, Fußabdrücke oder biologischen Spuren. Zudem konnten viele der ihn als Serientäter kennzeichnenden Tatbegehungsmerkmale gar nicht verifiziert werden. Witterungsverhältnisse, Tierfraß und Leichenfäulnis hatten entsprechende Feststellungen unmöglich gemacht. Und der von ihm gepflegte *Modus Operandi* war keine Seltenheit, zahlreiche »Lustmorde« anderer Täter waren ähnlich gestrickt. Heute müssten Experten aus kriminalpsychologischer Sicht zu einem anderen Ergebnis kommen, aber in den sechziger Jahren waren entsprechende Analyseverfahren noch unbekannt.

Das beharrliche Morden dieses Mannes wurde aber auch durch eine Reihe anderer Aspekte begünstigt: Spuren, die eine zweifelsfreie Identifizierung ermöglicht hätten, konnten nicht (mehr) gefunden werden; es gab kaum brauchbare Zeugenaussagen oder Täterbeschreibungen; vielversprechende Indizien erwiesen sich als trügerisch; Hinweise aus der Bevölkerung führten regelmäßig in die Irre. Und vor allem: Der Mann, nach dem gesucht wurde, war in den Fahndungs- und Verbrecherkarteien gar nicht erfasst. Alle Maßnahmen, die sich gegen »alte Bekannte« richteten, mussten scheitern.

Der Kripo waren die Hände gebunden. Was blieb, war die zwiespältige Hoffnung, dass der Mörder endlich einen Fehler begehen würde – bei seiner nächsten Tat.

28

Rolf Hansen war mittlerweile ausgezogen, er hatte Helga Zyrus einen Heiratsantrag gemacht, und sie hatte zugestimmt. Sie wohnten jetzt zusammen in Hamborn, einem Stadtteil im Norden Duisburgs. Das Techtelmechtel mit seinem Zimmerkumpel hatte sie ihm verschwiegen. Aus ihrer Sicht war ja auch nicht viel passiert.

Jetzt war er wieder für sich allein. Er hatte immer darauf gehofft, dass es mal ein Ende haben würde. Aber sein Laken war fast jeden Morgen feucht. Mit 34 machte er immer noch ins Bett. Besonders störte ihn, dass es streng roch und er sich neue Bettwäsche besorgen musste. Er hätte selbst waschen können, aber dazu hatte er keine Lust. Stattdessen bediente er sich in einem Schrank auf seiner Etage, der ausschließlich den Putzfrauen vorbehalten war. Doch das kümmerte ihn wenig. Spätabends, wenn alles ruhig war, holte er sich frisches Bettzeug, die Schmutzwäsche stopfte er kurzerhand in ein leeres Schubfach.

Eine Weile ging es gut, dann sprach ihn eine Putzfrau an, als die ihm frische Bettwäsche hinlegte: »Wenn se neue Laken brauchen, sagen se doch was!«

Erst wusste er gar nicht, was er darauf antworten sollte. Ihm wollte einfach nicht aufgehen, warum gerade *er* es gewesen sein sollte, wie die Frau auf ihn gekommen war. Dann gab er sich ahnungslos: »Wie meinen se das denn?«

Die korpulente Frau mit den glatt gekämmten grauen Haaren, er schätzte ihr Alter auf Mitte 50, blieb hartnäckig: »Das wissen se doch ganz genau, bin doch nich' blöd.«

»Das können se doch nich' einfach so sagen!«, echauffierte er sich.

»Nun machen se aber mal 'n Punkt. Sie wissen doch genau, wovon ich rede!«

Er war überzeugt davon, es sei besser, nicht mehr zu antworten, und stellte sich demonstrativ vor das Fenster und schaute hinaus – so lange, bis die Frau sein Zimmer verließ. Die Angelegenheit war für ihn erledigt.

Für den Hausmeister allerdings nicht. Der wies ihn zurecht und übergab ihm im Namen der Hausverwaltung eine Abmahnung, in der stand, dass er sein Zimmer nicht übermöblieren dürfe, dass er auf Sauberkeit und Ordnung zu achten habe und nur die ihm zugeteilte Bettwäsche benutzen dürfe. Für den Wiederholungsfall wurde ihm die fristlose Kündigung angedroht. Er musste sich jetzt zusammenreißen.

Im Mai 1967 bestand er endlich seine Führerscheinprüfung, nachdem er im theoretischen Teil einmal durchgefallen war. Er durfte jetzt ein Moped fahren. Vom Sohn eines Arbeitskollegen kaufte er eine Kreidler Florett Super, Baujahr 1962, 4,2 PS-Motor, 4-Gang-Fußschaltung, 17-Zoll-Räder, Kniekissen. Für das anthrazit-metallicfarbene Moped zahlte er 550 Mark.

Anfangs spielte er mit dem Gedanken, das Moped auch bei der Suche nach neuen Opfern zu benutzen. Aber das erschien ihm nicht sinnvoll, da die meisten Feld- und Waldwege nicht befahren werden durften, und er befürchtete, so Spaziergängern, Wanderern, Fahrradfahrern oder Bauern aufzufallen. Das wollte er unbedingt vermeiden. Also musste er auch weiterhin mit Bus oder Bahn fahren, wenn er ein Opfer aufstöbern wollte.

Am 21. Juni 1967, einem Mittwoch, war ihm wieder danach, er musste raus, es drängte ihn. Noch vor dem Frühstück hatte er sich befriedigen müssen, aber das »komische Gefühl« war geblieben – wie ein ungebetener Gast, der nicht wieder gehen wollte.

Als Jagdrevier hatte er sich Bottrop-Kirchhellen ausgesucht. Dort kannte er sich bestens aus. Nach seiner Übersiedlung aus dem Sauerland in den Nachkriegsjahren hatte er dort einige Jahre verbracht. Besonders geeignet erschien ihm der Kirchhellener Ortsteil Grafenwald, der von zahlreichen kleineren Waldgebieten umgeben wurde.

Um kurz nach 10 Uhr verließ er sein Zimmer und fuhr mit der Straßenbahn zum Duisburger Hauptbahnhof. Dort löste er eine Fahrkarte bis Bottrop-Boy. Um 10.53 Uhr bestieg er den Zug.

Er war allein im Abteil und schaute aus dem Fenster. *Plötzlich wurde die Tür aufgedrückt. Jemand betrat das Abteil und setzte sich schräg gegenüber hin. Die junge Frau gefiel ihm: etwas kleiner als er, schulterlanges Haar, schlank, weiße Bluse, roter Rock. Jemand hatte eine Zeitung liegen gelassen. Er nahm sie, blätterte kurz und tat so, als würde er darin lesen. In kurzen Abständen fixierte er die Frau. Sie wurde unruhig. Er stand auf und ging zur Tür. Die Frau nahm ihre Beine zur Seite, um ihm Platz zu machen. Blitzschnell schlang er ihr den rechten Arm um den Hals und nahm sie mit beiden Händen in einen fürchterlichen Würgegriff. Sie brachte nicht einen Ton heraus, mit weit aufgerissenen Augen starrte sie ihn an. Das erregte ihn. Brutal drückte er sein Opfer zu Boden, den Würgegriff nicht lockernd. Er setzte sich auf sie. Die Frau begann zu schreien, er schlug ihr ins Gesicht. Einmal. Ein zweites Mal. Immer wieder. Sie begann zu weinen, flehte. Er packte sie mit beiden Händen am Hals, seine Daumen drückten mit aller Gewalt auf ihren Kehlkopf. Sie röchelte, versuchte mit den Armen zu schlagen. Er beugte sich ganz nah zu ihr herunter. Er wollte ihre Angst, ihre Verzweiflung, ihre Hilflosigkeit hautnah erleben. Ihre Augen traten hervor, der Blick war starr vor Entsetzen. Und dann sackte ihr Körper zusammen. Endlich.*

Aber das war nur eine gedankliche Einstimmung, eine Wunschvorstellung, die Blaupause für eine mörderische Orgie, die er sich für den frühen Nachmittag erhoffte. Und es war noch nicht vorbei. In den folgenden Minuten zelebrierte er ein bluttriefendes Gemetzel, für das es in der Wirklichkeit keine Entsprechung gegeben hatte. Bisher. Die Vision, es nun zu vollbringen, die letzte Grenze zu überschreiten, nahezu Unvorstellbares Realität werden zu lassen, übermannte seine Widerstandskraft. Diesem Horror war er schutzlos ausgeliefert. Und er ließ es sich gerne gefallen.

Nach seiner Ankunft am Bahnhof Bottrop-Boy streunte er zunächst durch die Felder in Richtung Kirchhellen-Grafenwald. Aber ihm begegnete nur ein Bauer, der mit dem Traktor aufs Feld fuhr. Er entschied sich, den Schöttelbach entlangzulaufen. Schließlich erreichte er den Parkplatz der Schachtanlage »Prosper IV«, etwa 300 Meter von der Bundesstraße 223 entfernt. Er verschaffte sich zunächst einen Überblick: Der östlich der Schachtanlage gelegene Parkplatz maß etwa 120 x 70 Meter und war aufgeschüttet worden, sodass er vier Meter über das allgemeine Geländeniveau hinausragte. An der Nordecke des Parkplatzes trat der Schöttelbach aus einer Verrohrung hervor. An dieser Stelle stand quer zum Bachbett eine etwa ein Meter hohe Ziegelsteinmauer. 15 Meter weiter war noch eine Mauer zu sehen, die parallel zum westlichen Bachufer verlief. Östlich des Baches konnte er schließlich in etwa 50 Meter Entfernung eine eingefriedete Weide erkennen, die aber nicht genutzt wurde.

Er war vom Laufen müde geworden und setzte sich auf einen Baumstumpf. Er schaute auf die Uhr: 14.25 Uhr.

Etwa zur selben Zeit verließ Christa Enders das Haus. Sie wohnte mit ihren Eltern und ihrer drei Jahre jüngeren Schwester in einer Siedlung mit mehreren Einfamilienhäusern, nicht mehr als 150 Meter nordwestlich vom Parkplatz der Schachtanlage »Prosper IV« entfernt. Die Zehnjährige hatte ihre Hausaufgaben geschafft und wollte nun zum Schöttelbach, um dort zu spielen. In der rechten Hand hielt sie einen kleinen Korb aus Weidengeflecht. Darin transportierte sie ihre Schildkröte. Sie hatte das Tier vor wenigen Tagen von ihrem Vater geschenkt bekommen, nachdem ihr die Schildkröte im Schaufenster eines Zoogeschäfts in Bottrop aufgefallen war. Das Mädchen hatte sich mit einer Freundin aus der Nachbarschaft verabredet, die dann aber kurz vorher angerufen und mitgeteilt hatte, sie sei noch nicht mit den Schularbeiten fertig, würde aber etwa eine halbe Stunde darauf nachkommen.

Fünf Minuten später erreichte Christa das Ufer des Schöttelbachs. Sie ging zunächst zu der Mauer, die quer zum Bachbett verlief. Dort nahm sie ihre Schildkröte aus dem Korb und setzte sie ins Gras. Kurz darauf hob Christa das Tier wieder auf, verstaute es im Korb und lief bis zu dem zweiten, etwas niedrigeren Mauerwerk. Dort wollte sie auf ihre Freundin warten, die jeden Moment kommen musste. Als sie sich in die Richtung umdrehte, aus der sie ihre Freundin erwartete, erblickte sie am anderen Bachufer einen Mann, den sie nicht kannte. Sie hielt ihn nach Aussehen und Anzug für einen Zechenarbeiter, der am Schöttelbach etwas zu erledigen hatte, und kümmerte sich nicht weiter um ihn.

Er hatte das Mädchen bereits entdeckt, als es noch mit der Schildkröte spielte – und dann nicht mehr aus den Augen gelassen. Jetzt schaute er sich um und peilte die Lage. Das Bachbett war von den Siedlungshäusern aus nicht einzusehen. Der Uferbereich war auch vom Parkplatz nicht zu erkennen, da Büsche und Bäume den Blick verstellten. Falls sich jemand östlich des Bachs über das noch unbebaute Feld nähern sollte, würde er dies vom Fuß der Böschung aus rechtzeitig bemerken können. Er war zufrieden, es war eine Gelegenheit, wie sie sich ihm nur selten bot. Sein Herz begann schneller zu schlagen, er war aufgeregt.

»He, wart' mal, ich komm rüber.« Mit einem Satz sprang er auf die andere Seite. Er musterte das Mädchen mit dem roten Kleid und der grünen Turnhose. Am liebsten hätte er dem Mädchen über die Haare gestreichelt, aber er beherrschte sich.

»Was gucken Sie denn so?«

»So ein schönes Mädchen, und niemand spielt mit dir?«

»Ich warte auf Michaela. Das ist meine Freundin.«

Er dachte nach. *Noch 'n Mädchen!* Aber wenn ihre Freundin tatsächlich dazukäme, würde er auch sie töten. Er musste sein Opfer jetzt möglichst schnell an eine Stelle locken, wo sie niemand sehen konnte, nur etwa 15 Meter bachabwärts. »Hör mal. Ich hab' da vorn was Tolles gesehen. Komm mit, ich zeig's dir.«

»Was denn?«

»Ich weiß 'n Vogelnest. Da hinten im Gebüsch. Willst' es sehen?«

Sie nickte. Er nahm das Kind an die Hand. Christa ging arglos mit, sie glaubte, der Mann würde ihr tatsächlich ein Vogelnest zeigen. Das Mädchen mit den schulterlangen schwarzen Haaren begeisterte sich für Tiere, und sie hatte keinen Grund, an den Worten des Fremden zu zweifeln.

»Setz dich.« Christa gehorchte. Er hockte sich neben sie und zog aus der Innentasche seiner Jacke drei Magazine hervor. Er zeigte sie dem Mädchen. Christa sah sich die Bilder an: Männer, Frauen, Jungen – alle unbekleidet. »Find' ich nicht schön!«

Er hielt ihr die Pornoheftchen dennoch weiter vor, mit der linken Hand begann er Christas Hände zu streicheln. »Is' doch schön so was!« Seine Stimme wurde etwas lauter, energischer.

Sie schaute den Mann mit ihren großen blauen Augen an. Was sie sah, machte ihr jetzt Angst: das schmutzige, verschwitzte, unrasierte Gesicht; die scharfen Falten rechts und links neben dem Mund; die gelbliche Gesichtshaut; die dunklen Augen, die sie unentwegt anstarrten; die verdreckten Hände. Und seine komische Art zu sprechen. Sie verstand ihn kaum. Der Mann war ihr unheimlich geworden. Sie überlegte, wie sie ihn loswerden könnte. Dann hatte sie eine Idee.

»Soll ich Ihnen mal meine Schildkröte zeigen?« Christa hatte den Korb oben am Bach stehen gelassen. Dort angekommen, wollte sie einfach wegrennen.

Er packte Christa etwas fester am Arm und zog sie ins Gras hinunter. »Nee, deine blöde Schildkröte interessiert mich nich'.«

Christa spürte, wie sich ihr Magen zu verkrampfen begann. Der unheimliche Fremde glotzte sie an, seine Gesichtszüge verzerrten sich. Sie ahnte, dass sich etwas Furchtbares anbahnte. »Lass mich doch in Ruhe, meine Eltern geben dir auch viel Geld. Lass mich doch bitte in Ruhe!«

Aber er hörte gar nicht mehr zu. Jetzt war es soweit. *Ich muss dich kaputtmachen! ICH MUSS DICH KAPUTTMACHEN!*

Mit beiden Händen griff er an den Hals des Mädchens und drückte zu, die Daumen an der Gurgel, die Handflächen an den Halsseiten.

Christa erstarrte, unfähig dem körperlich weit überlegenen Angreifer etwas entgegenzusetzen. Sie konnte nicht mehr atmen. Es kam ihr vor wie eine Ewigkeit. Sie hatte das Gefühl, als würde sie in einem Ballon sitzen und höher fliegen. Dem Himmel entgegen. Höher. Immer höher. Dann wurde ihr schwarz vor Augen.

Das Mädchen war zusammengesackt und lag leblos vor ihm. Er fuhr mit der rechten Hand über die Hose bis zur Vagina des erschlafften Körpers. Er wollte sich aufgeilen. Aber es nutzte nichts. Der Sturm der Erregung hatte sich urplötzlich gelegt, das »komische Gefühl« existierte nur noch in seiner Erinnerung. Denn es war nicht so abgelaufen, wie er es sich vorgestellt hatte, wie es hätte sein müssen. Es war ihm alles zu schnell gegangen. Viel zu schnell. Die Regungslosigkeit des Mädchens während des Würgens hatte ihn genauso irritiert wie das fehlende Aufbäumen. Es war kein Kampf gewesen, das Mädchen hatte sich widerstandslos gefügt. Und genau das hätte nicht passieren dürfen.

Enttäuscht und verunsichert machte er sich davon, ohne weiter auf das Mädchen zu achten. Er lief an einem Pumpenhäuschen vorbei, durch die Straße »Vossundern«, dann weiter über Feldwege in Richtung Bahnhof Bottrop-Boy. Als er durch die Felder marschierte, flammte es plötzlich wieder auf – das ungestillte Verlangen. Er verstand das nicht. Aber er hatte sich zu fügen. Den dunklen Dämonen hatte er jetzt nichts entgegenzusetzen. Es ging nicht darum, was er wollte, sondern darum, was er musste. Er schlug sich in ein Kornfeld und onanierte. Dabei stellte er sich vor, wie er mit dem toten Mädchen verkehren würde. Erst danach konnte er sich wieder entspannen. Um 16.12 Uhr bestieg er den Zug in Richtung Duisburg.

Christa erwachte auf dem Rücken liegend im Gras, nur langsam fand sie sich zurecht. Sie schaute an sich herunter, konnte aber keine Veränderung feststellen. Dann erinnerte sie sich an die Fratze des Mannes, als er über ihr gehockt hatte: das gelbliche Gesicht, die Stirnglatze, die stechenden Augen, die abstehenden Ohren. Die Todesangst kehrte schlagartig zurück. Weil sie nicht sicher einschätzen konnte, ob der Mann noch in der Nähe war, und sie befürchtete, nochmals angegriffen zu werden, stellte sie sich für einige Minuten tot.

Dann atmete sie tief durch, er war offenbar weg. Christa rappelte sich auf und hetzte nach Hause. Immer noch in Todesangst. Sie wollte schreien, aber sie bekam keinen Ton heraus. Erst als sie das Haus der Eltern sah, löste sich die innere Verkrampfung. Eine Nachbarin sah das Kind völlig aufgelöst und laut um Hilfe schreiend in Richtung Wohnung taumeln. Sie verstand erst, als sie die blutunterlaufenen Augen und die Würgemale am Hals des Kindes bemerkte.

Von Weinkrämpfen geschüttelt brach Christa in den Armen ihrer Mutter zusammen. Die Nachbarin alarmierte die Polizei, Christa wurde eine halbe Stunde später in das Marienhospital in Bottrop eingeliefert. Nachdem die Ärzte grünes Licht gegeben hatten, wurde Christa von zwei Beamten der Kripo Recklinghausen vernommen. Sie schilderte – immer noch unter Schock stehend – das Erlebte und beschrieb den Mann, der versucht hatte, ihr das Leben zu nehmen: »Über 40 Jahre alt, faltiges Gesicht, Stirnglatze, Haarkranz hinten, dunkles Haar, 1,80 Meter groß, dünn, schmales Gesicht, gelbliche Gesichtsfarbe, unrasiert, verschwitzte Arbeiterhände, dunkler Anzug, Hose nicht zur Jacke passend, kariertes Hemd, schwarze Schuhe.« Ferner berichtete sie, der Mann habe »verwaschen gesprochen« und »schmuddelig gewirkt«. Die »komische« Ausdrucksweise des Täters deuteten die Beamten als »Ruhrgebietsdialekt«.

Unverzüglich wurde die detaillierte und glaubhafte Täterbeschreibung an alle Polizeidienststellen der Region weitergegeben, eine Großfahndung eingeleitet.

Die behandelnden Ärzte stellten »petechiale (= punktförmige, Anm. d. Autors) Blutungen« an Hals, Gesicht, Augen und hinter den Ohren fest, dazu »ausgeprägte« Würgemale am Hals. Eine genitale Untersuchung blieb »ohne Befund«.

Am nächsten Tag berichteten die Zeitungen ausführlich über das »Verbrechen am Schöttelbach«. Viele Bottroper Bürger befürchteten für die kommenden Wochen und Monate das Schlimmste, als im Zusammenhang mit dem aktuellen Ereignis an einen anderen Fall erinnert wurde, der exakt ein Jahr zuvor eine ganze Nation wochenlang schockiert hatte. Auch Ursula Enders, Christas Mutter, las mit Wut im Bauch den Artikel in der *Westdeutschen Allgemeinen Zeitung:* »Jürgen Bartsch jetzt wegen vierfachen Mordes angeklagt. Psychiater: Reifegrad eines Erwachsenen und voll verantwortlich.« Weiter hieß es: »Die Weichen für den Mordprozeß Jürgen Bartsch sind gestellt. Genau ein Jahr nach der Verhaftung des ›Kirmesmörders‹ erhielten die Wuppertaler Jugendkammer und Bartschs Verteidiger Heinz Möller jetzt die Anklageschrift der Staatsanwaltschaft. Vierfacher Mord, Sittlichkeitsdelikte und Kindesentführung sind die Kernpunkte dieser Anklageschrift. Als eine der letzten tragenden Säulen des Anklagegebäudes hat nach den Worten von Oberstaatsanwalt Klein das psychiatrische Gutachten von Prof. Dr. Scheid und Privatdozent Dr. Dr. Bresser zu gelten. Wie Klein in einer Pressekonferenz im 14. Stockwerk des Wuppertaler Landgerichts aus dem 58-Seiten-Gutachten der beiden Psychiater bekanntgab, kann Bartsch als voll verantwortlich für seine Taten gelten. Die Psychiater billigten dem jetzt 20-jährigen den Reifegrad eines Erwachsenen zu. Nur die erste der vier Mordtaten, das Verbrechen an dem achtjährigen Klaus Jung aus Essen, das Bartsch als 15jähriger begangen haben soll, fällt unter das Jugendstrafrecht. Die drei anderen Taten verübte Bartsch – laut Anklage – nach Vollendung des 18. Lebensjahres. Sie werden somit nach dem Erwachsenenstrafrecht abgeurteilt.«

Jürgen Bartsch war überführt worden. Für Ursula Enders war das nur ein schwacher Trost. Jener Mann, der Christa nach dem Leben getrachtet und ihre Familie in eine Tragödie katapultiert hatte, lief frei herum. Irgendwo. Sie versuchte solche Gedanken nicht zuzulassen, aber sie malte sich aus, was sie und ihr Mann mit ihm machen würden, wenn sie ihn denn in die Finger bekämen.

Die Kripo suchte jetzt auch nach einem weißen Opel Kadett Coupé mit Bottroper Kennzeichen. Der Wagen war unweit des Tatortes in der Straße »Vossundern« von mehreren Passanten gesehen worden. Etwa zehn Minuten vor der Tat sollte das Auto dort gestanden haben und Christa später, als sie nach Hause taumelte, langsam hinterhergefahren sein.

Die Ermittler hatten darauf spekuliert, dass aufgrund der sehr präzisen Beschreibung des Täters schon bald der entscheidende Hinweis kommen werde. Jemand, der so aussah und so sprach, musste doch irgendwo irgendjemandem aufgefallen sein. Aber die wackeren Beamten konnten nicht ahnen, dass »ihr Mann« nur etwas sagte, wenn er gefragt wurde, dass er als Person oder Persönlichkeit kaum wahrgenommen wurde, dass er bei seinen Jagdausflügen jeden Kontakt vermied. Und so wurde es nichts mit der »schnellen Aufklärung«, die man den Bottroper Bürgern in Aussicht gestellt hatte.

Für ihn war das normal. Routine. Wenn er unbeobachtet blieb und das Opfer als lästigen Zeugen beseitigte, drohte keine Gefahr – die simple Strategie eines einfältigen Mannes. In Kirchhellen war ihm niemand begegnet, und er glaubte, das Mädchen erwürgt zu haben. Alles wie gehabt. Dass Christa überlebt hatte, wusste er nicht. Er las immer noch keine Zeitung, und es interessierte ihn auch nicht, was die Polizei unternahm.

Eine andere Vorstellung beschäftigte ihn umso mehr. Christa spielte dabei die Hauptrolle, er führte Regie. Als Requisiten genügten ihm ein Brotmesser mit Wellenschliff, ein Kartoffelschälmesser und der Spülstein in seinem Zimmer. Aber es wurde regelmäßig nicht mehr als eine Sequenz gedreht, vielleicht zwei. Denn der Beginn dieser blutrünstigen Selbstinszenierung war zumeist auch schon ihr Ende. Weiter kam er nicht, die überschießende Erregung konnte er genauso wenig zurückhalten wie kurz vor der Vereinigung mit einer Frau.

Dieses Horror-Kino im Kopf faszinierte ihn. Aber wenn der Film vorbei war, bekam er ein schlechtes Gewissen – obwohl er tatsächlich nichts gemacht hatte. Doch schon der Gedanke daran erschien ihm verwerflich, und er konnte sich selbst so weit und so gut einschätzen, dass er befürchten musste, auch diese Phantasie zu realisieren. So war es bisher immer gewesen, so würde es immer sein.

Genauso wie ein halbes Jahr zuvor, als er sich ein weiteres Opfer genommen hatte. Nach Einschätzung der Wuppertaler Kripo hatte sich der Sexualmord an dem kleinen Mädchen so zugetragen: »Am 22.12.66, nach 14.00 Uhr, wurde die 5jährige Bettina Mertens in Wuppertal-Barmen von einem Unbekannten entführt. Um diese Zeit befand sich das Kind auf dem nur 300 Meter langen Weg von den Großeltern zur elterlichen Wohnung. Ob das Mädchen dort angekommen ist, steht nicht fest, da sich alle Familienangehörigen zur Rückkehrzeit außer Haus befanden.

Am 26.12.1966 wurde die vollständig bekleidete Leiche des Kindes an einem Bach bei Oberfeldbach in der Gemeinde Hückeswagen 20 Kilometer vom Entführungsort entfernt aufgefunden. Nach gerichtsärztlichem Befund ist Bettina Mertens Opfer eines Sexualverbrechens geworden. Sie hat schwere Genitalverletzungen davongetragen. Im Anschluß an die Unzuchtshandlung hat der Mörder das Kind ertränkt.«

Er hatte das Mädchen erst ausgiebig gewürgt und dann lebend in den Bach geworfen, um es ertrinken zu lassen. Wochenlang war er von der fixen Idee besessen gewesen, *mal zu sehen, wie eine im Wasser liegt und untergeht.* Nicht erst seit diesen Tagen war ihm bewusst geworden, dass er all seine Mordpläne konsequent verfolgen würde. Er war zu allem bereit, er war zu allem fähig.

Nach acht Tagen wurde Christa Enders aus dem Krankenhaus entlassen. Ihre körperlichen Blessuren waren abgeheilt, die seelischen Wunden nicht. Fast jede Nacht schreckte sie aus dem Schlaf hoch. Dann war er über ihr. Sie hörte ihn etwas nuscheln, sah die groben Hände, wie sie nach ihr griffen. Es dauerte immer eine Weile, bis sie realisierte, dass alles nur ein böser Traum gewesen war. Aber auch das half nicht weiter – die Angst blieb ihr ständiger Wegbegleiter.

Aus der »Kichererbse« wurde ein misstrauisches und ängstliches Mädchen. Vier Jahre lang sollte Christa nachts schreien, vier Jahre lang würde ihre Mutter sie beruhigen und verzweifelt versuchen, den Albtraum mit Liebe aus der Welt zu befördern. Erst nach dieser qualvollen, schier endlos erscheinenden Odyssee sollte sie wieder Vertrauen zu Menschen aufbauen.

29

Die meiste Zeit brachte er im Bett zu, nur zum Essen ging er in die Kantine des Wohnheims. Nach einem Arbeitsunfall war er krankgeschrieben worden. Drei Wochen war es her, dass ihm bei der Maloche auf der Feineisenstraße ein Stahlrohr gegen den Kopf geknallt war. Er hatte nicht aufgepasst, war in Gedanken gewesen. Die Platzwunde war mittlerweile ausgeheilt, nur das linke Auge machte ihm noch zu schaffen. Bei dem Unfall hatte er auch noch Schlacke ins Auge bekommen.

Hin und wieder unternahm er abends einen Spaziergang. Meistens lief er über die Angershauser Straße bis zum Erholungspark »Biegerhof« oder streunte an der Kläranlage herum. An einem dieser Abende bemerkte er auf dem Heimweg eine Katze, die ihrem Besitzer weggelaufen sein musste. Die Fellfarbe des Tieres war ungewöhnlich – eine silberblaue Katze hatte er noch nie zuvor gesehen.

Er blieb stehen und musterte das Tier. Dann sicherte er sich nach allen Seiten ab, so, wie er es immer dann tat, wenn er auf der Jagd war und sich etwas anbahnte. Die Gedanken, die ihm jetzt durch den Kopf schossen, erregten ihn. Er ging auf die Katze zu und sprach mit ihr. Das Tier lief nicht weg, ließ sich streicheln. Dann nahm er die Katze hoch und steckte sie in seine braune Aktentasche. Die hatte er dabei, weil er sich unterwegs zwei Pornoheftchen gekauft hatte. Er wollte vermeiden, dass es jemand bemerkte.

Wenig später schloss er die Tür zu seinem Zimmer auf. Er setzte das Tier auf sein Bett und beäugte es. Behutsam streichelte er über das kurze, dicht anliegende Fell, den etwas gewölbten Rücken, den rundlichen Kopf. Das nicht gemusterte Fell fühlte sich weich und angenehm an. Die Katze gefiel ihm sehr, besonders die hoch angesetzten Ohren und die großen, runden, grünen Augen.

Doch dann hatte er sich satt gesehen. Der Körperkontakt, das Streicheln, das wohlige Schnurren, hatten ihn weiter inspiriert.

Und jetzt wusste er, was zu tun war. Er stand auf und holte aus seinem Werkzeugkasten einen Hammer. Dann packte er die Katze an den Hinterbeinen, zog sie hoch und schlug ihr kräftig ins Genick. Das Tier war sofort tot. Aber er war noch lange nicht fertig. Er schnappte sich eine Schnur, wickelte sie um die Hinterbeine des Kadavers und hängte ihn an den Spiegel über dem Spülstein. Langsam ließ er seine Hände über den toten Körper gleiten. Er schloss die Augen. *Ihr Körper war noch nicht voll entwickelt. Aber das störte ihn nicht. Er wollte das Mädchen nicht poppen, er gierte nach etwas anderem.*

Das Messer hatte er zusammen mit der Schnur bereitgelegt. Er nahm es auf, setzte einen längeren Schnitt und zog dem Kadaver das Fell ab. Vom Unterkörper nach oben schlitzte er den Bauch auf. Er befühlte minutenlang die warmen Eingeweide und schnitt dann den After und das Geschlechtsteil heraus. Es war ein weibliches Tier. Das steigerte seine Erregung. Eingeweide und Lunge packte er zusammen mit Fell und Kopf in eine Plastiktüte. Schließlich schnitt er den Körper in der Mitte durch, trennte Nieren, Leber und Herz heraus und legte die Organe in eine Schüssel.

Beim Anblick der blutigen Fleischklumpen gerieten seine Emotionen vollends außer Kontrolle. In Gedanken wiederholte er, was er gerade getan hatte. Nur schlachtete er jetzt ein junges Mädchen und nahm es aus. So kam er zum Höhepunkt. Augenblicklich.

Aber er war immer noch nicht fertig. Er wollte die Katze auch noch verspeisen. Nach und nach. Dieser verlockende Gedanke provozierte seine infantile Neugier, die ihn immer wieder bedrängte und die er nur allzu gern befriedigt hätte: *Wie Menschenfleisch wohl schmeckt?*

Die Organe und einzelne Fleischstücke kochte er, nahm dazu Kartoffeln und Bohnen. Nach einer Dreiviertelstunde probierte er vom Fleisch der Katze. Aber es schmeckte ihm nicht. Enttäuscht begnügte er sich mit den Beilagen.

Die morbide Vision, ein Kind zu töten, es aufzuschneiden, hineinzusehen und den Leichnam peu à peu aufzuessen, wurde nun zum zentralen Thema seiner sexuellen Phantasien. Und die Schlachtung der Katze bewertete er als gelungene Generalprobe. Nun fehlte ihm nur noch eine Gelegenheit.

30

Sie blätterte bis zu der Stelle, die sie am allermeisten interessierte. Erst nachdem sie dort den einen oder anderen Kandidaten aussortiert hatte, würde sie den Rest der Zeitung lesen. Seit knapp vier Jahren tat sie das, immer samstags. Schließlich fand sie die Seite, überschrieben mit »Irgendwo lebt irgendwer«. Sie wollte nicht nur die Bekanntschaft eines Mannes machen, sie wollte heiraten; endlich jemanden finden, der zu ihr passte, der ihren Vorstellungen entsprach, dem sie vertrauen konnte.

Hannelore Golz, die alle nur »Hanni« riefen, hatte mit Männern schon so einiges erlebt, war sogar einmal verlobt gewesen. Aber der Kerl hatte sich nur sechs Wochen nach der Verlobungsfeier zur Fremdenlegion gemeldet – ohne sie zu fragen, ohne überhaupt mit ihr darüber zu reden. Zwei Monate später war eine Ansichtskarte gekommen, abgestempelt in Bordj Bou Arreridj, einer Stadt in Algerien. Das letzte Lebenszeichen. Sie hatte die Hoffnung mittlerweile aufgegeben.

Die 36-Jährige begann zu lesen. Von allen Anzeigen überzeugte sie aber nur eine: »**Suche für einen Verwandten** (Witwer), 42 J., 179, gut aussehend, dunkelhaarig, geschäftstüchtig, sportlich, solide, seriöse Dame bis 45 J. zwecks späterer Heirat.« Sie notierte sich die Chiffre-Nummer, trennte die Anzeige sorgsam aus der Seite heraus und legte den Ausriss in einen blauen Heftordner. Nachdem sie die Zeitung ausgelesen hatte, begann sie mit der Hausarbeit.

Seit zehn Jahren lebte sie mit ihrer Vermieterin und deren Sohn in einem Haus, idyllisch am Hardenbergufer des Baldeneysees in Essen. Hanni, als Waisenkind in einem Heim in Düsseldorf aufgewachsen, gehörte schon lange mit zur Familie. Martha Höller und ihr Sohn Klaus vertrauten ihr bedingungslos. Sie half nicht nur im Haushalt, sondern auch in dem kleinen Lebensmittelladen, den Martha Höller im Parterre des Hauses führte. Dafür wurde ihr ein Großteil der Miete erlassen. Nebenher arbeitete sie als Putzfrau.

Nachdem Klaus Höller sich mittags verabschiedet hatte, der 22-jährige Student fuhr zum Camping nach Holland, half Hannelore Golz am Nachmittag im Geschäft aus. Das Sortiment musste aufgefüllt werden, für den Abend war ein Sommerfest des Segelclubs »Najade« angekündigt worden. Das Vereinsgelände lag schräg gegenüber, und es wurden mehrere hundert Personen erwartet. Zudem herrschte bestes Ausflugswetter. Die beiden Frauen spekulierten auf zahlreiche Badegäste, Wanderer, Spaziergänger und Nutzer der vielen Bootshäuser ringsum.

Drei Wochen lang hatte er mit einer Rippenfellentzündung zugebracht, Fieber und heftige Schmerzen beim Atmen waren nun aber weitestgehend verschwunden. Der Appetit war wieder zurückgekehrt, er fühlte sich körperlich fit. Nur seine unmenschlichen Bedürfnisse beschäftigten ihn, die er notgedrungen hatte vernachlässigen müssen. Jetzt wollte er raus, jetzt musste etwas passieren.

Als Jagdrevier wählte er das Naherholungsgebiet am Baldeneysee in Essen aus, insbesondere die dortigen Parks und Waldgebiete. Dort war er bereits mehrfach gewesen, und es hatte sich schon einmal gelohnt. Er wusste nicht mehr, wann genau es passiert war. Aber er konnte sich noch sehr gut an das junge Mädchen mit den dunklen kurzen Haaren erinnern, das ihm im Stadtwald begegnet war. Seine Stimmung hellte sich merklich auf, er war jetzt bereit. Es war Samstag, der 12. Juli 1969.

Wie üblich nahm er die Straßenbahn und fuhr dann mit dem Zug vom Duisburger bis zum Essener Hauptbahnhof, den er um 12.48 Uhr erreichte. Dort studierte er den Fahrplan, merkte sich eine bestimmte Station und ging zum Fahrkartenschalter: »Nach Essen-Werden. Ruhrtalbrücke.« Um 13.15 Uhr bestieg er den Bus, 17 Minuten später erreichte er sein Ziel.

Von der Bushaltestelle lief er zum nächsten Parkplatz, nahm dort einen Fußgängerweg, bis er an eine Brücke kam, die er nach rechts überquerte. Er bog dann nach links ab und blieb etwa anderthalb Kilometer auf einem Radweg. Plötzlich sah er in etwa 150 Meter Entfernung eine Radfahrerin auf sich zukommen. Offenbar ein junges Mädchen. Schulterlange Haare. Blond. *ALLEIN.* Er sicherte sich sofort nach allen Seiten. Es war sonst niemand zu sehen. *Die schnapp' ich mir!* Es mochten jetzt nur noch 50 Meter sein. Er machte sich zum Angriff bereit. Sein Plan: *Nach dem Weg fragen. Vom Rad holen. In die Büsche zerren.* Er spürte die ungeheure Anspannung und jeden Muskel seines Körpers. Um sicherzugehen, drehte er sich nochmals um. Keine Gefahr.

Er begann schräg auf sie zuzulaufen. Als das Mädchen etwa 20 Meter vor ihm nach links in einen kleinen Fußweg abbog, begann er zu rennen. Er spurtete hinter ihr her. Es sollte noch nicht vorbei sein, er hoffte, sie im Laufen vom Fahrrad stoßen zu können. Doch dann sah er in einiger Entfernung ein Pärchen in seine Richtung spazieren. Er stoppte ab, machte sofort kehrt und ging schnellen Schrittes zurück. Dann bog er nach rechts ab in den Radweg. Er schnaufte durch. Das Mädchen konnte nicht ahnen, dass sie sich für Sekunden in akuter Gefahr befunden hatte und ihr Leben einer scheinbar belanglosen Entscheidung zu verdanken hatte. Wäre sie weiter geradeaus gefahren, es wäre um sie geschehen gewesen. Er war sauer. *Kacke!*

In den nächsten Stunden trieb er sich zunächst am Freibad herum, dann in der Nähe des Wehrs, am späten Nachmittag an der Bootsschleuse und schließlich in den Waldgebieten am Laufwasserkraftwerk. Aber er kam nicht zum Zuge. Um seinen

Drang abzuschwächen, hockte er sich in ein Gebüsch in Ufernähe und beobachtete dort spielende Mädchen. Er onanierte und phantasierte, wie es wohl wäre, wenn er sich eines der Kinder bemächtigen könnte.

Am späten Abend marschierte er über eine Holzbrücke zum anderen Ufer. Dort lief er eine Rampe herunter, die in die Straße »Hardenbergufer« mündete. Er bog nach links ab und sah in einiger Entfernung am rechten Straßenrand ein auffälliges Schild. Er konnte noch nicht erkennen, was darauf geschrieben stand, aber er vermutete dort ein Lokal oder einen Kiosk. Genau danach hatte er gesucht. Er war durstig.

»Lebensmittel Höller«. Er stieß die Tür zum Laden auf. An der Kasse bezahlten gerade zwei Mädchen ihr Eis. Das Paar, das er draußen hatte stehen sehen, hielt er für ihre Eltern. Er nahm sich eine Flasche Mineralwasser aus dem Regal und ging zur Kasse. Das Alter der Kassiererin schätzte er auf 35 bis 40. Hannelore Golz gefiel ihm. *So eine hätt' ich auch gern mal.*

Als er an der Kasse stand, wurde eine zweite Tür geöffnet, die, so vermutete er, in den Hausflur führte. Eine grauhaarige Frau kam hinzu. Martha Höller war auf der Toilette gewesen. Es war jetzt kurz vor 19 Uhr.

»Hanni, wann musst du denn los?«

»In einer halben Stunde.«

»Soll ich dich fahren?«

Hannelore Golz lächelte. »Ach lass mal, ich nehme den Bus.«

»Wann bist du denn wieder zurück?«

»So zwischen halb elf und elf bestimmt, wir machen heute nicht so lange. Ursel bekommt morgen früh Besuch.«

Er konnte nicht wissen, dass Hannelore Golz von einer Freundin zum Kartenspielen eingeladen worden war. Das interessierte ihn auch gar nicht. Aber er schlussfolgerte zutreffend, dass die Frau, die ihm so gut gefiel, sich zu einer bestimmten Zeit an einem bestimmten Ort aufhalten würde. Ohne Begleitung. Er brauchte sie nur noch an der Bushaltestelle abzupassen.

Es war etwas später geworden als erwartet. Hannelore Golz hatte sich mit ihrer Freundin regelrecht verquatscht. Der Bus hielt mit zweiminütiger Verspätung um 1.02 Uhr an der Haltestelle »Ruhrtalbrücke«. Bis nach Hause waren es von dort nur noch etwa 300 Meter. Sie ging am Ufer des Sees entlang, vom Gelände des Segelclubs schallte laute Musik herüber. Die Straßenbeleuchtung erhellte den asphaltierten Weg kaum. Obwohl ringsum niemand zu sehen war und es auch sonst keinen konkreten Anlass gab, ging sie schneller als sonst, schaute sich immer wieder mal um. In ihrer Handtasche hatte sie eine Gaspistole. Für alle Fälle.

Erleichtert erreichte sie das Haus Nummer 158. Sie schloss die Haustür auf. Es war dunkel und still. »Martha?« Keine Antwort. Hannelore Golz machte Licht. Sie vermutete, dass Martha Höller bereits schlief. Aber irgendwie kam ihr die Sache komisch vor. Martha hätte ihr bestimmt gesagt, wenn sie noch weggewollt hätte. Um sicherzustellen, dass alles seine Ordnung hatte, ging sie ins Schlafzimmer. Aber das Bett war leer und unbenutzt. Dann schaute sie aus dem Fenster. Auf dem Heimweg hatte sie nicht auf den blauen VW 1200 geachtet. Irritiert stellte sie fest, dass der Wagen vor der Garage stand. Das war sehr ungewöhnlich: Martha war nicht zu Hause, aber ihr Auto stand vor der Tür. Hannelore Golz suchte das gesamte Haus ab. Ohne Ergebnis. Dann nahm sie eine Taschenlampe und ging hinaus. Sie leuchtete den Uferbereich aus, umrundete das Haus. Aber sie fand nichts. Sie machte sich jetzt ernsthafte Sorgen, zumal Martha ihr keine Nachricht hinterlassen hatte. Hannelore Golz rief alle Verwandten und Freunde an, bei denen sie Martha vermutete. Doch niemand wusste etwas. Dann legte sie sich schlafen.

Vier Stunden später war sie wieder auf den Beinen. Sie wollte sich bei Tageslicht nochmals in der näheren Umgebung des Hauses umsehen. Denn Martha war immer noch nicht nach Hause gekommen. Es musste etwas passiert sein. Knapp 100 Meter vom Haus entfernt fand sie im Straßengraben einen braunen Karton mit diversen Magazinen und Heftchen, daneben Überreste verbrannten Papiers. Martha musste hier gewesen sein. Noch gestern Abend. Sie hatte es sich zur Angewohnheit gemacht, ihr Altpapier immer an dieser Stelle zu verbrennen. Allerdings musste sie von irgendetwas oder irgendjemand davon abgebracht worden sein. Hannelore Golz konnte sich den liegen gebliebenen Karton mit reichlich Papier nicht anders erklären. Jetzt wurde es höchste Zeit, die Polizei zu informieren.

Eine Viertelstunde später hielt ein Funkstreifenwagen vor dem Haus. Hannelore Golz schilderte den Beamten, was sie bisher festgestellt hatte. Sie zeigte ihnen auch die Stelle, an der sie den Karton gefunden hatte. Dort ging es links in einen Waldweg hinein. Zunächst stieß Hannelore Golz nur fünf Meter weiter auf eine Brille. Kein Zweifel, sie gehörte Martha. Als die Beamten von der Fundstelle aus in die Schonung spähten, entdeckten sie am Rand des Grabens einen weiteren Hinweis: einen blauen und einen weißen Schlüpfer. Auch die mussten von Martha Höller stammen. Hannelore Golz wusste, dass Martha stets mehrere Schlüpfer übereinander trug. Die Beamten gingen noch ein Stück weiter und wurden auf einen frischen Trampelpfad aufmerksam, der tiefer in den Wald hineinführte. Sie folgten der Spur – und stießen nach etwa 50 Metern auf den Körper einer offenbar älteren Frau. Die Polizisten konnten kein Lebenszeichen mehr feststellen. Sekunden später eilte Hannelore Golz hinzu. »Oh mein Gott, Martha!«

Um kurz nach 8 Uhr trafen Beamte des 1. Kriminalkommissariats ein, um den Leichenfundort zu untersuchen. Ihnen bot sich folgendes Bild: Der Tatort lag in einer von zwei Waldwegen umgrenzten Schonung. Der östliche Schotterweg bog im Wald nach rechts ab und verlief oberhalb des Fundortes der Leiche. An der Ecke des westlichen asphaltierten Weges, auf dem sich im Abstand von 50 Metern Masten mit Neonröhren befanden, lagen Rückstände von verbranntem Papier. Von der Stelle aus, wo Hannelore Golz die Brille entdeckt hatte, führte ein

Trampelpfad ins Gebüsch. Hinter dem Graben lag ein Steckkamm des Opfers. 80 Zentimeter links von diesem Kamm wurden die beiden ineinander gesteckten Schlüpfer gefunden. Der äußere blaue war stark verschmutzt, der innere weiße hingegen unversehrt und sauber. Der Pfad führte dann in einer Breite von 60 bis 80 Zentimetern geradewegs zum Opfer.

Die Leiche selbst lag genau 28 Meter vom Rand der Straße »Hardenbergufer« entfernt und 15 Meter vor dem oben vorbei führenden, ansteigenden Schotterweg zwischen vier großen Ahornbäumen. Der Oberkörper war teilweise mit Efeu, Brennnesseln und Holundergesträuch bedeckt, die Beine waren gespreizt. Der Kopf lag leicht nach rechts, die Arme befanden sich seitlich am Körper. Das rechte Bein war lang ausgestreckt, das linke nach oben angewinkelt. Am Kehlkopf stellten die Beamten beidseitig starke Rötungen fest.

Ein weißes Unterhemd, ein blauer Unterrock und ein grüner Pullover waren bis zur Nabelhöhe hochgeschoben. Unter dem Kopf wurden die Zahnprothesen gefunden. Links neben der Leiche lagen in Kniehöhe ein grüner Wollrock und auf ihm eine angebrochene Schachtel Zigaretten der Marke »Reval«, überdies eine bunte Vorbindeschürze, darunter eine weiße Leibbinde sowie ein weiterer gefütterter Unterrock. Neben der rechten Hand des Leichnams fanden die Ermittler eine blau-rot gemusterte Kittelschürze, in deren Taschen sich ein Schlüsselbund, eine Brosche, zwei gebrauchte Streichholzschachteln, drei Taschentücher, eine Damenarmbanduhr und zwei weiße Knöpfe befanden. Am Fußende lagen zwei weitere ineinander gesteckte Wollschlüpfer, grün und grau, und ein verwaschener rosa Hüfthalter. Zwischen den gespreizten Oberschenkeln schließlich stieß man auf drei bis zur Hälfte abgebrannte Streichhölzer. Die Schambehaarung war teilweise angesengt. Etwa zwei Meter vor dem Leichnam wurde ein beigefarbener Hosenknopf mit 15 Millimeter Durchmesser gefunden, der genauso wenig vom Opfer stammen konnte wie die Packung Zigaretten.

Zunächst wurde der Tatortbefund interpretiert. Die Kriminalisten vermuteten, dass Martha Höller vom Täter angesprochen worden war und dieser sie dazu gebracht hatte, mit ihm aus dem Bereich des Feuerscheins und der Straßenbeleuchtung zu gehen. Man hielt es deshalb für wahrscheinlich, dass Täter und Opfer sich kannten. Später musste der Täter die Frau gewürgt und anschließend durch die Schonung gezogen haben. Die Verletzungen am Scheideneingang wurden als sexuelle Manipulation oder versuchter Geschlechtsverkehr gewertet. Die Streichhölzer sollte der Täter benutzt haben, um sich die Genitalien des Opfers anzuschauen. Als Tatzeit wurde zunächst 22.30 bis 1 Uhr angenommen.

Martha Höller war seit zehn Jahren verwitwet und galt allgemein als warmherzig, rüstig, resolut, kontaktfreudig und durchsetzungsfähig. Nur drei Tage später, am 15. Juli, hätte sie ihren 61. Geburtstag feiern können. Die allseits beliebte Frau war alleinstehend und pflegte keine Männerbekanntschaften. Sie schuftete noch im Rentenalter im eigenen Geschäft, um ihren Sohn Klaus auch weiterhin bei seinem Jurastudium finanziell unterstützen zu können.

Noch am selben Tag konnten zwei wichtige Zeugen ausfindig gemacht werden. Ein 32-jähriger Rechtsanwalt hatte sich auf dem Gelände des Ruder- und Wassersportclubs Essen-Werden aufgehalten, das unmittelbar an das Terrain des Segelvereins »Najade« grenzte, und ein 67-jähriger pensionierter Polizeibeamter hatte in der Nähe des Tatorts seinen Hund ausgeführt. Beide erklärten übereinstimmend, gegen 23.30 Uhr »auffallend laute Frauenschreie« gehört zu haben. Da die Männer sich zu dieser Zeit lediglich 150 beziehungsweise 200 Meter vom Tatort entfernt befunden hatten, mussten sie die verzweifelten Hilferufe von Martha Höller gehört haben. Allerdings konnten die Zeugen nicht angeben, aus welcher Richtung die Schreie gekommen waren. Der Lärm des Sommerfestes, das im Segelclub »Najade« gefeiert worden war, hatte dies unmöglich gemacht.

Gegen Mittag des 14. Juli lag das Ergebnis der rechtsmedizinischen Untersuchungen vor. Neben zahlreichen Hautverletzungen im Halsbereich konnte bei der äußeren Besichtigung der Leiche am unteren Eingang der Vagina »ein oberflächlicher Schleimhauteinriss von zwei Zentimetern Länge und fünf Millimetern Breite« festgestellt werden, aus dem sich blutige Flüssigkeit absonderte. Eine innere Besichtigung ergab »ausgeprägte Unterhaut- und Muskelblutungen« über beiden Halsseiten. Die Lungen waren in den Randgebieten »deutlich gebläht«, das dort vorhandene Blut »gestaut«. Ein »mittlerer bis verstärkter Blutstau« fand sich in den Gefäßen der Hirnhaut, des Gehirns und in den Bauchorganen. Zudem konnte ein Bruch der rechten Seite des Zungenbeins »mit deutlicher Weichteilblutung in der Umgebung« festgestellt worden. Nach alledem war der Tod »durch Ersticken« eingetreten, »höchstwahrscheinlich durch Erwürgen«.

Ein bedeutsamer Ermittlungsansatz ergab sich aus dem serologischen Befund. Im Scheidenabstrichpräparat konnten »zahlreiche Spermatozoen« nachgewiesen werden. Demnach hatte »ein Geschlechtsverkehr mit Samenerguß in die Scheide« stattgefunden. Und der Mörder war Angehöriger der Blutgruppe 0 – mit der Besonderheit, dass er »die Blutgruppensubstanz in seinen Körpersekreten ausscheidet«.

Jahrelang war er nicht gewillt gewesen, die unsichtbaren Grenzen seines emotionalen Kerkers zu überwinden. Er war gefangen auf dem Friedhof seiner Gefühle. Die Angst vor einem erneuten Versagen hatte ihn einsam gemacht. Er begehrte, doch er wurde nur abgewiesen, ausgelacht. Der fortwährende Verzicht hatte ihn verbittert. Die eruptiven Gewaltexzesse, die in seiner morbiden Vorstellungswelt Gestalt annahmen und zur Nachahmung in der Realität animierten, wollte er nicht zurückdrängen. Dafür lebte er, dafür mordete er. Und Frauen waren für ihn nur noch austauschbare Objekte, die es auszulöschen, die es zu vernichten galt. Er war der böse Wolf, der den Lämmern den Tod brachte.

Und doch war jetzt etwas Einmaliges passiert, das sogar in seiner machtvollen Phantasie seine Daseinsberechtigung eingebüßt, das er nach all den Peinlichkeiten und Erniedrigungen für unvorstellbar gehalten hatte. Es war von allem ein bisschen gewesen: Befriedigung, Erleichterung, Bestätigung, Genugtuung, Offenbarung. Aber in der Summe der Gefühle hatte es sich wie ein Triumph angefühlt. Endlich hatte er es fertig gebracht, bei einem koitalen Kontakt zum Höhepunkt zu kommen. Ihm war es gelungen, rechtzeitig in die Vagina seines Opfers einzudringen, bevor es zu spät war. Dass Martha Höller da schon nicht mehr gelebt hatte, war ihm nicht verborgen geblieben, aber es spielte keine Rolle. Es war ihm vollkommen egal, nur das Ergebnis zählte.

Dieses Erfolgserlebnis schuldete er allerdings ausschließlich den äußeren Umständen: Er hatte den Todeskampf des Opfers nur vage verfolgen können, es war einfach zu dunkel gewesen. Darum konnte er auch nicht dieses überschießende Erregungsniveau erreichen, das bis dahin bei ungestörter Tatausführung einen frühzeitigen Höhepunkt ausgelöst hatte. Und es war ihm gelungen, das Opfer und sich selbst diesmal so weit und so schnell zu entkleiden, dass es gereicht hatte.

Und dabei war es gar nicht Martha Höller gewesen, die er hatte schänden und töten wollen. Anderthalb Stunden war er um die Haltestelle »Ruhrtalbrücke« herumgeschlichen, aber Hannelore Golz war nicht gekommen. Dann hatte er die Hoffnung aufgegeben. Einen letzten Versuch hatte er schließlich am Hardenbergufer unternehmen wollen – und war dabei zufällig auf Martha Höller getroffen, die gerade damit beschäftigt gewesen war, ihr Zeitungspapier zu verbrennen. Weil er fast den ganzen Tag damit zugebracht hatte, ein Opfer aufzustöbern, war er hochgradig erregt gewesen, und darum war es ihm gleichgültig geworden, wer da vor ihm liegen würde. Die einzige Bedingung: Es musste eine Frau sein.

Erst an der Bushaltestelle war ihm aufgefallen, dass er seine Schachtel Zigaretten verloren haben musste. Da er, kurz bevor er auf Martha Höller getroffen war, noch geraucht hatte, musste sie ihm auf der Straße oder im Wald aus der Brusttasche seines karierten Oberhemdes gerutscht sein. Jetzt machte er sich Sorgen. Nach der Tat hatte er sich nicht getraut zurückzugehen und nach den Zigaretten zu suchen. Es war ihm zu riskant gewesen. Er hatte befürchtet, doch noch in der Nähe des Tatortes beobachtet zu werden. Denn bis dahin war er sicher gewesen, unbemerkt und unerkannt entkommen zu sein. Zudem hatte er angenommen, die Packung in der Dunkelheit nicht finden zu können. Dass er auch noch einen Hosenknopf verloren hatte, der ihm von Martha Höller während des Kampfes abgerissen worden war, sollte ihm erst Wochen später auffallen – und stellte dann keinen Zusammenhang mehr her.

Schnell konnte durch die Mordkommission die Herkunft des Altpapiers geklärt werden, das Martha Höller kurz vor ihrer Ermordung verbrannt hatte. Die Zeitungen und Magazine stammten von ihrem Sohn Klaus, der sie kurz vor der Abreise nach Holland seiner Mutter übergeben hatte. Ein »Tatbezug« konnte somit ausgeschlossen werden.

Den Ermittlern war aufgefallen, dass dort Kampfspuren fehlten, wo sie zu erwarten gewesen wären, wenn das als resolut und wehrhaft bekannte Opfer von einem Fremden angegriffen worden war: am Straßenrand, wo das Opfer die Zeitungen verbrannt hatte, und auf den ersten Metern des kleinen Fußweges, der in den Wald hineinführte. Also mussten alle männlichen Verwandten, Freunde und Bekannten ausfindig gemacht und vernommen und überprüft werden. Zwei Wochen vergingen, bis das Ergebnis feststand. Niemand durfte ernsthaft in Betracht gezogen werden – ein Fehlschlag, der besonders gravierend war, weil sich herausgestellt hatte, dass in eine vollkommen falsche Richtung ermittelt worden war. Die Kommission hatte dem Täter somit einen weiteren Zeitvorsprung verschafft.

Auch die Schachtel Zigaretten und der abgerissene Hosenknopf brachten die Ermittlungen nicht voran. Lediglich an der Zigarettenpackung hatten Wischspuren einer Handfläche und das Fragment eines Daumenabdrucks nachgewiesen werden können, die aber für weitere Ermittlungen »unbrauchbar« waren und auch nicht als gerichtsfestes Beweismittel dienen konnten. Wieder eine Sackgasse.

Aber die Kommission hatte noch ein As im Ärmel. Die Fahnder wussten zwar nicht, wie der Täter aussah oder wie alt er war, aber sie kannten seine Blutgruppe. Da die Hinweise aus der Bevölkerung nur spärlich erfolgt waren und sich nicht auf bestimmte Personen bezogen hatten, blieben als potentielle Verdächtige jene Männer übrig, die als »Sittentäter« in Essen und angrenzenden Städten oder Landkreisen aktenkundig waren. Wochenlang wurden immer wieder dieselben Fragen gestellt: »Wo waren Sie in der Nacht vom 12. auf den 13. Juli, zwischen 23 Uhr und 1 Uhr?« »Gibt es jemand, der das bezeugen kann?«

Zwei der Befragten konnten oder wollten sich überhaupt nicht erinnern. Sechs Männer erklärten zwar, wo sie sich zur fraglichen Zeit angeblich aufgehalten haben wollten, nur konnten sie nicht beweisen, dass sie »zu Hause«, »mit dem Auto unterwegs« oder »spazieren« gewesen waren. Nach Einschätzung der Kripo war allen Verdächtigen auch eine solche Tat zuzutrauen, sie hatten entsprechende »Vorerkenntnisse«. Aber als die Ergebnisse der Blutuntersuchung vorlagen, gab es plötzlich keinen Verdächtigen mehr. Zwar hatte ein Überprüfter die Blutgruppe 0, aber er war »Nichtausscheider«. Er konnte Martha Höller demnach nicht umgebracht haben, weil die serologischen Untersuchungen ergeben hatten, dass der Mörder »die Blutgruppensubstanz in seinen Körpersekreten ausscheidet«.

Nach monatelangen Ermittlungen wusste man über den Täter nur so viel: seine Zigarettenmarke und die Blutgruppe. Das war zu wenig. Die Ermittlungen mussten eingestellt werden, der erhebliche Aufwand ließ sich nicht mehr länger rechtfertigen. Der Mord an Martha Höller blieb ungesühnt.

31

Im Frühjahr 1970, nachdem die *Mannesmannröhren-Werke AG* und die *Thyssen AG* einen Kooperationsvertrag geschlossen hatten, bot man ihm einen neuen Job an. Es war eine Tätigkeit, die zu ihm passte: Er benötigte keine Qualifikationen, und er konnte nicht viel falsch machen. Seine Aufgabe sollte es sein, die Waschkaue des Betriebs in Schuss zu halten.

Bis dahin hatte er immer nur die Dreckarbeit erledigen müssen, war herumkommandiert und herumgeschubst worden. Das hatte ihn geärgert und gekränkt. Aber ihm war nichts anderes übrig geblieben, als eine Faust in der Tasche zu machen, den bitter schmeckenden Frust herunterzuwürgen und das zu tun, wofür sich andere zu schade waren. Doch als Waschraumwärter wäre er sich weitestgehend selbst überlassen. Und diese Vorstellung behagte ihm, auch wenn er als Putz- und Klomann in der Firmenhierarchie ganz unten angekommen war. Er schlug ein, 1 400 Mark netto betrug sein Monatslohn.

Fortan putzte er Türen und Fenster, reinigte Duschen, Waschbecken, Toiletten, Spinde und schrubbte den Boden im »Zitronenbunker«. Seine Arbeitskleidung bestand aus einem Paar schwarzer Gummistiefel und einer schwarzen Gummischürze – ob Früh-, Spät- oder Nachtschicht, er war immer pünktlich, und er war immer gut gelaunt. Jedenfalls interpretierten viele Kollegen sein »dämliches Grinsen« so, wenn er ihnen nach der Schicht über den Weg lief. Für andere war er einfach nur unangebracht »scheißfreundlich«. Obwohl er seine Arbeit nahezu unbeaufsichtigt erledigen durfte und glaubte, die ungeliebte Rolle des Lückenbüßers losgeworden zu sein, spielte er für seine Kumpel nach wie vor das unterwürfige Faktotum.

Er war jetzt 37 und verglich sich mit seinen Brüdern, Arbeitskollegen oder Bekannten. Die waren größtenteils verheiratet oder hatten eine Freundin, und sie konnten ihre Sexualität ausleben. Er hingegen war immer leer ausgegangen, musste sich mit Puppen begnügen, seinen bizarren Phantasien hinterherhecheln, Kindern und Frauen Gewalt antun, ihr Leben auslöschen. Mittlerweile hatte er akzeptiert, dass er mit erwachsenen Frauen nicht zurechtkommen würde, aber auf körperliche Nähe und Intimitäten wollte er dennoch nicht gänzlich verzichten.

Mehr als 20 Jahre lang hatte er gegen seine imposanten Versagensängste aufbegehrt, sich auch sporadisch aufgelehnt, war aber doch immer wieder grandios gescheitert. Und genauso lange hatte er darüber nachgegrübelt, wie er diesem Dilemma entkommen könnte. Schließlich hatte sich doch etwas ereignet, das ihm zu denken gab. Es brauchte eine ganze Weile, bis er verstand, warum ihm die Morde an den Mädchen in der Nähe von Wuppertal und Bottrop nicht aus dem Kopf gehen wollten. Es war anders gewesen als sonst. Er hatte sie nicht gefragt, ob sie mit ihm »poppen« wollten, und er hatte sie auch nicht wortlos angegriffen. Ihm war es gelungen, insbesondere das kleine Mädchen, das er später ertrinken ließ, in seinem Sinne zu beeinflussen, an einen Ort zu locken, wo er sich an ihm vergehen konnte – mit einer simplen Geschichte, mit einfachen Worten. Und genau diese Erfahrung wollte er sich künftig zunutze machen.

Im Sommer 1970 begann er damit, sich insbesondere an Spielplätzen, Freibädern oder Kindergärten herumzutreiben. Er wollte nur solche Mädchen ansprechen, die sich mit ihm unterhalten konnten und von denen keine Hänseleien zu befürchten waren, wenn es nicht klappen sollte: sexuell unerfahrene Kinder im Alter von vier bis zehn Jahren. Allerdings sollten sie schlank sein und lange Haare haben.

Und tatsächlich gelang es ihm, Mädchen so zu manipulieren, dass sie arglos mitgingen. Meistens versprach er den Kindern Süßigkeiten oder er schützte vor, ihnen etwas Verlockendes zeigen zu wollen. Um sich an seinen Opfern ungesehen und ungestört vergehen zu können, lockte er sie hinter ein Gebüsch, eine Baumgruppe oder in einen Hinterhof. Dort streichelte er die

Kinder, berührte sie auch dort, wo sie nicht angefasst werden wollten. So manches Kind bemerkte gar nicht, was da vor sich ging, er betatschte sie wie zufällig. Selten onanierte er vor den Mädchen, denn meistens erregte ihn der unmittelbare Kontakt, die körperliche Nähe, aber auch die als vermeintliche Zustimmung und Zuneigung gedeutete Zurückhaltung dermaßen, dass er augenblicklich zum Höhepunkt kam.

Ein Tötungsverlangen verspürte er indes nicht. Der unbedingte Vernichtungswille, der pubertierenden Mädchen, Jugendlichen oder erwachsenen Frauen regelmäßig zum Verhängnis geworden war, konnte Kindern gegenüber nicht seine todbringende Wirkung entfalten. Warum er sich *so* verhielt, blieb ihm verborgen. Und er genoss es, nicht gering geschätzt und erniedrigt zu werden, seiner verkrüppelten und verkommenen Sexualität abhelfen zu können.

Den sexuellen Missbrauch von Kindern instrumentalisierte er, um einen Ausgleich für seine sonstige Enthaltung zu erfahren. Er war ein »Pseudopädophiler«, sein sexuelles Interesse war nicht primär auf Kinder gerichtet. Ihrer bediente er sich nur, weil er sonst nicht zum Zuge kam.

Durch die aus seiner Sicht befriedigenden Erfahrungen mit kindlichen Opfern verblassten seine kannibalistisch eingefärbten Tötungsphantasien zunächst. Doch schon nach einigen Monaten wurde er wieder eingefangen – von jenem abstoßend-verlockenden Gemütszustand, den er mit schlichten Worten als »komisches Gefühl« bezeichnete. Er hatte zwar einen Weg gefunden, um sich körperlich zu befriedigen, aber seine seelischen Bedürfnisse blieben nahezu unerfüllt. Die ungezähmte Wut, der abgrundtiefe Hass, den er Frauen unbewusst entgegenschleuderte, suchte nach einem Weg, um sich entladen zu können.

Der Wunsch, *ein junges Mädchen zu töten, ihren Körper aufzuschneiden, die Innereien und Organe zu betrachten, herauszuschneiden, zu befühlen und den toten Körper nach und nach aufzuessen,* flammte immer wieder auf wie ein Schwelbrand, der nicht vollständig gelöscht werden konnte. Einerseits wurde er in unregelmäßigen Abständen von diesen glimmenden Emotionen überrannt, andererseits war er kein willenloser Sklave, der solchen Impulsen nicht hätte widerstehen können. Stets waren es die äußeren Umstände, die sein Handeln dominierten. Drohte ihm unmittelbare Entdeckungsgefahr, machte er sich aus dem Staub – ohne Rücksicht auf noch Unerledigtes und Unerfülltes. Doch auch wenn diese Gefahr tatsächlich nur abstrakt bestand, so interpretierte und empfand er sie als durchaus reale Bedrohung. Und *das* war der Grund, warum er die Leichen seiner Opfer nicht mit einem Messer malträtierte und seinem wohl dringendsten Bedürfnis nachkam.

In all den Jahren hatte sich bei ihm ein breites Spektrum von Perversionen entwickelt. Seiner facettenreichen Abnormität stand er allerdings nicht vollkommen gleichgültig gegenüber und je mehr Spielarten sich ihm eröffneten, umso suspekter erschien ihm sein verbrecherisches Handeln. Gelegentlich war er sogar in Sorge und befürchtete, seine monströsen Bedürfnisse nicht länger zurückdrängen zu können. Aber alle Zweifel, Bedenken und Gewissensbisse büßten spätestens dann ihre hemmende Wirkung ein, wenn ihn das »komische Gefühl« überkam. In diesen Momenten konnte er nicht mehr darüber befinden, *ob* es passieren sollte, nur wann und wo und wen es treffen würde, musste noch entschieden werden.

32

»Beeilt euch doch mal, wir müssen los!« Georg Römkens meinte seine Töchter Julia und Anna, die wieder mal herumtrödelten. Es war schon kurz nach 7 Uhr, und der 42-Jährige wollte pünktlich in der Firma sein. Er arbeitete als Gärtner für die *Ruhrgas AG* in Essen-Bredeney, wollte aber vorher seine Kinder am Bahnhof in Hösel absetzen. Die Familie Römkens wohnte in einem ehemaligen Bauernhof in Breitscheid, einer kleinen Gemeinde zwischen Düsseldorf und Essen. Georg Römkens bewirtschaftete den Hof und versorgte nebenher sechs Reitpferde, die der Pächter auf dem Anwesen stehen hatte. Elke, seine vier Jahre jüngere Frau, kümmerte sich um den Haushalt und die Kinder, vier Mädchen und ein Junge.

Fünf Minuten später schlugen Julia und Anna die Türen des grünen Opel-Rekord zu. Sie liefen zur Fahrertür und verabschiedeten sich von ihrem Vater. Beide Mädchen gingen in die Bertha-von-Suttner-Realschule in Essen-Rüttenscheid. Nach 35 Minuten erreichten sie mit der S-Bahn-Linie 6 den Bahnhof Essen-Süd, von dort aus waren es nur noch zehn Minuten Fußweg bis zur Schule.

Elke Römkens brachte gegen 9 Uhr ihren Sohn Gregor durch den angrenzenden Wald bis zum Bahnhof. Der 12-Jährige besuchte das Max-Planck-Gymnasium in Essen-Kettwig. Sie wollte den Jungen nicht allein durch den Wald laufen lassen, auch wenn es nicht mehr als 800 Meter waren. Bisher war noch nie etwas passiert, aber die 38-Jährige hatte ein ungutes Gefühl, wenn ihre Kinder dort unbeaufsichtigt blieben. Die beiden Töchter Linda und Annika waren zu dieser Zeit schon im Kindergarten.

Anna Römkens hatte an diesem Tag, es war der 21. Mai 1970, ein Donnerstag, nur bis um 11.30 Uhr Unterricht. Die 15-Jährige war allseits beliebt, nur mit ihrem jüngeren Bruder gab es regelmäßig Streit. Sie bedauerte es, dass die Familie vor drei Monaten aus Essen-Steele weggezogen war, ihre Freundinnen sah sie jetzt nicht mehr so häufig. Anna hatte bereits einen Freund, der in die 10. Klasse derselben Schule ging, von dem aber vor allem ihre Mutter zunächst nichts erfahren sollte.

Gegen 12.15 Uhr erreichte Anna den S-Bahnhof in Hösel. Obwohl ihre Mutter sie und ihre Geschwister immer wieder darauf eingeschworen hatte, nicht allein durch den Wald zu gehen, marschierte sie los. Und sie rief auch nicht zu Hause an. Ihre Mutter hätte sie dann nämlich abgeholt. Das war so ausgemacht gewesen. Aber Anna ging nicht zum ersten Mal allein vom Bahnhof nach Hause, und bei den etlichen Malen zuvor hatte ihre Mutter deswegen auch nicht geschimpft oder mit Repressalien gedroht. Zudem wusste Anna, dass ihre Mutter mit dem Haushalt und den fünf Kindern reichlich Arbeit hatte, sie wollte ihr nicht unnötig die Zeit stehlen.

Anna blickte zum Himmel, dunkle Regenwolken waren aufgezogen. Vom Bahnhof aus lief sie die Höseler Straße entlang bis zum Wald. Nach etwa 300 Metern begann dort der Waldweg Nr. 30, ein teilweise von dichten Sträuchern eingefasster Spazierweg, der lediglich an Sonn- und Feiertagen häufiger von Wanderern benutzt wurde. Wie immer passierte sie das aus zahlreichen Baumstämmen zusammengefügte Reiterhindernis, bevor der Weg leicht nach links abbog. Hier hatte sie etwa die Hälfte der Strecke geschafft.

Hin und wieder drehte sie sich um. Anna hatte keine Angst, aber sie wollte sichergehen, dass ihr niemand folgte. Es war still, nur hin und wieder war der Schrei eines Vogels zu hören. Das Mädchen überlegte angestrengt, wie sie ihrer Mutter erklären könnte, ein Verhütungsmittel zu benötigen, obwohl sie angeblich ja gar keinen Freund hatte. Es fiel ihr nichts ein, aber es war ja auch noch ein wenig Zeit. Erst am Samstag hatte ihr Freund sturmfreie Bude.

Sie ließ die letzten dicht gedrängt stehenden Fichten hinter sich, den Weg säumten jetzt nur noch Sträucher und Farn. Motorengeräusche kündigten die stark befahrene Essener Straße an, die sie wenig später erreichte. Anna bog nach rechts ab und lief noch etwa 150 Meter, bis sie den ehemaligen Bauernhof, der jetzt ihr Zuhause war, erreichte. Ihre Mutter sagte nichts, sah sie nur streng an. Anna wusste nur zu genau, warum sie das tat.

Eine Stunde später machte sich Julia Römkens auf den Heimweg. Trotz ihrer 13 Jahre war sie noch recht kindlich und anhänglich und spielte am liebsten mit Puppen und den vielen Haustieren, die auf dem Hof gehalten wurden. Julia liebte es besonders, mit den Hunden durch den Höseler Wald zu spazieren. Das fröhliche und hilfsbereite Mädchen mit den kurzen roten Haaren war sehr schlank, wirkte körperlich allerdings weiter entwickelt als die meisten Kinder in ihrer Klasse. Für Jungen konnte sie sich nicht begeistern, sie hatte sich bisher nur hin und wieder von ihrer älteren Schwester Erzählungen davon anhören müssen.

Es war 13.10 Uhr, als Julia mit einer Klassenkameradin das Schulgelände verließ. Obwohl sie so schnell liefen wie sie konnten, verpassten sie die S-Bahn um 13.17 Uhr. Die Mädchen fuhren mit einer anderen S-Bahn bis zum Essener Hauptbahnhof und von dort um 13.45 Uhr weiter in Richtung Düsseldorf. Julias Freundin stieg in Essen-Stadtwald aus. Um 14.07 Uhr lief die S-Bahn schließlich im Höseler Bahnhof ein.

Nachdem Julia ausgestiegen war, wartete sie noch eine Weile unter dem Vordach des Bahnhofs. Es hatte heftig angefangen zu regnen. Als es nur noch tröpfelte und die Wolkendecke aufgerissen war, machte Julia sich auf den Weg. Auch sie schlug das Angebot ihrer Mutter aus und rief nicht an, um sich abholen zu lassen. Wie ihre Schwester zwei Stunden zuvor machte sie sich allein auf den Heimweg. Gegen 14.20 Uhr bog sie in den Waldweg Nr. 30 ab. Sie konnte den Weg etwa 300 Meter weit überblicken, bevor er sich zwischen den Bäumen verlor. Es war wie immer, wenn sie von der Schule kam: Niemand war zu sehen. Sie freute sich auf zu Hause, auf »Bobby«, den Bernhardiner,

»Rex«, den Dackel, die beiden Katzen, die Meerschweinchen, die Kaninchen. Und vor allem auf die Stute »Mara«. Das Pferd gehörte nicht der Familie, aber Julias Vater hatte seiner Tochter erlaubt, das Tier zu pflegen und es auch zu reiten. Nach den Hausaufgaben würde sie gleich auf die Weide gehen, das Pferd mit einer Handvoll frischem Heu füttern, es streicheln, mit ihm sprechen. Während Julia ihren Gedanken nachhing, bemerkte sie gar nicht, dass ihr ein Mann folgte. Und sie registrierte auch nicht, dass ihr dieser Mann immer näher kam.

Als Julia um 15.30 Uhr immer noch nicht nach Hause gekommen war, schickte Elke Römkens Anna und Sebastian zum Bahnhof, sie sollten die Ankunft einiger S-Bahn-Züge abwarten. Eine Dreiviertelstunde später rief Anna wie verabredet ihre Mutter an: »Mami, drei Züge sind gekommen, aber Julia war nicht drin. Was sollen wir jetzt machen?«

»Lauft den Waldweg zurück, ich komme euch entgegen.«

Nach zehn Minuten trafen sie sich am Reiterhindernis, Elke Römkens hatte ihre beiden Hunde dabei. Dann suchten sie zu dritt nach Julia. Als sie nichts finden konnten, ließ die Mutter den Dackel von der Leine. Wenig später lief »Rex« schnurstracks in eine Fichtenschonung und bellte dort. Erst nach mehrmaligem Rufen kam der Hund zurück. Elke Römkens sah aber nicht in der Schonung nach. Sie vermutete dort ein totes Tier, vielleicht einen Vogel oder ein Reh. Dass ihre Tochter dort liegen könnte, wollte ihr nicht in den Sinn kommen. Sie verdrängte diesen Gedanken. Das konnte nicht sein. Das durfte nicht sein.

In der Zwischenzeit war Georg Römkens nach Hause gekommen. Er wusste noch nicht, dass Julia vermisst wurde. Er hatte Besuch. Der für den Höseler Wald zuständige Forstbeamte stellte ihm Fragen und legte einige Formulare vor, die im Zuge der Volkszählung ausgefüllt werden mussten. Die beiden Männer brüteten über den Formularen, als Elke Römkens ins Wohnzimmer stürzte. »Georg, Julia ist nicht nach Hause gekommen.

Wir wissen nicht, wo sie steckt. Wir sind die Strecke vom Bahnhof bis hier abgelaufen. Nichts. Keine Spur!«

»Habt ihr es mal bei Julias Freundinnen versucht? Vielleicht ist sie dort? Und ruf in der Schule an oder bei der Klassenlehrerin. Die müssen doch etwas wissen.«

»Georg, du weißt doch, dass Julia Bescheid sagen würde. Das weißt du doch!« Elke Römkens wurde es zu viel. Sie dachte daran, dass ihr Hund in der Schonung angeschlagen hatte – und begann zu schluchzen. Mit tränenerstickter Stimme formulierte sie ihre schlimmsten Befürchtungen: »Julia muss etwas passiert sein!«

»Frau Römkens, nun malen Sie mal nicht gleich den Teufel an die Wand. Julia ist bestimmt bei einer Klassenkameradin. Alles wird sich aufklären«, versuchte Karl Kisters, der Forstbeamte, die Frau zu beruhigen.

Dann begann Georg Römkens zu telefonieren. Von der Klassenlehrerin seiner Tochter erfuhr er, dass der Unterricht pünktlich beendet worden war und dass Julia sich nicht länger als sonst in der Schule aufgehalten hatte. Dann rief er die Polizei in Essen und Breitscheid und einige Krankenhäuser in der Umgebung an. Aber auch dort war nichts zu erfahren.

»Verdammt!« Georg Römkens knallte enttäuscht und wütend zugleich den Hörer auf die Gabel. Über den Freundeskreis seiner Tochter hatte er lediglich in Erfahrung gebracht, dass Julia mit etwas Verspätung die S-Bahn Richtung Hösel genommen hatte. Ob sie am Bahnhof ausgestiegen war, konnte niemand bestätigen.

Karl Kisters, der sich in der Zwischenzeit um die vollkommen konsternierte Elke Römkens bemüht hatte, machte einen Vorschlag: »Ich sage in der Nachbarschaft Bescheid. Wenn Julia in den nächsten zwei Stunden nicht auftaucht, stelle ich einen Suchtrupp zusammen. Wir werden dann das gesamte Gelände absuchen.«

Gegen 17.30 Uhr fuhr Georg Römkens zur nächsten Polizeidienststelle nach Breitscheid. Aber der »Bezirksbeamte« war nicht da. Als Georg Römkens zurückkam, gab es keine Neuigkeiten. Er wartete noch eine halbe Stunde, dann meldete er sich bei der Polizei in Ratingen und berichtete vom Verschwinden seiner Tochter. Auch der 42-Jährige war nun überzeugt davon, dass sich etwas ereignet haben musste, von dem er sich keine rechte Vorstellung machen konnte. Es gab einfach zu viele Möglichkeiten, und er wollte sich für keine entscheiden.

Aber er konnte auch nicht einfach nur dasitzen und abwarten. Er hielt es nicht mehr aus. »Anna und Sebastian, ihr kommt mit.« Zu dritt verließen sie das Haus, Elke Römkens sollte auf das Telefon achten und musste sich um die beiden jüngeren Kinder kümmern.

Als sie das Reiterhindernis erreichten, zeigte Anna in Richtung der Stelle, wo der Hund sich bemerkbar gemacht hatte. »Da vorne ist es gewesen. Rex hat sich gar nicht mehr eingekriegt.« Es begann wieder zu regnen.

»Ihr wartet hier.« Georg Römkens hatte mehr als nur ein ungutes Gefühl, es war die nackte Angst vor einem drohenden Albtraum, die ihn heimsuchte: dass er seine Tochter finden würde, schwer verletzt oder tot, und dass seine Kinder diesen grauenvollen Anblick ebenfalls würden ertragen müssen. Er machte sich auf den Weg. Nach etwa 30 Metern sah er unter einem dichten Haufen von Zweigen, Farn und Blättern zwei Beine herausragen. Die dunkelblauen Schuhe erkannte er sofort. Es waren Julias. Sein Puls begann zu rasen, ihm wurde schwindelig, alles kam ihm mit einem Mal unwirklich vor, so, als wenn er sich selbst beobachten würde.

Nachdem er die ersten Zweige entfernt hatte, konnte er das Unfassbare nicht mehr leugnen. Er stieß das Gestrüpp zur Seite und versuchte noch ein Lebenszeichen von seiner Tochter zu erhaschen – aber ihre Hände waren kalt, ein Puls nicht mehr fühlbar. Georg Römkens brach neben dem nackten Leichnam zusammen. Julias Vater begann bitterlich zu weinen. Er war nicht mehr in der Lage, einen klaren Gedanken zu fassen, plötzlich ergab alles keinen Sinn mehr. Der eigene Tod konnte nicht schlimmer sein.

»Papi, was ist denn los?«

Georg Römkens schreckte hoch.

»Papi, sag doch was!«

Er stand auf und sah seine Kinder auf sich zukommen. »Bleibt da. Um Gottes willen, bleibt da!« Georg Römkens lief seinen Kindern entgegen.

Anna ahnte, was passiert war, wagte aber nicht, etwas zu sagen. Nur Sebastian wollte es genau wissen: »Papi, du bist ja ganz weiß im Gesicht. Was ist denn?«

Georg Römkens war zunächst sprachlos, dann würgte er den Namen seiner Tochter hervor. Ihm wurde schwarz vor Augen, er konnte sich kaum mehr auf den Beinen halten. Sebastian und Anna mussten ihn stützen. Ohne dass ein weiteres Wort gesprochen wurde, gingen die drei nach Hause. Es regnete immer noch.

Elke und Georg Römkens' Blicke begegneten sich nur kurz. »Nein. NEIN!« Elke Römkens verlor die Beherrschung: »Sag, dass das nicht wahr ist. SAG ES!« Ihr Mann ließ sich in einen Sessel fallen und schlug die Hände vor das Gesicht. Seine Frau stand einfach nur da und starrte auf ein Foto von Julia, das neben den Bildern der übrigen Kinder an der Wand hing. Anna und Sebastian umarmten sich und ließen nicht mehr los. Dann war nur noch das leise Schluchzen der Kinder zu hören.

Zehn Minuten später verständigte Georg Römkens die Polizei in Ratingen. Nach kurzer Zeit, die ihm wie eine Ewigkeit vorkam, erschienen zwei Polizeibeamte in Uniform. Sie baten darum, ihnen den Leichenfundort zu zeigen.

Julias Vater saß wieder in seinem Sessel. Apathisch. Orientierungslos. Nicht mehr ansprechbar. Elke Römkens war mit den Kindern in der Küche. Auch sie wollte nicht. Niemand wollte wieder dorthin. Die Polizisten verließen das Haus. Da Georg Römkens bereits am Telefon den ungefähren Fundort mitgeteilt hatte, stießen die Beamten schon wenig später auf Julias Leichnam. Sie brauchten nicht lange auf ihre Kollegen zu warten, Ermittler des 1. Kriminalkommissariats des Präsidiums in Düsseldorf trafen gegen 20 Uhr am Tatort ein.

Die Beamten vermuteten, dass Julia erdrosselt worden war. Der fest um den Hals des Opfers geschlungene und doppelt verknotete rot-schwarze Büstenhalter war mehr als ein Indiz. Der Leichnam befand sich in der typischen »Lustmordstellung«: Rückenlage, Arme und Beine vom Körper abgespreizt. Um die Leiche herum lagen einzeln verstreut die Kleidungsstücke des Opfers und der Schulranzen.

Der rechtsmedizinische Befund bestätigte die Annahme der Kriminalisten: Julia war den qualvollen »Erstickungstod« gestorben. Bei der Obduktion stellte der Sachverständige des Instituts für Gerichtliche Medizin der Universität Düsseldorf ferner »eine nicht mehr intakte Jungfernhaut« fest. Konkret wurde am Scheideneingang eine »Hauterosion« nachgewiesen, die durch »ein Kratzen mittels eines Fingernagels« verursacht worden sein sollte. Der Eingang der Vagina »war höchstens für einen Daumen zugänglich«. Allerdings schloss der Gutachter »einen vollendeten Geschlechtsverkehr mit vollständiger Einführung des erigierten Penis« aus.

Weitere Untersuchungen im Bundeskriminalamt erbrachten im Scheidenabstrich den Nachweis von »zahlreichen Spermatozoen«, dazu »Spermienköpfe in sehr geringer Menge« an der linken unteren Außenseite von Julias Mantel. Die Blutgruppenbestimmung ergab, dass die Spuren »zweifelsfrei A-Substanzen« enthielten, gleichzeitig aber auch »ein starker Hinweis auf B-Substanzen« vorhanden war. Da das Opfer die Blutgruppe A 1 B hatte und »Ausscheiderin« war, kam als Täter jemand mit der Blutgruppe A-B infrage, der seine Blutgruppeneigenschaft ebenfalls über Körpersekrete ausschied.

Aus organisatorischen und kriminaltaktischen Gründen wurde die 30-köpfige Mordkommission im evangelischen Gemeindehaus in Hösel untergebracht. Die verunsicherten Bürger nahmen es wohlwollend zur Kenntnis, gleichwohl war dies kein Freibrief. In Hösel und Umgebung gab es nur noch ein Gesprächsthema, und es wurde heftig diskutiert und spekuliert.

Zwei Fragen beschäftigten nicht nur die Eltern junger Mädchen: *Wer* war zu so etwas fähig, und *wann* würde der Mörder sich sein nächstes Opfer holen?

Zunächst begannen die Kriminalisten damit, systematisch alle Nachbarn der Römkens zu befragen, ob sie etwas Verdächtiges gehört oder gesehen hatten und wo sie selbst zur Tatzeit gewesen waren. Denn die Kriminalisten favorisierten die Annahme, der Täter müsse sich im Höseler Wald ausgekannt haben. Die kleine Schonung, in die der Täter das Mädchen gezerrt hatte, war für ortsfremde Spaziergänger vom Waldweg aus nicht zu erkennen. Und die Ermittler unterstellten, dass der Gesuchte zumindest seine Hose auf dem durchgeweichten Waldboden beschmutzt haben musste, als er über Julia hergefallen war. Aber niemand vermochte sich an einen Mann zu erinnern, der sich zur Tatzeit in der Nähe des Tatortes aufgehalten und der durch nasse und dreckige Kleidung aufgefallen war. Nur ein zufällig angetroffener Forstarbeiter berichtete den Beamten von einem »hellen VW-Käfer«, der in den Mittagsstunden des 21. Mai am Waldrand gestanden haben sollte.

Die Befragungen mussten ausgedehnt werden. Nicht auszuschließen war, dass der Mörder sein Opfer in der S-Bahn angesprochen und es später begleitet hatte. Ein Dutzend Beamte ermittelte tagelang zur »tatkritischen Zeit« in den S-Bahn-Zügen, die zwischen Düsseldorf und Essen verkehrten. Es wurden Bilder des Opfers gezeigt und Fragen gestellt: »Haben Sie dieses Mädchen am 21. Mai hier in der Bahn oder auf dem Bahnsteig gesehen?« »Ist Ihnen an diesem Tag nach 14.30 Uhr ein Mann aufgefallen, der durchnässte und verschmutzte Kleidung getragen hat?« Wieder blieben die Beamten erfolglos.

Neben anderen mehr oder weniger ernst zu nehmenden Hinweisen auf einige Männer, die sich in der Vergangenheit häufiger in der Region herumgetrieben hatten und den Anwohnern des Waldgeländes jetzt »merkwürdig« oder »komisch« vorkamen, ließ die Fahnder die Aussage einer Frau aufhorchen. Hildegard Pröpper, die Wirtin der Gaststätte »Boltenburg« in Breitscheid, hatte nämlich zu Protokoll gegeben: »Das war an dem Tag, als das mit dem Mädchen passiert ist. Da saß in meiner Kneipe ein junger Bursche, der zu mir gesagt hat, am Bahnhof wäre etwas passiert. Mehr hat er dazu nicht gesagt. Nachgefragt habe ich aber auch nicht, weil ich zu beschäftigt war. Jetzt kommt mir das aber doch irgendwie merkwürdig vor. Ich weiß nicht mehr genau, wann das Gespräch stattgefunden hat, aber es war auf jeden Fall am späten Abend.«

Es existierte demnach ein junger Mann, der schon kurz nach Aufnahme der Ermittlungen etwa zehn Kilometer entfernt in einem Lokal Andeutungen gemacht hatte, es sei »am Bahnhof etwas passiert«. Damit konnte nur der Aufmarsch der Polizeikräfte gemeint gewesen sein – oder die Tat selbst, die den Bürgern aber zu diesem Zeitpunkt ganz überwiegend unbekannt gewesen sein musste. Vielleicht war der Kneipengast nur ein Anwohner oder Spaziergänger, der alles zufällig beobachtet hatte und sich lediglich mitteilen wollte. Es konnte aber genauso gut der Mörder gewesen sein, der sich wichtig tun oder einfach nur reden wollte, sich dann aber doch zurückgehalten hatte.

Da offen bleiben musste, was der Unbekannte mit seiner Bemerkung hatte aussagen wollen, ein »Tatbezug« jedoch nicht auszuschließen war, avancierte der Mann zum »wichtigen Zeugen«. Hildegard Pröpper konnte den ominösen Gast beschreiben. Gesucht wurde nun nach einem 18 bis 25 Jahre alten Mann, zirka 1,70 Meter groß, dunkle Haare und lange Koteletten, der eine braune Hose und einen beigefarbenen Anorak besaß. Weil Hildegard Pröpper behauptet hatte, den Mann auf Fotos wiedererkennen zu können, wurden ihr mehr als 300 Bilder von »Sittentätern« aus der Region und angrenzenden Städten vorgelegt. Aber die 48-Jährige konnte sich zu keinem eindeutigen »Ja, das ist er« durchringen.

Unterdessen hatte sich herausgestellt, dass Julias lilafarbene Geldbörse fehlte. Sie war weder am Tatort noch im Haus der

Römkens gefunden worden. Hatte sie der Mörder mitgenommen? Zweifelsohne ein Erfolg versprechender Ermittlungsansatz. Die Medien wurden in der obligatorischen Pressekonferenz informiert, darüber hinaus verteilten die Fahnder in Hösel, Breitscheid, Ratingen und den angrenzenden Stadtteilen der Metropolen Essen und Düsseldorf mehr als 40 000 Handzettel.

Das Echo aus der Bevölkerung war gewaltig, Hunderten von Hinweisen musste nachgegangen werden. In den folgenden zwei Wochen überprüfte die Mordkommission insgesamt 1 174 Männer, von denen schließlich nur sieben im Netz der Fahnder hängen blieben: ein »Geisteskranker mit Frauenkomplex«, der unentwegt auf Heiratsanzeigen antwortete; ein »Spanner«, der im Höseler Wald Frauen beobachtete; ein wegen Vergewaltigung Vorbestrafter, der auf einer Luftmatratze in der Nähe des Tatorts kampiert hatte; vier mehrfach verurteilte Einbrecher und Diebe. Alle hatten sich nachweislich fast täglich in den Waldgebieten rings um Hösel herumgetrieben und konnten für die Tatzeit kein Alibi vorweisen. Nach wochenlangen intensiven Ermittlungen war die Kripo der festen Überzeugung: Einer von ihnen musste der Mörder sein. Die meisten Beamten tippten auf den vorbestraften 33-jährigen Vergewaltiger, der seine am 21. Mai getragenen Klamotten in einem Schließfach am Dortmunder Bahnhof versteckt hatte und sogar zugeben musste, mittags in der Nähe des Tatorts gewesen zu sein.

Die Kleider aller sieben Männer wurden kassiert und zur weiteren Untersuchung zum Bundeskriminalamt nach Wiesbaden geschickt, zusammen mit Dutzenden anderer Hinweise und Spuren, die an Sträuchern am Tatort, an der Bekleidung und unter den Fingernägeln des Mädchens gefunden worden waren.

Die Untersuchungsergebnisse des Bundeskriminalamts überraschten die Ermittler, ließen sie aber auch aufatmen. Mit Hochdruck war vier Wochen lang alles getan worden, um Julias Mörder baldmöglichst zu fassen. Insgesamt 1 002 Spuren hatten die Beamten verfolgt, »Spur 26« erwies sich als Volltreffer. Endlich gab es einen »dringend Tatverdächtigen« – allerdings jemand, den keiner der Beamten ernsthaft in Betracht gezogen hatte. Der mutmaßliche Mörder hieß Roland Schnorrenberger und wohnte im Nachbarhaus der Familie Römkens.

Das Gutachten der Experten aus Wiesbaden belastete den 22-Jährigen schwer: »Es sind an zwei Kleidungsstücken des Opfers (Pullover und Mantel) zehn verschiedenfarbige Fasern gefunden worden, wie sie in der schottenmuster-karierten Windjacke des Verdächtigen Schnorrenberger auftreten. 20 solcher Fasern (vier Fasersorten) sind an den Zweigen des Zugangs zum Tatort gesichert worden. An der Oberbekleidung des Verdächtigen Schnorrenberger sind drei Textilfasern gefunden worden, wie sie im Pullover des Opfers enthalten sind. Die Untersuchung der Ablagerungen unter den Fingernägeln des Opfers haben in geringem Umfang Fasern hervorgebracht, wie sie in der Jacke des Verdächtigen Schnorrenberger vorkommen.« Diese wechselseitigen Faseranhaftungen bewerteten die Gutachter als »eindrucksvolle Übereinstimmung«, zudem hatten vergleichbare »Kontaktspuren« bei den Kleidern der übrigen Verdächtigen nicht festgestellt werden können.

Ferner hatte eine Blutgruppenbestimmung ergeben, dass sich sowohl an der Innenseite von Julias Mantel als auch im Scheidenabstrich Spermaspuren eines »A-B-Ausscheiders« befanden. Und Schnorrenberger war Angehöriger der Blutgruppe A-B und »Ausscheider«.

Alle Verdachtsmomente vereinten sich auf den schlaksigen, unscheinbaren Nachbarssohn, der in seiner ersten Vernehmung als »Beschuldigter« indes darauf beharrte, »überhaupt kein Interesse« an Julia gehabt zu haben. Doch Schnorrenberger war der einzige Verdächtige, der die 13-Jährige häufig auf dem einsamen Waldweg gesehen hatte, der wusste, wann sie üblicherweise vom Zug kam und der auch das Dickicht kannte, in das er das Mädchen am 21. Mai hineingezerrt, in dem er es gewürgt, missbraucht und getötet haben sollte. Schnorrenberger konnte sich im Höseler Wald mühelos orientieren. Schon als Kind und Jugendlicher war er dort herumgestreunt, hatte sich aus Strandwerk und Brettern Baumhäuser gebastelt und gelegentlich darin übernachtet.

Zudem hatte er kein wasserdichtes Alibi, wollte am Tattag zwischen 14 und 16 Uhr »die ganze Zeit zu Hause gewesen« sein. Nur seine Mutter beeilte sich, die Aussage ihres Sohnes zu bestätigen: »Der Junge war zu Hause, hat von 13.45 bis 14.45 Uhr mit mir zusammen Wäsche auf- und abgehängt.« Dummerweise stellte sich heraus, dass Berta Schnorrenberger zu dieser Zeit beim Friseur gewesen war. Offenbar hatte sie für ihren Sohn gelogen.

Auch Persönlichkeit und Lebensweg Schnorrenbergers ließen nach Einschätzung der Kripo »hohe kriminelle Energie« vermuten. Bei seiner letzten Verurteilung wegen »schweren Diebstahls« hatte ihm das Gericht ein wenig schmeichelhaftes Zeugnis ausgestellt: »Der Angeklagte ist eine abnorme, unstete, halt- und gemütsschwache Persönlichkeit mit wenig Kontaktbereitschaft.« Erst drei Wochen vor dem Mord an Julia Römkens war Schnorrenberger aus der Strafhaft entlassen worden und stand seitdem unter Bewährungsaufsicht. Allerdings war er bis dahin nicht als »Gewalttäter« oder wegen »Sittlichkeitsverbrechen« aufgefallen. Eine Lehre als Maler und Anstreicher hatte er Jahre zuvor abgebrochen und keinen Beruf erlernt. Schnorrenberger war nicht verheiratet und hatte auch keine Freundin. Mädchen gegenüber blieb er sehr zurückhaltend, allgemein wurde Schnorrenberger als »höflicher junger Mann« wahrgenommen.

Am 8. Juni klickten die Handschellen. Schnorrenberger wurde im Haus seiner Eltern »vorläufig festgenommen«. Am nächsten Tag erließ der Amtsrichter in Ratingen Haftbefehl »wegen Notzucht und Mordes an Julia Römkens«. Schnorrenberger wurde in Untersuchungshaft gesteckt.

Zwei Tage später meldeten die Zeitungen Vollzug: »Nachbarssohn soll der Mörder der Schülerin sein. Spuren an seiner

Kleidung gelten als Indizien.« »Verhaftung im Höseler Mordfall. Indizien weisen klar darauf hin: Julias Mörder – ein Arbeiter von nebenan.« »Triumph der Kriminaltechnik. Julias Mörder ist überführt.« Für den Chef der Mordkommission waren die Spuren »so eindeutig«, dass es nur noch »eine Frage der Zeit« sei, bis der Verdächtige ein Geständnis ablege. Aber Roland Schnorrenberger beharrte auf seiner Unschuld. Wochenlang. Monatelang.

33

Er hatte das Mädchen am Bahnhof lange beobachten können, als es sich untergestellt hatte, um den Regenschauer abzuwarten. Ihre Figur hatte ihn besonders gereizt und erregt: schlank, aber doch fraulich. Dann war er ihr gefolgt, hatte aber zunächst ausreichend Abstand gehalten, um keinen Argwohn zu erregen. Schließlich war er über sie hergefallen, hatte sie in die durch Dickicht verdeckte Schonung gezerrt, die ihm bis dahin unbekannt gewesen war. Nachdem er sie zu Boden gestoßen hatte, war er sofort über dem Mädchen gewesen und hatte es erwürgt. Danach hatte er Julia die Kleider vom Leib gerissen, um sich an ihrem nackten Körper ergötzen zu können. Wieder war er davon überzeugt gewesen, sein Opfer getötet zu haben – aber dann hatte das Mädchen zu röcheln begonnen. Um ihrem Leben endgültig ein Ende zu setzen, hatte er ihren Büstenhalter genommen, um den Hals geschlungen, mehrfach verknotet und so lange zugezogen, bis ihre Augen gebrochen waren. Erst dann war er zum Höhepunkt gekommen.

Der starke Regen hatte ihn begünstigt, als er unbemerkt aus der Schonung gekrochen und zum Bahnhof gelaufen war. Niemand hatte ihn in der Nähe des Tatorts gesehen. Er war sich seiner Sache so sicher gewesen, dass er keine fünf Minuten nach der

Ermordung Julias an der Trinkhalle am Bahnhof in Hösel zunächst eine Flasche Zitronensprudel gekauft hatte, bevor er mit der »D-Bahn« nach Duisburg zurückgefahren war. Und die ältere Dame, von der er bedient worden war, hatte nur sein Oberhemd und nicht die verdreckte Hose sehen können. Wieder hatte sich alles zu seinen Gunsten gefügt.

Den Kontakt zu seinem Freund Rolf Hansen hatte er nicht aufgegeben. Regelmäßig besuchte er ihn und Helga sowie Bianca, die mittlerweile vierjährige Tochter. Nicht ein einziges Mal versäumte er es, bei seinen Besuchen dem Mädchen Süßigkeiten mitzubringen. Da ihre Eltern ihm bedingungslos vertrauten, durfte er mit Bianca spazieren gehen, sie mit auf den nächsten Spielplatz nehmen oder gemeinsam eine Runde mit dem Moped drehen.

Er mochte Bianca. Sie war ein aufgewecktes und aufgeschlossenes Kind, das gerne lachte. Von der Unbekümmertheit und Naivität des Mädchens ließ er sich gerne einfangen. Und sie meckerte nicht oder hänselte ihn. Er hatte das Gefühl, von ihr ernst genommen und respektiert zu werden – auch als Mann.

Allerdings regten sich in ihm nicht nur freundschaftliche Gefühle für das Mädchen. Die ersten Annäherungsversuche waren zögerlich, zaghaft: Er streichelte ihr über das braune Haar, ihre Hände, küsste sie auf den Kopf oder gab ihr einen Klaps auf den Hintern. Bianca ließ sich alles gefallen. Sie war arglos, hatte großes Vertrauen zu ihm, dachte sich nichts dabei. Doch er interpretierte die Gleichgültigkeit und Zurückhaltung des Mädchens als Zustimmung und Zuneigung. Obwohl auch ihm bewusst war, dass seine Gefühle sich gegen ein Kind richteten, hatte er keine Skrupel. Er akzeptierte lediglich seine eigenen Empfindungen und Bedürfnisse. Es war ihm kaum möglich, das innere Erleben anderer Menschen einzuschätzen oder nachzuvollziehen. Menschen waren eben keine Kühlschränke, die man einfach öffnen konnte und deren Innenleben sich dann ohne weiteres offenbarte. Auch die ruinösen seelischen und körperlichen Folgen seines abnormen Verhaltens für Bianca und alle anderen missbrauchten Mädchen blieben für den jetzt 38-Jährigen ein Muster ohne Wert. Er konnte sich keine rechte Vorstellung davon machen. Es interessierte ihn aber auch nicht. Es kam ihm ausschließlich darauf an, sich selbst Befriedigung zu verschaffen.

Biancas Eltern baten ihn gelegentlich, auf ihre Tochter aufzupassen, wenn sie ins Kino wollten, zu Freunden oder etwas besorgt werden musste. Er tat das gerne. Denn dann konnte er mit Bianca allein sein, ungestört. Häufig spielten sie mit den Puppen des Mädchens, und irgendwann verriet er Bianca ein großes Geheimnis: dass er auch Puppen besaß, die alle einen Namen hatten und dass er sich mit ihnen unterhalten konnte. Bianca war beeindruckt.

Als er davon überzeugt war, das Kind beliebig manipulieren zu können, näherte er sich Bianca auch sexuell. Er brauchte ihr nicht zu drohen, er musste auch keine Gewalt anwenden, um sein Ziel zu erreichen. Seine Argumente waren überzeugend, und Bianca glaubte, sich fügen zu müssen. Aber instinktiv spürte sie, dass es nicht natürlich war, wenn sie nackt vor ihm stand oder sie seinen Penis anfassen und daran reiben sollte. Und weil er ihr jedes Mal verbot, mit jemandem *darüber* zu sprechen, wurde ihr nach und nach bewusst, dass sie Teil eines bösen Spiels geworden war, dass *auch sie* mitgemacht hatte, dass sie es ihren Eltern verschweigen musste, dass andernfalls ihr *und* ihm schlimme Strafen drohten. Bianca musste also stillhalten. Sie fürchtete die Reaktionen ihrer Eltern, aber auch seine. Sie wollte Vater und Mutter nicht enttäuschen – und ihn auch nicht. Die Vierjährige steckte in einer emotionalen Zwangsjacke, die sie nicht einfach abstreifen konnte wie ein weißes T-Shirt, das beim Spielen schmutzig geworden war. Für Bianca gab es nur eine Lösung: Sie musste alles über sich ergehen lassen, und sie musste alles für sich behalten.

Ihm erging es ähnlich. Seine intimsten Wünsche hatte er immer verschwiegen, sich nie etwas zugetraut. Über seine Mordgelüste hatte er auch mit niemandem gesprochen. Und die blutigen Erinnerungen an reale Gemetzel hatte er ebenfalls nirgendwo preisgegeben. Was hätte bei all dem schon herauskommen sollen!

Über Jahrzehnte war es ihm gelungen, ein Selbstbild zu zeichnen und zu unterhalten, das ihn nach außen als friedfertigen Mitbürger erscheinen ließ – ein Durchschnittstyp, ein Jedermann. Diejenigen, die ihm häufiger begegneten, sahen in ihm einen verschroben-höflichen Sonderling: linkisch, seltsam, unterwürfig, verschlossen, unnahbar. Ein Nischenmensch. Aber harmlos. Niemand ahnte oder vermutete etwas anderes. So bereitete es ihm keinerlei Schwierigkeiten, sich immer wieder schlangengleich durch das allzu löchrige Netz der sozialen Selbstkontrolle zu winden.

Doch auch Menschen, die ihn näher kannten, blieben die Abgründe seiner Seele, seine Abartigkeit gänzlich verborgen. Helga Hansen mochte ihn gut leiden, sie schätzte an ihm besonders, dass er so kinderlieb war. Ihr Mann hielt ihn sogar für seinen Kumpel, dem er vertrauen konnte. Keiner spürte den Hass, der tief in ihm grollte. Niemand ahnte etwas von seiner infantilen Neugier, die ihn fortwährend dazu animierte, Unerträgliches zu denken und Unmenschliches zu tun. Wenn man beiden offenbart hätte, der Freund der Familie trachte danach, ihre Tochter zu töten, zu schlachten und ihr Fleisch zu essen, sie hätten es als makabren Scherz abgetan, mit dem Kopf geschüttelt, gequält gelächelt. Jeder andere vielleicht – aber *er* nicht. Unbegreiflich. Undenkbar. Unmöglich.

Wochen und Monate beschäftigte ihn der Gedanke, wie er Bianca töten und verstümmeln könnte. Der unbändige Vernichtungswunsch, das Verlangen nach totaler Vereinnahmung dominierten das innere Drehbuch, nach dem der Film in seinem Kopf ablief – eine imaginäre Spielwiese, die unerfülltes und unerfüllbares Verlangen vorstellbar machte. Seine Allmachtsphantasien reichten weit über Aggressivität und Grausamkeit hinaus; sie zielten auf die Beherrschung des anderen, fokussierten ein totales Verfügen über ihn, suggerierten die Aufgabe seiner Eigenständigkeit. Er zelebrierte Gewalt, arrangierte detailversessen den Tötungsakt, die Schlachtung, das Festmahl.

In seiner Vorstellungswelt existierten keine Hemmnisse, er musste kein Risiko eingehen. Denn in seinen Tagträumen hatte Bianca keine Eltern, die ihn verdächtigen konnten. Da war niemand, der unangenehme Fragen stellte. Es gab lediglich sie beide – und am Ende nur noch ihn. Alles fügte sich. Wunschgemäß.

Allerdings genügte ihm irgendwann das imaginäre Niedermetzeln und Dahinschlachten nicht mehr. Das gedankliche Durchfiebern *dieses* Blutrausches hatte seinen seelischen und sexuellen Reiz überwiegend eingebüßt. Nach der x-ten Wiederholung war es langweilig geworden. Ihm fiel nicht mehr viel ein. Er war emotional abgestumpft, nicht mehr empfänglich. Dafür lechzte er umso mehr nach einem Opfer, dessen Schreie er tatsächlich hören, dessen Schmerz er fühlen, dessen Körper er zerschnippeln, dessen Fleisch er essen konnte. *BIANCA!*

Der 26. September 1971 war ein milder Herbsttag. Mit Regen war nicht zu rechnen. Darum fuhr er mit dem Moped zur Arbeit. Als er von der Frühschicht gegen 14.45 Uhr nach Hause kam, wärmte er sich den Rest Ravioli auf, der vom Vortag übrig geblieben war. Dann legte er sich hin und schlief ein.

Um kurz vor 16 Uhr wachte er auf. Schweißgebadet. Es verging eine Weile, bis er begriff, dass er in *seinem* Bett lag. Er hatte von Bianca geträumt. Allerdings war alles schief gegangen. Bianca hatte es ihren Eltern erzählt, und die hatten ihn nicht nur zur Rede gestellt, sondern obendrein noch bei der Polizei verpfiffen. Wenig später war er von zwei Beamten in Uniform abgeholt worden, die ihn dann stundenlang angebrüllt hatten. Als er das Gefühl bekommen hatte, keine Luft mehr zu bekommen, war er hochgeschreckt. Seine Phantasie konnte er beliebig manipulieren, Albträumen war er schutzlos ausgeliefert.

Mit einem Waschlappen rieb er sich den Schweiß vom Körper. Er benötigte etwa eine halbe Stunde, um sich zu erholen und neuen Mut zu fassen. Für den Abend hatte er sich nämlich etwas ganz Besonderes vorgenommen. Biancas Eltern waren zum Kegeln verabredet, und er sollte auf das Kind aufpassen. Lange Zeit hatte er keine rechte Vorstellung entwickeln können, wie er es am besten anstellen sollte. Zunächst hatte er überlegt, mit Bianca ins Wohnheim zu fahren und sie in seinem Zimmer zu töten und zu schlachten. Aber es wäre zu riskant gewesen. Mitbewohner hätten ihn mit dem Mädchen beobachten können. Wenn er das Kind in der Wohnung seiner Eltern umbringen wollte, musste er Biancas Verschwinden plausibel und glaubhaft erklären können. Und genau für diesen Fall hatte er jetzt einen Plan entwickelt, wie er ungeschoren davonkommen könnte. Nur noch zwei Stunden – dann würde er sich nicht mehr aufhalten lassen.

Um 17.15 Uhr verließ er sein Zimmer und fuhr mit dem Moped nach Duisburg-Hamborn. Eine halbe Stunde später stellte er die Kreidler-Florett in der Lesssingstraße 71 vor dem ockerfarbenen Hochhaus ab, in dem die Hansens wohnten. Er nahm den Aufzug. Ihm war die Sache nicht ganz geheuer. Bisher hatte er seine Opfer immer überfallen, meistens im Wald. Darin hatte er reichlich Routine. Doch die für heute *geplante* Untat war Neuland für ihn. Er würde danach nicht einfach abhauen können, er würde Fragen beantworten, sich erklären müssen. Das verunsicherte ihn. Aber es gab jetzt kein Zurück mehr. Zu lange schon hatte er auf den höchsten Genuss, die tiefste Befriedigung verzichten müssen. Nochmals ging er seinen Plan durch. Nach wie vor konnte er keinen Fehler entdecken. Es musste klappen. Im siebten Stock stieg er aus.

»Wir haben schon auf dich gewartet!«

»Tut mir Leid, is'n bisschen später geworden. Hab' verpennt.«

Rolf Hansen schwächte ab: »Is' schon gut, war nicht so gemeint.«

Er lugte in die Küche, ins Wohnzimmer. Das obligatorische Geschenk hielt er in der rechten Hand, eine Tafel Schokolade. »Wo is' se denn?«

»Helga?«

»Nee, die Kleine.«

»In ihrem Zimmer. Hat bestimmt das Schellen nicht gehört.«

Er ging durch den Flur und öffnete leise die Tür zum Kinderzimmer. Bianca frisierte zwei ihrer Puppen und bemerkte nicht, wie er sie mit seinen dunklen Augen anstarrte. Unablässig. Gedankenverloren.

Rolf Hansen schlug seinem Freund auf die Schulter. »Junge, ich muss los. Helga lässt dich schön grüßen, ich hole sie beim Friseur ab.« Rolf Hansen nahm seine Tochter in die Arme und küsste sie auf die Stirn. »Und du bist schön artig!« Bianca nickte eifrig. Dann machte er sich auf den Weg.

Bianca sah die Tafel Schokolade. »Die ist bestimmt für mich.«

Er gab sie ihr. Sofort riss sie das Papier auf und stopfte sich einen Riegel in den Mund. Für Bianca war alles wie immer. Sie war viel zu aufgekratzt und viel zu beschäftigt, um die Veränderung an ihm zu bemerken. Immer noch stand er in der Tür zum Kinderzimmer. Dann ging er auf Bianca zu und legte seine Hände auf ihre Schultern.

34

12. November 1971. Schwurgerichtssaal des Düsseldorfer Landgerichts. Urteilsverkündung. Dicht gedrängt saßen überwiegend junge Menschen im Zuhörerraum, um die letzte Phase des Prozesses gegen Roland Schnorrenberger mitzuerleben. Nur hier und dort wurde leise getuschelt, die Spannung war mit Händen zu greifen. Alle Augen lasteten auf Schnorrenberger, der scheinbar ungerührt auf der unbequemen Anklagebank saß. Der 22-Jährige hatte sich herausgeputzt: dunkler Anzug, weißes Hemd, blau-schwarz gepunktete Krawatte, die dunkelbraunen Haare akkurat nach links gescheitelt. Sieht so ein Mörder aus? Kaum jemand wollte eine Prognose wagen. Einem Journalisten gegenüber versicherte Schnorrenberger abermals mit ruhiger Stimme: »Ich kann nur sagen, was ich von Anfang an gesagt habe, ich habe mit der Sache absolut nichts zu tun, ich bin unschuldig!«

Neun Verhandlungstage hatten stattgefunden, 58 Zeugen und fünf Sachverständige waren gehört worden. Die Staatsanwaltschaft hatte »Lebenslänglich« gefordert, die Verteidigung »Freispruch«.

Pünktlich um 14 Uhr wurde die Tür des richterlichen Beratungszimmers geöffnet. Mit einem Mal wurde es still. Alle Anwesenden erhoben sich. Die Spannung erreichte ihren Siedepunkt. Dann verkündete der Vorsitzende das Urteil: »Im Namen des Volkes. Der Angeklagte Roland Schnorrenberger wird mangels Beweises vom Vorwurf des Mordes an Julia Römkens freigesprochen.«

Ein Raunen ging durch den Saal, in der ersten Reihe umarmten sich die Eltern des Angeklagten. Georg und Elke Römkens hingegen konnten es nicht fassen. Wieder tat sich vor ihnen ein dunkler Abgrund auf, der sie zu verschlingen drohte. Der grausame Mord an ihrer Tochter sollte ungesühnt bleiben. Schlagartig wurde ihnen bewusst, dass die seelischen Qualen kein Ende nehmen würden, solange sie keinen Schlussstrich ziehen konnten.

Roland Schnorrenberger nahm das Urteil ohne erkennbare Regung auf. Er ließ sich von seinem Anwalt gratulieren und setzte sich wieder hin. Der Staatsanwalt schlug seinen Aktendeckel zu, die anwesenden Kripobeamten steckten entgeistert die Köpfe zusammen und begannen eine lebhafte Diskussion. Damit hatten sie nicht gerechnet.

Wenig später begründete der Vorsitzende seine Entscheidung: »Der Angeklagte konnte des ihm zur Last gelegten Verbrechens nicht mit einer zur Verurteilung ausreichenden Sicherheit überführt werden.« Der Richter erläuterte insbesondere die »außerordentlichen Schwierigkeiten«, vor denen sich Polizei und Schwurgericht befunden hätten: So wisse man nicht, welchen Heimweg das Opfer genommen habe, die Spurensicherung sei durch starken Regen beeinträchtigt worden, und die Kleidung Schnorrenbergers sei erst nach drei Tagen sichergestellt worden – alles »unglückliche und die Ermittlungen beeinträchtigende Umstände«. Zudem wären Angeklagter und Ermordete übereinstimmend Angehörige einer sehr seltenen Blutgruppe gewesen.

Der psychiatrische Sachverständige glaubte in Schnorrenberger »einen ausgesprochen asthenischen Typ« erkannt zu haben, dem »Gewaltanwendungen im Allgemeinen fremd« seien. In solchen Fällen bestehe vornehmlich »eine Neigung zu Eigentumsdelikten«. Das Fazit des Gutachters: »Der persönlichen Struktur des Angeklagten nach spricht aus psychiatrischer Sicht weitaus mehr gegen seine Täterschaft als für diese.«

»Besondere Bedeutung« wurde dem Ergebnis der kriminaltechnischen Untersuchungen, insbesondere den »Fasergutachten« beigemessen, die vor Beginn der Hauptverhandlung aus Sicht der Staatsanwaltschaft noch als »schweres Geschütz« gegolten hatten. Der Vorsitzende führte hierzu aus: »Insgesamt ist nach den wissenschaftlichen Untersuchungen beider Sachverständigen davon auszugehen, dass bei den wechselseitigen Faseranhaftungen eine eindrucksvolle Übereinstimmung besteht, die auf die Möglichkeit einer intensiven Berührung des Angeklagten mit Julia Römkens hindeuten kann. Die Sachverständigen haben jedoch nachdrücklich darauf hingewiesen, dass nicht von einer tatrelevanten Spurenübertragung gesprochen werden könne. Die Sachverständigen haben überzeugend ausgeführt, dass es sich bei den Kleidungsstücken, denen die Fasern entstammen, um Massenprodukte der Serienfertigung handelt, deren Fasern für das spezielle Kleidungsstück keine individuellen Merkmale enthalten.

Das bedeutet, dass verschiedenfarbige Fasern, wie sie das Schottenmuster der Jacke des Angeklagten enthält, in gleicher Struktur und Färbung auch in einem ähnlich oder anders gemusterten Kleidungsstück vorkommen können, das daneben durchaus noch weitere Fasersorten enthalten kann, ebenso wie auch nicht alle Fasersorten oder Farben aus der Jacke des Angeklagten am Opfer oder an den Zweigen der Umgebung festgestellt worden sind. Gleiches gilt hinsichtlich der Kleidung der Julia Römkens.

Pulloverfasern, wie sie an der Wendejacke gefunden worden sind, kommen in vielen anderen Kleidungsstücken vor. Unzählige weitere Möglichkeiten harmloser Faserübertragung sind nicht auszuschließen: Zum Beispiel kann die Kleidung der Julia Römkens in der Schule, bei der Ablage in der Turnhalle und bei ähnlichen Gelegenheiten mit Kleidungsstücken von Mitschülerinnen in Berührung gekommen sein, die solche Fasern abgaben, wie sie auch die Jacke des Angeklagten enthält. Jedes feste Berühren, zum Beispiel bei der Bahnfahrt, etwa im Gedränge beim Aussteigen, bietet die Möglichkeit der Faserübertragung.«

Das Gericht beklagte demnach die fehlende Individualität der Textilfasern, bloße Übereinstimmungen nach Struktur und Färbung seien lediglich »geeignet, den Angeklagten weiterhin verdächtig erscheinen zu lassen«. Allerdings hatten sich die Gutachter nicht zu einer Aussage durchringen können, mit »welchem Grad an Wahrscheinlichkeit« Schnorrenberger als Täter anzusehen sei. Auch der Umstand, dass die am Tatort gefundenen Spermaspuren die Blutgruppeneigenschaft des Angeklagten aufwiesen, wollte das Gericht nicht als »Tatbeweis« gelten lassen. Es stellte hierzu fest: »An der Innenseite des Mantels der Julia Römkens, der unter dem Opfer gelegen hat, sind an der Lagestelle des Genitalbereichs Spermaspuren gefunden worden, wie sie weiterhin auch beim Scheidenabstrich der Leiche festgestellt worden sind. Die Untersuchung der Spermaspuren durch beide Sachverständige hat übereinstimmend ergeben, daß sie eindeutig von einem A-B-Ausscheider stammen, wie es der Angeklagte ist. Dieses Ergebnis engt den Kreis der Tatverdächtigen zwar ein, weil von 100 Personen nur jeder 25. A-B-Ausscheider ist. Dennoch bleibt außer dem Angeklagten eine Vielzahl weiterer Personen als Erzeuger dieser Spur möglich.« Aus sämtlichen Untersuchungsergebnissen zog das Gericht die »unbefriedigende« Konsequenz: »Für seine Überführung als Täter reichen die vorgelegten Untersuchungsergebnisse nicht aus.« Mit dem Urteil wurde Roland Schnorrenberger auch eine Entschädigung für die achtzehnmonatige Untersuchungshaft zugesprochen.

Dennoch ließ das Schwurgericht keinen Zweifel daran aufkommen, dass ein Mann hatte freigesprochen werden müssen, gegen den nach wie vor »starke Verdachtsmomente« vorlagen. So schloss der Vorsitzende seine Ausführungen vielsagend: »Ob dieses Urteil gerecht ist, kann nur ein einziger beurteilen: der Angeklagte.« Hier irrte der Richter allerdings – ein Waschraumwärter aus Duisburg konnte das auch.

Ein Freispruch 2. Klasse also, der kaum jemanden zufrieden stellte, und all jene schon gar nicht, die es »immer schon« gewusst hatten. »Mangels Beweises« bedeutete für die Fraktion der Ignoranten und Besserwisser: «Er war's, die konnten es ihm nur nicht beweisen.« Schnorrenberger durfte zwar seine Zelle verlassen, wurde aber postwendend von kollektiven Schuldzuweisungen eingefangen. Die Volksseele kochte. Ein Mörder musste her, und Schnorrenberger sollte herhalten. Irgendwie musste die »ungeheuerliche Schandtat« doch aus der Welt zu schaffen sein. Für viele war *und* blieb die Familie Schnorrenberger eine »Mörderbrut«.

Nach nur drei Monaten hatte der vermeintliche »Kindermörder« die ständigen Beschimpfungen, Drohungen und Anfeindungen satt. Roland Schnorrenberger wanderte nach Holland aus. Aber seiner Familie blieb dadurch kaum etwas erspart. Solange für den Mord an Julia Römkens niemand hinter Schloss und Riegel zu bringen war, würde man sich der »Mörderbande« gerne erinnern.

35

Er hatte Bianca nicht getötet – obwohl er es sich fest vorgenommen hatte. Skrupel seinen Freunden gegenüber waren allerdings nicht ausschlaggebend gewesen. Es war ihm gleichgültig, was das Mädchen und ihre Eltern hätten durchmachen müssen. Vielmehr war er von seinem Plan zurückgetreten, weil er die Erklärung für Biancas Verschwinden doch nicht für wasserdicht gehalten hatte. Er nahm an, dass man ihn verdächtigen würde, auch wenn er behauptete, Bianca sei zum nächsten Kiosk gegangen, um ein Eis zu kaufen, und nicht zurückgekehrt. Zudem befürchtete er, nicht alle Spuren restlos beseitigen zu können. Stattdessen hatte er sich auf der Toilette eingeschlossen, onaniert und sich vorgestellt, das Mädchen doch zu töten.

Während sein verbrecherischer Habitus und die verschiedenen Spielarten seiner sexuellen Perversionen sich ungehindert entwickeln und verfestigen konnten, verkümmerte seine Persönlichkeit zusehends. Es mangelte ihm an Intelligenz und Bildung. Zwar hatte er sich im Laufe der Jahre zahlreiche Bücher gekauft: Simmel-Romane wie *Der Stoff, aus dem die Träume sind*, Mario Puzos *Der Pate*, Werke über *Erotik in der Kunst* oder Dostojewskis *Die Dämonen*. Allerdings waren die meisten Bücher ungelesen geblieben.

Er war nicht dumm, aber primitiv. Seine Rechtschreibung war grob fehlerhaft, viele Worte verstand er einfach nicht. Begriffe wie »positiv« und »negativ« oder »Sensation« blieben für ihn böhmische Dörfer. Von den Grundrechnungsarten beherrschte er lediglich Addition und Subtraktion. Seine Denkabläufe waren langsam und behäbig, intellektuell war er weder anpassungsfähig noch flexibel.

Nur gelegentlich konnte er sich dazu durchringen, die Initiative zu ergreifen, Dinge über einen längeren Zeitraum zu planen und konsequent umzusetzen. In aller Regel ließ er lieber alles auf sich zukommen, verharrte tatenlos, sah zu, unternahm nichts. Er war emotional schwunglos, affektiv flach, nicht reagibel, stumpf.

Es gelang ihm kaum, zwischen seiner Person und der Sozialgemeinschaft eine Beziehung herzustellen. Politische oder gesellschaftliche Ereignisse und Zusammenhänge ignorierte er. Zurecht fand er sich lediglich in seiner von unzähligen Elektrogeräten, Fernsehern, Radios, Stereoanlagen und Mopeds dominierten leblosen Apparatewelt. Er verbrachte viel Zeit damit, auch für seine Mitbewohner im Arbeiterhotel Haushaltsgeräte zu reparieren oder seine Mopeds ohne zwingenden Grund auseinander zu bauen und wieder zusammenzuschrauben. Oder er flüchtete sich in die kleinkindhafte Objektwelt seiner Puppen.

Am 16. September 1972 musste er sein Zimmer räumen, die Heimleitung hatte ihm fristlos gekündigt. Mehrfach war er abgemahnt worden, weil er immer wieder verschmutzte Wäsche gegen saubere vertauscht hatte. Und als er sich obendrein beharrlich geweigert hatte, die Reinigungskosten zu bezahlen, war das Maß voll gewesen. Allerdings durfte er seinen Job als Waschraumwärter behalten. Über seine Firma wurde ihm eine neue Bleibe vermittelt, eine preiswerte Mietwohnung in Duisburg-Laar, Friesenstraße 11.

Die drei Zimmer unter dem Dach konnte er nach Belieben möblieren und so viele Haushaltsgeräte aufstellen, wie es ihm passte. Die Sparkasse in Duisburg gab ihm dafür einen Kredit über 7 000 Mark.

Von den Mitbewohnern des Hauses hielt er sich zunächst fern. Er grüßte, hatte aber sonst nichts zu sagen. Sein Interesse galt ausschließlich Susanne, einem Mädchen aus der Nachbarschaft. Die Fünfjährige war ihm erstmals aufgefallen, als er im Hinterhof an einem seiner Mopeds herumgebastelt hatte. Das Kind entsprach seinen Vorstellungen: schlank, schulterlanges dunkelbraunes Haar. *Sie* stand jetzt im Mittelpunkt seiner Horror-Visionen.

Bald gelang es ihm, das Kind in seine Wohnung zu locken. Im Umgang mit kleinen Mädchen hatte er nun reichlich Erfahrung, es fiel ihm leicht, sich das Vertrauen der Kinder zu erschleichen – und für seine perversen Zwecke auszunutzen. Susanne umgarnte er nicht mit Worten, sondern versprach ihr stets Süßigkeiten, eine Tüte Gummibärchen oder einen Lutscher mit Erdbeergeschmack. Das gab es natürlich nur in seiner Wohnung. Susanne musste mit hochkommen, er wohnte im zweiten Stock. Dann missbrauchte er sie. Susanne erzählte ihren Eltern nichts davon, weil sie sich schämte, und weil er für diesen Fall damit gedroht hatte, ihr keine Leckereien mehr zu geben. Das genügte.

Immer wenn er mit Susanne zusammen war und ihren knabenhaften Körper begrapschte oder sich auf andere Art befriedigte, musste er sich zurückhalten. Ohne zu zögern hätte er sie erwürgt, den Leib aufgeschnitten, hineingeglotzt und einzelne Fleischstücke gekocht, um davon zu probieren. Aber er konnte nicht zweifelsfrei ausschließen, dass Susanne von den Nachbarn gesehen worden war. Es wäre einfach zu riskant gewesen.

Weil er es nun ausschließlich auf kleine Mädchen abgesehen hatte, ging er seltener in den Waldgebieten Duisburgs und der Region spazieren oder fuhr mit öffentlichen Verkehrsmitteln ins nördliche Ruhrgebiet; dies aber auch deshalb, weil ihm eine schmerzhafte Venenentzündung am linken Bein zu schaffen machte. Er konnte schlecht laufen, längere Strecken schon gar nicht.

Im Oktober 1973 musste er sich im St.-Joseph-Hospital in Duisburg-Laar einer Gefäßoperation unterziehen. Während dieser Zeit lernte er Heinz Mölders kennen. Der 48-jährige Betonbauer lag auf derselben Station und litt unter Schizophrenie, die periodisch auftrat. Im Raucherzimmer kamen sich die beiden näher. Mölders begeisterte sich für deutsche Schlagermusik und Motorräder. Es gab viel zu bequatschen.

Jeden zweiten Tag bekam Mölders Besuch von seiner Frau Annalena und den beiden Kindern. Die 46-Jährige gefiel ihm als Frau sofort, er beneidete Mölders. Die Kinder, zwei Jungs im Alter von acht und zehn Jahren, interessierten ihn nicht. Er ließ sich von seinem Kumpel stets den Termin des nächsten Besuches sagen, um Annalena bloß nicht zu verpassen.

Nach zwei Wochen durfte er das Krankenhaus verlassen. Heinz Mölders, der noch längere Zeit behandelt werden musste, vergaß er schnell – seine Frau nicht. Er kannte Annalena Mölders kaum, aber das war ihm egal. Für ihn war *sie* die Richtige. Er wollte sie heiraten.

Drei Tage nach seiner Entlassung machte er ihr seine Aufwartung: im schwarzen Anzug und mit zwanzig roten Rosen in der Hand. Annalena Mölders war vollkommen überrascht, ließ ihn aber gewähren. Schließlich war es ein Bekannter ihres Mannes, sie wollte nicht unhöflich erscheinen. Sie unterhielt sich aber kaum mit ihm, er musste mit den Söhnen spielen. Das hatte er nämlich seinem Kumpel versprochen. Am späten Abend verließ er die Wohnung in Duisburg-Marxloh – ohne dass irgendetwas von dem eingetreten war, was hätte passieren sollen. Er hatte ihr nur die Zusage abringen können, wiederkommen zu dürfen. Doch das machte ihm Hoffnung.

Eine Woche später saßen sie sich gegenüber, diesmal im Wohnzimmer und allein. Die Kinder waren auf dem Spielplatz. Wieder hatte er Blumen mitgebracht, obwohl seine Gastgeberin sich dies ausdrücklich verbeten hatte. Er wusste nicht, wie er es anfangen sollte. Ihm fehlten der Mut und die richtigen Worte. Sie sprachen über Dinge, die ihm nichts sagten, die er nicht verstand, die ihn *jetzt* auch gar nicht interessierten. Nach dem zweiten Glas Bier fiel er ihr ins Wort: »Annalena, ich muss mit dir reden.«

»Und worüber?«

»Geht um Heinz, du weißt schon.« Er machte eine Pause, um die Bedeutung seiner Worte zu unterstreichen. Aber dann sagte er nichts mehr. Ihn hatte der Mut verlassen.

»Was ist mit Heinz?« Annalena Mölders war neugierig geworden.

Er nahm noch einen kräftigen Schluck, dann versuchte er ihr in einem Satz zu erklären, warum sie sich von ihrem Mann trennen sollte: »Der is' doch bekloppt.«

Annalena Mölders verstand nicht recht, worauf er hinauswollte: »Er ist krank, aber nicht bekloppt!«

»Doch, der is' bekloppt, das weißt' doch. Der kommt auch nich' mehr in Ordnung. Nimm doch mich für den.« Erwartungsvoll schaute er ihr in die Augen.

»Bitte?«

Annalena Mölders war schockiert, und er konnte es ihr ansehen. Aber er setzte nach: »Kannst dir die Sache ja mal überlegen.«

»Ich glaube, es ist besser, wenn du jetzt gehst!«

Entgeistert verließ er die Wohnung.

Obwohl er abgeblitzt war, wollte er die Angelegenheit nicht auf sich beruhen lassen. Schließlich hatte sie ihm keine Ohrfeige verpasst oder ihn als Versager beschimpft. Wahrscheinlich brauchte sie nur noch ein wenig Zeit, um Heinz zu erklären, dass sie sich von ihm scheiden lassen wolle – so seine Vermutung. Er war davon überzeugt, dass es diesmal nicht an ihm selbst lag, sondern dass nur die richtigen Argumente fehlten, um Annalena zu überzeugen. Nach reiflicher Überlegung startete er einen letzten Versuch.

Er musste mit der Straßenbahn nach Marxloh fahren, mit seinem Moped konnte er das Präsent nicht transportieren. Diesmal würde es klappen, diesmal musste es gelingen. Das Geschenk konnte sie nicht ablehnen, es würde sie überzeugen, er würde sie für sich gewinnen. *Die muss das doch kapieren!*

Dann öffnete sie ihm die Tür.

»Der is' für dich!« Er hielt ihr den Farbfernseher hin, der noch vor kurzem in seinem Wohnzimmer gestanden hatte.

»Du spinnst doch!« Annalena Mölders schlug die Tür zu. Sie hatte endgültig genug.

Wie ein begossener Pudel stand er da, mittlerweile schweißgebadet, den schweren Apparat in Händen. Wieder waren seine hochfliegenden Träume in einer Bruchlandung geendet. Völlig verzweifelt machte er sich auf den Heimweg. Die Erkenntnis war nicht neu für ihn, aber diesmal erschien sie unumstößlich, endgültig: *Mit den Frauen klappt das einfach nich'!*

36

Die Operation an seinem »offenen« Bein hatte zunächst nicht den gewünschten Erfolg. Die Schmerzen blieben nahezu unvermindert erhalten. »Das kann dauern«, hatten ihn die Ärzte im Krankenhaus vorgewarnt. Er konnte seine Wohnung zunächst nicht verlassen, weil der linke Unterschenkel angeschwollen war und ein Auftreten unmöglich machte. Die notwendigen Besorgungen erledigten für ihn die Hansens und seine Schwester Elisabeth.

Neben den permanenten Schmerzen quälte ihn die ungewollte Unbeweglichkeit. Er sehnte sich danach, wieder losziehen und sich dort herumdrücken zu können, wo er kleine Mädchen beobachten und an einen sicheren Ort locken konnte. Aber das durfte er nur in seiner Phantasie.

Wenn die Nachbarskinder auf dem Innenhof hinter dem Haus spielten und herumtollten, humpelte er auf den Dachboden und starrte aus dem Fenster. Um nicht entdeckt zu werden, spähte er links neben dem Fenster stehend auf den Hof hinunter, sodass nur die breite Stirn und seine Augen zu erkennen waren. Er beobachtete die kleinen Mädchen mit dem Kalkül und den Augen eines Jägers, der sich mit den Gewohnheiten seiner Opfer vertraut machen wollte. Das erregte ihn. Aber er blieb unbefriedigt.

Unzufriedenheit quälte auch jene Kriminalisten, die verzweifelt versucht hatten, seine Schandtaten aufzuklären, und ihm doch nicht auf die Schliche gekommen waren. Die Kripo in Nordrhein-Westfalen hatte in den vergangenen 19 Jahren viele Kröten schlucken müssen, ohne eine Vorstellung davon zu haben, dass sie nur nach *einem* Mann suchen musste. In lediglich einem von 11 Fällen war es den Kriminalisten gelungen, eine Verurteilung zu erreichen – aber man hatte den Falschen hinter Gitter gebracht.

Landesweit existierte im Sommer 1974 keine Mordkommission mehr, die sich mit einem seiner Verbrechen befasste. Die Ermittlungen waren »auf Kommissionsebene« eingestellt worden, weil es keine Spuren mehr gab, die relevant und Erfolg versprechend erschienen, um einen derartigen personellen und materiellen Aufwand rechtfertigen zu können.

Aber nicht alle hatten aufgegeben. Horst Kuhnert auch nicht. Einst hatte er sich geschworen, den Mörder zweier Kinder unschädlich zu machen, die im Sommer 1962 in Dinslaken und Walsum einen grausamen Tod gestorben waren. Ihre Namen würde er nie vergessen können: Ilona Dönges. Monika Reimer. Sie erinnerten ihn auch an die vielen Stunden, die er mit den Eltern der Kinder verbracht hatte. Obwohl es Jahre nach den scheußlichen Verbrechen nichts Neues zu berichten gab, hatte er sie immer wieder mal besucht. Ihn trieb das Bedürfnis, den Eltern in ihrer Not, in ihrem Elend beizustehen. Er hatte kein schlechtes Gewissen, und er hatte auch kein Versprechen gegeben; er fühlte sich auch nicht für das Dilemma der Eltern verantwortlich, behauptete er jedenfalls. Doch das waren nur Ausflüchte, wenn ihn seine Frau, die Kinder, ehemalige Kollegen oder Freunde damit konfrontierten.

Der langjährige Chef der Mordkommission im Essener Präsidium war drei Jahre zuvor pensioniert worden, aber der Kriminaldirektor a. D. schaute regelmäßig bei seinen ehemaligen Kollegen vorbei – und erkundigte sich nach Neuigkeiten in den Fällen »Dönges« und »Reimer«. So manches Mal sah man ihn über alten Akten brüten. Ihn plagte nach wie vor das ungute Gefühl, den entscheidenden Hinweis vielleicht doch übersehen oder überlesen zu haben. Es waren die beiden einzigen Morde, die in seiner Zeit als Leiter des 1. Kriminalkommissariats unaufgeklärt geblieben waren. Aber so tief er sich auch in den Unterlagen vergraben mochte, er wurde einfach nicht schlauer.

Er konnte nicht ahnen, dass er dem Mörder damals sehr nahe gekommen war – bis auf etwa 500 Meter. Aber der Mann, nach dem sie fieberhaft gesucht hatten, war nicht aus der Straßenbahn ausgestiegen, um zum Friedhof in Alt-Walsum zu gehen, er war einfach sitzen geblieben und weitergefahren. Der 63-Jährige war auch 12 Jahre nach den Morden nicht bereit, die Hoffnung aufzugeben. *Irgendwann kommt der Tag!*

Die Krampfadern und Entzündungen in seinem linken Unterschenkel machten ihm auch noch anderthalb Jahre nach der Operation zu schaffen. Er konnte sich zwar frei bewegen, aber es war ihm unmöglich, längere Strecken zu laufen. Immer wieder schwoll sein Bein an, und dann konnte er vor Schmerzen gar nicht mehr gehen. Eine vollkommene Ausheilung stand nicht mehr zu erwarten, sein Unterschenkel blieb dauerhaft geschädigt. Infolgedessen musste er das linke Bein ein wenig nachziehen.

Er besuchte die Hansens nur noch selten. Rolf und Helga hatten mittlerweile nochmal Nachwuchs bekommen, Johannes war jetzt ein knappes Jahr alt. Sein Verhältnis zu Bianca war merklich abgekühlt, weil sie in den letzten Monaten immer wieder merkwürdige Fragen gestellt hatte: »Warum hast du keine Freundin?« »Warum hast du nicht geheiratet?« »Warum soll ich dich da immer anfassen?« Und dann hatte die nun Achtjährige ihm ihre ganze Verzweiflung entgegengeschleudert, als er sie wieder mal unter dem T-Shirt betatschen wollte: »Lass das! Ich will das nicht mehr!«

Die Worte seiner Freundin hatten ihn an der verwundbarsten Stelle seiner kranken Seele getroffen. Wieder hatte er sich diesem abgrundtiefen Hass, dieser bedrückenden Ohnmacht, dieser aufbrechenden Verbitterung erwehren müssen. Liebend gerne hätte er ihr seine zittrigen Hände um den zarten Hals gelegt und erbarmungslos zugedrückt – so wie bei den anderen Mädchen und Frauen, die ihn beleidigt und erniedrigt hatten. Nur mit Mühe hatte er sich beherrschen können und war wortlos abgezogen. Den Hansens war sein Verhalten komisch vorgekommen, aber sie hatten nicht nachgefragt, auch nicht bei Bianca.

1975 war überhaupt kein gutes Jahr für ihn: Die erheblichen Gehbeschwerden behinderten ihn nach wie vor; Susanne, die Sechsjährige aus dem Nachbarhaus Nummer 7, war mit ihren Eltern in einen nördlichen Stadtteil Duisburgs gezogen; es gelang ihm kaum, Kontakt zu anderen kleinen Mädchen aufzunehmen. Und es war ihm noch immer nicht gelungen, ein Kind unbemerkt in seine Wohnung zu locken, um es dort zu töten und zu zerhacken.

Über Wochen und Monate beobachtete er sie. Um ihr nahe sein zu können, ging er in den Hof hinunter und schraubte an seinen Mopeds herum, obwohl dazu gar kein Anlass bestand. Während sie mit ihrem Bruder oder anderen Kindern spielte, konnte er das Mädchen anglotzen, ohne dabei aufzufallen. Wenn das Kind an einem Geländer herumturnte, konnte er seinen Blick nicht mehr abwenden: Der sich dehnende zarte Körper faszinierte ihn. *Wie das wohl schmeckt?*

Tanja Bracht wohnte seit ihrer Geburt im Haus Nummer 3 und hatte sich in den vergangenen zwölf Monaten soweit entwickelt, dass sie für ihn interessant geworden war. Aus einem zunächst diffusen Interesse war schließlich Zuneigung geworden, und je häufiger er in ihrer unmittelbaren Nähe sein konnte, desto stärker gebärdete sich sein Verlangen. Er wollte mit ihr zusammenkommen, sie besitzen. Besonders gefielen ihm ihr schlanker Körper und die schulterlangen blonden Haare, die die Vierjährige meistens zu zwei Zöpfen gebunden trug.

Aber es gelang ihm nicht, sich dem Mädchen zu nähern, ohne dass ihre Eltern oder andere Kinder zugegen waren. Er kannte nicht einmal ihren Namen. Nur ein einziges Mal war er ihr allein begegnet, als sie im Treppenhaus an ihm vorbeigelaufen war. Er war so überrascht gewesen, dass ihm vor lauter Aufregung nichts eingefallen war, was er hätte sagen sollen oder hätte tun können.

Er hatte schlecht geschlafen, dabei stark geschwitzt und spürte wieder diesen stechenden Kopfschmerz. Um kurz nach 10 Uhr stand er auf, wechselte seine Unterwäsche und schluckte zwei Schmerztabletten. Er schmierte sich ein Brot mit Honig und trank dazu zwei Tassen Kaffee. Heute konnte er sich den Tag über Zeit lassen, er würde erst gegen 21.15 Uhr mit seinem Moped losfahren müssen, um rechtzeitig zum Beginn der Nachtschicht im Werk zu sein.

Der Kopfschmerz ließ langsam nach. Jetzt fühlte er sich besser. Er wollte etwas lesen und nahm ein Buch aus dem Regal im Wohnzimmer. Der Titel: »Hypnose bei Mensch und Tier.« Dass er genau dieses Buch auswählte, hatte einen triftigen Grund. Er hatte nämlich die Idee entwickelt, sein nächstes Opfer zu hypnotisieren und dann in seine Wohnung zu schleppen. Nach einer halben Stunde klappte er das Buch zusammen und stellte es zurück ins Regal. Er war enttäuscht, denn er wusste immer noch nicht, wie das funktionieren sollte.

Den Rest des Vormittags spielte er Schallplatten ab, deutsche Volksmusik. Gegen 13 Uhr wärmte er sich den Rest Ravioli vom Vortag auf. Mittlerweile hatte sich seine Wohnung wieder aufgeheizt, draußen wurden Temperaturen bis zu 34 Grad gemessen. Erschöpft legte er sich auf die braune Couch und schlief ein.

Nach einer halben Stunde schreckte er aus dem Schlaf hoch. Es musste ein Geräusch gewesen sein, jedenfalls glaubte er, etwas gehört zu haben. *Vielleicht sind die Blagen wieder an meinem Mofa zugange!* Er ging auf den Dachboden, um sich zu vergewissern. Noch etwas benommen blickte er auf den Hof. Mit einem Mal war er hellwach. Das blonde Mädchen mit den Zöpfen tobte mit ihrem Bruder und einem älteren Mädchen über den Hof, die nackten Kinder sprangen immer wieder in die kleine Plastikbadewanne, um sich abzukühlen. Er ließ Tanja nicht mehr aus den Augen. Während er sie minutenlang anstarrte, schoss ihm immer wieder derselbe Gedanke durch den Kopf: *Die schnapp' ich mir!*

37

Er zuckte zusammen. Jemand schellte an der Wohnungstür. Zweimal kurz hintereinander. Schnell nahm er den Deckel, der links neben ihm auf dem Küchentisch lag, und drückte ihn auf den blauen Kochtopf. Niemand sollte sehen können, was für eine Mahlzeit er gerade vorbereitete. Dann schellte es wieder. Diesmal ohne Unterbrechung und mehrere Sekunden lang. Instinktiv spürte er, dass etwas nicht in Ordnung war, dass Gefahr drohte. Ihm wurde heiß und kalt.

Das letzte Mal war in den späten Nachmittagsstunden am Tag zuvor bei ihm geklingelt worden. Ein Junge und ein Mädchen hatten vor der Tür gestanden und nach dem vermissten Kind gefragt. Alle Welt suchte nach Tanja Bracht. Immer noch. Doch nur er wusste, was mit ihr passiert war.

Er schlich leise zur Wohnungstür und horchte. Nichts. Er erschrak fürchterlich, als plötzlich heftig an der Tür geklopft wurde. »Kriminalpolizei. Öffnen Sie die Tür!« *Kriminalpolizei.* Es dauerte einen Moment, bis er begriffen hatte, wer da vor seiner Tür stand. *KRIMINALPOLIZEI!* In Sekundenbruchteilen schossen ihm unheilvolle Gedanken durch den Kopf: *Die kommen wegen dem Kind. Die kommen, um mich zu holen. Jetzt is' alles aus!*

»Öffnen Sie bitte die Tür. Wir wissen, dass Sie zu Hause sind!« Die Stimme war energischer und lauter geworden. Sein Mund war trocken, der Puls raste, seine Hände begannen zu zittern. Dann wieder dieses eindringliche Klopfen, das regelrechte Schockwellen in ihm auslöste. Er hielt es nicht mehr aus und öffnete die Tür einen Spaltbreit.

»Guten Morgen. Giesberg mein Name. Kripo Duisburg. Das ist mein Kollege Rode. Sind Sie Herr Kroll?«

Er nickte nur kurz.

»Können wir mal reinkommen?«

Wieder nickte er und trat einige Schritte zurück, als die Beamten die Tür aufdrückten. Hans Giesberg und Klaus Rode arbeiteten nicht beim 1. Kriminalkommissariat, das insbesondere für »Todesermittlungsverfahren« zuständig war. Sie machten an diesem Samstag »Bereitschaftsdienst« für die Kriminalwache des Duisburger Präsidiums. Der 43-jährige Hans Giesberg war Experte für Einbrüche, Klaus Rode, drei Tage zuvor 38 geworden, ermittelte gewöhnlich gegen Drogendealer.

Ein älteres Ehepaar aus dem Haus hatte den Beamten kurz zuvor von dem verstopften Abflussrohr in ihrer Toilette erzählt und von den »Gedärmen eines Karnickels«, die sie aus dem Toilettentopf gezogen hatten. Die »Sauerei« war einem Mitbewohner des Hauses zugeschrieben worden, der am Tag zuvor geschlachtet haben wollte. Dass es sich hier nicht um einen lapidaren Nachbarschaftsstreit handelte, war den Beamten spätestens aufgegangen, als sie in der Mülltonne die Überreste des angeblichen Kaninchens inspiziert hatten. Was sie unter Abfallresten hervorgezogen hatten, war nicht tierischen, sondern zweifelsfrei menschlichen Ursprungs. Klaus Rode war bei diesem Anblick übel geworden, Hans Giesberg hatte nur mit dem Kopf geschüttelt. Was vor ihnen auf dem Bürgersteig gelegen hatte, musste von dem vermissten Mädchen stammen.

Die Beamten musterten den Verdächtigen, der ihnen nun mit gesenktem Kopf gegenüberstand: blau-weiße Badeschlappen, braune Shorts, gelbliches verwaschenes Hemd, Dreitagebart. Der Mann machte einen schmuddeligen Eindruck, in der Wohnung roch es unangenehm.

Hans Giesberg begann Fragen zu stellen: »Was haben Sie denn da in den Müllcontainer geschmissen?«

Kroll starrte verlegen auf den Boden. »Hab 'n Karnickel geschlachtet.«

»Das sind aber nicht die Gedärme eines Kaninchens. Nie und nimmer!«

Keine Antwort.

»Haben Sie das kleine Mädchen, die Tanja Bracht gesehen?«

Kroll stand noch immer im Flur, während die Ermittler sich einen ersten Überblick verschafften. Als keine Antwort kam, hakte Klaus Rode nach. »Herr Kroll, haben Sie nicht verstanden! Wo ist das Mädchen?«

»Weiß nich'.«

»Klaus!« Hans Giesberg winkte seinen Kollegen heran und zeigte wortlos auf das Bett im Schlafzimmer. Auf dem Laken befanden sich deutliche und frische Spuren von Kot und Blut. Dann wandte er sich wieder dem Verdächtigen zu: »Was haben Sie mit dem Kind gemacht!«

Kroll setzte sich in den Sessel und ließ den Kopf hängen. Nach einer Weile begann er verlegen zu flüstern: »Ich hab se gestern mit in die Wohnung genommen.«

»Herr Kroll, sprechen Sie bitte etwas lauter, wir können Sie nicht verstehen. Also: Was haben Sie mit dem Kind gemacht?«

»Mit in die Wohnung is' se gekommen. Gestern Nachmittag. Hab' se auf'm Bett nur so gedrückt. Und plötzlich is' se tot gewesen.«

»Wo ist die Leiche?«

Kroll zögerte.

Hans Giesberg wurde ungeduldig: »Guter Mann, das hat keinen Kopf und keinen Arsch. Was haben Sie mit der Leiche gemacht!«

Kroll schaute die Beamten nicht an, sondern zeigte nur mit der rechten Hand in Richtung Küche. Dann nuschelte er: »Sehen se doch mal in der Tiefkühltruhe nach.«

Hans Giesberg ging in die Küche, öffnete die Tiefkühltruhe, schaute hinein und schlug den Deckel sofort wieder zu. Er brauchte eine Weile, um wieder einen klaren Gedanken fassen zu können. Er hatte sich immer für einen abgebrühten Kriminalisten gehalten, aber das war zu viel. Hans Giesberg dachte an seine beiden Töchter, die fünf und sieben Jahre alt waren. »Klaus, das musst du machen! Ich schaff' das nicht!« Er hielt es einfach nicht mehr aus und rannte in den Hausflur.

Klaus Rode passte das gar nicht. Aber es blieb ihm nichts anderes übrig. Einer musste es tun. Er ging vom Schlafzimmer aus in die Küche und öffnete vorsichtig die Eistruhe. Klaus Rodes schlimmste Befürchtungen wurden noch übertroffen, er war schockiert. Augenblicklich schossen ihm Tränen in die Augen. Vor ihm lag der Kopf des kleinen Mädchens, tiefgefroren, in einer Plastiktüte verpackt. Etwas benommen drehte er sich um und bemerkte auf dem Herd einen blauen Kochtopf, den er bis dahin übersehen hatte, aus dem aber etwas herausragte: Es waren die Finger einer Kinderhand. Spezialisten der Mordkommission sollten später zwei Hände, zwei Füße, einen Unterarm und einen Oberarm zählen, die im Wasser des Kochtopfs in einer übel riechenden Brühe schwammen.

»Ich habe auf der Wache angerufen. Die kommen gleich.« Hans Giesberg hatte sich wieder gefangen und den Leiter des 1. Kriminalkommissariats benachrichtigen lassen. Klaus Rode saß am Küchentisch und war kreidebleich.

Die Beamten warteten das Eintreffen ihrer Kollegen ab und bewachten den Verdächtigen, der scheinbar teilnahmslos mit hängenden Schultern in seinem Sessel hockte und schwieg. Schließlich wurde er abgeführt und ins Polizeipräsidium gebracht. Wenig später saß er zwei Ermittlern der Mordkommission gegenüber, die unverzüglich aufgestellt worden war.

Inzwischen hatten sich die Vorkommnisse in Windeseile in der Nachbarschaft herumgesprochen. Vor dem Haus Nummer 11 in der Friesenstraße versammelte sich eine größere Menschenmenge. Alle standen sie unter Schock, waren entsetzt, wollten dem »Schwein« an den Kragen, ihn »aufknüpfen«.

Hans und Petra Bracht saßen wie betäubt im Wohnzimmer, die Nachricht vom Tode ihrer Tochter hatte sie getroffen wie ein Keulenschlag. Die Kriminalbeamten hatten ihnen auch verstörende Details mitteilen müssen. Tanjas Eltern hatten ein Recht, alles zu erfahren, auch wenn es den Verstand lähmte, ihre Widerstandskräfte überforderte.

Derweil begann in den späten Nachmittagsstunden im Zimmer 335 des Präsidiums die Vernehmung:

»Name?«

»Kroll.«

»Vorname?«

»Joachim Georg.«

»Wann sind Sie geboren?«

»Am 17. April 1933.«

»Wo?«

»In Hindenburg, das is' in Oberschlesien.«

»Familienstand?«

Kroll zögerte. Er war sich nicht sicher, was genau gemeint war. Der Beamte half nach: »Sind Sie verheiratet oder geschieden?«

»Hab' nie geheiratet.«

Nachdem die Beamten ihn ausführlich über seine »Rechte als Beschuldigter im Ermittlungsverfahren« aufgeklärt hatten, begann Kroll von dem Verbrechen an Tanja Bracht zu erzählen. Schüchtern. Leise nuschelnd. Bruchstückhaft.

Aus dem Protokoll:

»(...) Danach setzte ich mich in einen Sessel und schlief für kurze Zeit ein. Nachdem ich erwachte, ging ich auf den Hof und sah nach meinem Moped. Am Auspuff habe ich dann eine Schraube festgezogen. Auf dem Hof spielten Kinder.

Das kleine Mädchen war bei den Kindern. Zu diesem Zeitpunkt, es kann so zwischen 13.00 und 13.30 Uhr gewesen sein, habe ich zu den Kindern nur kurz hingeschaut und mich nicht weiter um sie gekümmert. Sexuelles Verlangen nach Kindern hatte ich zu diesem Zeitpunkt noch nicht. Ich bin dann in meinen Keller gegangen und habe dort aufgeräumt. Es mag so gegen 15.30 Uhr gewesen sein, als ich meinen Keller verließ und nach oben in meine Wohnung gehen wollte. (...)

Unten im Flur des Erdgeschosses traf ich dann das kleine Mädchen.

Frage: War dieses Mädchen schon einmal in Ihrer Wohnung?

Antwort: Nein, dieses Mädchen nicht.

Frage: Zeugen haben aber gesagt, daß dieses Mädchen angeblich schon des öfteren in Ihrer Wohnung war. Was sagen Sie dazu?

Antwort: Das stimmt nicht. Das Mädchen war zum ersten Mal in meiner Wohnung.

Die Familie Morawetz hat ein Mädchen, das auch noch klein ist. Wie alt dieses Mädchen ist, kann ich nicht sagen. Das Mädchen, das ich im Hausflur antraf, verkehrt bei dieser Familie und spielt mit deren Kind. Daher kannte ich das Kind vom Ansehen. Das Mädchen muß mich auch gekannt haben. Es kam auf mich zu, obwohl ich es nicht ansprach. Als das Mädchen bei mir stand, habe ich es über den Kopf gestreichelt und gefragt, ob es mitginge. Ich habe ihm auch gesagt, daß ich Schokolade in der Wohnung habe, die ich ihm geben wolle. Ich faßte das Mädchen an der Hand und ging mit ihm nach oben. Das Mädchen ging ohne weiteres mit.

Frage: Warum nahmen sie das Mädchen mit in die Wohnung?

Antwort: Für mich war das eine Gelegenheit, mit dem Kind zu schmusen und mich dabei zu befriedigen.

Die Idee kam mir spontan, als ich das Kind im Treppenhaus sah. Als ich mit dem Kind nach oben ging, ist uns im Treppenhaus niemand begegnet. Ich schloß meine Wohnungstür auf und ging mit dem Mädchen hinein. Es ist freiwillig mitgegangen. Meine Wohnungstür habe ich zugedrückt und den oben sitzenden Riegel vorgeschoben, so daß keiner in meine Wohnung kommen konnte.

Danach habe ich das Kind auf den Arm genommen, ins Schlafzimmer getragen und dort auf mein Bett gelegt. Das Kind war nur mit einem Schlüpfer bekleidet. Bis hierher hat sich das Kind weder gewehrt noch unnormal verhalten. Das Mädchen lag quer über dem Bett, die Beine baumelten über der Bettkante nach unten in Richtung Tür. Wenn ich Beine sage, meine ich die Unterschenkel.

Mit dem rechten Arm habe ich es untergefaßt. Ihr Genick lag auf meinem rechten Oberarm. Zunächst habe ich das Kind mit der linken Hand nur am Kopf gestreichelt. Ich wurde dabei geschlechtlich erregt, und mein Glied versteifte sich. Wir lagen nur ein paar Minuten. Es mögen so 5-10 Minuten gewesen sein. Ich wurde dabei immer erregter. Mit meiner linken Hand holte ich mein Geschlechtsteil aus der Hose. Es ragte vorn aus dem Hosenschlitz. Es handelte sich hierbei nur um meinen Penis. Der Hodensack war noch in der Hose. Während des Streichelns wollte das Mädchen immer wieder aufstehen. Ich habe es aber festgehalten. Nach meiner Meinung hat das Kind meinen entblößten Penis nicht gesehen, weil wir lagen.

Frage: Warum haben Sie das Kind nicht aufstehen lassen? Hat das Kind während dieses Vorgangs schon geschrien?

Antwort: Ich wollte mich unter allen Umständen befriedigen. Zu diesem Zeitpunkt hat das Kind noch nicht geschrien. Mein Verlangen wurde heftiger, und ich streichelte mit der linken Hand über die Hose in Höhe des Geschlechtsteiles des Kindes. Das Kind wehrte sich jetzt heftiger und fing an zu schreien.

Als das Kind zu schreien anfing, versuchte ich es zu beruhigen. Das gelang mir aber nicht. Das Kind schrie weiter. Es handelte sich hier um ein Schreien mittlerer Lautstärke. Ich war geschlechtlich sehr erregt. Ich wollte einerseits trotz der Gegenwehr und des Schreiens mich befriedigen und anderseits nicht auffallen. Ich meine damit, daß die Polizei nicht von den Nachbarn auf Grund des Schreiens informiert würde. Als das Kind nun lauter schrie, habe ich mit der linken Hand um ihren Hals gefaßt und feste zugedrückt. Ich habe so zugefaßt, daß der Daumen auf der einen und die vier Finger auf der anderen Seite des Halses zu liegen kamen.

Mir kam der Gedanke, daß ich das Kind töten müßte, um nicht aufzufallen. Auch muß ich hier erwähnen, daß es mir einmal um das Nichtauffallen und zum anderen um die Befriedigung ging. Beim Zudrücken habe ich gedacht, das Kind mußt du umbringen. Ich habe dann auch bewußt so lange mit aller Kraft zugedrückt, bis das Kind sich nicht mehr rührte und keinen Ton mehr von sich gab. Ich habe bewußt nicht nur abgewartet, bis das Kind bewußtlos war, sondern nach meiner Meinung so lange zugedrückt, bis das Kind tot war.

Frage: Haben Sie vorher daran gedacht, das Kind zu töten, um es dann zu zerschneiden?

Antwort: Nein.

Frage: Sie werden hier nochmals gefragt. Haben Sie das Kind bewußt, also mit Wissen und Wollen durch Würgen getötet, um Ihren Geschlechtstrieb zu befriedigen und um nicht aufzufallen?

Antwort: Ja.

In dem Moment, als ich mit der linken Hand das Kind würgte, lag es noch mit dem Kopf auf meinem rechten Oberarm. Mit dem rechten Unterarm hielt ich es fest. Während ich es nun würgte, stützte ich mich auf meinen rechten Arm und zog diesen unter dem Kopf des Kindes weg. Während ich es weiter würgte, erhob ich mich und kam nun zwischen den Beinen des Kindes vor dem Bett zu stehen. Mit der rechten Hand zerrte

ich nun den Schlüpfer des Kindes bis unterhalb der Knie herunter. Während ich mit der linken Hand das Kind weiter würgte, drückte ich mein Geschlechtsteil gegen das ihrige und kam auch sofort zum Samenerguß. Ich habe mich auf das Würgen stark konzentriert. Ich kann daher nicht sagen, warum es bei mir so schnell zum Samenerguß kam. Ich weiß auch nicht, ob ich das Kind dabei an der Scheide verletzt habe. Ich kann auch nicht sagen, ob mein Penis in der Scheide des Mädchens war. Nach dem Samenerguß war das Mädchen schon tot. Ich hatte auf jeden Fall den Eindruck. Es rührte sich nicht mehr.
Ich meine, sie war tot, weil sie sich nicht mehr bewegte. Ich habe nicht noch den Puls gefühlt oder gar mein Ohr auf ihre Brust gelegt, um zu hören, ob ihr Herz noch schlägt. Mir war auch recht, daß sie tot war, weil sie sonst als Zeuge gegen mich hätte aussagen können. Als das Mädchen nun meiner Meinung nach tot war und auf dem Bett lag, habe ich zunächst den Schlüpfer ganz ausgezogen. Mir kam nun der Gedanke, das Mädchen in kleine Stücke zu zerschneiden und zu zerhacken, um es in kleinen Teilen im Tiefkühlschrank unterzubringen.

Frage: Wieso kamen Sie auf die Idee, das Kind im zerhackten Zustand tiefgekühlt zu lagern?

Antwort: Ich wollte nicht, daß die Leiche anfängt zu stinken.«

Dann schilderte Kroll detailliert, wie er den Leichnam »auseinandergenommen« hatte. Anschließend versuchte er den sich schaudernden und um Fassung bemühten Ermittlern sein weiteres Vorgehen zu erklären:

»Die Leichenteile habe ich dann in meinen Gefrierschrank gepackt. Ich habe sie sorgfältig in die dortigen

Drahtkörbe gelegt. Nicht nur die eigentlichen Teile, sondern auch den überwiegenden Teil der Innereien wie Leber, Lunge, Nieren habe ich dazu gelegt. Mir kam nun der Gedanke, daß man einmal probieren müßte, wie Menschenfleisch schmeckt. Ich habe beide Hände, beide Füße und einen Unter- und Oberarm in einen Kochtopf getan, die Teile mit Wasser begossen und sie gekocht.

Frage: Wollten Sie die ganze Leiche aufessen?

Antwort: Ich wollte zunächst einmal probieren. Wenn das Fleisch geschmeckt hätte, dann hätte ich die ganze Leiche nach und nach aufgegessen. Als es aber nicht schmeckte, habe ich es mir dann anders überlegt.

Als das Fleisch etwa eine halbe Stunde gekocht hatte, nahm ich jedes Teil, also beide Füße, beide Hände und beide Teile des Armes heraus und probierte durch einen jeweiligen Biß. Ich habe jeden Bissen mehrere Male gekaut. Als es mir nicht schmeckte, habe ich die Bissen wieder ausgespuckt. Nun kam ich von meinem Plan ab, die Leiche nach und nach zu verspeisen.

Ich hatte mir noch keine Gedanken darüber gemacht, was ich nun, nachdem mir das Fleisch nicht schmeckte, mit den Leichenteilen machen sollte. Zunächst hätte ich die Teile sicher im Gefrierschrank belassen.

Nach der Zerteilung der Leiche habe ich aufgewischt und kleinere Knochensplitter in einen Eimer getan. Die Därme und die Knochensplitter habe ich in die Toilette geworfen und abgezogen. Die ganze Sache hat etwa zwei Stunden gedauert.

Nachdem ich fertig war, schellte es an meiner Tür. Ich öffnete. Die kleine Tochter der Familie Morawetz und ein mir unbekannter Junge standen vor der Tür und fragten mich nach dem Mädchen. Ich sagte ihnen, es sei nicht bei mir.

Frage: Warum fragten die Kinder ausgerechnet bei Ihnen?

Antwort: Ich weiß es nicht.

Nachdem die Kinder weg waren, habe ich mir Brote geschmiert und bin gegen 18.00 Uhr zu meinem Arbeitskollegen Rolf Hansen gefahren. Hier blieb ich bis ungefähr 21.00 Uhr und suchte dann meine Arbeitsstelle auf. Ich habe dann bis heute morgen 6.00 Uhr gearbeitet. Ich fuhr dann nach Hause und legte mich ins Bett. Vorher habe ich noch einmal in den Kochtopf mit den Leichenteilen geschaut. Oben schwammen Häute von den Füßen und den Händen. Die habe ich herausgenommen und ebenfalls in die Toilette geworfen.

Frage: Warum haben Sie die Teile im Topf gelassen?

Antwort: Ich wollte die Teile nochmals kochen und dann wieder probieren. Da mir bekannt ist, daß man Fleisch mindestens zwei bis zweieinhalb Stunden kochen muß, dachte ich mir, daß es noch nicht gar war. Vielleicht hätte es mir dann besser geschmeckt.

Gegen 9.00 Uhr kam die unter mir wohnende Frau Falenski zu mir herauf und bat mich, mal runter zu ihrem Mann zu kommen. Das machte ich auch. Herr Falenski fragte mich, was ich für Därme in meine Toilette geschmissen hätte. Ich sagte ihm, ich hätte irgend etwas geschlachtet. Er sagte dann zu mir, daß seine Toilette verstopft sei, er habe die Därme aus dem Abfluß gezogen. Er hatte die Därme in einem Topf und sagte mir, ich solle sie gefälligst in die Aschentonne werfen. Dies habe ich dann auch gemacht. Wenig später kam dann die Kriminalpolizei in meine Wohnung und fragte mich nach dem vermißten Kind. Ich habe die Tat nach einiger Zeit auch zugegeben.«

Bei dieser Version blieb Kroll – auch bei seiner richterlichen Vernehmung am 4. Juli. Doch Friedhelm Kontermann, Chef der

Mordkommission, zweifelte. Der 44-jährige Kriminalhauptkommissar hatte der Vernehmung beigewohnt und formulierte seine Einschätzung und Konsequenzen in einem Vermerk: »Gestern abend habe ich mit KOK (= Kriminaloberkommissar, Anm. d. Autors) Menzel den Fall Bracht besprochen. Das Vernehmungsteam ist angewiesen worden, keinerlei Reaktionen wie Abscheu, Ekel u. ä. zu zeigen. Heute habe ich Kroll zum ersten Mal bei der Vernehmung erlebt. Er spricht leise und wenig, ja oft einsilbig. Zu ganzen Sätzen muß man ihn ermutigen. Im Detail ist er in der Sache Bracht noch immer unaufrichtig. Die volle Wahrheit dürfte er noch nicht gesagt haben.«

Noch am selben Tag wurden die Medien durch den Staatsanwalt und den Leiter der Mordkommission über die Vorkommnisse in der Friesenstraße 11 und den Stand der Ermittlungen informiert. Ausdrücklich nahm der ermittelnde Staatsanwalt die Eltern Tanjas in Schutz: »Man kann den Eltern des getöteten Kindes nicht den geringsten Vorwurf machen, dass sie ihre Aufsichtspflicht verletzt hätten. Tanja spielte zusammen mit anderen Kindern auf einem von der Straße nicht zugänglichen Hinterhof. Hier konnte sie auch von der elterlichen Wohnung her beobachtet werden. Die Eltern waren zu Hause. Das ganze ist eine furchtbare Tragödie.«

Am nächsten Tag machte der Fall bundesweit Schlagzeilen: »Staatsanwaltschaft spricht von einem entsetzlichen Fall von Kannibalismus.« »Mörder kochte Leichenteile seines Opfers.« »Kind vom ›lieben Onkel‹ ermordet.« »Im Sexrausch das Opfer zerstückelt.« »Mädchen grausam ermordet.« »Kleines Mädchen erwürgt, zerstückelt und gekocht.« »Grausamster Kindesmord in der Kriminalgeschichte.«

Zu diesem Zeitpunkt konnte niemand ahnen, dass die Aufklärung einer der düstersten Mordserien der deutschen Kriminalgeschichte kurz bevorstand – auch die überaus akribischen Ermittler der Duisburger Kripo nicht.

38

21 Jahre, vier Monate und 27 Tage waren seit Krolls erstem Mord vergangen. Er hatte schon nicht mehr damit gerechnet, dass sie ihn eines Tages doch noch schnappen würden. Und er hatte sich den Tag X immer ganz anders ausgemalt: dramatischer, brutaler. Doch das Gegenteil war der Fall gewesen: Zwei Polizisten hatten bei ihm geschellt, ein paar Fragen gestellt, und er hatte genau so reagiert, wie es von ihm befürchtet worden war. Es hatte nicht länger als eine halbe Stunde gedauert.

Allerdings wunderte er sich, dass er nicht angebrüllt und auch nicht geschlagen worden war – wie einst der »Sittentäter« auf der Polizeiwache, der von den Polizisten wie ein räudiger Hund erbarmungslos zu Tode geprügelt worden war. Stundenlang hatte er darauf gewartet, dass ihn die Beamten an einen Lügendetektor anschließen würden, um ihn durch heftige Stromstöße zu einem Geständnis zu zwingen. Sein Vater hatte ihm schließlich von solchen Gestapo-Methoden erzählt, die gegen abgestürzte amerikanische Flieger angewandt worden waren. Aber nichts dergleichen war passiert.

Statt dessen kümmerten und bemühten sich die Beamten um ihn. In regelmäßigen Abständen besuchten sie ihn in seiner winzigen Zelle des Präsidiums oder brachten ihn in ein Zimmer im dritten Stock, um dort zu plaudern. Es wurde kein Druck ausgeübt, es wurden keine Vorwürfe erhoben, es wurde nicht gebrüllt. Die Kriminalisten, die sein Geständnis protokolliert hatten, waren die Ersten, die Kroll geduldig zuhörten, auf ihn eingingen, ihm Zeit ließen.

Doch Kroll blieb äußerlich ungerührt, er gab sich mürrisch, wortkarg oder sprach überhaupt nicht. Schließlich versuchten die Ermittler eine andere Strategie: Alle Mitglieder der 12-köpfigen »Mordkommission Kroll« saßen an einem runden Tisch. Kroll auch. Sie hatten sich Butterbrote und Sprudel aus der Kantine mitgebracht, unterhielten sich scheinbar zwanglos über ihre Familien, Kinder, Hobbys. Sie stellten Kroll keine Fragen, beachteten ihn gar nicht. Nach etwa einer halben Stunde meldete sich jemand zu Wort, der bis dahin gar nichts gesagt hatte. »Ich mag Blasmusik«, versicherte Kroll, »am liebsten Egerländer.« Das Eis war gebrochen.

Das Verhalten der Beamten imponierte, es schmeichelte ihm. Er fühlte sich nicht als Verbrecher oder als Versager, sondern glaubte als Mensch angenommen zu werden. Und als die Ermittler ihn höflich danach fragten, »ob denn auch alles so passiert« sei, wie er es geschildert habe, öffneten sich Türen, die für ihn bis dahin fest verrammelt gewesen waren, durch die er jetzt hindurch spazieren konnte. Er verlor nach und nach die Scheu, die Angst, sich auch zu den intimsten Dingen zu bekennen, über die er zuvor mit keinem Menschen gesprochen hatte.

Am 6. Juli, kurz nach 18 Uhr, war er so weit. Die beiden Kripobeamten, die sich in den vergangenen 48 Stunden intensiv mit Kroll beschäftigt hatten, bekamen endlich Antworten. Zunächst wurde protokolliert, was Kroll über seine bizarren Gewaltphantasien preisgab: »Diese Gedanken kamen mir hin und wieder, aber nicht immer. Wenn ich allein war und wichste, habe ich oft daran gedacht, daß es schön wäre, einmal eine Frau oder ein Mädchen zu öffnen. Das hat mich sehr erregt. Auch wenn ich mit Kindern Kontakt hatte, habe ich diese Gedanken des öfteren gehabt.

Auch bei der Bianca Hansen hatte ich schon diese Gedanken, wenn ich sie an mich drückte und erregt war. Ich habe mir das aber überlegt, daß ich das bei der Bianca nicht machen konnte, weil ich ja sofort aufgefallen wäre. Gereizt hat mich das aber doch. Bei der Frau Hansen habe ich diese Gedanken nicht gehabt. Ich habe hier geschildert, daß ich in meiner Wohnung mindestens dreimal noch ein anderes kleines Mädchen aus der Nachbarschaft mißbraucht habe. Auch hier, wenn ich das Kind an mich drückte, kam mir der Gedanke, es zu töten und zu öffnen. Ich bin davor aber zurückgeschreckt, weil ich mit dem

Mädchen des öfteren Kontakt hatte und ich dadurch schnell auffallen konnte.

Ich stellte mir vor, die Kinder oder Frauen erst dann aufzuschneiden, wenn ich sie getötet hätte. Ich stellte mir vor, daß ich die Frauen oder Kinder zuerst mit meinen Händen erwürgen und ihnen dann mit einem Messer von unten nach oben den Bauch aufschneiden würde.«

Nach längerem Überlegen ergänzte er, dass sich im Laufe der Jahre seine Tötungsphantasien entwickelt und auch der favorisierte Opfertyp gewechselt habe: »Als ich mehr mit Kindern Kontakt bekam und sie zu sexuellen Spielen verführte, kam ich davon ab, daran zu denken, Frauen zu töten und aufzuschneiden. Ich habe dann nur noch daran gedacht, dies bei Kindern zu tun. Wenn ich ein Kind zufällig kennenlernte und es zum ersten Mal sah, dann hatte ich die beschriebenen Gedanken nur verschwommen. Dann habe ich nicht so stark daran gedacht, sie zu töten. Erst wenn ich ein Kind mehrmals gesehen und mit ihm Kontakt bekam und ich es liebhatte, dann wurden die Gedanken an das Töten des Kindes sehr stark.«

Wenig später bekannte er sich auch zu den tatsächlichen Motiven und Begleitumständen des Mordes an Tanja Bracht. Die Kriminalisten notierten: »(...) Ich habe am Samstag in meiner Vernehmung nicht in allen Punkten die Wahrheit gesagt. Ich bin bereit, es jetzt so zu schildern, wie es sich wirklich zugetragen hat.

Neben meiner Wohnung befindet sich ein Trockenboden, wo Wäsche aufgehängt wird. Das Fenster liegt zum Hof raus. Von dort kann ich den ganzen Hof einsehen und die Kinder beim Spielen beobachten. Da ich mein Moped hinten auf dem Hof abstelle, wollte ich in den späten Nachmittagsstunden mal nachsehen, ob mein Moped noch da ist. Ich kann die Uhrzeit nicht angeben, weil ich nicht auf die Uhr geschaut habe. Der Boden ist unverschlossen, jeder kann ihn betreten.

Als ich nach meinem Moped schaute, bemerkte ich auf dem Hof mehrere spielende Kinder. Ich sah in nicht weiter Entfernung ein Plastikplanschbecken stehen. Drin war Wasser. Die Kinder zogen ihre Hosen aus und planschten nackt im Wasser. Ich wurde dadurch geschlechtlich erregt. Die nackten Kinder reizten mich. Mein Glied versteifte sich aber noch nicht. Unter den Kindern ist mir besonders die Tanja aufgefallen. Gerade das Kind hatte ich in der Vergangenheit oft gesehen, und es gefiel mir. Ich kann sagen, daß ich es durch Anschauen regelrecht liebgewonnen habe. Ich hatte das Kind noch nie in meine Wohnung mitgenommen. Aber im Keller oder Hausflur hatte ich schon mal mit ihr gesprochen.

Ich überlegte mir nun, wie ich einen Grund finden konnte, nach unten zu gehen. In meiner Wohnung standen schon seit einiger Zeit einige Rohre vom Badeofen. Die brachte ich nun nach unten in meinen Keller. Ich habe dabei gedacht, wenn ich etwas in der Hand habe, denkt sich niemand etwas dabei, wenn ich nach unten gehe. Als ich in meinem Keller war, kamen die Tanja und deren Bruder auch in den Keller. Die Kinder sprachen mit mir. Sie stellten kindliche Fragen. Beide hatten jedoch ihre Höschen an. Der Junge hatte noch ein Hemd an. Die Tanja hatte ein weißes Unterhöschen an.

Frage: Was haben Sie gedacht, als Sie oben aus dem Fenster schauten und die Kinder nackt sahen?

Antwort: Obwohl sich beim Anblick der nackten Kinder mein Glied nicht versteifte, überlegte ich mir, wie das Kind in meine Wohnung kommen könnte. Ich dachte mir weiter, daß gerade dieses Mädchen, die Tanja, sich besonders eignete für meine früheren Gedanken. Ich meine damit die Gedanken über das Öffnen eines Kindes. Auch wollte ich mich befriedigen, dann das Kind töten, es zerteilen und einfrieren. Ich hatte da schon vor, von dem Fleisch der Tanja zu probieren.

Die Kinder gingen dann wieder nach draußen. Ich war noch erregter geworden, weil die Tanja im Keller nahe bei mir war. Ich ging nun hinterher und zog bei meinem Moped eine Schraube nach. Auch hier hatte ich wieder einen Grund, um nicht aufzufallen. Als ich die Schraube anzog, ging die Kleine von der Familie Morawetz ins Haus durch den Keller. Die Tanja folgte ihr. Ich war noch erregter, mein Glied versteifte sich aber noch nicht, und ich dachte, jetzt mußt du mal hinterhergehen, um zu sehen, ob jetzt was zu machen ist. Ganz kurz danach folgte ich der Tanja. Die Tanja stand unten an der Kellertreppe. Ich streichelte ihr über ihr schönes Haar. Ich fragte sie, ob sie mal mit nach oben kommen würde. Sie wollte mitkommen, und ich nahm sie an der Hand und führte sie nach oben.

Frage: In Ihrer Vernehmung am Samstag haben Sie angegeben, daß Sie dem Kind Schokolade versprochen haben. Stimmt das?

Antwort: Ich habe ihr nichts versprochen. Sie ist so mitgegangen. Ich war den Kindern als »Onkel« bekannt. Wahrscheinlich ist sie deshalb mitgegangen. Als ich unten das Kind anfaßte und streichelte, hatte ich wieder die Idee, mich bei dem Kind zu befriedigen und zu schauen, wie es von innen aussieht.

Frage: Wollten Sie das Kind töten?

Antwort: Ja. Nur dann kann ich es aufschneiden und sehen, wie es von innen aussieht. Den Plan hatte ich wirklich von Anfang an.

Als ich daran dachte, versteifte sich mein Glied schon etwas. Ohne von den Nachbarn gesehen zu werden, kam ich mit dem Kind in meine Wohnung. Ich führte das Kind ins Schlafzimmer. Es ging freiwillig mit. Ich habe das Kind auf den Arm genommen und mit ihr rumgeschmust. Ich habe sie auch geküßt. Aber das Kind hat sich gewehrt und wollte weg.

Was dann folgte, ich meine im Schlafzimmer, stimmt so, wie ich es bereits am Samstag gesagt habe. Als ich mein Glied vor ihrer Scheide hatte und sie würgte, dachte ich wieder daran, daß ich das Kind gleich öffnen werde. Darum kam es bei mir so schnell. Ich habe das Kind dann erwürgt und wie schon geschildert in die Küche getragen und auseinandergeschnitten. (....)«

Die Beamten fragten zum Ende der Vernehmung nochmals nach dem Motiv für seine Gräueltat. Kroll fasste zusammen: »Ich gebe ganz klar an, daß ich das Kind heraufgeholt habe, um mich zu befriedigen, es aufzuschneiden und davon zu essen. Ich hatte diesen Plan von Anfang an.«

39

Mehr wollte Kroll nicht sagen, weitere Morde bestritt er vehement. »Hab' doch nix gemacht«, beteuerte er. Friedhelm Kontermann und seine Kollegen vermuteten indes »die Spitze eines Eisbergs«. Ein derart scheußliches Verbrechen war keine »Einstiegstat«, sondern mutmaßlich der Höhepunkt einer Serie von Morden und einer »hochgradig delinquenten Karriere«. Die Ermittler dachten insbesondere an die immer noch unaufgeklärten Verbrechen an zwei Mädchen aus Walsum und Dinslaken, begangen im Sommer 1962.

Die Kommission beschloss, einen Psychologen hinzuzuziehen. Dr. Horst Adams, emeritierter Professor und langjähriger Gerichtsgutachter, sollte prüfen, ob Kroll tatsächlich für weitere Taten infrage kam. Außerdem hofften die Fahnder, der 65-Jährige könne den Kontakt wiederherstellen – denn Kroll war nicht mehr ansprechbar.

Dr. Adams wurde Kroll am Vormittag des 7. Juli vorgestellt. Das Gespräch dauerte eine knappe Stunde, doch auch der Experte für die Abgründe der menschlichen Seele fand keinen Zugang. Allerdings bestätigte Dr. Adams die Annahme der Ermittler, Kroll habe »höchstwahrscheinlich« mehr auf dem Kerbholz. Friedhelm Kontermann war enttäuscht, er hatte sich wesentlich mehr erhofft.

Nachmittags wurde Kroll aus seiner Zelle vorgeführt. Die Beamten sprachen mit ihm über allgemeine Dinge, die ebenfalls erörtert werden mussten: Aufenthaltsorte, Arbeitsverhältnisse, Schulbildung. Mitten in die Vernehmung hinein, ohne dass darüber gesprochen oder etwas angedeutet worden war, nuschelte er plötzlich: »An 'nem Baggerloch beim Wohnheim hab' ich mal Leuten beim Poppen zugesehen. Da hab' ich auch einen abgestochen.« Minuten später erzählte Kroll den erstaunten Beamten vom Mord an dem Maschinenbaupraktikanten Roman Berthold im August 1965 – im Flüsterton, ohne jede äußere Regung. Bis dahin hatten die Kriminalisten angenommen, Kroll sei vornehmlich für »Taten mit kleinen Mädchen gut«. Der Mord an dem damals 25-Jährigen passte nicht ins Bild. Das Phänomen Kroll blieb den Kripobeamten ein Rätsel. Keines der gängigen Schemata wollte auf ihn passen.

Auch nach seinem zweiten Mordgeständnis reagierte Kroll anders als erwartet. Er war nicht gelöst und auch nicht erleichtert, sondern niedergeschlagen. Der Kriminalobermeister Thomas Wippermann nahm sich seiner an. Der 28-Jährige versuchte, ihn aufzumuntern. Er erkundigte sich nach Krolls Mopeds, anderen Hobbys und Vorlieben, seinem Lieblingsgericht und der stattlichen Schallplattensammlung in seinem Wohnzimmer. So kam man ins Gespräch, so kam man sich näher. Anderthalb Stunden tauschten sich die beiden aus. Kroll sprach, gestikulierte, grinste, lachte. Man duzte sich.

Im richtigen Augenblick sprach ihn der Beamte an: »Achim, wenn du möchtest, kannst du dir jetzt mal alles von der Seele reden. Das muss dich doch unheimlich bedrücken. Mir kannst du es doch erzählen. Ich höre dir gerne zu.«

Kroll wurde nachdenklich. Doch er schwieg. Minutenlang. Dann nuschelte er unvermittelt in die beklemmende Stille hinein: »Die war ungefähr zehn Jahre alt.«

»Was hast du denn mit ihr gemacht?«

»Ich hab' se kaputtgemacht.« Dann folgte wieder eine lange Pause.

Nach einer Viertelstunde, in der überhaupt nicht gesprochen worden war, fügte er kleinlaut hinzu: »Da war noch eine. In Walsum.«

Dann ging es Schlag auf Schlag. Zunächst schilderte Kroll in seiner Vernehmung den Mord an Monika Reimer, begangen am 4. Juni 1962. Er sprach leise, aber flüssig, stierte dabei überwiegend auf den Boden und hielt den Kopf in die rechte Hand gestützt. Er ließ bei seinen Erzählungen nichts aus. Die Beamten hatten Mühe, sich zu beherrschen, als Kroll ohne einen Anflug von Mitleid oder Reue sein Morden zu begründen versuchte: »Als ich das Mädchen am Hals würgte, habe ich beide Daumen auf den Kehlkopf gelegt und die anderen Finger zum Hals zugehalten. Ich lag mit meinem Körper auf dem Körper des Mädchens. Die Beine des Mädchens waren auseinander. Ich weiß nicht mehr, wie lange ich zugedrückt habe. Ich habe aber auf jeden Fall so lange zugedrückt, bis es sich nicht mehr bewegt hat. Dabei habe ich mir auch das Gesicht des Mädchens angesehen. Ich habe dann gesehen, wie das Mädchen die Augen verdrehte, und auch gehört, wie es geröchelt hat. Dann merkte ich, wie das Mädchen so zusammengesackt ist.

Es hat mich interessiert zu sehen, wie ein Mensch stirbt. Ich war richtig froh, daß ich nun auch mal sehen konnte, wie ein Mensch stirbt. Als das Mädchen starb, blieben die Augen offen. Die Augen waren nach ganz oben raufgeschlagen. Man konnte bald nur noch das Weiße in den Augen sehen.«

Kroll sprach so leise, dass die Ermittler Mühe hatten, ihn überhaupt zu verstehen. Auch wenn gelegentlich energisch nachgefragt wurde, verkroch er sich nicht in seinem Schneckenhaus, er wurde nicht aggressiv und auch nicht laut. Wenn Kroll intensiv nachdachte oder grübelte, war er kaum oder gar nicht ansprechbar. Fragen, die ihm dann gestellt wurden, überhörte er, reagierte nicht. Er war wenig flexibel, es gelang ihm lediglich, sich auf eine Frage oder einen Aspekt zu konzentrieren. Alles andere überforderte ihn.

Um ein Höchstmaß an Authentizität zu gewährleisten, wurden die schwer verdaulichen Aussagen nun wortwörtlich protokolliert – soweit das möglich war. Insbesondere wurden für ihn typische Begriffe und Redewendungen wie »poppen«, »ficken«, »Schwanz« oder »Buchs« in die Vernehmungsniederschrift aufgenommen.

Schließlich schilderte Kroll die Tötung der damals 13-jährigen Ilona Dönges im April 1962, soweit er sich daran erinnern konnte. Erstmals erzählte er den Beamten auch von jener chronischen Unfähigkeit, deren Ursache er nicht kannte, die ihn aber über Jahrzehnte hinweg nicht nur in seinen Augen zum sexuellen Versager gestempelt hatte. »Ich hab' immer dieses Problem«, begann er leise zu murmeln, »daß mir vorher einer abgeht, wenn ich schon mal mit einer Frau was haben will.«

Als Kroll nichts mehr einfallen wollte, begann Friedhelm Kontermann, der sich alles mit angehört hatte, zu bohren: »Was steht denn jetzt noch aus?«

Schweigen. Dann kam doch eine Antwort: »Drei.«

»Sexualdelikte oder Morde?«

»Drei Morde.«

»Wann?«

»Bevor ich in Duisburg wohnte.«

Nachdem er sich zu diesem Bekenntnis durchgerungen hatte, wurde es wieder still. Mehr als vier Stunden waren vergangen. Emotionale und seelische Schwerstarbeit war geleistet worden – von beiden Parteien. Kroll hockte auf seinem Holzstuhl, in sich zusammengesunken, die Hände vor das Gesicht geschlagen. Er war fertig. Er wollte nicht mehr, er konnte nicht mehr. Die Fortsetzung der Vernehmung wurde auf den nächsten Tag verschoben. Es war bereits weit nach Mitternacht.

Friedhelm Kontermann hatte erkannt, dass Kroll weitere Geständnisse nur dann zu entlocken waren, wenn es gelingen würde, sich auf ihn richtig einzustellen. Strategie und Vorgehensweise mussten deshalb modifiziert werden. Nach der obligatorischen Frühbesprechung schrieb er am Vormittag des 8. Juli: »Bei der Erörterung weiterer Mordsachen im Bereich Ruhrgebiet bedarf es nun noch größerer Zurückhaltung bei den Vernehmungen, denn der wortkarge Kroll hat seine Verhaltensweise noch nicht geändert. Ich habe mit allen MK- (= Mordkommission, Anm. d. Autors) Angehörigen heute die weitere Vernehmungstaktik eingehend erörtert. Es wird wie folgt vorgegangen:

1) Die Vernehmungsteams werden neu gebildet.
2) Wird ein neuer Fall angesprochen, so darf dieses Team in der Mordsache früher selbst nicht mitgearbeitet haben. Ein zweites Team zieht die Akte oder andere vorhandene Unterlagen und steht danach mit diesem Wissen zur Verfügung, um die schon im groben niedergeschriebene Vernehmung ergänzen zu können. Auch bei der Ergänzung der Vernehmung dürfen auf keinen Fall solche Einzelheiten vorgehalten werden, die nur der Täter oder die Beamten, die den Tatbefund aufgenommen haben, wissen können.
3) Es ist beabsichtigt, Kroll mit allen MK-Mitgliedern vertraut zu machen. Der Zeitpunkt wird noch bestimmt. Er richtet sich nach seinen Stimmungen. Zum Teil sind depressive Verhaltensweisen bei ihm zu erkennen.
4) Staatsanwalt Mischko hat den Beschuldigten über die rechtliche Situation aufgeklärt.
5) Ich habe das Gefühl, daß sich Kroll an KOM (= Kriminalobermeister, Anm. d. Autors) Wippermann seelisch anlehnt. KOM Wippermann wird daher im ersten Vernehmungsteam arbeiten.

Der Sinn dieser Anordnung – Vermeidung eines ›Hineinfragens‹ – ergibt sich aus dem Wortlaut dieser Anordnung.«

Die Vernehmungsbeamten mussten ausgetauscht werden, sie hatten den Zenit ihrer Leistungs- und Leidensfähigkeit erreicht – und teilweise bereits überschritten. Kroll hatte sie mit seinen langwierigen, auch hart gesottene Kriminalisten schockierenden Bekenntnissen förmlich verschlissen; zu viele grausame Details waren ihnen entgegengeschleudert worden, und stets hatten die Beamten sich Kroll gegenüber freundschaftlich und kumpelhaft geben müssen, obwohl ihnen ganz anders zumute gewesen war. Die Nerven lagen blank. Es ging einfach nicht mehr.

Friedhelm Kontermann wollte durch seine »Anordnungen« vermeiden, dass Kroll ihnen Morde auftischen konnte, die er gar nicht begangen hatte. Denn bei einem labilen, stressanfälligen, unterwürfigen »Vernehmungstypen« wie ihm bestand die Gefahr, dass er aus purer Gefälligkeit Dinge lediglich repetierte, die ihm »vorgehalten« oder in ihn »hineingefragt« wurden. Zudem sollte Kroll *so* dazu gezwungen werden, von sich aus Detailwissen preiszugeben, über das zweifelsfrei nur der Täter verfügen konnte.

Um einen Überblick der »relevanten Delikte« zu bekommen und eine Vorauswahl treffen zu können, wurde das Landeskriminalamt in Düsseldorf ersucht, alle Sexualmorde in Nordrhein-Westfalen aufzulisten, die seit 1950 unaufgeklärt geblieben waren. Schnell war den Ermittlern klar geworden: Ein kriminalistischer Kraftakt stand bevor.

Am frühen Nachmittag des 8. Juli wurden der Presse die neuesten Erkenntnisse und Entwicklungen mitgeteilt. Was Kontermann den zahlreich erschienenen Medienvertretern mitzuteilen hatte, sollte wenig später hektische Betriebsamkeit auslösen: »Es handelt sich vermutlich um das größte Verbrechen in der Nachkriegsgeschichte der Bundesrepublik. Die Geständnisse dieses Mannes übertreffen an Schrecklichkeit alles bisher Dagewesene, Jürgen Bartsch eingeschlossen. Joachim Kroll ist einer der intensivsten Verbrecher der Kriminalgeschichte.« Anschließend bediente der Chef der Mordkommission die eifrig notierenden Journalisten mit Einzelheiten.

Bernhard Mischko begleitete die Ermittlungen der Kripo von Beginn an. Der 37-jährige Staatsanwalt hatte sich den Tatort in der Friesenstraße genau angesehen und Kroll auch persönlich bei einer der ersten Vernehmungen gegenüber gesessen. Zwei Dinge hatten ihn dabei besonders erstaunt: dass dieser Mann so unscheinbar, so harmlos wirkte, und dass er so ruhig und in ganz schlichten Sätzen diese entsetzlichen Geständnisse ablegte.

Die Pressevertreter richteten naturgemäß auch an ihn zahlreiche Fragen, unter anderem zum Verhalten Krolls und der Glaubwürdigkeit seiner Aussagen. »Die Vernehmung Krolls ist ausgesprochen weich«, erläuterte er, »er ist voller Bereitschaft, Sachen zuzugeben, wo wir ihm buchstäblich nichts vorhalten konnten. Dabei spricht er auffallend ruhig und leise. Er tut dies nicht wie jemand, der angeben will. Ich bin sicher, dass er uns nichts sagt, was er nicht auch wirklich begangen hat. Ich habe das Gefühl, dass ihm seine Geständnisse nicht leicht fallen.«

Am nächsten Vormittag wurde Kroll zu den bis dahin ausführlich gebeichteten Taten »nachvernommen«. Die Beamten mussten mitunter winzige und nebensächlich anmutende Details erfragen, um die Aussagen wasserdicht zu machen: »Was war denn da für ein Wetter?«, »Bist du dann nach rechts oder nach links gegangen?«, »Woher hattest du denn das Taschentuch?«, »Welche Farbe hatte der Schlüpfer des Mädchens?«, »Lagen die Steine nur so aufeinander oder waren die gemauert?«.

Nach dem Mittagesssen sollte es weitergehen. Kroll wurde wieder aus seiner Zelle hervorgeholt, setzte sich auf seinen Holzstuhl. Doch er beantwortete keine Fragen. Er erklärte auch nicht, warum er schwieg. Kroll saß einfach nur da und starrte auf den Boden. Nach wenigen Minuten lieferte er die Erklärung für sein Verhalten, ohne etwas sagen zu müssen: Er begann bitterlich zu weinen. Und er hörte nicht mehr auf.

Nach einer Viertelstunde brach es aus ihm heraus: »Ich war

doch immer allein. Darum is' es so gekommen.« Dann zog er sich innerlich wieder zurück und weinte. Minutenlang schluchzte er, schließlich nahm er den Gedanken wieder auf. »Wenn ich 'ne Frau gehabt hätt«, erklärte er mit kaum vernehmbarer, tränenerstickter Stimme, »wär's doch nich' passiert. Ich war doch so allein.« Anschließend sahen die etwas irritierten Beamten ihn erneut nur weinen – bis es ihm doch wieder zu viel wurde: »Die haben mich doch immer nur vernatzt. Ich wollt' se doch nur liebhaben oder poppen. Und dann haben se mich nur vernatzt. Nur vernatzt.«

Die Ermittler benötigten mehr als eine Stunde, um Kroll zu beruhigen. Sie versuchten ihn auf andere Gedanken zu bringen und sprachen über Dinge, die ihm gefielen, die ihm etwas bedeuteten: seine Stereoanlage, die Farbfernseher oder seine Mopeds. Das half. Erst hörte er nur zu, dann beteiligte er sich an dem Gespräch – mit wachsender Begeisterung. Und wieder ließ Kroll die Kriminalisten hellhörig werden, als er ohne Vorankündigung Thomas Wippermann ins Wort fiel: »Sind 'ne Menge gewesen. Mädchen und Frauen.« Kurze Zeit später wurde er deutlicher: »Is' schon lange her. War'n älteres Mädchen. Hab' se abgestochen.«

Minuten später gestand Kroll Mord Nummer fünf, die Tötung Renate Göbels am 6. Februar 1955 in einem Wäldchen nahe der Ortschaft Walstedde – sein erster Mord. Zunächst erklärte Kroll, warum er überhaupt auf der Suche nach einem Opfer war: »Als ich bei den Bauern in Oesdorf war, hatt' ich zwar auch ab und zu dies' komische Gefühl, aber dort konnt' ich dann immer an die Kühe gehen. In Bottrop ging das nich' so gut. Und irgendwie musst' ich doch meinen Drang loswerden.«

Kroll hatte die meisten seiner Opfer mit einer bestimmten Griff- und Würgetechnik überwältigt. Jetzt erklärte er, wie er darauf gekommen war: »Wenn ich beim Bauern Säcke vom Boden auf den Wagen gepackt hab', hab' ich mit der linken Hand oben, wo der zugebunden war, gepackt und den Sack zwischen den Arm und die Hüfte genommen, zugedrückt und dann auf mein Kreuz genommen. So hab' ich's dann bei den Frauen auch gemacht.«

Das 19-jährige Opfer war nicht überfallen worden, Kroll hatte versucht, sie zum Austausch von Zärtlichkeiten und mehr zu bewegen – auf seine Art. »Ich hab' das Mädchen angequatscht«, resümierte er, »weil ich es ja poppen wollt'. Kann sein, daß ich das Fickzeichen gemacht hab'; auf jeden Fall hab' ich aber gesagt, daß ich sie ficken wollt'.« Warum Renate Göbel hatte sterben müssen, erklärte er in einem Satz: »Weil mich das Mädchen ja irgendwie vernatzt hat, und weil ich so nervös war, musst' ich das Mädchen doch kaputtmachen.« Nach reiflicher Überlegung ergänzte er: »Und weil es bei mir wieder so schnell kam.«

40

Das Vernehmungszimmer der Mordkommission war nur knapp zehn Quadratmeter groß und ausgesprochen spärlich eingerichtet. An den Wänden hingen keine Bilder, sondern mehrere Stadtpläne. Auf einem alten Aktenbock unter dem Fenster stand eine Kaffeemaschine, daneben ein Radio. Krolls Geständnisse wurden auf einer abgegriffenen Olympia-Schreibmaschine getippt. Papier und Stifte lagen auf einem Beistelltisch mit blau-weiß-gewürfelter Leinendecke.

Er selbst hockte auf einem braunen Holzstuhl, die Ärmel hochgekrempelt, vier Knöpfe auf, den kahlen Schädel zumeist aufgestützt. Sein linkes Bein ruhte ausgestreckt auf einem zweiten Stuhl, die Krampfadern machten ihm immer noch zu schaffen. Tag für Tag saß er hier, meistens vormittags und nach der Mittagspause, oft neun Stunden oder länger.

Die Ermittler bemühten sich nach Kräften, ihren »Achim« bei Laune zu halten. Die Ehefrau eines Kripobeamten lieferte schon mal wunschgemäß Krolls Leibgericht: Reibekuchen mit Rübenkraut; so auch am 10. Juli. Frisch gestärkt ließ er sich die Fragen der Beamten schon eher gefallen: »Hast du schon mal etwas an einer Schachtanlage gemacht?« Wenn die Ermittler »machen« sagten, meinten sie ein Verbrechen. Er verstand das, es war seine Sprache.

Kroll überlegte. »Ja. Mhm. In Bottrop. Da war was. An der Zeche in Kirchhellen. So'n junges Mädchen. Hab' se erwürgt, glaub' ich. Ja, doch. War so.« Kroll wollte es zunächst nicht glauben: Die Beamten erzählten ihm, dass die zur Tatzeit zehnjährige Christa Enders seinen Würgeangriff überlebt hatte. Und noch etwas war aus seiner Sicht schief gelaufen. Kriminalobermeister Wippermann fragte danach: »Warum hast du an dem Mädchen nichts weiter gemacht?«

»Die lag da so. Hat sich nich' mehr bewegt. Darum hab' ich nichts gemacht. Hab' einfach keine Lust mehr gehabt.«

»Und das komische Gefühl war weg?«

»Das Gefühl hatt' ich immer noch, und es ging auch erst weg, als ich von dem Mädchen weggegangen bin. Ich konnt' irgendwie an dem Mädchen nichts mehr machen, weiß nich', warum. Ging einfach nich'. Kann ich mir heut' noch nich' erklären.«

Seine Diktion war schlicht, er berichtete über seine Morde wie andere über das am vergangenen Wochenende Erlebte: »Och, ich hab' se gesehen. Ihr Haar war schön. Dann hab' ich se den Hang runtergeschmissen.« In regelmäßigen Abständen musste einer der ihn vernehmenden Beamten das Zimmer verlassen – um Luft zu schnappen, sich abzureagieren.

Das siebte Mordgeständnis bestätigte die Einschätzung der Ermittler: »Kroll passt in keine Schablone.« Mit Ausnahme der ersten Tat hatte er alle übrigen Morde in »relativer Nähe« zu seinem damaligen Aufenthaltsort begangen. Nur hier nicht. Er war mit Straßenbahn und Zug von Duisburg aus bis nach Bottrop gefahren. Seine »Mobilität« ließ die Fahnder weitere Untaten befürchten, insbesondere außerhalb Duisburgs.

Jetzt trafen jeden Tag Streifenwagen aus verschiedenen Kreispolizeibehörden Nordrhein-Westfalens im Präsidium ein und lieferten die Akten unerledigter Sexualmorde der letzten 25 Jahre bei der Mordkommission ab. Auch die zentrale »Erfassungsstelle Leichenteile« des Bundeskriminalamts, die über 120 Fälle mit zerstückelten Leichen dokumentiert hatte, schickte ihre Unterlagen. Mehr als 300 Fälle hatte die Kommission unterdessen nach bestimmten Kriterien überprüft, 50 Morde waren herausgesiebt worden. Sie schienen auf Kroll zu passen oder ließen zumindest bedeutsame Parallelen erkennen.

Obwohl Kroll bereits sieben schwerste Verbrechen gestanden hatte, gestalteten sich die Vernehmungen auch weiterhin extrem schwierig. Mal war er nicht ansprechbar, depressiv, mürrisch, mal gab er sich gut gelaunt, aufgeschlossen – beispielsweise, wenn er »gut geschlafen« oder es ihm »gut geschmeckt« hatte. Seine Stimmungsschwankungen konnte sich niemand erklären. Kroll verstand es zwar, in seiner schlichten Sprache klar und leidenschaftslos zu formulieren, aber er blieb ein willenloser Sklave seiner Gemütsleiden.

In der Folgezeit warteten die Beamten geduldig darauf, dass er weiter auspacken würde. Oftmals wähnten sie sich am Ziel – oder wenigstens auf dem Weg dorthin. Kroll begann dann laut nachzudenken. »Da war doch noch, was war denn da? Es war'n Kind. Nee. Älter. 'ne Frau.« Allerdings verschwieg er, wann und wie und wo er das Opfer umgebracht haben wollte.

Es musste noch mehr Mädchen und Frauen gegeben haben, deren Leben er ausgelöscht hatte. Keiner der Kriminalisten wollte ernsthaft annehmen, dass Kroll von 1967 bis zu seiner Festnahme untätig geblieben war – neun Jahre lang. Behutsam fragten die Beamten nach. Und sie erklärten ihm auch in einfachen Worten, warum sie davon überzeugt waren, er habe noch mehr in petto. Danach machte er quälend lange Denkpausen, knackte minutenlang mit seinen langen Fingern, um doch nur wieder zu versichern: »Ja. Ich glaube, da war was.« Mehr kam aber nicht.

Die Ermittler hatten sich in der Zwischenzeit eine bestimmte Taktik zurechtgelegt. Sie durften nicht mit der Tür ins Haus fallen, sie mussten ihm Zeit lassen, und vor allem mussten sie ihn spüren lassen, dass er in ihren Augen ein Mensch war und keine »Bestie«. Wenn sie sich mit ihm einließen, musste er zunächst »aufgetaut« werden. So nannte Friedhelm Kontermann die zaghaften Annäherungsversuche seiner Kollegen. Und die gingen beispielsweise so:

»Na, Achim, es könnte bald mal regnen.«

Kroll sah nicht auf, sondern machte nur »mh«.

Einer der Beamten spielte auf die Olympiade an, die gerade in Montreal stattfand: »Bin mal gespannt, wieviel Medaillen wir diesmal machen.«

»Juckt mich nich'.«

»Gestern war ich kegeln«, versuchte man ihn aus der Reserve zu locken, »war lustig.«

»Kann nich' kegeln.«

Thomas Wippermann hatte die Speisekarte mitgebracht – nicht ganz zufällig. Er begann laut vorzulesen: »Frikadellen, geschmorte Möhrchen und Kartoffeln. Das hört sich auch nicht schlecht an: Kasseler Rippenspeer, Dicke Bohnen, Kroketten. Achim, was nimmst du denn heute?«

»Hab' keinen Hunger.«

So ging es hin und her. Egal, welche Schublade die Beamten auch aufzogen, Kroll wollte sich nicht auf ein Gespräch einlassen. Er konnte furchtbar stur sein.

Schließlich griffen die Ermittler auf bewährte Lockmittel zurück, begannen über Stereoanlagen zu fachsimpeln. Und dann taute Kroll plötzlich auf: »Könnt' ich dir reparieren, kenn' mich aus, hab' meinen Nachbarn die Geräte repariert. Auch Mopeds kann ich reparieren, hast'n Moped? Hab's immer umsonst gemacht, kannst' jeden fragen.«

So ähnlich war es auch am 13. Juli, nachdem Kroll drei Tage lang kaum gesprochen hatte. Und als er dann erst einmal ins Reden kam, wechselte er abrupt das Thema und meinte: »Da war noch was. Ach ja. 'n kleines Mädchen. Wasser. Mit Wasser war da was.«

Die Beamten taten so, als hätten sie gar nicht zugehört, denn aus Erfahrung wussten sie nun, dass Kroll, einmal beim Thema, weitere Hinweise geben würde. Und tatsächlich. »Ja, irgendwo zwischen Wuppertal und Düsseldorf«, präzisierte er, »da muss das gewesen sein. Is' schon lange her. Fünf Jahre vielleicht. Oder zehn? Können auch 15 gewesen sein. Weiß nich' mehr so genau.« Und dann begann er wieder übergangslos von Stereoanlagen zu schwatzen.

Unterdessen entwickelten andere Kripobeamte fieberhafte Aktivitäten. Wo zwischen Düsseldorf und Wuppertal gab es noch unaufgeklärte Mädchenmorde? An einem Fluss, an einem See, an irgendeinem Gewässer? Man bemühte wieder das Fernschreiben des Landeskriminalamtes. In der langen Liste unaufgeklärter Sexualmorde erschien den Ermittlern eine Mitteilung besonders interessant:

»Mord z. N. Bettina Mertens, 15.5.61 in Wuppertal, am 22.12.1966 in Hückeswagen/Rhein-Wupper-Krs. Sachbearb. Dienststst.: KHSt Wuppertal, Bk-Bl. 3253 v. 17.1.67.«

Demnach war vor 15 Jahren in Hückeswagen, nur wenige Kilometer von Wuppertal entfernt, ein fünfjähriges Mädchen ermordet worden. Heiß wurde die Spur, als Kollegen aus Wuppertal mitteilten, das Opfer sei in einem Bach gefunden worden. Alles schien zu passen. Friedhelm Kontermann entschied, mit Kroll den Tatort zu besichtigen. Er sollte den Ermittlern die Örtlichkeit zeigen, an der er das Mädchen umgebracht haben wollte. Und die Kriminalisten hofften, dass Kroll sich so besser würde erinnern können.

Am nächsten Tag machten sich vier Kriminalbeamte, der Staatsanwalt und Kroll auf den Weg zum Polizeipräsidium nach Wuppertal. Nachdem die Ermittler sich dort mit den »Tatakten« vertraut gemacht hatten, wurden ihnen zwei ortskundige Beamte zur Seite gestellt. Vom Präsidium aus ging die Fahrt über Bergisch-Born in Richtung des Bahnhofs »Krähwinkler Brücke«. Dann bog man auf die Kreisstraße 48 ein. Etwa 300 Meter vor dem Ort Oberfeldbach zweigte nach rechts ein unbefestigter Wiesenweg ab, der das Feldbach teilte. 50 Meter vor der Einmündung bremsten die Wagen.

Kontermann wandte sich Kroll zu, der schräg links hinter ihm saß: »Achim, du steigst jetzt aus und schaust dich hier mal um.« Kroll nickte. Er verließ den Wagen, zwei Beamte folgten ihm. Kroll bog in den Wiesenweg ein, schlurfte dort einige hundert Meter entlang, sah sich mehrmals um. Dann erklärte er den Beamten: »Bin hier schon mal gewesen. Kann mich erinnern. War hier spazieren.«

»Prima, Achim, mach weiter.«

Kroll ging wieder vor den Ermittlern her, bis er eine Gabelung erreichte. Links des Weges lag ein Waldgebiet. Er stutzte einen Moment, inspizierte die Umgebung und entschied sich nach einer Weile für den Waldweg. Etwa fünf Minuten später blieb er bei einigen offenbar neu angelegten Fischteichen stehen. Er drehte sich um und schüttelte mit dem Kopf.

»Achim, was ist denn?«

Er zeigte auf die Fischteiche. »Kann mich nich' dran erinnern. Die war'n nich' hier.«

»Kommt dir die Gegend denn bekannt vor?«

»Ja. Bin hier rumgelaufen. Da war Wasser am Wald. Mehr am Rand vom Wald. Es lief da lang.«

»Was ist denn hier passiert?«

Kroll kratzte sich am Hinterkopf. Er versuchte sich zu erinnern. Doch die Beamten spürten auch, dass es ihm nicht leicht fiel, dass er sich zu all dem überwinden musste. Sie versuchten ihm zu helfen: »Bleib ruhig, Achim. Ganz langsam. Du hast Zeit.« Wortfetzen, die den körperlich ausgelaugten und seelisch überanstrengten Mann beruhigen sollten.

»War'n kleines Mädchen.« Dann wieder Schweigen.

»Achim, was war mit dem Mädchen?«

»Die hatt' dunkle Haare gehabt. Hab' ihr den Hals zugedrückt und se ins Wasser geschmissen.«

»Was hast du denn mit dem Mädchen vorher gemacht?«

Er stierte auf den Waldboden. Minutenlang. Dann flüsterte er: »Hab' da unten bei ihr geguckt.«

Mehr war von ihm zu diesem Zeitpunkt nicht zu erfahren. Ohne weiter nachzufragen, wurde die Exkursion abgebrochen. Man kehrte nach Duisburg zurück.

41

Wo und wie er das kleine Mädchen aufgelesen und auf welche Weise und warum er die kleine Bettina umgebracht hatte, sollte noch am selben Tag geklärt werden. Nach dem Mittagessen schilderte Kroll ungerührt alle Einzelheiten; wie immer bruchstückhaft, zusammenhanglos, zögerlich. Schlussendlich wurden es nach mehr als fünf Stunden 24 DIN-A4-Seiten – ein Protokoll des Grauens:

»(…) Ich hatte wieder dieses komische Gefühl und wollte eine Frau haben.«

Frage: War das Gefühl schon auf der Fahrt, als du von Duisburg weggefahren bist?

Antwort: Ja.

Frage: Was ist denn auf der Straße weiter gewesen?

Antwort: Ich bin dann unter die Eisenbahnbrücke gegangen, von der ich vorhin gesprochen habe. Dann kam ich an dem Bauernhof vorbei.

Frage: Warum bist du von der Straße abgebogen?

Antwort: Ich wollte durch den Wald spazieren.

Frage: Meintest du denn, daß du in dem Wald eine Frau triffst?

Antwort: Ja.

Frage: Woher konntest du das denn damals wissen? Du warst doch das erste Mal da!

Antwort: Ich bin schon mal einsame Wege gegangen, wo dann auch Frauen kamen.

Frage: Wann bist du denn mit dem Mädchen zusammengetroffen?

Antwort: In der Kurve am Waldrand, wo der Feldweg hinging und wo der Wassergraben war.

Frage: Wo war das Mädchen denn da?

Antwort: Es stand hinter dem Strauch genau am Bach.

Frage: Achim, wir haben vorhin die Gegend gesehen. Dort ist es sehr einsam. Häuser stehen nicht in der Nähe. Wo sollte das Mädchen herkommen? Wir können uns nicht vorstellen, daß du ein kleines Mädchen dort zufällig treffen kannst!

(Vermerk: Kroll hat zu dieser Frage etwa 8 Minuten überlegt, bis er antwortet. In dieser Zeit hat niemand von den Vernehmungsbeamten gesprochen.)

Antwort: Habe ich die mitgenommen?

Frage: Achim, du mußt uns nicht fragen, das kannst nur du wissen, wir nicht. Fällt dir denn noch mehr dazu ein?

Antwort: War das denn in Wuppertal, wo ich das Mädchen getroffen habe? Ich habe es nicht gefragt, wo es herkommt.

Frage: Achim, überlege noch einmal genau, wie das mit dem Mädchen war. Wir wollen das ja richtig hinschreiben, und du mußt dir das nochmal genau überlegen. Wie war es denn damals?

Antwort: Ich habe jetzt nochmal richtig überlegt. Ich habe das Mädchen in Wuppertal am Bahnhof getroffen.

Frage: Was meinst du, wo das am Bahnhof war?

Antwort: Nachdem ich dort angekommen war, bin ich die Treppen runtergegangen. Unten im Bahnhof habe ich mir an einer Bude was gegessen.

Frage: Wo hast du denn jetzt das Mädchen getroffen?

Antwort: Es kam da vorbei, wo ich was gegessen habe.

Frage: Was passierte dann?

Antwort: Das Mädchen guckte mich so an, als ich was gegessen habe. Ich habe es gefragt, ob es auch was will. Das Mädchen sagte ja. Ich habe ihr was gekauft.

Frage: Was hast du denn dem Mädchen gekauft?

Antwort: Wir gingen zu einer anderen Bude im Bahnhof. Dort habe ich dem Mädchen was gekauft.

Frage: Weißt du noch, was du dem Mädchen gekauft hast?

Antwort: Süßigkeiten.

Frage: Welche Süßigkeiten?

Antwort: Weiß ich nicht mehr.

Frage: Wie ging es dann weiter?

Antwort: Ich habe das Mädchen gefragt, ob es mit mir spazierengeht.

Frage: Ist es dann mitgegangen?

Antwort: Ja.

Frage: Wo seid ihr dann spazierengegangen?

Antwort: Wir sind auf den Bahnsteig gegangen.

Frage: Was wolltest du denn da? Da kann man doch nicht spazierengehen!

Antwort: Ich bin einen anderen Bahnsteig mit dem Mädchen hochgegangen.

Frage: Wußtest du denn, wo du hin wolltest?

Antwort: Ich hatte doch vorher schon eine Karte gelöst.

Frage: Wo hattest du denn die Karte gelöst?

Antwort: Am Schalter unten im Bahnhof.

Frage: War das Mädchen da schon dabei oder hast du die Karte vorher gelöst?

Antwort: Das Mädchen war dabei, als ich die Karte gelöst habe.

Frage: Bist du mit dem Mädchen zum Schalter gegangen?

Antwort: Ja. Das Mädchen stand ein bißchen seitlich weg, als ich die Fahrkarte gekauft habe.

Frage: Hast du für das Mädchen auch eine Karte gekauft?

Antwort: Nein. Die war ja noch klein. Kinder bis zu sechs Jahren brauchen nicht zu bezahlen.

Frage: Hast du denn gefragt, wie alt das Mädchen ist?

Antwort: Nein. Ich habe sie gerade so auf sechs Jahre geschätzt.

Frage: Warum ist das Mädchen denn nicht weggelaufen?

Antwort: Das weiß ich auch nicht. Vielleicht, weil ich ihr etwas gekauft habe.

Frage: Wann ist dir denn der Gedanke gekommen, mit dem Mädchen wegzufahren?

Antwort: Als mich das Mädchen ansprach.

Frage: Was hast du dir denn dabei gedacht?

Antwort: Ich wollte das Gefühl wegkriegen und das Mädchen poppen. Ich hatte ja schon zu Hause das Gefühl und bin deswegen weggefahren.

Frage: Warum bist du denn mit dem Mädchen weggefahren?

Antwort: In der Stadt konnte ich das mit dem Mädchen nicht machen. Dort wäre ich doch aufgefallen.

Frage: Was hast du denn mit dem Mädchen gemacht, als du die Fahrkarte gekauft hast?

Antwort: Ich bin dann auf den Bahnsteig gegangen und habe auf den Zug gewartet und bin zusammen mit dem Mädchen eingestiegen und weggefahren.

Frage: Woher wußtest du denn, daß du mit diesem Zug aus der Stadt rauskommst?

Antwort: Das kann man doch auf dem Fahrplan sehen. Ich bin einfach in die Richtung gefahren. Den Ort kannte ich selber nicht.

Frage: Wieso bist du denn an dem Bahnhof ausgestiegen?

Antwort: Ich hatte bis dahin die Fahrkarte bezahlt.

Frage: War der Zug denn voll?

Antwort: Nein, es waren nur einige Leute drin.

Frage: Hattest du denn keine Angst, daß man dich wiedererkennen könnte?

Antwort: Nein, fällt doch nicht auf, wenn ein Mann mit einem kleinen Mädchen im Zug fährt.

Frage: Ist das Mädchen denn einfach so im Zug mitgefahren?

Antwort: Ja.

Frage: Was hast du denn unterwegs mit dem Mädchen gemacht?

Antwort: Ich habe mit dem Mädchen gesprochen. Über was wir gesprochen haben, weiß ich nicht mehr. Ich habe dem Mädchen unterwegs auch noch Süßigkeiten gegeben.

Frage: Was ist denn passiert, als ihr dann aus dem Zug ausgestiegen seid?

Antwort: Ich bin dann da direkt runtergegangen, wo keine Häuser waren und wo Wald zu sehen war.

Frage: Wie ging es weiter?

Antwort: Wir sind dann zusammen die Straße entlanggegangen. Dabei kamen wir dann an der Eisenbahnbrücke vorbei und an dem Bauernhof.

Frage: Hat euch keiner gesehen?

Antwort: Ich weiß es nicht. Es kamen wohl mal einige Autos entgegen. Leute habe ich nicht gesehen.

Frage: War es hell oder dunkel, als ihr die Straße entlanggegangen seid?

Antwort: Es fing an, langsam dunkel zu werden. Wie spät es war, weiß ich nicht.

Frage: Was habt ihr dann gemacht?

Antwort: Wir sind von der Straße in den Feldweg abgebogen.

Frage: Wie weit seid ihr dann gegangen?

Antwort: Bis an die Kurve.

Frage: Was hast du da gemacht?

Antwort: Ich habe das Mädchen vorher an der Hand gehabt. Als wir an der Kurve waren, habe ich den Bach da gesehen und habe es hochgehoben.

Frage: Warum hast du es denn hochgehoben?

Antwort: Ich wollte mit dem Mädchen über den Bach.

Frage: Warum wolltest du denn über den Bach?

Antwort: Ich wollte weiter in den Wald rein.

Frage: Warum bist du denn nicht den Weg in den Wald gegangen, der dort war?

Antwort: Da könnte ja jemand kommen.

Frage: Warum hast du das Mädchen auf den Arm genommen?

Antwort: Weil ich über den Bach wollte. Es hatte Angst, alleine darüber zu gehen.

Frage: Wie bist du denn über den Bach gekommen?

Antwort: Da lag ein dicker Baumstamm drin.

Frage: Hat das Mädchen in der ganzen Zeit nicht mal gesagt, daß es nicht mehr mitgehen möchte?

Antwort: Nein.

Frage: Was ist denn passiert, nachdem du mit dem Mädchen über den Bach gegangen bist?

Antwort: Ich habe es noch etwas in den Wald getragen.

Frage: Was hast du dann gemacht?

Antwort: Ich habe es auf den Boden gestellt und an die Hand genommen. Dann sind wir bis zu einem Baum gelaufen, der in der Nähe des Baches stand.

Frage: Was hast du an dem Baum gemacht?

Antwort: Neben dem Baum war Gras. Da haben wir uns hingelegt. Erst haben wir uns hingesetzt.

Frage: Was hast du dann gemacht?

Antwort: Ich habe mit ihr rumgeschmust.

Frage: Wie hast du rumgeschmust?

Antwort: Ich habe das Mädchen auf den Mund geküßt. Mit einer Hand habe ich es über der Hose an das Geschlechtsteil gefaßt.

Frage: Was hast du dann gemacht?
Antwort: Ich habe die Hose runtergezogen.
Frage: Wie hast du das gemacht?
Antwort: Mit einer Hand habe ich die Hose bis zu den Füßen gezogen.
Frage: Weißt du denn noch, was das Mädchen getragen hat?
Antwort: Ich meine, es hat eine Überziehhose und eine kurze Hose angehabt.
Frage: Was hast du dann gemacht?
Antwort: Dann habe ich meinen Schwanz rausgeholt und mich draufgelegt.
Frage: Was ist dann passiert?
Antwort: Ich habe mich auf das Mädchen gelegt und versucht, bei ihr reinzukommen. Das klappte aber nicht. Dabei ist mir auch einer abgegangen. Ich meine, daß ich auch mit dem Finger bei dem Mädchen am Geschlechtsteil war.
Frage: Hat sich das Mädchen denn nicht gewehrt, geschrien oder geweint?
Antwort: Es hat nur was gezappelt. Ob es geweint hat, weiß ich nicht.
Frage: Was hast du dann gemacht?
Antwort: Ich habe mich dann über das Mädchen gekniet und mit beiden Händen den Hals zugedrückt.
Frage: Wann hast du denn zugedrückt?
Antwort: Nachdem ich mit dem Finger am Geschlechtsteil des Mädchens gespielt habe. Vorher nicht.
Frage: Wie lange hast du zugedrückt?
Antwort: Nur so lange, bis es ruhig dalag.
Frage: Was hast du dann gemacht?
Antwort: Ich habe die Hose von dem Mädchen wieder hochgezogen.
Frage: Wie ging es weiter?
Antwort: Ich habe gemerkt, daß das Mädchen noch röchelte. Es war also noch nicht tot.

Frage: Was hast du dann gemacht?

Antwort: Jetzt habe ich das Mädchen aufgehoben und auf den Arm genommen.

Frage: Warum hast du das Mädchen hochgenommen?

Antwort: Ich wollte das Mädchen ins Wasser werfen.

Frage: Warum wolltest du das Mädchen ins Wasser werfen?

Antwort: Ich wollte mal sehen, wie einer im Wasser liegt und untergeht.

Frage: Was meinst du mit untergehen?

Antwort: Ertrinken.

Frage: Soll das bedeuten, daß du sehen wolltest, wie das Mädchen ertrinkt?

Antwort: Ja.

Frage: Was hast du denn jetzt gemacht, nachdem du das Mädchen hochgehoben hast?

Antwort: Ich habe es zum Bach getragen.

Frage: Wie hast du das Mädchen getragen?

Antwort: Ich habe es vor mich gehalten, und zwar auf beiden Armen. Dann bin ich den gleichen Weg zum Bach zurückgegangen. Dann habe ich mich etwas in die Knie gehockt und das Mädchen ins Wasser fallen lassen.

Frage: Wie hast du das Mädchen fallen lassen?

Antwort: Einfach nach unten fallen lassen.

Frage: Wie lag das Mädchen denn dann?

Antwort: Mit dem Rücken im Wasser und mit dem Gesicht nach oben.

Frage: Was hast du dann gemacht?

Antwort: Ich wollte gucken, was jetzt passiert.

Frage: Und was ist passiert?

Antwort: Es hat mit den Füßen etwas gezappelt.

Frage: Wie lange bist du denn noch dageblieben?

Antwort: Als es ganz unter Wasser war und ruhig war, bin ich aufgestanden und gegangen. (...)«

42

Kahle Betonwände, eine Neonleuchte an der weißen Decke, ein brauner Tisch, ein Stuhl, eine Pritsche, die tagsüber an der Wand hochgeklappt wurde, Waschbecken, WC – in der winzigen Einzelzelle Nummer 9 des Duisburger Polizeipräsidiums verbrachte Kroll die Nächte und die Stunden am Tage, in denen er nicht vernommen wurde. Das Essen bekam er aus der Kantine. Wenn er aus dem kleinen vergitterten Fenster schaute, sah er lediglich die Wipfel grüner Pappeln und den Himmel.

Jeden Morgen rasierte er sich sorgfältig. Aus seiner Wohnung hatte er sich seinen taubenblauen Sonntagsanzug bringen lassen, frische Oberhemden, Unterwäsche. Auch im Knast verhielt er sich so, wie er es immer getan hatte: er sprach kaum, und wenn doch, blieb er stets einsilbig; er hielt sich penibel an die Vorschriften; er stellte keine Forderungen; er beklagte sich nicht – auch nicht über die ständige Beobachtung oder wenn es mal lauter wurde. Ein »Musterhäftling«.

In den ersten Tagen nach seiner Festnahme war er kaum fähig gewesen, die unzähligen Gedanken zu ordnen, die ihm durch den Kopf schossen: *Warum hab' ich den Mist nur ins Klo geschmissen! – Was wird aus meinen Schallplatten, der Anlage, den Fernsehern? – Lasst mich doch endlich in Ruhe! – Hatt' ich mir hier schlimmer vorgestellt. – Auf der Arbeit werden se ganz schön quatschen. – Ich hab' unheimlich Schiss. – Tanja! – Soll ich denen noch was sagen? – Will keinen Besuch, die sollen nich' herkommen. – Was soll jetzt werden? – Die sind richtig nett zu mir. – Was wohl Elisabeth dazu sagt? – Und der Rolf. – Mutter, hilf mir! – Was ist mit meinen Mopeds? – Ich will hier wieder raus!*

Er hatte alles verloren – nur das »komische Gefühl« nicht. Häufig überfiel es ihn spätabends oder nachts, nachdem er vernommen worden war. Das Heraufwürgen der alten Geschichten hatte ihn angestrengt, aber auch inspiriert. In solchen Momenten kehrte Kroll in Gedanken zurück an jenen Ort, der ihm zum

Verhängnis geworden war. Er nahm das Kind wieder an die Hand. Er spürte dann dieses Kribbeln, die Nervosität, als er mit Tanja die Treppen hochgeschlichen war; genauso die Befreiung, als er endlich die Tür verriegelt hatte. Die endlosen zwei Stunden, die er gebraucht hatte, um sich dreimal zu befriedigen und das Kind zu verstümmeln, durchfieberte er wie in einem Zeitraffer. Nach wenigen Minuten war der Spuk vorbei.

Doch seine phantastischen Exzesse waren nur flüchtige Momentaufnahmen, die es ihm gestatteten, seinem dunklen Verlies für ein paar Augenblicke zu entfliehen. Dann holte ihn die brutale Realität wieder ein, der lebendig gewordene Albtraum, die Ausweglosigkeit, das quälende Gefühl der Verlorenheit. Er war endgültig gescheitert – auch als Menschenjäger. Seine Opfer blieben auch jetzt größtenteils gesichtslose Objekte, die im Wesentlichen aus Geschlechtsteilen bestanden. Scham empfand er, wenn er sich zu seinen Perversionen bekennen musste, Reue indes nicht.

Nur knapp fünf Kilometer Luftlinie von Krolls Zelle entfernt ereignete sich eine Tragödie ganz anderen Ausmaßes. *»Mami, darf ich auf dem Hof ein bißchen im Wasserbecken planschen?«* Die letzten Worte ihrer Tochter gingen Petra Bracht nicht mehr aus dem Sinn. Ihrem Mann Hans erging es ähnlich. Beide waren unversehens zu Hauptdarstellern eines unsäglichen Familiendramas geworden. Das Schlimmste dabei: Sie konnten von Tanja nicht richtig Abschied nehmen. Es gab keine Leiche, nur schrecklich zugerichtete Überreste. Wäre ihre Tochter bei einem Verkehrsunfall ums Leben gekommen oder an einer Krankheit gestorben, sie hätten Tanja wenigstens noch einmal sehen können. Hans und Petra Bracht hatten aber nur das begraben dürfen, was Kroll von ihrer Tochter übrig gelassen hatte. Nicht nur der Körper ihrer Tochter war förmlich auseinander gerissen worden.

Überlebenswichtiger seelischer Beistand kam nur von den Nachbarn und dem Pfarrer. Um Trauerfeier und Beerdigung bezahlen zu können, hatten die Brachts sogar einen Teil der Wohnzimmermöbel verkaufen müssen. Die Stadt Duisburg hatte nicht einmal eine Beileidskarte geschickt. Und dann standen noch jeden Tag reichlich Gaffer vor dem Haus und starrten zum Fenster hoch. Wenn sich jemand zeigte, wurde laut gerufen: »Da sind sie!« Schon vier Tage nach der Ermordung Tanjas hatten ihre Eltern die Zeitung abbestellt – für sie war es unannehmbar und unerträglich geworden, permanent den Namen ihres Kindes und dessen Leidensgeschichte wieder und wieder nachlesen zu müssen.

Tanja Brachts Eltern gelang es in den ersten Tagen und Wochen nicht, neue Hoffnung zu schöpfen oder perspektivisch zu denken. Wie sollten sie auch! Sie versuchte ihren Kummer in Alkohol aufzulösen, er schluckte Beruhigungstabletten. Über das Geschehene sprechen konnten sie nicht, weder miteinander noch mit anderen. Ihre Situation war unerträglich: Ein Lebensabschnitt war zerstört worden – und ein Neubeginn erschien nicht möglich.

43

Was er getan hatte, war unermesslich grausam und abstoßend. Kroll hatte gestanden, ein vierjähriges Mädchen geschlachtet, teilweise gekocht und vom Fleisch des Kindes probiert zu haben. Ein gefundenes Fressen für die Journaille, die genau wusste, was jetzt zu tun war. Scharfmacher avancierten zu Scharfrichtern. Gnadenlos wurde der medizinisch *noch nicht* untersuchte und juristisch *noch nicht* überführte Joachim Kroll publizistisch seziert und der Öffentlichkeit häppchenweise als »Monster«, »Ungeheuer«, »Bestie«, vor allem aber als »Menschenfresser« serviert.

Kroll und seine Opfer wurden nach allen Regeln der journalistischen Kunst ausgeschlachtet. Schlagworte wurden wie Totschläger benutzt. Der »Teufel« musste so schnell wie möglich exekutiert werden. Natürlich öffentlich. Als man über das »Scheusal« noch zu wenig wusste, hielt man sich zunächst an der kleinen Tanja Bracht schadlos. Neben ihrem übergroßen Foto stand in fetten *Bild*-Lettern: »Dieses kleine Mädchen erwürgt, zerstückelt und gekocht.« Drei Tage später wurde das ganze Land in Alarmstimmung versetzt: »Menschenfresser von Duisburg: sechs neue Opfer«.

Tags darauf schockte *Bild* abermals seine Leser auf der Titelseite: »Menschenfresser tanzte mit nackter Liebespuppe«. Den Machern des Blattes war diese Belanglosigkeit acht Spalten wert. Dann folgte die Auflösung: »Der häßliche Mann mit der Stirnglatze und dem fliehenden Kinn preßte eine lebensgroße Sexpuppe an sich. Vom Plattenspieler dröhnte Egerländer Polkamusik. Der Mann hüpfte mit seiner aufblasbaren, nackten Bettgefährtin über den Korridor des Männerwohnheims in Duisburg. Tanzstunde beim Massenmörder Joachim Kroll.« Schließlich warf man der sich wohlig gruselnden Leserschaft noch ein paar schmackhafte Brocken hin, die Appetit auf mehr machen sollten: »Massenmörder von Duisburg: Immer kochte er Fleisch …« Und: »Lebensgroße Kinderpuppen auf dem Bett – er würgte sie.«

Auf der letzten Seite schließlich wurde den Lesern angedroht, das *Bild*-Schlachtfest werde erst richtig losgehen: »Am Montag beginnt die neue Serie über Joachim Kroll – wie er lebte und mordete.« Der 35-Pfennig-Zeitung mundete es – von Mal zu Mal besser. Und auch der im Rheinland und am Niederrhein erscheinende *Express* wollte ein Stück vom großen Kuchen. In der Fortsetzungsklamotte »Die Bestie vom Rhein« erfuhr man einfach alles: »Lesen Sie in der aktuellen EXPRESS-Serie, wie der Massenmörder lebte, wie er mordete, wie er 20 Jahre lang unerkannt blieb und wie er jetzt seine Untaten gesteht.«

Immer dann, wenn Kroll wieder einen Mord zugegeben oder die Kripo zu einem Tatort gelotst hatte, wurden am nächsten Tag »sensationelle«, »schockierende«, »unglaubliche«, in jedem Fall aber »exklusive« Einzelheiten in den Lokalzeitungen und Boulevardblättern genussvoll ausgebreitet: »Lachend zeigte Kroll, wie er mordete«, »Am Tatort – sanft und liebevoll – noch eine Untat?«. Oder: »Bei den Geständnissen bat er um Käsebrote«.

Am 17. Juli schlug *Bild* auf Seite eins wieder einmal Alarm: »Sex-Mörder Kroll würgte Kriminal-Beamtin.« Unter der Schlagzeile hieß es: »Auf einer kleinen Straße am Rheindeich in Duisburg hat sich gestern mittag eine makabre Szene abgespielt: Massenmörder Kroll stürzte sich in glühender Hitze auf eine zierliche Kriminalbeamtin mit langem, seidigem rotem Haar und würgte sie.«

Die Fortsetzung gab es wie immer erst auf der letzten Seite: »Kroll, im knallgelben Hemd, mit hellbrauner Hose, schlug der Polizistin gestern zuerst mit der Faust auf die Stirn. Dann umklammerte er mit seinen langen Fingern ihren Hals und drückte zaghaft zu. Kripo-Hauptkommissar Kontermann feuerte ihn an: ›Feste Achim, feste!‹ Als der Sex-Mörder mit der Frau sechs Meter über eine Böschung hinabrollte, rief Kontermann: ›Laß gehen, Achim, laß gehen.‹ Kroll drückte wieder zu: ›So hab' ich es gemacht, so!‹ Der Schweiß stand ihm auf der Stirn.«

Am »perversesten Massenmörder der deutschen Kriminalgeschichte« war einfach alles interessant und berichtenswert: die Farbe seiner Hemden, wie oft er im Gefängnis duschte, die Marke seiner Zigaretten, seine Schuhgröße. Vor allem aber musste in Erfahrung gebracht werden, was der »Kannibale« zu essen pflegte – wenn er nicht mordete. Es waren natürlich vier Reporter der *Bild am Sonntag,* denen es gelang, dem »Menschenfresser« auf den Teller zu gucken: »Eier mit Senfsoße und Stampfkartoffeln«.

Der einfältige Waschraumwärter Joachim Kroll wurde unbesehen und ungefragt zu einem diabolischen Zeremonienmeister der absurden Gewalttätigkeit aufgeblasen. Er galt ungeprüft als »Triebtäter des Jahrhunderts« – wie so viele vor ihm schon. Seine »bestialischen Taten« wurden zu volkstümlichen Schlagern umgeschrieben, damit jeder mitsingen konnte. Heraus kam jedoch größtenteils nur störender Lärm, eine nicht enden wollende Folge von schrillen Dissonanzen zwischen Punk und Beethoven. Zu viele »Fakten« wurden verdreht, verfälscht, verfremdet, gekauft, häufig auch schlichtweg erfunden. Journalistische Sorgfaltspflichten und Moralvorstellungen wurden bedenkenlos über Bord geworfen, nichts durfte unmöglich bleiben. Der Zweck heiligte die Mittel: Joachim Kroll Superstar.

44

Nachdem Kroll den achten Mord, die Tötung der Haushaltsgehilfin Frieda Pfundner, verübt am 17. Juni 1959 in Rheinhausen, gestanden hatte, gab er sich zunächst wieder wortkarg. Thomas Wippermann, der junge Kriminalobermeister, den Kroll »nett« fand, benötigte mehrere Stunden, um seinen Spezi »aufzutauen«. Mit Friedhelm Kontermann war abgesprochen worden, ihn jetzt zu »Triebdynamik« und »Tatplanung« zu befragen.

Während Wippermann Fragen stellte, tippte sein Kollege das Gesagte sofort in die Maschine:

»(…)

Frage: Hast du denn nie einen Steifen gekriegt, wenn du dir die Puppe genommen hast?

Antwort: Manchmal hab' ich der ein Kabel um den Hals gemacht und die Puppe an dem Kabel aufgehängt. Das Kabel hab' ich am Koffer festgemacht. Wenn die Puppe da so hing, hab' ich einen Steifen gekriegt.

Frage: Warum?

Antwort: Da hab' ich mir vorgestellt, daß ich jetzt ein Mädchen aufgehängt hätte und die kaputtging. Dabei kriegte ich einen Steifen und habe dann einen gewichst, bis mir einer abging.

Frage: Welcher Gedanke hat dich denn mehr gereizt? Wenn du das Mädchen aufgehängt hättest oder wie es langsam kaputtgegangen wäre?

Antwort: Wie es kaputtgegangen wäre.

Frage: Hast du das schon erlebt?

Antwort: Ja.

Frage: Wo?

Antwort: Wenn ich die erwürgt habe.

Frage: Wie war das denn?

Antwort: Wenn ich zu Hause weggefahren bin und den Drang verspürt habe, dann wollte ich immer eine Frau haben. Wenn ich dann eine getroffen hab', wurde das Kribbeln in der Brust immer stärker.

Frage: Hattest du denn da schon einen Steifen?

Antwort: Nein. Die hatte ich doch erst immer gepackt und ins Gebüsch gezogen.

Frage: Wann kriegtest du denn einen Steifen?

Antwort: Wenn ich den Hals zugedrückt habe. Da haben sie sich zuerst immer gewehrt. Manche haben mit den Händen gegen meine Arme geschlagen oder wollten mich wegstoßen. Das hat mich immer ganz aufgeregt und nervös gemacht. Da kriegte ich einen Steifen.

Frage: Ging das schnell, wenn du denen den Hals zugedrückt hast?

Antwort: Nee. Manchmal hat das lange gedauert. Dann haben sie noch mit den Armen und den Beinen gezappelt. Das wurde aber immer weniger. Bis die dann ganz ruhig lagen. Dann hatte ich einen richtigen Steifen. Wenn ich den dann rausgeholt hab', ging mir sofort einer ab, bevor ich den reingesteckt hab'.

Frage: Hast du denn auch auf das Gesicht geguckt, wenn du denen den Hals zugedrückt hast?

Antwort: Ja. Das Gesicht ist so rot-blau angelaufen. Manchmal haben sie auch komisch geröchelt.

Frage: Hättest du auch einen Steifen gekriegt, wenn du die Mädchen nur so in den Busch gezogen und die gepoppt hättest, ohne sie kaputtzumachen?

Antwort: Nee. Das hab' ich doch früher versucht. Auch zuletzt noch bei der Frau Hansen ging das nicht. Sie wollte doch. Da ging das aber auch nicht.

Frage: Was hat dich denn am meisten gereizt?

Antwort: Wenn die sich so gewehrt haben und ich den Hals zugedrückt habe. Dann haben die auch so gezappelt.

Frage: Bist du auch schon mal dazu gekommen, bei manchen den Geschlechtsverkehr auszuführen?

Antwort: Wenn die vorher schnell genug kaputtgegangen sind. Dann konnte ich den noch bei denen reinstecken. Aber kurz danach kam es dann bei mir.

Frage: Hast du die erst kaputtgemacht und dann ausgezogen?

Antwort: Sonst wäre das doch nicht gegangen. Die hätten sich doch gewehrt.

Frage: Warum hast du die denn ausgezogen?

Antwort: Sonst wäre ich doch unten nicht drangekommen.

Frage: Hast du die alle nur unten ausgezogen?

Antwort: Meistens.

Frage: Warum?

Antwort: Weil mir immer so schnell einer abging. Ich wollte den doch reinstecken. Oben hat mich auch nicht so interessiert.

Frage: Warum nicht?

Antwort: Da hab' ich meistens nur über die Kleider gefühlt.

Frage: Wenn dir jetzt einer abgegangen war, ohne daß du ihn bei der unten reinstecken konntest, hast du dann noch was gemacht?

Antwort: Ich hab' meistens nochmal unten nachgeguckt.
Frage: Warum?
Antwort: Ich wollte das sehen. Dann hab' ich auch noch mit den Fingern reingefühlt.
Frage: Warum?
Antwort: Ich wollte fühlen, wie das so ist.
Frage: Hast du dabei denn einen Steifen gekriegt?
Antwort: So schnell hintereinander nicht. Dann bin ich auch meistens abgehauen.
Frage: Wie war das Gefühl bei dir denn hinterher?
Antwort: Wenn mir einer abgegangen war, dann fühlte ich mich immer erleichtert und ganz ruhig. Dann war auch das Kribbeln in der Brust weg.
Frage: Wie war das Gefühl denn, wenn du zu Hause weggefahren bist?
Antwort: Wenn ich zu Hause war, dann meinte ich, daß ich keine Luft mehr kriegen würde. Dann mußte ich mein Hemd oben ganz weit losmachen. Ich hab' gedacht, daß ich sonst ersticken würde. Dann wurde mir auch immer ganz warm. Ich mußte dann raus an die frische Luft.
Frage: Bist du dann immer weggefahren?
Antwort: Manchmal nicht. Dann bin ich etwas durch die Straßen spaziert. Dann ging das wieder weg. Wenn ich mir dann danach zu Hause einen gewichst hab', wurde ich wieder ganz ruhig. Manchmal bin ich auch weggefahren.
Frage: Warum?
Antwort: Dann mußte ich eine Frau haben. Den Gedanken hatte ich schon zu Hause, als ich wegfuhr.
Frage: Wie war das denn auf der Fahrt?
Antwort: Da bin ich den Drang auch nicht losgeworden.
Frage: Wo bist du meistens hingefahren?
Antwort: In eine einsame Gegend, wo Wald war. In die Nähe von Häusern bin ich nicht gefahren.
Frage: Warum nicht?

Antwort: Da wären doch Leute gekommen, die mich vielleicht ertappt hätten.

Frage: Was hast du denn unterwegs gedacht?

Antwort: Wo ich eine Frau poppen könnte.

Frage: Warum hast du denn immer eine einsame Gegend und Wald dafür ausgesucht?

Antwort: Wenn ich die kaputtmache, sollte mich doch keiner dabei ertappen.

Frage: Mußtest du die denn vorher kaputtmachen?

Antwort: Sonst wäre ich doch da nicht drangekommen und hätte keinen Steifen gekriegt.

Frage: Was hättest du denn gemacht, wenn andere Leute noch in der Nähe gewesen wären?

Antwort: Dann wäre ich doch einfach weitergegangen. Dann hätte ich das Mädchen nicht überfallen. Die Leute hätten mich dann doch gesehen.

Frage: Wie wärst du denn deinen Drang und dein Gefühl sonst losgeworden?

Antwort: Dann hätte ich mir wieder einen gewichst.

Frage: Hast du dir denn unterwegs schon mal einen gewichst?

Antwort: Wenn ich nichts gefunden habe. Meistens auf der Toilette an einem Bahnhof.

Frage: Warum bist du denn immer in andere Orte gefahren?

Antwort: Wenn ich alles in Duisburg gemacht hätte, dann hättet ihr mich doch gleich gekriegt.

Frage: Weißt du noch, wie du die Frauen und Mädchen umgebracht hast?

Antwort: Mit einem Messer, mit der Hand, mit einem Tuch.

Frage: Warum hast du das so unterschiedlich gemacht?

Antwort: Damit man denkt, das sind alles verschiedene, die das machen. Ich wollte nicht auffallen.

Frage: Wenn du eine kaputtgemacht hast, hast du dann auch aufgepaßt, daß keine Leute vorbeikamen?

Antwort: Ja.
Frage: Was hättest du dann getan?
Antwort: Dann wäre ich abgehauen.«

Kroll benötigte nach jeder Vernehmung 30 bis 40 Minuten, um seine Geständnisse zu lesen. Zeile für Zeile, Wort für Wort. Mit einem gewissen Vergnügen korrigierte er Fehler oder Versäumnisse, beispielsweise wenn der Protokollführer bei den Aufführungen der Anwesenden den Namen des Staatsanwalts vergessen hatte. Erst, wenn die Vernehmungsniederschrift korrigiert worden war, kritzelte er seinen Namen auf das Papier.

Seit dem 14. Juli stand er der Kripo nicht mehr allein gegenüber, ihm war durch das Amtsgericht Duisburg ein Pflichtverteidiger zur Seite gestellt worden. Die erste Begegnung dauerte nicht länger als eine halbe Stunde. Anschließend hatte Dietrich Lazarz, 53, der neugierig gewordenen Presse in die Notizblöcke diktiert, warum er das pikante Mandat übernommen hatte: »Ich stehe da auf dem gleichen Standpunkt wie ein Arzt, der sich auch nicht nur gute Krankheiten aussuchen kann, sondern kraft seines Eides verpflichtet ist, zu helfen.«

Friedhelm Kontermann und seine Kollegen sahen dem Wirken des Anwalts mit gemischten Gefühlen entgegen. Sie mussten befürchten, dass Lazar seinem Mandanten dazu raten würde, fortan zu schweigen, um nicht noch größeres juristisches Unheil anzurichten. Oder würde er Kroll dazu animieren, auch weiterhin zu gestehen, um hierdurch Pluspunkte für die spätere Gerichtsverhandlung zu sammeln? Auch in diesem Fall galt: Ein rückhaltloses, aus freien Stücken abgelegtes Geständnis müsste durch das Gericht bei der Strafzumessung wohlwollend berücksichtigt werden. In den nächsten Tagen würde sich erweisen, für welche Strategie man sich entschieden hatte.

Die schwer zu über- und zu durchschauende Anzahl von unaufgeklärten Sexualmorden und die wachsende Zahl von durchzuführenden Rekonstruktionen machte eine modifizierte Verfahrensweise erforderlich. Kontermann verfügte schließlich, nachdem er sich mit dem Staatsanwalt und dem Leiter der Duisburger Kripo geeinigt hatte, eine »Dreiteilung«. Es wurden drei »Teams« gebildet. Ihre Aufgaben: »vorchecken«, »rekonstruieren/vernehmen«, »nachermitteln«.

Die neuen Richtlinien sahen vor:

»Aufgaben Vorcheckteam:

Diese Beamten suchen aus vorhandenen Unterlagen Fälle im Lande NRW heraus, für die Kroll infrage kommen kann. Dann fahren die Beamten zu den zuständigen Polizeibehörden oder Staatsanwaltschaften und ziehen die Akten, falls sie noch nicht übersandt worden sind. Außerdem lässt sich das Vorcheckteam von einem Beamten den Fundort und mögliche Veränderungen des Fundortes zeigen. Die so gewonnenen Erkenntnisse werden nicht dem Rekonstruktions- und Vernehmungsteam mitgeteilt. Lediglich die Stadt oder Ortschaft wird bekanntgegeben.

Aufgaben Rekonstruktions- und Vernehmungsteam:

Die Beamten treffen auf das Vorcheckteam und fahren mit Kroll in die Nähe des Fundortes. Dort haben sie Kroll aussteigen, sich orientieren und in die Richtung gehen zu lassen, die er von sich aus einschlägt. Über die Angaben von Kroll werden Notizen gefertigt. Kann er sich dort an eine Straftat erinnern, wird nach seinen Angaben sofort eine Rekonstruktion durchgeführt. Das Opfer darf nun nicht mehr von einer Frau dargestellt werden, weil Kroll ausgesagt hat, dass er dabei wieder das ›komische Kribbeln‹ bekommt. Nach der Rückkehr vom Fundort wird er ohne Vorhalte, die ja dem Vernehmungsteam nicht bekannt sind, zur Sache vernommen. Die notwendige Nachvernehmung wird erst durchgeführt, wenn keine Fundorte mit Kroll mehr aufgesucht werden. Das hat auch das Nachermittlungsteam zu befolgen.

Aufgaben Nachermittlungsteam:
Kritische Überprüfungen von Krolls Aussagen mit dem objektiven und subjektiven Tatbefund. Anklagereife Erstellung der einzelnen Fälle. Dazu gehört auch die Durchführung der Nachvernehmungen.«

Um eruieren zu können, ob Kroll bei seinen Geständnissen möglicherweise aus älteren Zeitungsberichten zitierte und die Ermittler so in die Irre führte, wurde er beiläufig auch zu seinen Lesegewohnheiten befragt:

»(...)

Frage: Was für Zeitungen liest du?

Antwort: In diesem Jahr habe ich zum ersten Mal eine Zeitung nach Hause bestellt.

Frage: Welche?

Antwort: Die NRZ.

Frage: Hast du die Zeitung denn auch gelesen?

Antwort: Nur die dicken Überschriften und die kleineren, die darunter standen. Und die Bilder habe ich geguckt.

Frage: Hast du das andere nicht gelesen?

Antwort: Nein. Dazu habe ich keine Lust und keine Ruhe für gehabt. Das ganz klein Gedruckte ist mir vor den Augen immer verschwommen.

Frage: Hast du denn vorher schon mal Zeitung gelesen?

Antwort: Nee, nie.

Frage: Hast du denn auch schon mal Illustrierte gekauft?

Antwort: Ja.

Frage: Welche?

Antwort: St. Pauli-Sex-Zeitungen, Fernsehzeitung und ›Funk und Bild‹.

Frage: Sonst noch welche?

Antwort: Nee.«

Mehr als 1 300 Überstunden hatten die 12 wackeren Ermittler binnen drei Wochen angehäuft. Sieben vollbrachte Morde und einen Mordversuch hatte die Kommission Kroll mittlerweile nachweisen können. Stets waren die Beamten dabei nahezu ausschließlich von seiner Tagesform, seinem Erinnerungsvermögen und seiner Aussagewilligkeit abhängig gewesen. Während die Presse heftig darüber spekulierte, wie viele Opfer es letztlich werden würden, wollte keiner der Beamten eine Prognose wagen. Aber niemand zweifelte ernsthaft daran, dass es weitere Opfer gegeben haben musste.

45

Konrad Meckler stieß beim Durchblättern der *Westdeutschen Allgemeinen Zeitung* auf einen Artikel, für den er sich sofort interessierte: »Kripoleute tuen alles, um ‚Achim' bei Laune zu halten – Duisburger Kroll nannte weitere Einzelheiten zu den Morden.« Er war Anfang des Monats in Urlaub gefahren und hatte von den Ereignissen in Duisburg nichts mitbekommen.

Der 39-Jährige las weiter: »Über die sieben von Kroll gestandenen Morde an sechs Mädchen im Alter von vier bis 16 Jahren und dem 25jährigen Praktikanten Roman Berthold hinaus hat der 43jährige Waschraumwärter bisher keine Andeutungen über weitere Kapitalverbrechen gemacht.« Im nächsten Absatz hieß es dann: »Kripo und Staatsanwaltschaft gehen jedoch davon aus, daß Kroll mehr als diese sieben Menschen auf dem Gewissen hat. Der Leiter der Duisburger Mordkommission, Hauptkommissar Friedhelm Kontermann, weist darauf hin, daß im Zusammenhang mit dem Fall Kroll nicht nur eine Vielzahl unaufgeklärter Morde, sondern auch zahlreiche Vermißtenfälle zu überprüfen sind.«

Es begann in ihm zu arbeiten. *Mädchen im Alter von 16 Jahren. Mehr als sieben Menschen auf dem Gewissen. Noch keine Andeutungen zu weiteren Verbrechen.* Sofort widmete er sich intensiv dem Stapel Zeitungen der vergangenen Wochen, die eine Nachbarin für ihn aufbewahrt hatte. Es kam ihm so vor, als würde er die Lotto-Gewinnzahlen des Wochenendes prüfen. Und das Ergebnis war dementsprechend: wieder kein Volltreffer. Enttäuscht stellte Meckler fest, dass dieser Mann bisher keinen Mord in Essen zugegeben hatte.

Er nahm sich die Zeitungen ein zweites Mal vor, weil er zunächst nur die Schlagzeilen und die fett gedruckten Untertitelungen studiert hatte. Schließlich las er von einem Mord, bei dem das Opfer mit einem Tchibo-Taschentuch erdrosselt worden war. *Verdammt! Das gibt's doch nicht!* durchfuhr es ihn. *Genauso wie damals!* Die 16-Jährige, die er am 26. Juli 1959 im Essener Stadtwald getötet haben sollte, war auch mit einem solchen Tuch ermordet worden.

Er hatte sich vor 14 Jahren dieser Tat selbst bezichtigt, um endlich zur Ruhe zu kommen – in einer Gefängniszelle. Erst die Anklageschrift hatte ihn zur Vernunft gebracht, aber da war es zu spät gewesen. Er hatte sein eigenes Lügennetz so fein gesponnen, dass er es nicht mehr hatte entwirren können, und war kläglich hängen geblieben. Sechs Jahre Zuchthaus waren die Quittung für seine »Notlügen« gewesen, von denen er fünf hatte abbrummen müssen.

Im August 1965, vier Monate nach seiner Entlassung, hatte er Elvira geheiratet, eine Bekannte von früher, die auch während der entwürdigenden Haft für ihn dagewesen war. In den folgenden Jahren hatte er sich um Arbeit bemüht, sogar erfolgreich. Dann waren die beiden Söhne gekommen. Doch als er geglaubt hatte, endlich eine Lebensstellung in einer Zoohandlung gefunden zu haben, hatte ihn seine Vergangenheit wieder eingeholt. Er war von einem Kunden wiedererkannt worden, der früher im Zuchthaus gearbeitet hatte. Nach der fristlosen Kündigung hatte er keinen Job mehr gefunden, jetzt lebte die Familie von seiner »Stütze« und dem Lohn seiner Frau.

Den Ruf des »Mädchenmörders« war er auch nach der Haftentlassung nicht losgeworden, dieser Makel klebte an seinem Namen wie ein Kaugummi. Fassungslos hatte er miterleben müssen, wie Elvira und die Kinder verunglimpft worden waren: »Mörderbrut«. Aber jetzt sah er die Möglichkeit, sich doch noch zu rehabilitieren, der Gedanke ließ ihn nicht mehr los: *mit einem Tchibo-Taschentuch!*

»Ich möchte bitte zu Herrn Hauptkommissar Kontermann.« Meckler stand vor der Pforte des Polizeipräsidiums. Er hätte auch bei der Kripo anrufen können, aber es erschien ihm ratsam, eine derart delikate und schwer zu verstehende Angelegenheit im persönlichen Gespräch zu erörtern. Schließlich musste er den Chef der Mordkommission davon überzeugen, dass sich die Essener Kripo, die Staatsanwaltschaft und zwei Gerichte geirrt hatten. Keine leichte Aufgabe.

Eine Stunde später verließ Meckler das Präsidium. Er war unschlüssig, wusste nicht, was er davon halten sollte. Der Kommissar hatte sich bedeckt gehalten, ihn reden lassen und selber so gut wie nichts gesagt. Außer: »Wir kümmern uns darum.« Was das zu bedeuten hatte, konnte er nicht einschätzen. Die erste Euphorie war verflogen, jetzt hieß es abwarten. Das hatte er zwar mittlerweile schmerzhaft lernen müssen, aber es fiel ihm immer noch unsäglich schwer.

Kroll hatte den Vormittag über vier Kripobeamten demonstriert und anschließend erklärt, wie er am 21. Juni 1967 in Bottrop-Kirchhellen über die zehnjährige Christa Enders hergefallen war. Jetzt saß er wieder im Vernehmungszimmer der Mordkommission.

Thomas Wippermann stellte die Frage, die Kroll täglich mindestens einmal beantworten musste: »Achim, ist dir zu anderen Sachen noch etwas eingefallen?«

Kroll zögerte, doch schon nach kurzer Zeit antwortete er: »In Essen sind noch zwei Sachen passiert.«

»Kannst du uns mehr darüber erzählen?«

Kopfschütteln. Minuten später ergänzte er: »Fahrt mich da hin. Ich zeig' euch, wo ich's gemacht hab'.«

Friedhelm Kontermann ordnete daraufhin die sofortige »Ausführung« Krolls an. Er sollte den Beamten die Tatorte zeigen. Und tatsächlich gelang es Kroll zwei Stunden später, zunächst die kleine Waldlichtung am Ufer des Baldeneysees wiederzufinden. Dort hatte er vor fast genau sieben Jahren Martha Höller zu Tode gewürgt, drei Tage vor ihrem 61. Geburtstag. Kontermann war sichtlich zufrieden. Allerdings bezweifelte er, dass Kroll auch für den Fall »Michaela Kurth« infrage kam. Einerseits war der Mörder des Mädchens schon ermittelt und verurteilt worden, andererseits unterschied diese Tat sich von den übrigen in einem bedeutsamen Detail: Das Opfer war weder missbraucht noch vergewaltigt worden. Das passte einfach nicht zum »Triebtäter« Kroll. Dennoch fuhr man mit ihm in die Nähe des Tatortes am Stadtwald.

»Achim, du kennst das Spiel. Steig mal aus und schau dich um.«

Kroll verließ den Wagen und verschaffte sich zunächst einen Überblick. »Kenn' ich«, flüsterte er den Beamten zu. Dann ging er auf einem breiten befestigten Weg in den Wald hinein, vier Ermittler stets hinter ihm. Er inspizierte die Gegend. »War der Wald hier früher nicht dichter?« Die Kriminalisten konnten und durften nicht antworten. Kroll ging weiter. Er sah sich immer mal wieder um, betrachtete die Umgebung. Dann erklärte er: »Der Wald war hier dichter. Da standen mehr Sträucher und so'n Zeug. Der Weg war anders. Ohne Steine.«

Nach einer Weile orientierte er sich scharf nach links und blieb abrupt stehen. »Da.« Kroll zeigte zu einer Stelle, die etwa 40 Meter vom Weg entfernt und mit dichtem Strauchwerk und Farnkraut bewachsen war. Wenige Augenblicke später machte er vor einem größeren Strauch halt. »Hier is' es. Hier muss es gewesen sein.« Kontermann war verblüfft. Kroll hatte die Kriminalisten 17 Jahre nach der Tat nahezu exakt zu jenem Ort geführt, an dem die stark verweste Leiche des 16-jährigen Mädchens gefunden worden war. Anschließend demonstrierte Kroll, wie er es »gemacht« hatte.

In den Nachmittagsstunden des 24. Juli kam endlich Licht in dieses düstere Drama, das lange Jahre als »geklärt« gegolten hatte. Kroll erzählte den Beamten, wie alles tatsächlich passiert sein sollte. Das Protokoll:

»(...)

Frage: Wieso hast du uns gestern diese Stelle gezeigt?

Antwort: Weil jetzt der dichtere Busch da steht. Ich bin sicher, daß ich gestern die richtige Stelle gezeigt habe.

Frage: Was ist denn an dieser Stelle geschehen?

Antwort: Dort habe ich ein Mädchen umgebracht.

Frage: Wie alt war das Mädchen denn?

Antwort: Ich meine, daß es in dem Alter von 16 bis 17 Jahren war.

Frage: Wo hast du denn das Mädchen getroffen?

Antwort: Auf dem Weg in dem Wald. Es kam mir auf dem Weg entgegen, den ich auch gestern nach rechts abgebogen bin.

Frage: Was hast du mit dem Mädchen gemacht?

Antwort: Wir haben uns an der Stelle getroffen, wo ich nachher mit dem Mädchen nach links in das Gebüsch abgebogen bin, und wie ich es gestern gezeigt habe.

Frage: Wann hast du denn dein komisches Gefühl bekommen?

Antwort: Als ich das Mädchen gesehen habe, als es mir entgegenkam. Das Gefühl war genau wie sonst auch immer. Es kribbelte wieder in meiner Brust und mein Herz schlug schneller und pochte so. Ich wurde auch wieder nervös und wollte das Mädchen nun poppen, weil ich Spaß an dem Mädchen hatte.

Frage: Kannst du das Mädchen noch beschreiben?

Antwort: Ich meine, es hätte kurze Haare gehabt. Es war etwas kleiner als ich. Es hatte eine lange Hose an und einen Pulli. Das mit dem Pulli weiß ich aber nicht mehr so genau.

Frage: Woher weißt du denn noch, daß das Mädchen eine lange Hose trug? Bei den anderen Fällen wußtest du meistens doch nicht mehr, was die Mädchen oder Frauen getragen haben?

Antwort: Ich weiß es deshalb, weil mir das nachher zu lange gedauert hätte, wenn ich die Hose ausgezogen hätte. Deshalb habe ich ja nachher auch nichts gemacht, als es tot war. Vorher habe ich gedacht, daß das Mädchen mitmachen würde und dann wäre das mit der Hose nicht schlimm gewesen.

Frage: Was hast du denn mit dem Mädchen gemacht, als es mit dir auf gleicher Höhe war?

Antwort: Ich habe es angesprochen. Ich weiß nicht mehr, was ich gesagt habe. Das Mädchen blieb aber stehen. Zuerst habe ich gemeint, daß es mitgehen würde, weil es irgendwie überlegt hat. Ich habe dann meinen Arm über ihre Schulter gelegt, so daß der Kopf vom Mädchen in meinem Ellenbogen lag. Ich habe das Mädchen so angefaßt, wie ich die anderen auch angefaßt habe.

Frage: Hat das Mädchen sich denn nicht gewehrt?

Antwort: Zuerst nicht. Es ging mit mir einige Meter in das Gebüsch. Dann wollte sie aber nicht mehr. Dies war aber noch an der Stelle, wo ich das Mädchen umgebracht habe.

Frage: Wie bist du denn mit dem Mädchen zu der Stelle gekommen, wenn es sich gewehrt hat oder nicht mehr wollte?

Antwort: Ich habe das Mädchen so vor mir hergeschoben und dabei den Arm an ihrer Schulter fester zugedrückt. Mit meinem linken Arm habe ich dann auch die Hand des Mädchens festgehalten, so konnte es nicht weg. So wie es fotografiert wurde, habe ich das Mädchen zu der Stelle gebracht, wo ich es dann hingelegt habe. Ich habe es wie sonst auch hinten über mein Knie weggelegt.

Frage: Was hast du dann gemacht?

Antwort: Da ich das Mädchen ja stramm im Arm hatte, bin ich mit umgefallen. Dann habe ich das Mädchen umgebracht.

Frage: Wie hast du das gemacht?

Antwort: Ich meine, mit dem Halstuch. Ich lag links neben dem Mädchen und bin dann halb auf den Oberkörper des Mädchens gekommen und habe das Halstuch zugezogen.

Frage: Warum hast du das Mädchen denn sofort umgebracht, wenn du es noch poppen wolltest?

Antwort: Ich wollte es ja poppen. Die hat sich aber gewehrt, und dann ging das eben nicht. Weil die sich gewehrt hat, habe ich das Mädchen kaputtgemacht.

Frage: Du hast eben gezeigt, daß du ein Taschentuch um den Hals des Mädchens gelegt hast. Was ist denn nun richtig?

Antwort: Ich meine, das Mädchen hatte ein Halstuch an und daß ich es damit umgebracht habe.

Frage: Stimmt das wirklich?

Antwort: Ich bin jetzt nicht ganz sicher, ob ich dem Mädchen ihr eigenes Halstuch fest zugezogen habe oder ob ich das mit meinem Taschentuch gemacht habe. Ich bin mir aber sicher, daß ich dem Mädchen mit einem Tuch den Hals zugezogen habe.

Frage: Wie hast du das Mädchen umgebracht?

Antwort: Ich meine, daß ich das Halstuch des Mädchens erst fest zugezogen habe und dann nochmal einen Knoten gemacht habe. Bei dem Knoten bin ich mir aber nicht mehr sicher, ob ich den wirklich gemacht habe.

Frage: Hast du mit dem Taschentuch nichts gemacht?

Antwort: Nein, das brauchte ich ja nicht mehr.

Frage: Was hast du dann mit dem Mädchen gemacht?

Antwort: Ich habe gar nichts mehr gemacht.

Frage: Warum hast du denn nichts mehr gemacht?

Antwort: Weil die doch die lange Hose anhatte.

Frage: Was war denn mit der langen Hose?

Antwort: Das hätte zu lange gedauert, dem Mädchen die Hose auszuziehen. Ich hatte auch Angst, daß dort Leute vorbeikommen könnten, die mich dann gesehen hätten. Das wollte ich nicht. Die konnten ja kommen, weil da Wege waren. Ich habe auch an dem schrägen Weg Bänke stehen sehen. Deswegen konnte es sein, daß dort Leute spazierengehen, die mich hätten sehen können.

Frage: Was hast du dann gemacht?

Antwort: Ich habe das Mädchen so liegen lassen und nichts mehr daran gemacht.

Frage: Was hast du denn gemacht, bevor du weggegangen bist?

Antwort: Habe ich denn da was draufgelegt?

Frage: Das wissen wir nicht, das müßtest du schon wissen. War denn da noch was, was du draufgelegt hast?

Antwort: Ich habe Farnkraut auf das Mädchen gelegt.

Frage: Woher war denn das Farnkraut?

Antwort: Ich habe es dort abgerissen.

Frage: Warum hast du denn das Mädchen mit Farnkraut zugedeckt?

Antwort: Damit man das Mädchen nicht findet.

Frage: Es hat dich damals gestört, daß das Mädchen eine lange Hose anhatte. Es soll dich gestört haben, daß es zu lange gedauert hätte, bis du die Hose ausgezogen hättest. Nun hast du aber Zeit, Farnblätter auszureißen und auf das Mädchen zu legen.

Antwort: Ich habe aber nicht viel Farnkraut darüber gelegt, so daß es nicht lange gedauert hat. Es stand ja auch direkt an der Stelle und brauchte es nur abzureißen. Dabei konnte ich auch sehen, ob Leute kommen oder nicht.

Frage: Was hast du dann gemacht?

Antwort: Ich bin den Weg weiter durchgegangen.

Frage: Was meinst du damit?

Antwort: Ich bin den Weg nicht zurückgegangen, wie gestern. Ich bin den Weg weiter hochgegangen, und zwar so, wie das Mädchen damals kam. Ich bin dann durch den Wald auf eine Straße gekommen und zu einer Bushaltestelle gegangen. Mit dem Bus bin ich dann zum Hauptbahnhof in Essen und habe mir einen gewichst.

Frage: Hast du das komische Gefühl wie sonst gehabt oder war es diesmal anders?

Antwort: Als ich das Mädchen kaputtgemacht habe, war das Kribbeln weg. Aber der Drang war noch da, und ich habe mir dann auf der Toilette einen gewichst.

Frage: Weißt du noch, wann die Sache passiert ist?

Antwort: Es ist schon so lange her. In welchem Jahr es war, weiß ich nicht mehr.

Frage: Ist dir noch etwas zu anderen Sachen eingefallen?

Antwort: Ich kann mich da einfach nicht mehr so genau reindenken und meine, daß es besser wäre, wenn ich mit den Beamten zu solchen Stellen fahre, wo etwas passiert ist. Wenn ich die Gegend sehe, kann ich mich wieder besser erinnern und Einzelheiten schildern. Ich bin auch bereit, mit den Beamten herumzufahren und dann auch zu zeigen, wo und wie ich noch weitere Mädchen umgebracht habe. Dann muß man mich aber schon sehr nahe an diese Stellen heranführen. Ich weiß, daß ich noch mehrere Mädchen und Frauen

> umgebracht habe, und will hier vor der Polizei auch alle meine Straftaten erzählen, damit man mich untersuchen und von dem komischen Gefühl befreien kann.«

Konrad Meckler war aufgeregt, nervös, wie früher vor einer Klassenarbeit. Er hatte die Schlagzeile gelesen: »Nach längerer Pause gestand Kroll noch zwei weitere Morde«. Dann hatte er sich die Fotos weiter unten angesehen: links der Chef der Mordkommission, daneben der Staatsanwalt, rechts ein kleines Bild von Michaela Kurth. Darüber stand in fetten Lettern: »Tod im Stadtwald.« In der fünften Spalte des Berichts stieß er endlich auf die ersehnte Nachricht: »Kroll wurde auch zum Essener Stadtwald gefahren, wo die 16jährige Michaela Kurth erdrosselt worden war. Hier ist man vermutlich einem Justizirrtum auf der Spur.«

»Elvira. ELVIRA!« Meckler konnte nicht recht glauben, was da geschrieben stand. »Elvira, komm doch endlich!« 16 lange Jahre hatte er diesen Tag sosehr herbeigesehnt wie nichts anderes. Endlich kam seine Frau aus der Küche. »Hier, lies das!« Elvira Meckler hatte stets an die Unschuld ihres Mannes geglaubt und ihn gegen alle Anfeindungen verteidigt – beherzt und unnachgiebig wie eine Löwin, die ihre Jungen beschützt. Jetzt schossen ihr die Tränen in die Augen. »Konrad.« Mehr brachte sie nicht heraus. Dann fielen sie sich in die Arme. Minutenlang hielten sie einander fest, eng umschlungen, hemmungslos schluchzend. Beide ließen sich von dem überwältigenden Gefühl berauschen, ihnen sei ein neues Leben geschenkt worden. »Elvira, jetzt wird alles gut!«

Bernhard Mischko hingegen, der ermittelnde Staatsanwalt, wollte einen »Justizirrtum« noch nicht bestätigen. Auf einer Pressekonferenz erklärte er: »Kroll hat uns zu einer Stelle geführt, die der Tatort sein kann. Wir waren echt auf die Führung von Herrn Kroll angewiesen, weil keiner der anwesenden Kriminalbeamten den Tatort kannte. Kroll hat den Ort genau gefunden und erkannt. Wir verschließen nicht davor die Augen, daß Kroll für Fälle verantwortlich sein kann, in denen andere verurteilt wurden. Aber es ist bisher unser Eindruck, daß wir an dem rechtskräftigen Essener Urteil keine Schelte üben können.« Doch Mischko versicherte: »Wir werden uns bemühen, diesen Fall ohne Ansehen der Person aufzuklären.«

Auch wenn jetzt ein glaubhaftes Geständnis vorlag, Konrad Meckler galt immer noch als Mörder von Michaela Kurth. Zumindest juristisch. Ob tatsächlich ein Justizirrtum vorlag, musste erst in einem weiteren Revisionsverfahren entschieden werden. Meckler durfte auf Gerechtigkeit hoffen – mehr nicht.

46

Joachim Krolls furchtbare Taten hatten tiefe Wunden geschlagen, die Angehörigen der Opfer unversehens in ein Chaos geschleudert, sie an den Rand ihrer Leidensfähigkeit geführt. Sie waren in ihrem Innersten getroffen worden, wie von einem gewaltigen Hieb irgendwo aus der Dunkelheit. Von ihren Lieben waren nur noch Erinnerungsfetzen übrig geblieben, die permanent durch das Gehirn rasten. Jählings hatte sich ein dunkler Abgrund aufgetan, die vertraute Welt ins Ungewisse verkehrt. Sie hatten sich dem Gefühl der Ausweglosigkeit ausliefern müssen, vollständig in der Hand eines unsichtbaren Feindes. Selbst das Prinzip Hoffnung war infrage gestellt worden.

Viele Jahre waren seitdem vergangen. Obwohl die Wunden inzwischen vernarbt waren, das Trauma der Maßlosigkeit, des totalen Übergriffs, war nur unzureichend verheilt. Unauslöschlich hatten sich die schmerzhaften Erinnerungen in das Bewusstsein eingebrannt. Nichts hatten die Mütter und Väter und Schwestern und Brüder der Opfer vergessen, aber es war ihnen gelungen, sich mit ihrem Schicksal zu arrangieren. Sie hatten einen Nichtangriffspakt geschlossen. Der Schmerz war nicht mehr bedrohlich akut, nicht mehr unabwendbar, aber immer noch fühlbar. Und dann hatte man ihn doch noch gefasst, den mutmaßlichen Mörder von Tanja Bracht, Monika Reimer, Ilona Dönges, Roman Berthold, Renate Göbel, Bettina Mertens, Frieda Pfundner, Martha Höller und Michaela Kurth.

Nun rissen die erschütternden Bekenntnisse dieses seelischen Invaliden alte Wunden wieder auf. Affekte und Empfindungen explodierten. Das innere Schutzschild erwies sich abermals als durchlässig. Einzelheiten, die den Angehörigen erspart geblieben waren, brachen über sie herein wie eine unvermeidbare Naturkatastrophe. Wieder wurden Seelen gemordet, der Albtraum kehrte zurück. Mit einem Mal wurde alles noch einmal so lebendig, als wäre es gestern passiert.

Vera Reimer hatte am Abend vor dem Tag, als ihre Tochter nach der Schule nicht mehr nach Hause gekommen war, noch mit Monika vor dem Fernseher gesessen. Sie hatten einen Bericht gesehen, in dem es um ein 13-jähriges Mädchen gegangen war, das im April 1962 erdrosselt worden war – auf einem Feldweg in Dinslaken, nur ein paar Kilometer von der Wohnung der Reimers entfernt. Es war Ilona Dönges, auch ein Kroll-Opfer. Vera Reimer hatte ihre Tochter eindringlich gewarnt, bloß nicht mit einem fremden Mann mitzugehen, egal was er sagen, egal was er versprechen würde. Und Monika hatte treuherzig versichert: »Nein, Mutti, das mache ich nicht.« All das drängte jetzt wieder zurück ins Bewusstsein.

Auch Heinz Reimer, mittlerweile Betriebsrat in einem Großunternehmen, holte die Erinnerung wieder ein: die grausamen Tage der Ungewissheit, als Monika vermisst wurde; die eigene Hilflosigkeit; der Moment, als zwei Kriminalbeamte die Todesnachricht überbrachten; die tiefe Resignation; die stechenden Schmerzen, gegen die es kein Mittel gab.

Dass Kroll ihre Tochter umgebracht hatte, war den Reimers

von Reportern erzählt worden, die kurz nach dem Geständnis ihr Haus belagert, schließlich sogar ins Wohnzimmer eingedrungen waren, um Fotos zu schießen. Sie waren förmlich überrannt worden. Tage später hatten Vera und Heinz Reimer schließlich doch eingewilligt und ein Interview gegeben. Der schwer zu ertragende Presserummel, bisweilen auch in Psychoterror ausartend, sollte endlich ein Ende haben.

Der Reporterin eines Duisburger Lokalblatts erzählte Vera Reimer von ihren Gefühlen: »Haß kann man wohl nach solch langer Zeit nicht empfinden. Vielleicht ein bißchen Genugtuung darüber, daß der Mörder gefaßt ist.« Aber die 45-Jährige äußerte auch Ängste und Zweifel: »Was geschieht mit ihm? Wird man ihn auch für immer festhalten?«

Ihr Mann Heinz hatte wesentlich konkretere Vorstellungen. »Die Todesstrafe lehne ich ab«, ließ er sich zitieren, »kein Mensch hat das Recht, einen anderen zu töten. Ich wünsche mir, daß der Kroll noch lange lebt. Jahrelang im Gefängnis malochen und nachdenken muß. Der Tod wäre für den doch nur eine Erlösung.«

Die Ermittler der Mordkommission schufteten unablässig, 12 bis 14 Stunden am Tag, häufig auch an den Wochenenden. Da Kroll sich nicht ohne visuelle Hilfen an weitere Morde erinnern konnte oder erinnern wollte, mussten zahlreiche »Ausfahrten« unternommen werden. Potentielle Tatorte gab es genug: In Bochum, Wattenscheid, Ahlen, Beckum, Hösel, Dortmund, Kamen, Bottrop, Gladbeck, Coesfeld, Dorsten, Mülheim, Gelsenkirchen, Oberhausen und Hattingen waren Kinder, Mädchen und Frauen einem unbekannten Sexualverbrecher zum Opfer gefallen, der nach ausgewähltem Opfertyp, Beschaffenheit der Tatörtlichkeit und dem bevorzugten »Modus Operandi« auch Kroll sein konnte.

Doch die Ergebnisse waren ausgesprochen mager. Die Ermittler erhofften sich Antworten, sie bekamen von Kroll aber allzu oft nur Fragen gestellt: »Waren die Bäume hier früher nich' kürzer?«, »Gab's hier mal 'n Weg?«. Oder: »Die Mauer war da aber nich'. Vielleicht doch?«

Über Jahrzehnte hinweg war Kroll einem Gemüts- und Erregungszustand ausgeliefert gewesen, den er in seiner schlichten Sprache als »komisches Gefühl« bezeichnete. Jetzt offenbarte er den ihn vernehmenden Beamten, was es damit auf sich haben sollte: »Wenn ich zu Hause weggehe, ist es nicht so stark. Da verspür' ich nur so'n leichtes Kribbeln in der Brust. Ich hab' dann auch den Gedanken, dass ich eine Frau haben muss. Erst wenn mir 'ne Frau entgegenkommt, wird das Gefühl immer stärker. Das is' dann immer so, als wenn ganz viele Ameisen auf der Brust rumkrabbeln würden. Weiter kommt noch dabei, daß ich nervös werd' und mein Herz immer schneller pocht. Die Hände fangen auch an, 'n bißchen zu zittern, und das nervöse Gefühl wird auch stärker. Ich kann das dann gar nich' so gut aushalten.«

Mittlerweile hatte sich insbesondere zwischen Kriminalobermeister Thomas Wippermann und Kroll ein Vertrauensverhältnis entwickelt. Und das zahlte sich immer wieder aus. Kroll hatte keine Scheu mehr, auch die intimsten Dinge auszubreiten. So fragte Wippermann ihn auch: »Achim, was denkst du dabei, wenn du eine Frau oder ein Mädchen umbringst?«

Seine Antwort: »Ich werd' ganz nervös dabei, vor allem, wenn die sich wehren. Dann muß ich die einfach kaputtmachen, dann is' das Kribbeln bei mir unheimlich stark. Dann kann ich einfach nich' anders. Ich muß die kaputtmachen!« Später ergänzte er: »Wenn ich die kaputtmach', hab' ich einen richtigen Steifen. Das is' so schlimm, daß mir dann sofort einer abgeht, wenn ich mit meinem Schwanz die Frau nur berühr' oder noch gar nich' richtig drin war.«

Am 28. Juli konnte schließlich noch ein weiteres düsteres Kapitel aufgeschlagen werden. Kroll wollte sich zu »Kp Recklinghausen MK 6238/66« äußern. Hinter dem Behördenkürzel verbarg sich die Ermordung von Angelika Fritz, damals 20-jährig.

Der Grund für Krolls Geständnisbereitschaft: Die Ermittler waren am Tag zuvor mit ihm in den »Försterbusch« nach Marl gefahren, und im dortigen Waldgelände hatte er die Kripobeamten genau zu der Stelle geführt, an der das Opfer in den späten Abendstunden des 13. September 1966 getötet worden war.

Zunächst erklärte er den Beamten, wie er den Tatort hatte finden können: »Als wir auf dem Weg mit den Platten gingen und ich das Hallenbad und die Schule gesehen hab', da hab' ich die Gegend wiedererkannt. Die Schule steht quer zu dem Weg. Die Hochhäuser an dem Parkplatz waren damals nich' da. Der Weg war aber genauso wie heute. Ich bin dann zu 'ner freien Stelle im Wald gelaufen, wo eine Bank steht. Ich weiß noch, dass an der Stelle, wo die Sache passiert is', ein Baum stand. Ich wollt' den richtigen Baum zeigen, damit ihr mir das auch glaubt. Deswegen hab' ich mir die freie Stelle genau angesehen.

Jetzt war es etwas verändert, weil nich' mehr soviel Sträucher dort standen. Ich bin dann rechts neben der freien Stelle in den Wald gegangen, um den Baum zu finden. Hier war der Wald auch etwas dichter. An dieser Stelle war ich mir dann aber nich' mehr so sicher, weil ich damals anders in den Wald gelaufen bin. Deswegen bin ich gestern erstmal wieder rausgelaufen. Ich bin dann bis zur Schule und von dort den Weg zurück, so, wie ich damals gegangen bin. Dann bin ich wieder zu der freien Stelle gekommen, wo die Bank steht. Ich hab' nach links in den Wald geschaut. Geradeaus sah ich dann den Baum, wo das damals war.«

Dann schilderte er, wie er Angelika Fritz begegnet war und sie ermordet hatte. Aus dem Vernehmungsprotokoll:

»(…)

Frage: War die Frau alleine?

Antwort: Ja.

Frage: Wann hast du denn dein komisches Gefühl bekommen?

Antwort: Als die Frau da so lang kam. Die junge Frau sah nett aus, und die gefiel mir. Ich wollte sie deswegen poppen. Aber auch, weil ich wieder diesen Drang hatte.

Frage: Achim, wann kam dir die Idee, die Frau umzubringen?

Antwort: Als ich sie am Baum liegen hatte.

Frage: Was hast du denn gemacht, als du mit der Frau zusammengetroffen bist?

Antwort: Ich habe sie angequatscht. Ich habe sie gefragt, ob ich sie poppen könnte.

Frage: Wollte die Frau das denn?

Antwort: Nein.

Frage: Was hast du dann gemacht?

Antwort: Ich habe sie mir gepackt!

Frage: Wie hast du sie gepackt?

Antwort: So, wie ich es gestern gezeigt habe. Ich habe meinen rechten Arm um ihren Hals gelegt, bis meine Hand wieder an ihrer linken Schulter war. Aus diesem Griff konnte sie nicht raus und auch nicht schreien. Mit der linken Hand habe ich den Arm der Frau festgehalten.

Frage: Hat die Frau sich denn nicht gewehrt?

Antwort: Ja, sie wollte nicht mit.

Frage: Wie hat sich die Frau denn gewehrt?

Antwort: Sie hat mit der einen Hand so um sich geschlagen.

Frage: Wie hast du die Frau denn ins Gebüsch gekriegt?

Antwort: Ich habe die Frau mit meinem Griff da reingezogen. Sie ist mit den Füßen mehr gerutscht, weil ich sie ja so zog. So habe ich sie bis kurz vor den Baum gezogen.

Frage: Was hast du dann gemacht?

Antwort: Ich habe die Frau auf den Rücken gelegt.

Frage: Wie hast du das denn gemacht?

Antwort: Ich habe sie so rumgezogen. Sofort als die Frau auf dem Boden lag, habe ich mich über sie gekniet. Meine beiden Knie waren rechts und links vom Oberkörper. Als ich mich hinkniete, habe ich mit beiden Händen sofort den Hals der Frau zugedrückt, so, wie ich es gestern gezeigt habe.

Frage: Hat die Frau sich denn jetzt auch noch gewehrt, als du sie hingeworfen hast?

Antwort: Ich meine, die war schon ein bißchen weg gewesen.

Frage: Wie meinst du das denn?

Antwort: Auf dem Weg zum Baum habe ich ja richtig feste zugedrückt, damit die Frau nicht schreien konnte. Als ich sie hingeworfen habe, war die schon etwas benommen und hat sich nicht mehr viel gewehrt.

Frage: Wie lange hast du denn zugedrückt?

Antwort: Bis sie sich nicht mehr bewegt hat. Ich weiß noch, daß sie geröchelt hat. Auf einmal war Schluß gewesen.

Frage: Warum hast du die Frau denn direkt umgebracht? Vorhin hast du gesagt, daß du die Frau nur poppen wolltest. Auf dem Weg zu dem Gebüsch bzw. Baum hast du der Frau mit dem Arm den Hals schon so fest zugedrückt, daß sie benommen war, als du sie auf den Boden geworfen hast. Danach hast du der Frau solange den Hals zugedrückt, bis sie sich nicht mehr bewegt hat. Warum hast du denn nicht versucht, die Frau zu poppen, als du sie am Boden liegen hattest?

Antwort: Die hätte dann ja angefangen zu schreien. Ich wollte nicht, daß das jemand hört. Man hätte uns dann ja sehen können. Ich wollte auch nicht, daß die Frau mich später wiedererkennen könnte. Deshalb habe ich sie kaputtgemacht.

Frage: Wie ging es denn jetzt weiter, nachdem du die Frau kaputtgemacht hast?

Antwort: Ich habe den Rock hochgeschoben und dann mit beiden Händen an ihre Unterhose gefaßt und runtergezogen. Dann habe ich die Beine der Frau auseinandergelegt und meinen Schwanz rausgeholt. Danach habe ich mich auf die Frau gelegt. Ich wollte die Frau poppen. Mir ist aber schon einer abgegangen, bevor ich bei der Frau drin war.

Frage: Was hast du danach gemacht?

Antwort: Ich habe nichts mehr gemacht. Ich bin aufgestanden und zu dem Weg gegangen. Ich bin dann den Weg in die Richtung gegangen, aus der die Frau gekommen war. (…)«

Die Kroll vernehmenden Kriminalisten erwiesen sich als Meister ihres Fachs. Es gelang ihnen nicht nur, dem »Menschenfresser« ein Geständnis nach dem anderen abspenstig zu machen, sondern ihm auch noch den jeweiligen Erlebnishintergrund zu entlocken. Und sie flochten in die Vernehmungen zu konkreten Taten stets mindestens eine allgemeine Frage mit ein, um das Bild dieses höchst ungewöhnlichen Täters vervollständigen zu können. Dieses Mal wollten sie wissen, warum er häufig mit Bus und Bahn weite Strecken zurückgelegt hatte, um auf ein Opfer zu treffen.

Seine Antwort: »Wenn ich alles in Duisburg gemacht hätt', dann hättet ihr mich doch schon längst gekriegt. Ich bin dann einfach irgendwohin gefahren, wo mich keiner kennt. Ich hab' mich dort auch nicht ausgekannt. Trotzdem hab' ich dann eine Frau oder ein Mädchen getroffen.«

Am nächsten Tag berichtete Friedhelm Kontermann der Presse von seinen Eindrücken, die er während der zahlreichen Rekonstruktionen gewonnen hatte. Nach Meinung des Mannes, der Kroll über Wochen begleitet, beobachtet und befragt hatte, besaß »Achim« offenbar ein untrügliches Gefühl für Gefahren. »Bei Besuchen von Tatorten in wald- und wiesenreichen Geländen«, erläuterte der mittlerweile zu den bekanntesten Kriminalisten im Lande zählende Chef-Ermittler, »verrät das Männchen Kroll die typischen Instinkte eines Waldläufers mit einer Spürnase, die ihn vermutlich mehr als zwei Jahrzehnte davor bewahrt hat, entdeckt zu werden. Im Gelände versteht er es meisterhaft, sich unsichtbar zu machen.«

47

31 Tage waren mittlerweile seit der Festnahme Krolls vergangen, mehr als 150 Stunden hatte er den Beamten gegenübergesessen und unentwegt von Mord geredet. Sein letztes Geständnis lag nun schon eine Woche zurück. Die Frage nach weiteren Taten beantwortete er stets mit einem Kopfschütteln oder längeren Denkpausen, die aber zu keinem handfesten Ergebnis führten.

Am 4. August machte sich ein »Vorcheckteam« auf den Weg zur Polizeistation Hösel. Von dort aus wollten die Beamten einen Tatort daraufhin überprüfen, ob Kroll als Täter überhaupt infrage kommen konnte. Es drehte sich um einen versuchten Mord an einem neunjährigen Mädchen im Juni 1973. Das Opfer war in einem Wald bei Hösel überfallen und missbraucht worden.

Nachdem die Ermittler sich die Örtlichkeit angesehen hatten, erfuhren sie von einem älteren Kriminalhauptmeister interessante Neuigkeiten. »Da war noch eine Sache«, begann Horst Dürkop zu berichten, »Julia Römkens hieß das Mädchen. Das Kind ist im Sommer 1970 in einem Waldstück nicht weit vom Bahnhofweg erwürgt worden. Es gab damals auch einen Verdächtigen, der ist aber später freigesprochen worden. Den Namen weiß ich noch: Schnorrenberger. Roland Schnorrenberger.«

Überrascht stellten die Fahnder aus Duisburg fest, dass dieser Fall auf keiner ihrer Listen zu finden war. Spontan entschieden sie, auch diesen Tatort unter die Lupe zu nehmen. Horst Dürkop lotste seine Kollegen zu der kleinen Waldlichtung, die er nur allzu gut in Erinnerung hatte. Er selbst war dort nämlich sechs Jahre zuvor zur Spurensuche eingesetzt worden. Alles schien auf Kroll hinzuweisen: eine kleine Lichtung in einem einsamen Waldgelände abseits eines Wanderwegs, für Spaziergänger nicht einzusehen, die Gegend war über öffentliche Verkehrsmittel schnell und mühelos zu erreichen. Allerdings wussten die Beamten aus leidvoller Erfahrung, dass sie mit Prognosen vorsichtig sein mussten. Denn: Mehr als ein Dutzend Mal hatte Kroll zuvor ähnliche Tatorte »nicht angenommen«.

Anderthalb Stunden später stand Kroll im Höseler Wald und schaute sich um. Nach einer kurzen Phase der Orientierung marschierte er ohne Zögern auf eine Fichtenschonung zu, die etwa 50 Meter links vor ihm lag. Vier Ermittler folgten ihm, wie immer kommentarlos. Wenig später blieb er einmal kurz stehen und meinte: »'n bisschen Gras war da.« Kroll folgte dann weiter der Linksbiegung eines Trampelpfades in Richtung Westen und stieß auf den unbefestigten Waldweg Nr. 30. Hier blieb er stehen und inspizierte intensiv die Umgebung.

»Achim, was ist. Ist dir was eingefallen?«

Kroll antwortete sofort: »War'n junges Mädchen. 'n bisschen größer.« Dann machte er eine längere Pause. Minuten später fiel ihm noch mehr ein: »Die kam aus'm Wald da. War noch hell. Hier hab' ich se gepackt.«

Friedhelm Kontermann stellte sich als Opfer zur Verfügung, Kroll sollte demonstrieren, wo und wie er das Mädchen getötet haben wollte. Kroll nahm Kontermann in den Schwitzkasten und zog ihn etwa 50 Schritte in nordwestliche Richtung, bis sie am Rand der Fichtenschonung eine Wiesenfläche erreichten. An dieser Stelle war der Blick zum Waldweg Nr. 30 durch Birken, Tannenbäume und hohes Farn versperrt. »Hier war's. Hier hab' ich's gemacht.« In den folgenden Minuten führte Kroll den Ermittlern vor, wie er über das Mädchen hergefallen war und es umgebracht hatte.

Tatsächlich war es ihm gelungen, die Ermittler an die richtige Stelle zu führen. Das konnte kein Zufallstreffer gewesen sein. Die Aufklärung eines weiteren Mordes stand kurz bevor – Kroll musste nur noch ein Geständnis ablegen.

Schon am nächsten Morgen erklärte er sich bereit, »alles« zu erzählen. Auch diesmal war er nicht fähig, die Ereignisse zusammenhängend zu schildern, es entwickelte sich das übliche Frage-Antwort-Spiel:

»(...)

Frage: Was ist denn damals da passiert?

Antwort: Da habe ich ein Mädchen umgebracht.

Frage: Was für ein Mädchen?

Antwort: Ein junges Mädchen, das schon etwas größer war.

Frage: Wie alt war das Mädchen denn ungefähr?

Antwort: Ich habe es auf 15 bis 16 Jahre geschätzt.

Frage: Woran hast du das geschätzt?

Antwort: Die hatte schon Brust und unten Haare.

(...)

Frage: Wollte das Mädchen denn mitgehen?

Antwort: Nein, deswegen habe ich doch feste zugepackt und das Mädchen in den Wald geführt. Ich hielt es wieder an einer Hand fest und die andere Hand hatte ich über die Schulter gelegt, so daß der Kopf in meinem Ellenbogen lag.

Frage: Wie ging es weiter?

Antwort: Ich habe das Mädchen zu der Stelle geführt, die ich gestern gezeigt habe.

Frage: Was passierte dann?

Antwort: Ich habe das Mädchen nach hinten auf den Boden geworfen. Dabei bin ich mit umgefallen.

Frage: Was hast du dann gemacht?

Antwort: Das Mädchen hat sich gewehrt.

Frage: Wie hat es sich gewehrt?

Antwort: Das Mädchen wollte immer aufstehen. Ich habe es aber festgehalten. Als wir hingefallen sind, lagen wir zuerst nebeneinander.

Frage: Wie ging es weiter?

Antwort: Das Mädchen konnte nicht aufstehen, weil ich meinen Arm ja noch um den Hals des Mädchens hatte. Ich habe mich dann auf das Mädchen draufgelegt. Danach habe ich ihr den Hals zugedrückt.

Frage: Wie hast du dich denn da draufgelegt?

Antwort: Ich habe mich schräg über ihre Brust gelegt und dann mit beiden Händen von vorn den Hals zugedrückt.
Frage: Hat das Mädchen sich dabei auch gewehrt?
Antwort: Ja, ein bißchen. Es hat mit den Fäusten rumgekloppt.
Frage: Wo hat sie dich denn getroffen?
Antwort: Gegen meine Arme.
Frage: Wie lange hast du gedrückt?
Antwort: Bis das Mädchen sich nicht mehr bewegt hat.
Frage: Was hast du dann gemacht?
Antwort: Dann habe ich es ausgezogen.
Frage: Was hast du ausgezogen?
Antwort: Die Sachen.
Frage: Welche Sachen?
Antwort: Alles, was sie anhatte. (…)
Frage: Wie ging es weiter?
Antwort: Ich habe es kaputtgemacht.
Frage: Warum?
Antwort: Die hat noch geröchelt. Ich dachte, die kommt wieder zu sich. Da mußte ich sie kaputtmachen, weil ich da unten dranwollte.
Frage: Was hast du dann gemacht?
Antwort: Ich habe ihr den Hals zugezogen.
Frage: Wie denn?
Antwort: Mit dem Büstenhalter. Ich habe den Büstenhalter um den Hals gelegt, einmal verschlungen und vorne einen Knoten gemacht. Vorher habe ich erst feste und lange zugezogen, damit die kaputt war. Dann habe ich den Knoten gemacht. (…)
Frage: Wie ging es weiter?
Antwort: Ich habe jetzt meinen Schwanz rausgeholt. Der war steif. Ich hatte ja die Beine auseinandergemacht, als ich geguckt habe. Ich habe mich dann so ein bißchen drübergelegt.
Frage: Was heißt, ein bißchen?

Antwort: Ich habe davor gekniet. Ich habe mit den Knien zwischen ihren Oberschenkeln gelegen und meinen Schwanz in das Geschlechtsteil reingesteckt. Ich meine, daß ich meinen Schwanz nur ein Stück reingesteckt habe. Mir ist dann sofort wieder einer abgegangen.

Frage: Was war dann?

Antwort: Ich bin aufgestanden, habe meinen Schwanz in die Hose gepackt und bin weggegangen. Ich habe die Sachen von dem Mädchen so liegengelassen, wie ich sie vorher ausgezogen hatte.

Frage: Hast du etwas von dem Mädchen mitgenommen?

Antwort: Nein. Das habe ich noch nie gemacht.

Frage: Weißt du noch, wann die Sache war?

Antwort: Nein, ich weiß aber, daß es trübes Wetter war. Der Boden war feucht. Ich weiß auch, daß es nachmittags war.

Frage: Wie war es denn mit deinem Gefühl?

Antwort: Ich bin von zu Hause, ich meine damit das Ledigenheim, weggefahren, weil ich wieder eine Frau haben mußte. Der Drang war wieder da. Als ich weggefahren bin, war der Drang noch nicht so groß. Erst als ich das Mädchen im Wald getroffen habe, wurde der Drang größer. Da kam auch wieder das komische Gefühl dazu.

Frage: Wie lange hattest du denn das Gefühl?

Antwort: Bis ich von dem Mädchen weggegangen bin und mich bei dem Mädchen befriedigt hatte. Mir ist auch einer abgegangen, als ich meinen Schwanz reingesteckt hatte.

Frage: Warum hast du das Mädchen kaputtgemacht?

Antwort: Ich wollte es doch poppen. (...)«

Abschließend wurde Kroll auch gefragt, wie oft er denn nun gemordet habe, ob er »eine Zahl nennen« könne. Er ließ sich Zeit. Es vergingen etwa fünf Minuten, in denen überhaupt nicht gesprochen wurde. Schließlich antwortete er doch: »Weiß nich' genau. Irgendwann hab' ich aufgehört zu zählen.«

Lediglich einzelnen Lokalzeitungen war Krolls zwölftes Mordgeständnis noch einen ausführlicheren Bericht wert, die übrige Presse schien die Lust an neuerlichen Gräueltaten des »Menschenfressers« verloren zu haben. Selbst *Bild* war offenbar der Appetit vergangen. Noch zwei Wochen zuvor wäre Kroll der Leserschaft zum Fraß vorgesetzt worden, natürlich mit großem Foto und fetter Schlagzeile auf der Titelseite. Jetzt aber begnügte man sich mit einer mageren Randnotiz, die man auch mühelos überlesen konnte und aus ganzen drei Sätzen bestand. Zudem war die Überschrift merkwürdig sachlich gehalten: »Kroll gestand seinen 12. Mord.« Kein Knalleffekt, kein Horrortrip, man war nur einer eher lästigen Chronistenpflicht nachgekommen. Der Mord an Julia Römkens hatte nur noch statistischen Wert.

48

Mittlerweile war Kroll in die Justizvollzugsanstalt Duisburg verlegt worden. Nach und nach wurde ihm jetzt bewusst, was er sich mit seinen Geständnissen eingebrockt hatte. *Lebenslänglich. Für immer im Knast. Ich komm' hier nich' mehr raus. Nie mehr!* Sein Anwalt hatte ihm gesagt, dass es wohl darauf hinauslaufen werde. Und seine Mithäftlinge waren noch wesentlich auskunftsfreudiger gewesen. Sie hatten sich einen Spaß daraus gemacht, Kroll die nächsten Jahre in den dunkelsten Farben auszumalen.

Jetzt bereute er, dass er der Kripo alles erzählt hatte. *Lebenslänglich!* Damit hatte er nicht gerechnet. Er war der Meinung gewesen, man würde ihn in eine Heilanstalt stecken, dort von seinem »komischen Gefühl« befreien und dann wieder rauslassen. Mehr als ein paar Jahre sollte die ganze Prozedur nicht dauern, hatte er prognostiziert und gehofft. Ein neues Leben wollte er beginnen – ohne den »Drang«. Und jetzt das: *LEBENSLÄNGLICH!*

Jeden Tag dachte er darüber nach, wie er aus der Sache wieder herauskommen könnte. Meistens tat er das, wenn er in der Dunkelheit auf seiner Pritsche lag. Dann hatte er seine Ruhe, dann konnte er sich konzentrieren. In den ersten Tagen wollte ihm aber nichts einfallen, er war zu sehr damit beschäftigt, seine monströsen Zukunftsängste zu verdrängen.

Irgendwann erinnerte er sich an eine Begebenheit, die schon einige Monate zurücklag. Er hatte im Vernehmungszimmer gesessen und während einer Pause ein kurzes Gespräch zwischen dem Chef der Mordkommission und einem anderen Ermittler belauscht. Die Kripobeamten waren auf dem Flur zufällig ins Gespräch gekommen, und er hatte bei angelehnter Tür mithören können. Ein Satz ging ihm nun nicht mehr aus dem Kopf: *Ohne Geständnis sind wir aufgeschmissen.*

Immer wieder rief er sich diese Äußerung ins Gedächtnis. Er spürte, dass die richtige Schlussfolgerung ihn der Freiheit einen großen Schritt näher bringen konnte. Und dann hatte er plötzlich eine Idee, wie er es vollbringen wollte. Er musste sich nur noch über einige Details klar werden. Doch schon nach ein paar Tagen glaubte er sich bestens gerüstet. Er hatte sich sogar einen Plan zurechtgelegt, der ihn vollkommen überzeugte. Und er wusste, dass sich bald eine erste Gelegenheit bieten würde. Er schöpfte wieder Hoffnung.

49

Die ersten Tage, Wochen und Monate waren schlimm, nur schwer zu ertragen gewesen. Fast jede Nacht war sie aus dem Schlaf hochgeschreckt, von Albträumen gequält. Dann hatten sie diese großen, dunklen, stechenden Augen angestarrt. Unbarmherzig, durchdringend, ihr Innerstes verletzend. Erst viele Jahre später war es Christa Pohlmann gelungen, das Unbegreifliche zu rationalisieren. Sie hatte wie mit einem inneren Sprengsatz gelebt, der sie seelisch zu zerfetzen drohte, den sie nicht hatte entschärfen können.

Am 22. Juni 1967 war etwas in ihr gestorben, sie hatte nur körperlich überlebt. Kroll hatte ihr an diesem Tag, als er am Ufer eines Baches in Bottrop-Kirchhellen über sie hergefallen war und minutenlang gewürgt hatte, das Urvertrauen in den Menschen und ihre kindliche Unbefangenheit geraubt. Aber sie war wenigstens mit dem Leben davongekommen. Und nach Jahren der sozialen Emigration hatte sie schließlich doch einen neuen Anfang gewagt, sich wieder unter die Menschen gefunden.

Ihren Mädchennamen »Enders« hatte die 19-Jährige abgelegt und den Familiennamen ihres Mannes angenommen. Sie arbeitete nun als Kindergärtnerin. Ihre Eltern waren die Ersten gewesen, die ihr von der Festnahme und den Geständnissen Krolls erzählt hatten: »Christa, der könnte es doch gewesen sein!« Mit zitternden Händen hatte sie die Zeitung aufgeschlagen und sich das Bild ihres mutmaßlichen Peinigers angesehen.

Anderthalb Monate später saß sie in einem Büro der Duisburger Mordkommission. Christa Pohlmann wurde eine Reihe Fotos vorgelegt, und sie sollte sagen, ob sich unter den abgebildeten Männern auch jener befand, der ihr vor neuneinhalb Jahren nach dem Leben getrachtet hatte. Ohne zu zögern zeigte sie auf das Bild Krolls. Wenig später schilderte sie ihre damaligen Eindrücke, zunächst stockend, dann sich präzise erinnernd: »Er sprach so leise und hatte eine fremdartige Aussprache. Und diese Augen, dieser stechende Blick, die schmutzigen Hände, das unrasierte Gesicht, das sind Dinge, die ich nicht vergessen habe. Der kam mir auch so schmuddelig vor.«

Christa Pohlmann hatte Kroll »mit fast hundertprozentiger Sicherheit« wiedererkannt. »Die abstehenden Ohren«, begründete sie ihre Entscheidung, »der Haarkranz und die scharfen Falten links und rechts neben dem Mund, alles passt.« Aber sie schränkte auch ein: »Ich möchte nicht sagen, dass ich hundertprozentig sicher bin, weil ich irgendwo Angst habe, dass ich mich vielleicht nicht mehr richtig erinnere. Es kann ja auch nur eine ganz starke Ähnlichkeit sein.«

50

Kroll hatte mehrere Wochen benötigt, um auf alle Fragen eine plausible Antwort zu finden: *Wie kam das Mädchen in meine Wohnung? Warum hab' ich se zerstückelt? Wieso hab' ich das Fleisch gekocht? Warum hab' ich davon probiert?* Und vor allem: *Warum hab' ich denen das überhaupt erzählt?* Er glaubte, nur diesen einen Verdacht entkräften zu müssen, da die Kripo hier erdrückende Beweise vorlegen konnte. Alle anderen Morde würde er pauschal abstreiten können. Und auch für diese Fälle hatte Kroll sich eine Erklärung zurechtgelegt. Er war sehr zuversichtlich.

Am 2. November 1976 war es endlich so weit. Im Rheinischen Landeskrankenhaus in Düsseldorf saß er Dr. Erich Roth gegenüber, Facharzt für Neurologie und Psychiatrie und Leiter der Klinik. Kroll sollte »exploriert«, also psychologisch-psychiatrisch untersucht werden. Doch daraus wurde nichts. Denn Kroll hatte gar nicht gemordet. Das behauptete er jedenfalls. Mehr als zwei Stunden lang.

Seine Erklärung im Fall Tanja Bracht: »Ich habe mit allem nichts zu tun. Die Tanja Bracht habe ich nicht ermordet. Ich war unten im Keller. Da war sie bei mir drin mit ihrem Bruder, suchte einen Zehnerschraubenschlüssel. Sie ging mit ihm wieder weg. Ich holte einen Tank mit Öl und Sprit fürs Mofa und ging wieder auf den Hof. Tanja sprang dann noch im Kellereingang rum. Ich kümmerte mich nicht weiter um sie und füllte meinen Mofatank. Da war sie auf einmal weg. Ich zog noch eine Schraube am Mofa an, ging wieder in den Keller und brachte Schraubenschlüssel und Tank wieder zurück. Ich räumte dann noch andere Schraubenschlüssel auf.

Das dauerte etwa eine Dreiviertelstunde. Dann ging ich hoch zu meiner Wohnung. Da lag die Tanja vor meiner Tür. Ich nahm sie auf und legte sie auf mein Bett. Ich schaute dann nach, als sie auf dem Bett lag, was mit ihr los war. Ich fühlte den Puls und probierte, sie wachzukriegen. Ich machte Mund-zu-Mund-Beatmung und habe ihr den Brustkorb gedrückt. Ich sah am Hals Druckstellen. Der Kopf war so rot. Ich dachte mir, einer wollte mir was auswischen, und glaubte fest, sie sei tot.

Dann ging ich aus dem Schlafzimmer, setzte mich in einen Sessel und dachte nach, was ich tun sollte. Ich wußte nicht, ob ich die Polizei anrufen sollte oder nicht. Dann habe ich mir überlegt: Irgendwie muß sie verschwinden. Später habe ich sie in der Küche auf dem Tisch mit einem Zackenbrotmesser auseinandergeschnitten. (…)«

Anschließend schilderte Kroll in allen entsetzlichen Einzelheiten, wie er dabei vorgegangen war. Und warum er das Kind zerstückelt hatte, begründete er ebenfalls: »Ich habe sie aus Nervosität zerschnitten.« Gleiches sollte für die Leichenteile im Suppentopf gelten, die er wiederum »aus Nervosität da reingelegt« und später auch »nichts davon gegessen« haben wollte.

Kroll musste sich naturgemäß kritisches Nachfragen gefallen lassen. Doch auch jetzt wollte er von *seiner* Version der Dinge nicht abrücken. Die hanebüchenen Behauptungen und Erklärungen waren ein eindrucksvoller Beleg für seine deprimierende intellektuelle Potenz, seine infantile Vorstellungswelt: »Ich wollte es gar nicht kochen«, gab er schüchtern zu Protokoll, »ich habe den Herd aus Nervosität eingeschaltet. Als ich merkte, es kochte, schaltete ich aus.« »Die Haut ging von der Hitze des Wassers ab. Ich trennte keine Haut ab.« Oder: »Sicher war mir das zuwider, aber was sollte ich machen? Es kam so über mich. Ich habe früher beim Bauern beim Schweineschlachten ausgeholfen. Daher hatte ich gute Kenntnis im Zerteilen eines Körpers.«

Drei Monate später stand der nächste Untersuchungstermin an, diesmal im Institut für Gerichtliche Psychologie und Psychiatrie in Homburg/Saar. Bei einem derart komplexen Fall erschien es der Staatsanwaltschaft ratsam, mehrere Expertenmeinungen einzuholen.

Kroll blieb sich treu. Auch Professor Hermann Witter gegenüber schwadronierte er darüber, dass ihm die Morde »angehängt« worden seien. Die Kripo habe ihn überdies »so fertiggemacht«, dass er bei jeder Vernehmung immer nur mit »kann sein« geantwortet habe. Zudem beschwerte er sich über das schlechte Benehmen und die rüden Methoden der Kripobeamten: »Die haben mit mir immer nur geschimpft und mich angebrüllt. Der Kontermann hat gesagt, wenn ich nicht gestehe, würde er mich durch die Wand schmeißen. Die haben mir dann mit dem Lügendetektor gedroht. Die würden mich an das Ding anschließen und mir Stromstöße verpassen. Da habe ich aus Angst alles gesagt, was die hören wollten.«

Vermutlich stand Kroll bei seinen Aussagen noch ganz unter dem Eindruck der Ereignisse, die sich beim Transport nach Homburg zugetragen hatten. Der Leiter der Justizvollzuganstalt Zweibrücken erklärte der neugierig gewordenen Presse dazu: »Kroll kam hier an wie ein verschüchtertes Mäuschen. Er wagte sich vor lauter Angst nicht aus seiner Zelle. Er verkroch sich und nahm an keiner Gemeinschaftsveranstaltung teil. Zu seinem eigenen Schutz mussten wir ihn abschirmen. Auch den Hofgang machte er allein. Andere Gefangene beschimpften ihn als ›Kindermörder‹, ›Blutschwein‹ und ›Mordbestie‹ und drohten ihm: ›Wir machen Hackfleisch aus dir!‹ «

Nachdem Kroll die Tötung Tanja Brachts zunächst gestanden und dann zweimal bestritten hatte, änderte er seine diffuse Taktik ein weiteres Mal. Am 31. Januar 1978 wurde er vom Sexualwissenschaftler und Psychiater Professor Eberhard Schorsch eingehend untersucht. Professor Schorsch leitete die Abteilung für Sexualforschung der Psychiatrischen und Nervenklinik der Universität Hamburg. Ihm erklärte Kroll, dass er Tanja nun doch umgebracht habe. Sein erneutes Geständnis war eine nahezu exakte Kopie der Aussagen, die er bereits kurz nach der Tat bei der Duisburger Kripo gemacht hatte. Nur mit den übrigen Morden wollte er nach wie vor nichts zu schaffen haben: »War ich nich'. Bin unter Druck gesetzt worden.«

Nach knapp zwei Jahren lagen schließlich alle Gutachten vor. Ein Neurologe, ein Radiologe, ein Humangenetiker, zwei Psychologen und drei Psychiater hatten sich ausgiebig mit Kroll befasst, um herauszufinden, ob dieser Mann für seine Untaten strafrechtlich zur Verantwortung gezogen werden konnte. Kurzum: Uniform oder Kittel? Knast oder Klapse?

Obwohl die professionellen Abgründe-Ergründer denselben Mann untersucht hatten, lagen der Staatsanwaltschaft Gutachten vor, die unterschiedlicher nicht hätten ausfallen können. Professor Schorsch aus Hamburg hatte bei Kroll zusammenfassend festgestellt: »(...) Angesichts der schwersten Defekte in seiner Persönlichkeitsstruktur nimmt die sexuelle Deviation, die völlig apersonal-destruktiv geprägt ist, einen zentralen Raum ein. Hier findet sich seine eigentliche innere Dynamik. Angesichts der Relation einer ausgedehnten Welt der sexuellen Deviation einerseits und einem hülsenhaften, rudimentären sozialen Ich andererseits ist die Dynamik der Devianz zeitweise und periodisch unwiderstehlich stark gewesen und hat ihn gleichsam überflutet. (...) Insgesamt ist das Maß an Störungsintensität, Pathologie und sexueller Devianz so hoch, dass schwerere Defekte und Störungen kaum noch denkbar erscheinen. Kroll ist deshalb aus seiner Sicht für die von ihm begangenen Straftaten mangels Steuerungsfähigkeit nicht strafrechtlich verantwortlich.« Demnach war Kroll eine »schwerst gestörte Persönlichkeit«, destruktiven Impulsen schutzlos ausgeliefert gewesen und juristisch nicht zu belangen. Ein solcher Befund hätte die unbefristete Einlieferung in ein psychiatrisches Krankenhaus zur Konsequenz gehabt.

Eine gänzlich divergierende Auffassung vertrat hingegen Professor Witter, der Kroll in Homburg/Saar untersucht hatte. Das Urteil des damals als Koryphäe der deutschen Gerichtsmedizin gerühmten Sachverständigen: »(...) Joachim Kroll hat bei allen Tötungsdelikten die Gelegenheit zur Tat raffiniert und planmäßig gesucht, nur die ihm einigermaßen gefahrlos erscheinenden Gelegenheiten genutzt und unter zutreffender situativer Orientierung und Situationsanpassung auf die Verdeckung der vollendeten Tat geachtet. Diese Planmäßigkeit und Zielstrebigkeit bei fortdauernder Realitätserkenntnis vor, bei und nach der Ausführung des jeweiligen Tötungsdeliktes sowie seine jahrzehntelangen erfolgreichen Bemühungen, unentdeckt zu bleiben und nicht gefasst zu werden, sprechen aus psychologisch-psychiatrischer Sicht maßgeblich gegen die Annahme, die Steuerungsfähigkeit Krolls sei zu den Taten völlig aufgehoben oder auch nur erheblich eingeschränkt gewesen. Die bei Kroll vorhandene Persönlichkeitsabnormität allein rechtfertigt weder eine Exkulpation noch eine Dekulpation (= Schuldbefreiung bzw. Schuldminderung, Anm. d. Autors).« Folgerichtig würde ein Schwurgericht »Lebenslänglich« verhängen müssen – wenn es dem Gutachten bedingungslos folgte.

Die Duisburger Staatsanwaltschaft wollte sich keiner der eingeholten Expertenmeinungen anschließen, sondern unterstellte Kroll in ihrer 280 Seiten starken Anklageschrift sibyllinisch »mindestens verminderte Schuldfähigkeit«. Also musste in einer Gerichtsverhandlung über diesen Streitpunkt entschieden werden.

Der »Angeschuldigte« hatte gestanden, seit Anfang 1955 zwölf Menschen erstochen, erwürgt, erdrosselt oder ertränkt zu haben. Allerdings hatte die zum Tatzeitpunkt zehnjährige Christa Enders seine Attacke überlebt, was Kroll verborgen geblieben war. Deshalb wertete die Anklage diesen Fall als »versuchter Mord«. Von den vollbrachten Taten klagte die Staatsanwaltschaft jedoch nur acht an. Die Fälle »Frieda Pfundner« (erwürgt am 16. Juni 1959 in Rheinhausen), »Michaela Kurth« (erdrosselt am 26. Juli 1959 in Essen) und »Bettina Mertens« (ertränkt am 22. Dezember 1966 in Hückeswagen) wurden »vorläufig eingestellt«.

Krolls Geständnis, Frieda Pfundner getötet zu haben, und das Ergebnis der Rekonstruktion werteten die Anklagevertreter als »erhebliche Anhaltspunkte« für seine Täterschaft; allerdings hatte nie aufgeklärt werden können, wer jener Mann gewesen war, der mit dem Opfer kurz vor dessen Ermordung sexuell verkehrt hatte. Über das in der Vagina der Frau gefundene Sperma war die Blutgruppe A ermittelt worden. Kroll konnte es demnach nicht gewesen sein, er besaß die Blutgruppe 0. Also blieben »letzte Zweifel«, die die Staatsanwaltschaft dazu veranlasste, diesen Fall nicht anzuklagen.

Auch Michaela Kurth wollte Kroll umgebracht haben. Mit einem Taschentuch. Oder mit einem Halstuch des Opfers. Er hatte sich an dieses bedeutungsvolle Detail nicht mehr genau erinnern können. Wieder so eine Ungereimtheit. Hinzu kam, dass eine Studentin kurz vor der Tat ein Liebespärchen am späteren Leichenfundort gesehen hatte. Der Mann war von der Zeugin zunächst beschrieben, später sogar bei einer Gegenüberstellung identifiziert worden. Es war Konrad Meckler gewesen, den man schließlich für diese Tat auch verurteilt hatte. Der Zeugin war von den Duisburger Ermittlern auch ein Foto Krolls vorgelegt worden. Ihr Kommentar: »Das Gesicht sagt mir nichts.« Die Beweise reichten für eine Anklage nicht aus. Die Staatsanwälte plagten »erhebliche, nicht auszuräumende Zweifel«. Zudem wollte man in diesem Fall einem möglichen Wiederaufnahmeverfahren des damals Verurteilten den Vorrang lassen.

Bettina Mertens war im Dezember 1966 in einem Bach bei Hückeswagen gefunden worden. Kroll hatte dazu bei der Kripo ausgesagt, die seinerzeit fünfjährige gewürgt zu haben. Nur hatten Kriminalisten und Gerichtsmediziner keine mit dieser Behauptung korrespondierenden Spuren am Hals des Opfers feststellen können. Bei der Obduktion war schließlich im Blut des Mädchens eine »erhebliche Blutalkoholkonzentration« nachgewiesen worden. Der Mörder hätte davon wissen müssen. Aber Kroll war dies aus unerfindlichen Gründen verborgen geblieben.

Außerdem hatte ein Rentner am Tattag gegen 17 Uhr in unmittelbarer Nähe des Leichenfundortes einen Mann und ein Mädchen beobachtet. Der Begleiter des Kindes war dem Zeugen auch wegen seiner Statur aufgefallen. Wortwörtlich hatte der Mann in seiner Vernehmung im September 1976 bei der Kripo in Duisburg ausgesagt: »(...) Kroll hat ja den Mord an der Bettina Mertens gestanden. Als ich aber sein Bild in der Zeitung sah, habe ich gleich gesagt, daß der nicht der Mann sein kann, den ich im Wald gesehen hatte. Kroll wirkt auf den Bildern ziemlich schmal. Der Mann im Wald dagegen wirkte untersetzt. Er sah unter dem Mantel so aus, als wenn er einen ziemlich breiten Brustkasten hätte. Sein Gesicht habe ich ja nicht gesehen, auf jeden Fall hätte ich es mir aufgrund der Statur ganz anders vorgestellt. Mit dem Mädchen bin ich mir aber sicher. Es war Bettina Mertens, die ich zusammen mit dem Mann sah.«

Auch in diesem Fall bestanden nach Auffassung der Staatsanwaltschaft »letzte Zweifel«, das Verfahren musste eingestellt werden. In allen drei Fällen hatten die Ankläger Krolls Aussagen als »glaubhaft« bewertet, allerdings fehlten »Sachbeweise«, die seine Geständnisse in den »kritischen Punkten« hätten untermauern können.

Bernhard Mischko, der ermittelnde Staatsanwalt, erläuterte der Presse, warum man sich bei der Anklage nicht auf den Fall Tanja Bracht beschränkt hatte. Man hätte mit Kroll auch kurzen Prozess machen können. Die Begründung: »Natürlich wäre nach drei Monaten eine Verurteilung fällig gewesen, aber man kann die anderen Sachen doch nicht unter den Tisch fallen lassen. Außerdem hätte nach 15 Jahren irgendein Richter vielleicht gesagt: ›Der Kroll ist doch nur wegen einer Sache verurteilt worden‹, und ein Arzt bescheinigt ihm Heilung, dann wird er wieder freigelassen.«

Hätte man die Anklage auf alle von Kroll behaupteten Morde erweitert, wäre der Verteidigung eine weitere Angriffsfläche angeboten worden. Mögliche Revisionsgründe sollten nicht frei Haus geliefert werden. Unter dem Strich war es aus prozessualer Sicht auch unerheblich, ob Kroll wegen achtfachen oder elffachen Mordes verurteilt werden würde. Der zu erwartende Richterspruch hätte nur lauten können: Lebenslänglich. Dass man sich dabei aber auch ein gutes Stück von der Wahrheit entfernte, ist eine ganz andere Geschichte.

Dietrich Lazarz, Krolls Verteidiger, vermutete hinter der Strategie der Staatsanwaltschaft indes andere Gründe und kommentierte bissig: »Wenn schon drei Fälle weggelassen werden, stimmt bei den anderen vielleicht auch etwas nicht.« Überdies kündigte der 55-Jährige vollmundig an: »In der Hauptverhandlung werden wir alle Ungereimtheiten ans Licht bringen. Mein Mandant hat nur Dinge gesagt, die ihm in den Mund gelegt worden sind. Er wollte den freundlichen Herren von der Kripo nur einen Gefallen tun.« Allerdings musste Lazarz auch einräumen: »Der Fall Tanja Bracht ist klar.«

Der 9. Strafkammer des Duisburger Landgerichts stand ein juristischer Kraftakt bevor. Allen Beteiligten war klar, dass es nicht leicht werden würde, durch das Gestrüpp von Geständnissen und Widerrufen, objektiven und subjektiven Eindrücken und Wahrnehmungen, Wahrheit und Dichtung zu finden. Drei Berufsrichter und zwei Hausfrauen als Schöffinnen hatten diese nervenaufreibende und strapaziöse Mammutaufgabe zu bewältigen. 68 Zeugen und 13 Sachverständige sollten dabei helfen.

Um den sensiblen und kreislaufkranken Angeklagten und dessen »geistiges Fassungsvermögen« nicht zu überfordern, wollte das Gericht nur an zwei Tagen in der Woche vor- und nachmittags nicht länger als zwei Stunden verhandeln. Der Prozessbeginn war für Anfang Oktober 1979 terminiert worden, das Verfahren sollte nicht länger als fünf Monate dauern. Niemand konnte zu diesem Zeitpunkt ahnen, dass alles ganz anders kommen sollte.

51

Duisburg, Donnerstagmorgen, 4. Oktober 1979. Landgericht, Saal 201. Über 120 Zuschauer drängten sich im überfüllten holzgetäfelten Schwurgerichtssaal. Kurz vor Beginn der Verhandlung »Strafsache 14 Js 529/76« waberte eine Frage durch die Reihen, die fast alle Anwesenden beschäftigte und geklärt werden musste: Wie sah wohl ein Mensch aus, der laut Anklage acht Menschen »zur Befriedigung des Geschlechtstriebs« ermordet hatte? Und der obendrein an seinem letzten Opfer zum »Kannibalen« geworden war. Nicht wenige erwarteten den Einmarsch eines »Monsters«, das als solches auch zu erkennen war. Woran genau, wusste niemand zu sagen. Man würde es dann schon sehen.

Um kurz nach 9 Uhr erstarb das Raunen des Publikums, als die Tür geöffnet wurde, durch die der »Menschenfresser von Duisburg« vorgeführt werden sollte. Das Horrorkabinett konnte endlich eröffnet werden. Zwei Justizbeamte dirigierten Joachim Kroll in die Anklagebank. Die helfenden Hände der Wachtmeister hatte der jetzt 46-Jährige auch nötig. Kroll hatte sich zum Schutz vor allzu neugierigen Teleobjektiven und Fernsehkameras die viel zu große Jacke seines beigefarbenen Anzugs über den Kopf und vor das Gesicht gezogen. Nur ein kleines Stück seiner Halbglatze lugte aus dem Ausschnitt. Ein beeindruckendes Blitzlichtgewitter brach über ihn herein. »Bevor nicht die Kameras verschwunden sind«, versuchte Dietrich Lazarz, einer der mittlerweile zwei Kroll-Anwälte, die Journalisten abzuwehren, »wird Herr Kroll sich nicht entblößen.« In seiner Zelle hatte er sich für seinen großen Auftritt eigens eine rote Kapuze mit Sehschlitzen genäht. Bei einer Durchsuchung kurz vor Beginn der Verhandlung war sie ihm aber abgenommen worden. Die Maskerade hatte also wenig mit Scheu und Scham zu tun, aber viel mit Bargeld – die Rechte an seinem Bild waren nur gegen fünfstellige Summen zu kaufen. Kroll hatte nämlich im Laufe der Jahre mitbekommen, dass ein »Jahrhundert-Verbrecher« wie er sich prima vermarkten ließ. Und diesen Superlativ verschacherte er nun mit der Schläue eines orientalischen Teppichhändlers.

Dennoch: Kroll zitterte am ganzen Leib, er war völlig verschreckt. Lampenfieber. Der erste öffentliche Auftritt seines Lebens. Und Kroll musste die unbequeme und ungeliebte Hauptrolle spielen. Gegeben wurde das Drama »Die Bestie vom Rhein«.

»Der Mistkerl soll sich zeigen«, »Runter mit der Jacke, zeig dein Gesicht, du Mörderschwein«, forderten einige enttäuschte und erhitzte Gemüter. Die Volksseele kochte, eine Welle der unverhohlenen Feindseligkeit bahnte sich ihren Weg bis zur Anklagebank. Dort hockte ein zusammengesunkenes Häufchen Mensch, ein Angeklagter ohne Gesicht. Die Menge aber verlangte nach einem schaurigen Spektakel. Schließlich hatten viele Zeitungen es doch so angekündigt. Aber der erwartete und erhoffte Sinnesrausch konnte einfach nicht stattfinden, schnell machte sich allgemeine Ernüchterung breit: »Das ist doch nur ein Handtuch«, »Halbe Portion«, »Würstchen«. Man hatte sich einen »Massenmörder« ganz anders vorgestellt: groß, kräftig, charismatisch, angsteinflößend, schrecklich. Und jetzt kauerte auf dem Anklagesitz das graue Männlein Joachim Kroll – die hilflos anmutende Karikatur des erwarteten »Unholds teuflischen Formats«, der angeblich »direkt aus der Hölle« kam.

Nach 16 Minuten ebbte das Interesse der zwei Dutzend Fotografen und Kameraleute allmählich ab. Erst als der Vorsitzende Paul Schimmann den Prozess eröffnete, lockerte sich der feste Griff des Angeklagten. Manche Besucher stellten sich jetzt auf die Bänke. Ungeduldig erwarteten alle die Demaskierung der »Mörderbestie«. Und als endlich sein Gesicht zum Vorschein kam, zeigten sich die meisten wieder enttäuscht. »Der sieht ja gar nicht aus wie ein Ungeheuer.« Ein Hinterbänkler hatte seine Verwunderung in Worte gekleidet und dabei ausgesprochen, was die meisten im Saal dachten. Kroll war von Kopf bis Fuß eine unscheinbare, unauffällige Erscheinung. Der signalrote Pullover war das einzig Auffällige an ihm.

Der Vorsitzende hatte wohl ärgere Zeichen des Volkszorns erwartet. Zum Schutz des Angeklagten hatte er zusätzliches Personal Posten beziehen lassen. Zwei Polizisten behielten mit dem Rücken zum Richtertisch postiert das Publikum im Auge. Jeder Zuhörer war zudem an der Saaltür durchsucht worden. Die notwendige Kabine und das elektronische Abtastgerät waren eigens vom Düsseldorfer Flughafen herbeigeschafft worden.

»Und nun, Herr Kroll, zu Ihrer Person«, begann Richter Schimmann Fragen zu stellen. Kroll erstarrte wie das sprichwörtliche Kaninchen vor der Schlange. In seiner für ihn typischen Haltung stand er in der Anklagebank: den Rücken nach vorn gebeugt, die Hände in den Hosentaschen vergraben, den Vorsitzenden ängstlich anschauend. Im bleichen, ausgemergelten Gesicht des Angeklagten mischte sich Nervosität mit Unbeholfenheit, als er die Vorlesung zu seinen Personalien mit unmoduliertem »Ja« oder »Nein« bestätigte. Nach seiner Ausbildung befragt, antwortete Kroll nur leise: »Höchstens Landwirtschaft, aber hab' ich nich' ausgelernt.«

Dann war die Staatsanwaltschaft an der Reihe. Obwohl die Taten seit drei Jahren bekannt gewesen und Einzelheiten mitunter wie auf einem Jahrmarkt feilgeboten worden waren, wurde es im Gerichtssaal totenstill, als Oberstaatsanwalt Rudolf Hölting die Anklageschrift verlas. Die Zuhörer kommentierten die Chronik des Grauens wellenartig mit empörtem Geraune und qualvollen Seufzern, eine Schöffin brach in Tränen aus. Nur einer der Anwesenden wirkte unbeteiligt: der Angeklagte. Kroll lauschte scheinbar gelangweilt, schaute mal zum Gericht, mal zu den Staatsanwälten, mal zum Fenster hinaus. Seine Pose glich der eines mäßig interessierten Besuchers einer ermüdenden Vortragsveranstaltung. Nur den Blick ins Publikum wagte er nicht – wohl aus Furcht vor den Drohgebärden und Anfeindungen der Angehörigen seiner Opfer.

Für die Aneinanderreihung von acht Morden und einem Mordversuch, allesamt verübt nach »eigenem sexuellem Versagen« und »im Zustand erheblich verminderter Schuldfähigkeit«, benötigte Hölting nicht mehr als zehn Minuten. Die Anklage attestierte Kroll zudem eine »schwere seelische Abartigkeit infolge eines frühkindlichen Hirnschadens«.

Der Vorsitzende wollte nach nicht einmal 30 Verhandlungsminuten den ersten Prozesstag schon beenden, da meldete sich einer der Verteidiger zu Wort: »Mein Mandant möchte eine Erklärung abgeben.«

Kroll stand auf. Nervös steckte er die Hände in die Hosentaschen, zog sie wieder hervor, faltete sie dann. »Sie können sitzen bleiben«, beschied ihn der Richter. Aber Kroll wollte stehen. Vielleicht hatte er sich das vom Staatsanwalt abgeguckt, vielleicht fiel ihm das Reden im Stehen einfach leichter. Kroll begann zu erzählen: leise, ausdruckslos, stockend, zusammenhanglos – wie ein Mann, der nie etwas zu sagen, der immer nur Anweisungen zu befolgen hatte. Von »Sauereien« war die Rede, die sein Anwalt Dietrich Lazarz »getrieben« haben sollte. Zum Schluss meinte Kroll: »Ich wollte Herrn Lazarz ablehnen.« Der Angeklagte war zum Ankläger geworden. Sein diffuser Vortrag wurde aber erst dann verständlich, als Klaus Vogt, der zweite Pflichtverteidiger, das Ansinnen seines Mandanten in einen Antrag umformulierte.

Es ging um einen Mithäftling Krolls, der ihn mit einer in einem Tabakpäckchen versteckten Kamera in der Zelle fotografiert hatte – gegen ein Honorar von 500 Mark, von dem er angeblich nichts bekommen hatte. Hinter dieser Intrige vermutete er seinen Anwalt. Kroll hatte zudem Lazarz die Rechte an seiner Lebensgeschichte »als Honorar« abgetreten. Dafür waren von der Illustrierten *STERN* 10 000 Mark gezahlt worden, die Lazarz allein für sich behalten haben sollte, so die böswillige Unterstellung seines Mandanten. Kroll fühlte sich von seinem Anwalt übers Ohr gehauen, er hatte kein Vertrauen mehr.

Lazarz war eigentlich angetreten, um Kroll zu verteidigen, jetzt musste er sich unversehens erst einmal selbst rechtfertigen. Der Jurist, der als Pflichtverteidiger pro Verhandlungstag 375 Mark erhielt, machte wenig später eine andere Rechnung auf. Von den insgesamt 15 500 Mark, die er auf einem Sonderkonto verwalte, habe er Kroll in dessen dreieinvierteljährlicher Untersuchungshaft bereits 5 000 Mark in kleinen Teilbeträgen ausgezahlt. Auch müsse er von dem Gesamtbetrag Steuern zahlen. Allein hierdurch hätte sich das Konto nahezu um die Hälfte reduziert. Lazarz sprach auch von »Animositäten« und »Manipulationen« seines Mandanten, der interessiert, aber verständnislos zuhörte. Offenbar war Kroll die angebliche Übervorteilung von seinem Zellenkumpan nur eingeredet worden. Abschließend wandte Lazarz sich seinem Mandanten zu: »Ich habe nicht einen Pfennig davon genommen, lieber Herr Kroll, da irren Sie sich.«

Die Dokumente, die Oberstaatsanwalt Hölting in der Zwischenzeit gesichtet hatte, schienen indes eher zu belegen, dass Kroll ein plumpes Doppelgeschäft machen und zweimal abkassieren wollte. Zuerst hatte er alle Rechte der »Kroll-Story« an Lazarz abgetreten und ihm dabei »völlig freie Hand« gelassen, »dieses Geld nach bestem Wissen und Gewissen zu verwenden«, auch als Anwaltshonorar. Einige Tage später hatte er nochmals alle Rechte an einen Mithäftling abgetreten, der ebenfalls den *STERN* bediente. Das Gericht musste nun darüber befinden, ob Lazarz weiterhin als Krolls Verteidiger fungieren durfte. Die Entscheidung wurde für die kommende Woche angekündigt, das Gericht vertagte sich.

Enttäuscht verließen die meisten Zuschauer den Saal. Kein Nervenkitzel, kaum Spannung, zu wenig Horror. Vom »Menschenfresser-Prozess« hatte man sich einfach mehr erwartet. Die Besucher waren lediglich auf einem Nebenkriegsschauplatz Zeugen eines juristischen Scharmützels geworden. Über die grauenhaften Taten, die von Kroll bei der Kripo zunächst gestanden und später widerrufen worden waren, hatten sie nur wenig erfahren. Eine Woche später berichtete der *STERN* in eigener Sache: »(...) Zu Prozeßbeginn wurde der *STERN*-Bericht (Nr. 40/1979, »Die Strecke des Jägers«) stundenlang debattiert. Der Angeklagte Joachim Kroll wollte seinen Pflichtverteidiger Dietrich Lazarz mit der Begründung loswerden, der Anwalt habe hinter seinem Rücken seine Geschichte an den *STERN* verkauft. Das Gericht lehnte den Antrag letzte Woche mit der Begründung ab, der Anwalt Lazarz habe korrekt gehandelt. Der Jurist wies nämlich nach, daß Kroll ihn zur Weitergabe von Informationen schriftlich ermächtigt hatte. Das bezahlte Honorar kommt Kroll voll zugute – wenn auch sicherheitshalber nur in Raten. Denn wann immer der Häftling Kroll sonst über Geld verfügt, machen sich Häftlinge an ihn heran, schwatzen ihm das Geld ab und dafür immer neue Ideen auf. Sie redeten dem unbeholfenen Häftling ein, er könne mit seiner Lebensgeschichte Millionen verdienen, wenn er nur einen anderen Verteidiger habe. Beim Kampf um die schrecklichen Kroll-Memoiren hatte sich ein Krefelder Rechtsanwalt im Auftrag eines Hamburger Zeitungskonzerns gemeldet, der Kroll für Rechnung seines Arbeitgebers kostenlos verteidigen sollte. Der *STERN* hatte von Rechtsanwalt Lazarz hingegen das Recht erworben, aus den psychiatrischen Gutachten zu zitieren, die zu erklären versuchen, weshalb der unscheinbare Mann acht Menschen ermordet haben soll. (...)«

52

»KROLL-PROZESS:
ÖFFENTLICHKEIT
HEUTE
AUSGESCHLOSSEN.«

Diese Mitteilung prangte immer dann auf einem großen weißen Plakat am Gerichtseingang, wenn Unerträgliches und Unzumutbares zur Sprache kommen sollte. Selbst abgebrühten Gerichtsreportern verursachten unzählige grausame Details eine Gänsehaut, viele hatten Mühe, sich zu beherrschen. Die Journalisten legten oft ihre Kugelschreiber einfach beiseite, weil sie wussten, dass sie bestimmte Einzelheiten ohnehin nicht bringen konnten. So bat beispielsweise die *Neue Ruhr Zeitung* ihre Leser um Verständnis: »Die NRZ hat sich entschlossen, die im Kroll-Prozess zur Sprache kommenden schrecklichen Einzelheiten der Morde nicht zu veröffentlichen – auch aus Rücksicht auf die Angehörigen.«

Weil der Angeklagte nur flüsterte und nuschelte, hatte man ihm ein Mikrofon vor die Nase gestellt. Alle Aspekte mussten im Frage-Antwort-Spiel erörtert werden. Denn Kroll war kaum in der Lage, mehr als einen Satz zusammenhängend zu formulieren. Insbesondere wenn es um seine verkrüppelte und entartete Sexualität ging, wurde der Angeklagte verlegen und wortkarg.

Richter Schimmann: »Wurden Sie zu Hause aufgeklärt?«

»Nee.«

»Aber Sie hatten doch Schwestern, Brüder, wohnten in einer kleinen Wohnung.«

Schweigen.

»Herr Kroll, sprechen Sie ein offenes Wort! Wie war das denn?«

»Darüber wurde nich' gesprochen.«

»Hatten Sie Kontakt zu Mädchen als junger Bursche?«

»Nee.«

»Haben Sie denn im Winter keine Schlittenfahrten gemacht? Da konnte man doch fast unbeabsichtigt mal ein Mädchen anfassen, wenn das vor einem saß.«

»Nee, ging nich'.«

»Herr Kroll, was soll das heißen? Warum ging das nicht?«

»Die saßen doch immer hinter mir. Ich war der Lenker.«

»Wie war das denn auf den Dorffesten?«

Kroll dachte lange nach. Minuten später sagte er schließlich doch etwas: »Tanzen konnt' ich nich'. Hab' Bier getrunken. Mit Mädchen geredet.«

Richter Schimmann hakte nach: »Mehr nicht?«

»Nee.«

»Haben Sie denn bis dahin nie ein Mädchen gehabt?«

»Nee.«

»Hat Sie das denn nicht gewurmt?«

»Doch, schon.«

»Herr Kroll, Sie hätten doch etwas dagegen unternehmen können!«

Achselzucken in der Anklagebank. Dann: »Was sollt' ich denn machen.« Kroll schlug die Hände vor das Gesicht.

»Ja, warum haben Sie denn immer alles geschluckt?«

Wieder ließ die Antwort auf sich warten. Schließlich murmelte Kroll verständnislos: »Aber das musste ich doch.« Er war der geborene Geradesteher und Kopfhinhalter.

Fast konnte man mit dem Angeklagten ein wenig Mitleid haben. Kroll hatte an Frauen gedacht, und weil er so scheu und so schüchtern gewesen war, hatte er sehnlichst darauf gewartet, angesprochen zu werden. Aber es war niemand gekommen, um den hässlichen Frosch zu küssen und zu erlösen.

Auch seine dürren Aussagen zum Eltern-Sohn-Verhältnis wirkten merkwürdig oberflächlich, stumpf, unbestimmt. Angeblich sollte die Beziehung zu Mutter und Vater »gleich gut« gewesen sein. Doch dann verriet er sich bei anderer Gelegenheit. Ob der Vater 1954 gestorben sei, fragte ihn der Vorsitzende. Seine Antwort: »Ja, ich glaub' schon.« Aber den Todestag seiner Mutter wusste er hingegen spontan zu sagen: »21.1.55.«

Das Gericht gab sich alle Mühe, dem konturenlosen Bild des Angeklagten Tiefenschärfe zu geben. Man wollte mehr über diesen komischen Kauz erfahren, der seine Augen mittlerweile hinter einer getönten Brille verbarg und zu einer brauchbaren Selbstbeschreibung nicht fähig war. Seine Geschwister wollten dabei auch nicht behilflich sein, sie erschienen zwar im Gerichtssaal, machten dann aber von ihrem Zeugnisverweigerungsrecht Gebrauch – als »Verwandte in gerader Linie« des Angeklagten waren sie nach Paragraph 52 der Strafprozessordnung nicht verpflichtet auszusagen. Kroll würdigte seine Brüder und Schwestern keines Blickes.

Nachbarn, Arbeitskollegen und Bekannte konnten sich dieser unbequemen Pflicht nicht entziehen. Die meisten Zeugen beschrieben Eigenschaften und Gewohnheiten, die viele im Gerichtssaal irritierten: Ein stiller, zurückhaltender, freundlicher Nachbar sei Kroll gewesen, stets hilfsbereit. Und er habe sich »auf Kinder verstanden«, ihnen sogar Spielzeug und Süßigkeiten zugesteckt. Natürlich war dieser Kroll dem einen oder anderen schon immer etwas »unheimlich« vorgekommen, in manchen hatte er nur Mitleid hervorgerufen, und ein Nachbar befand kurz und bündig: »Er is'n Schleicher gewesen.« Zwei Gesichter eines »zärtlichen Zerstörers«: der »liebe Kerl« und die »Bestie«.

Der Vorsitzende redete einfühlsam und leise mit Kroll. Doch das störte viele Zuschauer: »Mit dem Schwein soll man doch nicht umgehen, als wäre der aus Glas«, meinte einer empört. Aber dem Hassobjekt Kroll war auch bei aller Behutsamkeit nur wenig zu entlocken. Er hatte nie gelernt, eine Meinung zu haben und zu vertreten. Zeitlebens hatte er gekuscht, sich verkrochen. Kroll konnte über sich selbst gar nicht kritisch urteilen. Er schilderte sein Leben, als wäre es das eines Fremden.

Die übergroße Verunsicherung war ihm stets anzumerken. Er wusste oder verstand nicht, was der Richter von ihm hören wollte, und er wusste ebenso wenig, was er sagen durfte. Hin und wieder lachte er nervös auf, wenn der Richter konsequent nachfragte. Undeutlich wurde er vornehmlich, wenn es eindeutig wurde, er Stellung beziehen sollte. Der schmächtige Mann mit dem fahlen Gesicht strapazierte die Geduld des Gerichts fortwährend mit Plattitüden und schwammigen Antworten. »Joo, vielleicht, weiß nich'«, hieß es dann. Oder: »Kann sein.« Der Rest war oft ein leises Gemurmel, das niemanden im Gerichtssaal mehr erreichte.

Auch den vermeintlichen Ursprung und Auslöser allen Übels vermochte er nicht einzuordnen. Kroll konnte zunächst nicht sagen, ob er »nervös« geworden war, bevor ihn das »komische Gefühl« überkommen hatte oder ob es umgekehrt gewesen war. Erst nachdem Richter Schimmann mehrfach nachgefragt hatte, entschied er sich: »Das Nervöse kam vorher.« Um dann doch wenig später wieder einzuschränken: »Bin mir aber nich' ganz sicher.« So ging es hin und her.

Die Ursache für sein mörderisches Verlangen konnte Kroll erwartungsgemäß nicht benennen oder auch nur vage beschreiben, aber bereits als junger Mann wollte er von düsteren Vorahnungen heimgesucht worden sein: »Da hab' ich Angst vor mir selbst gehabt, dass ich mal jemanden umbringen könnt'.« Kroll fehlte der Überblick, die Fähigkeit, Ereignisse im Zusammenhang zu sehen. Daraus, dass er auf der Straße statt zu Hause aufgeklärt worden war, dass ihn die Mitschüler gehänselt und die Frauen meistens nur ausgelacht und verspottet hatten, dass er in einen sexuellen Not- und Ausnahmezustand geraten war und sich notgedrungen mit Tieren und Puppen hatte abgeben müssen, konnte er keine Kausalitäten seiner Probleme herleiten. All das summierte, deklarierte und etikettierte er der Einfachheit halber unreflektiert als »komisches Gefühl«. Kroll konnte lediglich die körperlichen Symptome seiner psychischen Erkrankung beschreiben. Die laut Anklage »schwere seelische Abartigkeit« war für ihn ein »Kribbeln« oder »Schweißausbrüche« oder Atemnot: »Ich musste dann raus oder hab' das Fenster aufgemacht.«

Jemand musste gelogen haben. Das Gericht kam an dieser Tatsache nicht vorbei. Es musste nun herausfinden, wem geglaubt werden durfte. Den Duisburger Kripobeamten, die Kroll vernommen hatten und nun behaupteten, er habe alle Taten »aus freien Stücken« und »ohne Druck« gestanden? Oder doch dem Angeklagten? Der hatte sich angeblich während der Verhöre immer mal wieder hinknien müssen, wenn dem Chef der Mordkommission die Aussagen zu dürftig gewesen seien. Alle Geständnisse habe die Kripo erzwungen, insistierte Kroll immer wieder. Durch »Drohungen«, sogar durch »Schläge«.

Oder hatte der labile »Grenzdebile« (Kroll war bei entsprechenden Untersuchungen ein Intelligenzquotient von 78 bescheinigt worden; damit lag er zwischen den Intelligenzgraden »geringe Intelligenz/Dummheit« [IQ 80-89] und »Schwachsinn bis Idiotie« [IQ unter 69]) gegenüber der Mordkommission sich auch zu Taten bekannt, die er gar nicht begangen hatte, um gefällig zu sein oder um seine Ruhe zu bekommen? Könnte er nicht gespürt haben, was die Beamten von ihm hatten hören wollen? Hatte er die »netten Polizisten« nur nicht enttäuschen wollen? Vollkommen unmöglich erschien das nicht. Also musste nachgefragt und nachgeforscht werden.

Die Widerrufung der Geständnisse – nur der Mord an Tanja Bracht blieb ausgenommen – zwang das Gericht zu einem mühseligen und zeitraubenden Indizienverfahren. Alle »Vernehmungsbeamten« mussten ausgiebig gehört und zu ihren Methoden der Wahrheitsfindung befragt, alle Protokolle minutiös erörtert werden. Zudem wurde ein »aussagepsychologischer« Gutachter beauftragt, dem Wahrheitsgehalt der Kroll'schen Behauptungen nachzuspüren.

Auch Kroll musste sich Fragen und Vorhaltungen gefallen lassen. Richter Schimmann verlas bestimmte Passagen der Vernehmungsprotokolle: »Während meiner Vernehmung wurde ich ruhig behandelt. Mir wurden keine Versprechungen gemacht, und ich wurde auch nicht angeschrien. Ich habe keine

Beanstandungen zu machen. Es wurde mir Gelegenheit gegeben, von meinen Zigaretten auf meinen Wunsch hin zu rauchen, und ich bekam auch auf meinen Wunsch hin Wasser zu trinken. Ich habe hier wahrheitsgemäße Angaben gemacht und habe der Vernehmung voll und ganz folgen können. Gegen das Niedergeschriebene habe ich keine Einwände. Selbst von 23.43 Uhr bis 0.16 Uhr gelesen, genehmigt und unterschrieben: Joachim Kroll.«

Oder: »Ich habe vorhin mein Mittagessen im Polizeigewahrsam eingenommen. Es hat mir gut geschmeckt. Ich bin ausgeruht und kann einer Vernehmung folgen, wie auch bereits vorher habe ich Wasser und meine eigenen Zigaretten auf meinen Wunsch hin erhalten. Ich habe mich mit den vernehmenden Beamten nochmals über die Sache mit dem Mädchen in Walsum unterhalten. Ich habe dabei nähere Einzelheiten geschildert, die ich in meiner gestrigen Vernehmung noch nicht geschildert habe. Ich bin nun bereit, weitere wahrheitsgemäße Angaben zu machen. Ich möchte nun noch sagen, daß ich gestern gelogen habe. Es ist nicht richtig, daß ich zum ersten Mal in den Duisburger Norden gefahren bin, als die Sache mit diesem Mädchen passierte.«

Richter Schimmann stellte vorwiegend freundliche Fragen: »Herr Kroll. Wissen Sie, wie sich das liest? Als wenn sie bereit wären, auszupacken.« Doch der Vorsitzende erntete zumeist verständnisloses Kopfschütteln oder ein Achselzucken. Beharrlich fragte Schimmann immer wieder dasselbe: »Haben Sie das gesagt?« Und Kroll entgegnete nur stereotyp: »Kann sein, weiß ich nich'.«

Der Gutachter wusste es besser. Dr. Herbert Maisch, ein international anerkannter Psychologe aus Hamburg, resümierte, dass die Fragen der Kripobeamten nur in seltenen Fällen »suggestiven Charakter« gehabt, jedoch in keinem Fall tatsächlich entsprechende Wirkungen bei Kroll ausgelöst hätten. Auch Anzeichen für Ermüdung oder Konzentrationsschwächen des Angeklagten seien nicht feststellbar gewesen. Zudem erfüllten Krolls Schilderungen zahlreiche »Realitätskriterien«, die von »individueller Seltenheit« und »scheinbarer forensischer Nebensächlichkeit« gekennzeichnet seien. Kroll hatte also jeweils Details genannt und beschrieben, die nur der Täter wissen konnte.

Der Angeklagte habe keine »rein schablonenhaften Thathergangsbeschreibungen, sondern aus einer Verknüpfung von äußeren Geschehnissen mit situativ emotionalen Zuständen oder mit biographisch sexuellen Phasen berichtet«. Kroll hatte also nach Auffassung des Experten »reale Erlebnisse« geschildert. Krolls Verteidigern, die vehement eingewendet hatten, ihr Mandant habe alles »blind geraten« oder »erfunden«, erteilte der Sachverständige eine herbe Abfuhr. Das sei »geradezu unsinnig« und »völlig unmöglich«, erklärte er den Anwälten.

53

»Keine Bergmannskapelle hat ›Glück auf! Glück auf!‹ gespielt, Bier wurde nicht ausgeschenkt, es gab keine Blumen, und die Justizministerin des Landes Nordrhein-Westfalen hat kein Telegramm geschickt. Auch haben sich weder der Oberbürgermeister noch der Oberstadtdirektor von Duisburg in ihrem Landgericht sehen lassen.

Der 100. Sitzungstag in einem Strafprozeß ist nämlich, anders als der 100. Geburtstag eines Mitbürgers oder einer Mitbürgerin, nicht gerade ein Freudentag. Wer möchte schon in herzlichem Ton das Beste für weitere 100 Tage wünschen oder die ungebrochene Rüstigkeit der Verfahrensbeteiligten preisen.

Seit dem 4. Oktober 1979 verhandelt die Schwurgerichtskammer des Landgerichts Duisburg über Joachim Georg Kroll, inzwischen 48. Es geht um acht Morde und einen Mordversuch, und dieser Tage hieß es einmal wieder, nun werde die Beweisaufnahme aber wirklich am 30. September abgeschlossen werden. Wirklich?«

So kommentierte Gerhard Mauz, seinerzeit der wohl renommierteste Gerichtsreporter hierzulande und für das Nachrichtenmagazin *DER SPIEGEL* schreibend, das fragwürdige Prozessjubiläum. Knapp zwei Jahre waren seit Verhandlungsbeginn verstrichen, in denen der Prozess sich dahingeschleppt hatte. Der psychologische Sachverständige Dr. Erich Roth, drei Kriminalbeamte und der Vater eines Opfers konnten nicht mehr gehört werden, weil sie inzwischen gestorben waren.

Einen »kurzen Prozess« hatte man vermeiden wollen, jetzt drohte es eine unendliche Geschichte zu werden. Die überlange Verfahrensdauer war aber in erster Linie auf den Gesundheitszustand des Angeklagten zurückzuführen. Kroll waren »erhebliche Kreislaufstörungen« attestiert worden, und er klagte nahezu jede Woche über ein anderes Gebrechen: Kopfschmerzen, Zahnschmerzen, Magenschmerzen, Halsschmerzen, Gliederschmerzen. Deshalb konnte nur höchstens zweimal pro Woche verhandelt werden, und dann auch nur für ein bis zwei Stunden. Hinzu kam Krolls eigenwilliges, betuliches, starrsinniges Aussageverhalten. Eindringliche Fragen der Richter nach seinem Denken, Fühlen und Handeln zerschellten an seiner fast völligen Unzugänglichkeit und Sprachlosigkeit wie manövrierunfähige Schiffe an mörderischen Klippen. Zudem bestritt er nach wie vor, außer Tanja Bracht weitere Opfer getötet zu haben.

Die Staatsanwaltschaft hatte in ihrer Anklageschrift von vornherein angenommen, Kroll sei nur »sehr vermindert schuldfähig«. Nach Abschluss der Beweisaufnahme blieb zu erörtern, ob der Angeklagte überhaupt als Mörder zu bestrafen war oder den Rest seines verpfuschten Lebens in einer geschlossenen psychiatrischen Anstalt verbringen sollte. Alle durchgeführten klinischen und neurologischen Untersuchungen hatten keine Besonderheiten ergeben, allein die Computer-Tomographie vom Schädel des Angeklagten erbrachte einen »auffälligen« Befund: »eine symmetrische Weitung beider Vorderhornbereiche der Seitenventrikel auf über das Doppelte der Norm«. Diese Anomalie wurde auf eine »frühkindliche Hirnschädigung unbekannter Genese« zurückgeführt, allerdings wurde Kroll insgesamt als »hirnorganisch gesund« eingeschätzt. Biologische Ursachen für seine extrem abweichenden Verhaltensweisen konnten demnach »weitestgehend« ausgeschlossen werden.

Vier Sachverständige hatten die Schuldfähigkeit Krolls geprüft, nur drei von ihnen konnten ihre Untersuchungsergebnisse vortragen und erläutern. Die Stellungnahme Dr. Roths musste nach dessen Tod durch das Gericht verlesen werden, um im Entscheidungsprozess berücksichtigt werden zu können. Der ehemalige Landesmedizinaldirektor in seinem Gutachten: »Die lustmörderischen Beutezüge des Herrn Kroll tragen den Stempel archaischer Jagdbetätigung und Waldläuferei. Herr Kroll betätigte sich gewissermaßen, wenn er Geschlechtshunger hatte und auch in kindlicher Abenteuerlust, als eine Art Sexualwilderer. (...)«

Nach Auffassung des Gutachters habe Kroll »keine Erwachsenensexualität entwickeln« können, er sei »in seiner Geschlechtlichkeit insgesamt ich-befangen, primitiv und impulsiv-chaotisch« geblieben. Nach und nach habe sich ein »psychosexueller Infantilismus« entwickelt, der von sadistischen Elementen durchdrungen und bestimmt gewesen sei. Krolls Impotenzformen wurden aus »einer Nichtbewältigung des Ödipuskomplexes« hergeleitet, wobei sich »hinter der Identifizierung mit der Mutter eine sadistische Neigung versteckt« habe. Das Ziel sei »die Beschmutzung und Beschädigung der Mutter« gewesen, die er stellvertretend auf alle Frauen übertragen habe.

Dr. Roth beschrieb den Angeklagten als einen »gemütsarmen«, Mitmenschen lediglich »objekthaft« wahrnehmenden »Charakteropathen«: »höchst empfindlich, leicht beleidigt und nachhaltig übelnehmerisch in starrhafter Weise, beherrscht von ausgeprägten Unterlegenheits- und Minderwertigkeitsgefühlen«.

Aus dem testpsychologischen »Denkleistungsdefizienzprofil« leitete der Sachverständige »den Verdacht einer leichten frühkindlichen, nicht später erworbenen Hirnschädigung« her. Die Begründung: »Ein hirnorganisches Psychosyndrom, wie es Erwachsene aufweisen, ist bei Herrn Kroll nicht nachweisbar, wie auch in der Vorgeschichte einschlägige Unfälle und Erkrankungen von ihm nicht berichtet worden sind. (...) Diese Vergrößerung der beiden Hirnkammern im Bereich des Stirnhirns weist demnach eine Schrumpfung der dortigen Hirnmasse aus. Dafür kommt nur eine prä- oder perinatale Hirnschädigung in Betracht, nachdem eine spätere Schädigung nicht aufzudecken ist.«

Alle Gutachter waren nach ihren umfangreichen »Explorationen« – abgesehen von der Frage der »Steuerungsfähigkeit« – zu übereinstimmenden Befunden gelangt. »Schwachsinn«, eine »Psychose« oder »tief greifende Bewusstseinsstörung« konnten »mit Sicherheit« ausgeschlossen werden. Einigkeit bestand auch darüber, dass als Grund für eine Schuldunfähigkeit nur eine »schwere andere seelische Abartigkeit« in Betracht kam. Überdies hatten die Experten als bestimmendes Element der »sexuellen Triebanomalie« des Angeklagten einen »extremen Sadismus« erkannt, der dessen Persönlichkeit »in ihrem Kern erfasst« und die übrigen »Deviationen überlagert« habe. Schließlich war unisono festgestellt worden, dass die »hochgradige sexuelle Abnormität« Krolls für sein grausames Morden »ursächlich«, er aber dennoch fähig gewesen sei, »das generelle Unrecht der Straftaten einzusehen«.

Zerstritten und bisweilen unversöhnlich präsentierte sich die Fraktion der Gutachter, als die Frage der Schuld(un)fähigkeit beantwortet werden sollte. Paragraph 20 des Strafgesetzbuches, übertitelt mit »Schuldunfähigkeit wegen seelischer Störungen«, sieht hierzu vor: »Ohne Schuld handelt, wer bei Begehung der Tat wegen einer krankhaften seelischen Störung, wegen einer tief greifenden Bewusstseinsstörung oder wegen Schwachsinns oder einer schweren anderen seelischen Abartigkeit unfähig ist, das Unrecht der Tat einzusehen oder nach dieser Einsicht zu handeln.«

Die Schuldunfähigkeit im Sinne des Gesetzes fordert demnach eine anomale psychische Verfassung, die »normgemäßes Handeln zur Zeit der Tat« ausschließt und den Täter »exkulpiert«, also entschuldigt. Dabei ist zwischen den psychologischen Komponenten der »Unrechtseinsichtsfähigkeit« (intellektueller Faktor) und der »Steuerungsfähigkeit« (voluntativer Faktor) exakt zu differenzieren. Wird eins dieser Merkmale bejaht, darf der Täter juristisch nicht belangt werden.

Professor Hermann Witter orientierte sich bei dieser Streitfrage an den Hilfskriterien der »Planmäßigkeit, Zielstrebigkeit und zutreffenden situativen Realitätsorientierung« Krolls. Er attestierte dem Angeklagten »volle Schuldfähigkeit«. In seinem Schlusssatz resümierte der Sachverständige: »Dieser bis zu seiner Festnahme nie in Verdacht geratene unscheinbare Mann, dessen Existenz im Prozess kaum wahrnehmbar war, hat sich nicht wie der Wolf im Schafspelz verstellt oder maskiert – er ist so.«

Eine gegenteilige Auffassung machte Professor Eberhard Schorsch geltend: Die vorhandene Situationsübersicht und ein in sich geschlossener, sinnvoller und situationsangemessener formaler Ablauf seien »keinesfalls Kriterium für den Nachweis der Steuerungsfähigkeit«. Der Sexualwissenschaftler gab dazu ein Beispiel: Auch ein Patient, der in einen epileptischen Dämmerzustand gerate, für den nach übereinstimmender psychiatrischer Ansicht auf Schuldunfähigkeit zu erkennen sei, verhalte sich in aller Regel äußerlich situationsgerecht, auch die Handlungsketten wären regelmäßig in sich geschlossen und sinnvoll.

Professor Schorsch vertrat die am weitesten gehende wissenschaftliche These. Er erklärte dem Gericht, es sei »gerechtfertigt«, wenn angenommen werde, dass der Angeklagte wegen schwerer seelischer Abartigkeit seiner Persönlichkeit für seine Taten nicht schuldfähig sei. Schorsch argumentierte, bei Kroll liege »ein so schwerer Defekt des Persönlichkeitsgefüges« vor und seine »soziale Persönlichkeit« sei »so gering« entwickelt, dass er »der abartigen Entwicklung nichts mehr entgegenzusetzen hatte«.

Dr. Herbert Maisch, der dritte Sachverständige, stellte zudem die Behauptung auf, es sei »wissenschaftlich kurzschlüssig«, aus dem rein äußeren Tatverhalten Schlussfolgerungen auf die Steuerungsfähigkeit oder generell auf die Schuldfähigkeit zu ziehen. Die Zusammenhänge zwischen äußerem Tatverhalten und Steuerungs- oder Einsichtsfähigkeit seien »viel zu komplex«, um eindeutige Schlüsse zuzulassen. Es komme vielmehr »ausschließlich auf Grad und Gewicht der festgestellten Abnormität an«.

Die Crux in diesem Fall war, dass die Gutachter nur »persönliche Meinungen« vortragen und »Empfehlungen« aussprechen konnten. Ein exakter wissenschaftlicher Sachverständigen*beweis* wäre nur bei Bejahung einer biologischen Komponente der Schuldunfähigkeit – wie etwa bei einer der klassischen Geisteskrankheiten – möglich gewesen. Daran fehlte es aber. Mordfieber kann man nicht messen. Und so waren die Richter nun dazu verdammt, allein über diesen wesentlichen, aber doch so strittigen Aspekt entscheiden zu müssen – auf Gedeih und Verderb.

Im März 1982 konnte nach zweieinhalbjähriger Verhandlung mit den Plädoyers begonnen werden. Den Auftakt machte Oberstaatsanwalt Rudolf Hölting. Der Ankläger ging davon aus, dass der Widerruf der Geständnisse lediglich eine »taktische Maßnahme« gewesen sei. Krolls ursprüngliche Bekenntnisse vor der Kripo und den Ermittlungsrichtern seien »glaubhaft und in sich schlüssig«. Bei seiner »geringen Intelligenz und mangelnden Phantasie« habe er die grausamen Taten »nicht ohne Erlebensgrundlage« schildern können.

Die Frage, ob Kroll strafrechtlich verantwortlich sei, bejahte Hölting: »Er ging zielgerichtet, überlegt, absichernd und sich der Umgebung anpassend vor.« Nach den Morden sei er stets bemüht gewesen, seine Spuren zu verwischen. Der Angeklagte hätte »beim Aufbieten allen Willens seinem abartigen Trieb widerstehen können«. Nach Überzeugung des Oberstaatsanwalts war Kroll erst 21 Jahre nach seinem ersten Mord aufgeflogen, weil er »die Schauplätze und die Tötungsarten gewechselt« habe. Eine verminderte Schuldfähigkeit könne wegen des vermuteten frühkindlichen Hirnschadens »nicht ausgeschlossen« werden. Die Grausamkeit der Taten und die »ungeheure Energie«, mit der sie durchgeführt wurden, hebe jedoch »diese Schuldminderung von leichtestem Grade auf«. Es sei eine »Lieschen-Müller-Theorie«, dass »Sexualtäter nun einmal nicht anders können«.

Nach fünf Tagen schloss Hölting sein Plädoyer mit den Worten: »Die Gesellschaft hat ein gesetzliches Recht darauf, vor Kroll geschützt zu werden. Er hat grenzenloses Leid über zahlreiche Familien gebracht, das nicht wiedergutzumachen ist. Das Bedürfnis nach gerechter Sühne und der Schutz des menschlichen Lebens erfordert die Höchststrafe.« Krolls Ankläger forderte neunmal »Lebenslänglich«.

Von der Verteidigung war Dietrich Lazarz angetreten, um die Vorwürfe der Staatsanwaltschaft zweifelhaft erscheinen zu lassen oder zu entkräften. Der Rechtsanwalt warf den Anklägern vor, »Einsichtsfähigkeit mit Schuldfähigkeit verwechselt zu haben«. Zudem seien die widerrufenen Geständnisse »keine gewesen«, denn »nach der juristischen Terminologie liegt nur dann ein Geständnis vor, wenn Kroll vor dem Richter mit Begründung seine Taten eingeräumt« hätte. Lazarz diskutierte auch die Frage, ob nicht nur das Erinnerungsvermögen seines Mandanten, sondern auch das Gedächtnis der ermittelnden Beamten nach »einer so großen Zeitspanne doch Lücken aufweist«. Es gebe dafür genug Parallelen – etwa bei großen NS-Verfahren. In diesem Zusammenhang unterstellte er den Kriminalisten eine »erschreckende Sorglosigkeit« und »zahlreiche Versäumnisse« bei den Ermittlungen.

Lazarz zeichnete von Kroll das Bild eines »schwerkranken Menschen« und versuchte das Gericht milde zu stimmen: »Es ist zu beachten, dass hier ein Bruder Mitmensch zu verteidigen ist. Kroll ist keine Bestie im Sinne der lateinischen Übersetzung, nicht das wilde Tier, sondern er trägt Gottes Antlitz wie wir alle!« Der Rechtsanwalt forderte schließlich in jedem Fall wegen »völliger Schuldunfähigkeit Freispruch aus tatsächlichen Gründen«.

Das letzte Wort sollte naturgemäß der Angeklagte haben. Doch Joachim Kroll wollte von diesem Recht keinen Gebrauch machen. Was hätte er auch sagen sollen! Mit leicht zittriger Stimme nuschelte er nur einen vorformulierten und auswendig gelernten Satz ins Mikrofon: »Ich möchte mich den Verteidigern anschließen.«

54

An einem Donnerstag hatte dieser Aufsehen erregende und denkwürdige Prozess begonnen, an einem Donnerstag sollte er sein Ende finden. Es war der 8. April 1982, der 151. Sitzungstag. Rund 80 Zuschauer waren im Schwurgerichtssaal erschienen, nachdem die Verhandlung zuvor weitestgehend unter Ausschluss der Öffentlichkeit stattgefunden hatte. 250 Zeugen und 13 Sachverständige waren gehört worden, um diesen düsteren »Jahrhundert-Fall« der deutschen Justiz zu erhellen. Zu entscheiden hatte das Gericht vornehmlich, wie viele Morde von Kroll tatsächlich begangen worden waren und wo er den Rest seines Lebens würde verbringen müssen. Also: Haftanstalt oder Heilanstalt?

Um kurz nach 9 Uhr verkündete der Vorsitzende Paul Schimmann »im Namen des Volkes« das Urteil: »Der Angeklagte ist des Mordes in acht Fällen und des versuchten Mordes schuldig. Er wird zu lebenslanger Freiheitsstrafe verurteilt.«

Alle Blicke richteten sich sofort auf den Angeklagten, dessen fahles Gesicht jedoch keinerlei Reaktion erkennen ließ. Kroll sprach nicht, bewegte sich nicht. Er versteckte seine Augen hinter einer dunklen Brille, presste die Lippen aufeinander und hielt die Hände über dem Schoß gefaltet. Sein Blick schien teilnahmslos ins Leere zu gehen.

Es folgte die Urteilsbegründung. Das Publikum blieb über Stunden gespenstig ruhig, während Richter Schimmann die grausamen Details der Mordorgien Krolls erörterte. Es wurde gewürgt, gestochen, gedrosselt, geschnitten, geschlitzt, gesägt, gekocht, gegessen.

Das Gericht hatte sich über die Empfehlungen zweier »international anerkannter« Sachverständiger hinweggesetzt. Das war und ist außergewöhnlich, normalerweise war und ist es umgekehrt. Kroll wurde »volle Schuldfähigkeit« attestiert, an seiner Täterschaft in neun Fällen bestand »nicht der geringste Zweifel«. »Alles überwölbend war der Sadismus«, erklärte der Vorsitzende, »er war der Kern seiner Anomalie«. Das Gericht habe die Frage zu beantworten gehabt, ob Kroll »ein willenloses Opfer seines Triebes gewesen sei«. Es könne »nicht ausgeschlossen werden«, so Richter Schimmann, dass Kroll »im Augenblick der Tötung« unzurechnungsfähig gewesen sei. Ansonsten aber sei er »in überlegter Manier wie ein geschickter Jäger zu Werke gegangen«.

Wenn er sich ein Opfer gesucht habe, sei er stets auf Sicherheit bedacht gewesen, um nicht geschnappt zu werden. Er sei über 20 Jahre unentdeckt geblieben, weil er einem »Generalplan« folgend seine Verbrechen vorbereitet und ausgeführt habe. Deshalb müsse das Gericht, auch unter Berücksichtigung eines möglichen frühkindlichen Hirnschadens, auf vollendete und versuchte Morde erkennen.

Der Vorsitzende betonte, dass zur »sicheren Überzeugung« des Gerichts bei allen Taten die Steuerungsfähigkeit Krolls »nicht ausgeschlossen, sondern allenfalls nicht ausschließbar erheblich vermindert« gewesen sei. Die »hochgradig abnorme, defekte Persönlichkeit« dieses Mannes rechtfertige indes nicht den Schluss, »es habe eine so tief greifende psychoseartige Triebentgleisung stattgefunden, dass der Angeklagte bei Begehung der Tötungsdelikte schuldunfähig gewesen sei«.

Die volle strafrechtliche Verantwortlichkeit Krolls leitete das Gericht aus einer Reihe von Merkmalen her, die insbesondere aus seinem Verhalten, der Persönlichkeit und den Lebensumständen resultierten: Der Angeklagte habe sich als »hinreichend lebenstüchtig« erwiesen, sei »keineswegs völlig isoliert« und »absolut kontaktunfähig« gewesen, habe durchgängig ein »erstaunliches Selbstbeherrschungsvermögen« erkennen lassen und es sei ihm »seit dem Jünglingsalter stets gelungen, seine Sexualnot geheim zu halten«. Auch der »Erfindungsreichtum« bei seinen sexuellen Ersatzhandlungen an Tieren und Puppen sei »ein Zeichen für hinreichende geistige Flexibilität«. Der Angeklagte wäre »selbst Verführungssituationen keineswegs als Sklave seines übermächtigen Triebes hilf- und willenlos ausgesetzt gewesen«, er habe »genügend Hemmungen gegen seine sadistische, auf Tötung des Sexualobjekts gerichteten Wunschvorstellungen aufbringen können«.

Kurzum: Kroll hatte nicht morden müssen, er hätte die tödlichen Attacken auch unterlassen können – wenn er nur gewollt hätte. Die »nicht ausschließbare erheblich verminderte Steuerungsfähigkeit zu den Tatzeiten« sah das Gericht durch »zahlreiche schulderhöhende Umstände mehr als ausgeglichen«. Es kreidete Kroll insbesondere die »brutale Tatausführung«, die »rohe Gewaltanwendung«, die »Vielzahl der Taten«, die »geschickten Verdeckungsmaßnahmen« und seine »hohe Gefährlichkeit« an.

Wie stark das Tötungsverlangen dieses Mannes tatsächlich ausgeprägt war, lässt sich auch heute nicht mit letzter Gewissheit sagen. Und ob die festgestellten äußeren Tat- und Lebensumstände immer geeignet erscheinen, um verlässlich auf die innere Tatseite schließen zu können, ist ebenso fragwürdig. Dennoch war die Konsequenz, die das Gericht aus seinen Gräueltaten herleitete, vollkommen zutreffend und berechtigt: »Abschließend ist nochmals hervorzuheben, daß der Angeklagte durch die von ihm begangenen nahezu unfaßbaren Taten schwerste Schuld auf sich geladen hat, für die er sühnen muss. Er ist zudem in höchstem Maße gefährlich, weil er bewußt – sobald er sich sicher fühlt – seinen Tatimpulsen keine Hemmungen entgegenstellt, um höchste Geschlechtslust und Befriedigung zu erreichen. Er darf deshalb nach Auffassung der Kammer nie mehr in Freiheit kommen.«

55

Man verwahrte ihn in einem Raum, der nicht mehr als acht Quadratmeter maß. Von der Tür bis zum Fenster waren es gerade vier Schritte. Joachim Krolls neues Refugium bestand aus Bett, Schrank, Tisch und Stuhl. Seine Zelle lag im besonders gesicherten B-Flügel der Justizvollzugsanstalt Rheinbach. Hier wurden »Lebenslängliche« verwahrt, die für die Allgemeinheit eine Bedrohung darstellten. Lebensversicherungs- und Lebensversickerungsanstalt zugleich.

Von Beginn an arbeitete er in der anstaltsinternen Wäscherei, verdiente monatlich 150 Mark. Sein Leben wurde jetzt wieder zensiert, zwangsverwaltet – wie viele Jahre zuvor schon in seinem strengen Elternhaus. Er kannte das, er hasste es, aber er konnte sich damit abfinden. Sein Tagesablauf: 7 Uhr: Wecken. 8 Uhr: Arbeitsbeginn. 12 Uhr: Mittagspause. 16 Uhr: Hofgang. 18 Uhr: Abend zur freien Verfügung. Kroll blieb dann die meiste Zeit für sich, las Comic-Hefte oder Zeitschriften oder sah fern.

Zu den wenigen, mit denen er gelegentlich überhaupt mal sprach, gehörte der Anstaltspfarrer. Aber auch dem Geistlichen gegenüber öffnete er sich nicht, und er machte auch keine Anstalten, über seine Taten zu sprechen. Er lebte so, als sei gar nichts gewesen, als habe der Albtraum nie stattgefunden. Ein Mithäftling über den Sonderling: »Der war immer nur für sich, lag auf seiner Einzelzelle rum. Zu sagen hatte der nichts. Wenn man ihn nicht immer mal wieder gesehen hätte, wäre der uns gar nicht aufgefallen.«

Neun Jahre verbrachte Kroll auch hier damit, nicht anzuecken, nicht aufzufallen, sich anzubiedern, sich zu unterwerfen. Nur in Gedanken ließ er sich nicht aufhalten. Das »komische Gefühl« machte auch vor seiner Zellentür nicht Halt. Krolls kümmerliche Existenz blieb kaum wahrnehmbar – selbst die Schallplatten spielte er auf seiner Stereoanlage so leise ab, dass keiner der Mitinsassen sich darüber beschweren konnte.

Es existierte niemand, der Kroll im Gefängnis besuchen wollte. Doch gab es viele Menschen, die häufig an ihn denken mussten – obwohl er ihnen höchst zuwider war. Einer davon war Hans Bracht, der Vater der kleinen Tanja, die Kroll am 2. Juli 1976 erwürgt und deren kleinen Körper er anschließend zerschnitten hatte. »Sollte der irgendwie und irgendwann freikommen«, hatte er nach Verkündung des Urteils prophezeit, »werde ich ihn bis zum Ende meines Lebens suchen. Ich finde ihn!«

Tatsächlich wurde Kroll aber auch auf anderem Wege erfolgreich daran gehindert, weiteres Unheil über die Menschen zu bringen. Er kam nicht mehr in Freiheit und starb in der Justizvollzugsanstalt Rheinbach. Am 1. Juli 1991 erlag er mit 58 Jahren einem Herzinfarkt.

Der Mensch Joachim Kroll darf und ist in Vergessenheit geraten, des Mörders Joachim Kroll wird man sich noch lange erinnern müssen. Seine unmenschlichen Taten sind ein unauslöschbares Menetekel.

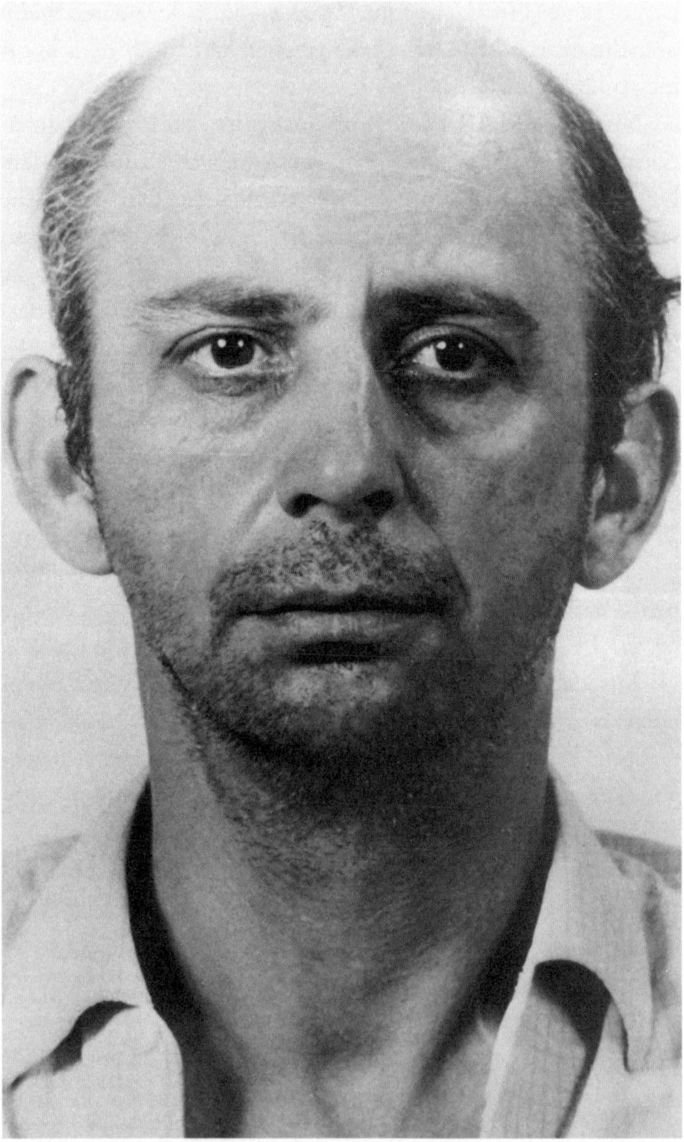

Joachim Kroll kurz nach seiner Festnahme am 3. Juli 1976. Foto: Keystone Pressedienst

Nachwort

Zyniker würden sagen: Joachim Kroll ist rechtzeitig gestorben; jedenfalls musste in diesem Fall nicht mehr darüber entschieden werden, ob er nach Ablauf von 15 Jahren Haft, der Mindeststrafe bei »Lebenslänglich«, oder zu einem späteren Zeitpunkt wieder in die Freiheit entlassen werden sollte – oder gar entlassen werden müsste. Denn das Bundesverfassungsgericht hat in diesem Zusammenhang mehrfach betont: »Zu den Voraussetzungen eines menschenwürdigen Strafvollzugs gehört, dass dem zu lebenslanger Freiheitsstrafe Verurteilten grundsätzlich eine Chance verbleibt, je wieder der Freiheit teilhaftig zu werden; dies gilt auch für denjenigen, der mit besonders schwerer Tatschuld beladen ist.«

Obendrein darf in besonders gravierenden Fällen die »Sicherungsverwahrung« verhängt werden. Diese »Maßregel der Sicherung und Besserung« ist allerdings keine Strafe, sie dient allein dem Schutz der Allgemeinheit: Vor dem brauchen wir keine Angst mehr zu haben. Der ist und bleibt weggeschlossen, für immer – eine Exekution auf Raten, eine blutleere Hinrichtung. Der gefürchtete »Hammer mit Rucksack«, wie es im Knastjargon heißt, gestattet den Justizorganen, ihre Delinquenten lebendig zu begraben. Schließlich haben die Verfassungsrichter in Karlsruhe auch geurteilt, dass eine lebenslang vollstreckte Strafe oder Sicherungsmaßnahme »im Einzelfall rechtlich unbedenklich sein kann«.

Allerdings heißt es an anderer Stelle wiederum: »Es wäre nicht mit dem Schutze der Menschenwürde vereinbar, wenn der Verurteilte ungeachtet der Entwicklung seiner Persönlichkeit jegliche Hoffnung auf Freiheit aufgeben müsste und damit von vornherein zum Versterben in der Haft verurteilt würde.« Demnach muss individuell prognostiziert und entschieden werden. Doch wann ist es genug? Und für wen? Den Täter, die Opfer, die Hinterbliebenen der Opfer oder die Öffentlichkeit, die wutschnaubend nach Vergeltung ruft? Wie lange soll ein Kindermörder sühnen? Sind 25 Jahre angemessen? Oder 30? Vielleicht 35? Gar 40? Und im *Einzelfall* eventuell achtundreißigeinhalb? Wie viel muss sich ein Mensch zuschulden kommen lassen, wie viel Leid muss er anderen zugefügt haben, bevor man ihn für immer aus der Sozialgemeinschaft ausschließen darf?

Über die hoffnungslosen Fälle der deutschen Strafjustiz wird nicht gesprochen, sie werden ausgesessen und totgeschwiegen. Nur ein Beispiel von vielen: Heinrich Pommerenke, ein mehrfacher Sexualmörder, vor Jahren an Krebs erkrankt, verbüßt in der Justizvollzugsanstalt Bruchsal sein »Lebenslänglich« – seit nunmehr 43 Jahren. Derzeit werden in deutschen Strafvollzugsanstalten 310 Insassen in »Sicherungsverwahrung« gehalten. Es sind Frauen und Männer, die als »nicht therapierbar« und »dauerhaft gefährlich« gelten. Ihnen blüht dasselbe Verhängnis wie Pommerenke. Zu Recht?

Es fällt schwer, sich für das Schicksal dieser gefühlskalten und hoffnungslos überforderten Menschen zu erwärmen. Schließlich sind sie selbst und alleine schuld – jedenfalls juristisch. Aber hinter jedem »Monster« steckt auch ein Mensch. Und die Strafen, die wir verhängen und vollstrecken, sagen nicht nur etwas über die Gesinnung und das Wesen der Täter aus. Können wir es uns unter dem verfassungsmäßig garantierten und alles überstrahlenden Aspekt der Menschenwürde leisten, an diesem unbestreitbaren Elend vorbeizuschauen, es zu ignorieren, bis der Tod des Delinquenten die (Er)Lösung bringt? Wenn wir nicht selbst zu Tätern werden wollen, müssen wir uns der Diskussion stellen. Also: Wohin mit ihnen?

Stephan Harbort

Literatur

Anonymus: *Freier Abend endet mit Mord.*
Westdeutsche Allgemeine Zeitung, 19.6.1959
Anonymus: *»Ich habe Manuela Knodt getötet!«.*
Westdeutsche Allgemeine Zeitung, 15.2.1960
Anonymus: *Erwürgtes Mädchen lag im Wald.*
Westdeutsche Allgemeine Zeitung, 25.4.1962
Anonymus: *Polizei sucht fieberhaft nach Ingeborg.*
Rheinische Post, 14.6.1962
Anonymus: *Noch keine greifbare Spur von Ingeborg.*
Rheinische Post, 15.6.1962
Anonymus: *Kleine Ingeborg lag mit Rollschuh tot im Fluß.*
Rheinische Post, 18.6.1962
Anonymus: *Viele Spuren ohne handfeste Beweise.*
Rheinische Post, 18.6.1962
Anonymus: *Schon wieder ein Kind ermordet!* Bild, 19.6.1962
Anonymus: *Kindesleiche geborgen.* Hamburger Abendblatt, 19.6.1962
Anonymus: *Auch Monika Tafel ermordet.* Rheinische Post, 19.6.1962
Anonymus: *Lehrerin betreut Schwestern der toten Monika.*
Westdeutsche Allgemeine Zeitung, 19.6.1962
Anonymus: *Mit Angst fängt man keine Mörder.*
Düsseldorfer Nachrichten, 20.6.1962
Anonymus: *Reizten den Mörder rote Kindermäntel?*
Hamburger Morgenpost, 20.6.1962
Anonymus: *Die Kindermörder gehen um.*
Westdeutsche Allgemeine Zeitung, 20.6.1962
Anonymus: *Nicht zu fassen: Neuer Kindermord.*
Düsseldorfer Nachrichten, 21.6.1962
Anonymus: *»Das ist meine Monika«.* Neue Ruhr Zeitung, 21.6.1962
Anonymus: *»Ja, das ist meine Monika!«.* Rheinische Post, 21.6.1962
Anonymus: *Überall taucht der Mörder auf.* Rheinische Post, 21.6.1962
Anonymus: *Dorlöchter gestand den Mord.*
Westdeutsche Allgemeine Zeitung, 22.6.1962
Anonymus: *Dreizehnjährige wurde sechstes Opfer der Kindermörder.*
Westdeutsche Allgemeine Zeitung, 22.6.1962
Anonymus: *Eltern ängstigen sich um Kinder.*
Westdeutsche Allgemeine Zeitung, 22.6.1962
Anonymus: *Am Grab Ruf nach Todesstrafe.*
Düsseldorfer Nachrichten, 23.6.1962

Anonymus: *Die beiden Monikas kannten ihre Mörder.* Düsseldorfer Nachrichten, 23.6.1962
Anonymus: *Serie des Grauens reißt nicht ab.* Neue Ruhr Zeitung, 23.6.1962
Anonymus: *...und noch ein Kindermord.* Rheinische Post, 23.6.1962
Anonymus: *Wenn der Flieder blüht.* Der Spiegel, 1962, Heft 27
Anonymus: *Neben der Freundin ermordet.* Bild, 24.8.1965
Anonymus: *Überfall auf Liebespaar.* Hamburger Abendblatt, 24.8.1965
Anonymus: *Gräßliche Bluttat erregt Großenbaum.* Westdeutsche Allgemeine Zeitung, 24.8.1965
Anonymus: *Mordfall Schmitz noch nicht geklärt.* Westdeutsche Allgemeine Zeitung, 26.8.1965
Anonymus: *Ilonas Mörder ein eleganter junger Mann?* Bild, 30.12.1966
Anonymus: *Alkohol im Blut der kleinen Ilona.* Hamburger Morgenpost, 31.12.1966
Anonymus: *Gewaltverbrecher würgt 10jährige Schülerin bis zur Bewußtlosigkeit.* Westdeutsche Allgemeine Zeitung, 23.6.1967
Anonymus: *Juttas Mörder – ein Arbeiter von nebenan?* Neue Ruhr Zeitung, 11.6.1970
Anonymus: *Menschenfresser von Duisburg: 6 neue Opfer.* Bild, 9.7.1976
Anonymus: *Junge Freundin sah die Bluttat hilflos mit an.* Westdeutsche Allgemeine Zeitung, 9.7.1976
Anonymus: *Klassenlehrer fordert Todesstrafe für Mord.* Westdeutsche Allgemeine Zeitung, 9.7.1976
Anonymus: *»Tanzte mit Puppe über den Korridor«.* Westdeutsche Allgemeine Zeitung, 9.7.1976
Anonymus: *»Wird man ihn für immer festhalten?«* Westdeutsche Allgemeine Zeitung, 9.7.1976
Anonymus: *Nachts schrecke ich auf – und sehe seine Augen vor mir.* Berliner Zeitung, 10.7.1976
Anonymus: *Menschenfresser tanzte mit nackter Liebespuppe.* Bild, 10.7.1976
Anonymus: *Sie entkam dem Schlächter.* Express, 10.7.1976
Anonymus: *»Es ist doch eine nervliche Belastung für unsere Tochter«.* Westdeutsche Allgemeine Zeitung, 10.7.1976
Anonymus: *Kripo verhaftete im Fall Giese zunächst 52jährigen Bergmann.* Westdeutsche Allgemeine Zeitung, 10.7.1976
Anonymus: *Überlebendes Mädchen sagte: Seine Hände waren so grob.* Westdeutsche Allgemeine Zeitung, 10.7.1976
Anonymus: *Zum Kandidatenzettel erhielten Wähler auch ein Kripo-Flugblatt.* Westdeutsche Allgemeine Zeitung, 10.7.1976

Anonymus: *Menschenfresser ermordete auch eine Hamburgerin.* Bild, 13.7.1976
Anonymus: *Sex-Mörder Kroll: »Wie ich die Kinder fing«.* Bild, 14.7.1976
Anonymus: *Sex-Mörder Kroll würgte Kriminalbeamtin.* Bild, 17.7.1976
Anonymus: *Dieser Mann saß 6 Jahre für Krolls 8. Mord.* Bild, 27.7.1976
Anonymus: *Krolls 7. und 8. Mord.* Express, 27.7.1976
Anonymus: *Fünf Morde sind noch nicht geklärt.* Neue Ruhr Zeitung, 28.7.1976
Anonymus: *An Geschmacklosigkeiten überboten.* Kriminalistik 1976, S. 428
Anonymus: *Kroll gestand seinen 12. Mord.* Bild, 6.8.1976
Anonymus: *Kroll gesteht elften Mord.* Die Welt, 6.8.1976
Anonymus: *Kroll erinnert sich an zwei weitere Morde.* Frankfurter Allgemeine Zeitung, 6.8.1976
Anonymus: *Wer büßt noch für Massenmörder Kroll?* Bild, 7.8.1976
Anonymus: *Kroll plant Buch: »Wie Menschenfleisch wohl schmeckt«.* Bild, 8.10.1976
Anonymus: *Hamburger Sexualforscher testen Menschenfresser.* Bild, 4.6.1977
Anonymus: *Mordprozeß gegen Kroll im April in Duisburg.* Westdeutsche Allgemeine Zeitung, 21.12.1978
Anonymus: *Kroll-Prozeß verschoben?* Westdeutsche Allgemeine Zeitung, 21.3.1979
Anonymus: *Mordprozeß Kroll wird verschoben.* Westdeutsche Allgemeine Zeitung, 23.3.1979
Anonymus: *Mordprozeß Kroll erst am 4. Oktober.* Westdeutsche Allgemeine Zeitung, 27.3.1979
Anonymus: *Kindermörder Kroll ab 4. Oktober vor Gericht.* Westdeutsche Allgemeine Zeitung, 29.8.1979
Anonymus: *Im Mordprozeß Kroll schimpften Zuhörer.* Westdeutsche Allgemeine Zeitung, 26.10.1979
Anonymus: *Mädchenmord an Katzen geprobt.* Express, 9.11.1979
Anonymus: *Gericht schlug Kroll vor: Heilanstalt.* Westdeutsche Allgemeine Zeitung, 15.2.1980
Anonymus: *Kroll: Ich habe nur ein Mädchen getötet.* Westdeutsche Allgemeine Zeitung, 23.2.1980
Anonymus: *Kroll: Ich sage nichts mehr.* Westdeutsche Allgemeine Zeitung, 29.3.1980
Anonymus: *Kroll war mit 130 Polizisten im Höseler Wald.* Westdeutsche Allgemeine Zeitung, 10.5.1980
Anonymus: *Kroll kommt zum Baldeneysee.* Westdeutsche Allgemeine Zeitung, 17.5.1980

Anonymus: *Baldeneysee: Kroll kommt zum Ortstermin.* Neue Ruhr Zeitung, 19.5.1980
Anonymus: *Kroll ging am See spazieren.* Neue Ruhr Zeitung, 1.9.1980
Anonymus: *Justizministerin im Kroll-Prozeß Zeugin.* Neue Ruhr Zeitung, 12.2.1981
Anonymus: *Opfer erkannte Kroll wieder.* Neue Ruhr Zeitung, 16.5.1981
Anonymus: *Kroll ist mit Einweisung in Heilanstalt einverstanden.* Neue Ruhr Zeitung, 6.4.1982
Anonymus: *Lebenslang! Massenmörder Kroll zeigte keine Regung.* Express, 10.4.1982
Berg, K.: *Der Sadist.* Zeitschrift für die gesamte Gerichtliche Medizin 1931, S. 247-347
Berg, U., von: *Der Jockel ist tot. In Memoriam Joachim Kroll 1933-1991.* Splatting Image, August 1991
Berney, W. / Westing, R.: *»Ich schrie auf, als ich meine Tochter fand«.* Bild am Sonntag, 23.5.1970
Berney, W.: *Der Mann, dem Mörder Kroll sechs Jahre gestohlen hat.* Bild, 7.8.1976
Berney, W.: *Massenmörder oder Irrer?* Express, 26.3.1978
Berney, W.: *Runter mit der Jacke – Zeig dich, du Mörder!* Express, 5.10.1979
Bewerunge, L.: *Nach dem Geständnis des Massenmörders prüft die Polizei zahlreiche Mordfälle.* Frankfurter Allgemeine Zeitung, 13.7.1976
Bewerunge, L.: *Angeklagt des Mordes in acht Fällen.* Frankfurter Allgemeine Zeitung, 4.9.1979
Bewerunge, L.: *Weiß ich auch nicht – Der Mordprozeß ohne Zuhörer.* Frankfurter Allgemeine Zeitung, 12.10.1979
Bewerunge, L.: *Mit manchen Sätzen sagt er alles und nichts über sich.* Frankfurter Allgemeine Zeitung, 27.2.1982
Bieger, U.: H.O.: *Ich bin nicht schuldig!* Neue Ruhr Zeitung, 27.7.1976
Bieger, U.: *Kroll-Gutachter läßt sich jahrelang Zeit.* Neue Ruhr Zeitung, 6.6.1978
Böger, H.: *Mörder ist...* Neue Ruhr Zeitung, 9.7.1976
Borchert, H.: *Die Überfallene erinnert sich: »Er sprach so leise und hatte so schmutzige Hände«.* Westdeutsche Allgemeine Zeitung, 10.7.1976
Borchert, S. / Hayduck, R.: *Kroll: Darum konnte er 21 Jahre morden.* Bild am Sonntag, 18.7.1976
Borchert, S.: *Krolls Richter hatten Pistolen unter den Roben.* Neue Ruhr Zeitung, 16.11.1979
Borchert, S.: *Kroll kann kaum reden.* Neue Ruhr Zeitung, 11.1.1980
Borchert, S.: *Kroll rauchte Zigaretten und blieb stumm.* Neue Ruhr Zeitung, 31.5.1980

Borchert, S.: *Die Polizei brachte Kroll warmen Fisch in den Park.* Neue Ruhr Zeitung, 27.9.1980
Borchert, S.: *Kroll-Urteil noch vor Weihnachten?* Neue Ruhr Zeitung, 2.10.1981
Borchert, S.: *»Die Gesellschaft muß vor Kroll für immer geschützt werden«.* Neue Ruhr Zeitung, 13.3.1982
Borchert, U. / Mietz, K.: *Das Kind, das Weihnachten nicht nach Hause kam.* Bild, 27.12.1966
Borchert, U. / Budach, J. / Kuhnigk, K. / Rickert, F.: *Das grausige Geständnis des Massenmörders.* Bild am Sonntag, 11.7.1976
Borchert, U. / Röbel, U.: *Prügel für Kindermörder Kroll.* Bild am Sonntag, 3.7.1977
Borchert, U.: *Gaffer kamen und starrten zum Fenster hoch.* Bild am Sonntag, 4.3.1979
Braun, G.: *Die Bestie im freundlichen Nachbarn.* Polizei-Digest, 1983 (Heft 5), S. 56-64
Brüggemann, H.: *Kroll: Hunderte von Frauen habe ich abends so verfolgt.* Westdeutsche Allgemeine Zeitung, 29.9.1979
Brüggemann, H.: *Der Angeklagte mied Blicke ins Publikum.* Westdeutsche Allgemeine Zeitung, 5.10.1979
Brüggemann, H.: *Kroll: Ich bekam immer die Senge für meine Geschwister.* Westdeutsche Allgemeine Zeitung, 12.10.1979
Brüggemann, H.: *Bei den Krolls wurde über Sex nie gesprochen – Angst vor dem »Korb«.* Westdeutsche Allgemeine Zeitung, 27.10.1979
Brüggemann, H.: *Kroll bekam bei Beamtin Schrecken vor sich selbst.* Westdeutsche Allgemeine Zeitung, 3.11.1979
Brüggemann, H.: *Kroll-Prozeß: Indizien-Suche ist sehr schwierig geworden.* Westdeutsche Allgemeine Zeitung, 1.8.1981
Brüggemann, H.: *»Angeklagter schüttelte Taten wie bei chaotischem Traum ab«.* Westdeutsche Allgemeine Zeitung, 9.3.1982
Brüggemann, H.: *Ankläger fordert für Kroll neunmal lebenslange Haft.* Westdeutsche Allgemeine Zeitung, 13.3.1982
Budach, J.: *Richter wollen den kranken Kroll schonen.* Neue Ruhr Zeitung, 2.10.1979
Budach, J.: *Tumult und Totenstille: Unfaßbares erschüttert die Menschen in Saal 201.* Neue Ruhr Zeitung, 5.10.1979
Budach, J.: *Kroll suchte Liebe, doch er war zu scheu.* Neue Ruhr Zeitung, 27.10.1979
Budde, H.: *Kroll mit leiser Stimme: Ich war immer der Prügelknabe.* Neue Ruhr Zeitung, 12.10.1979
Budde, H.: *Türen verriegelt – Richter fürchtete Anschlag auf Kroll.* Neue Ruhr Zeitung, 10.11.1979

Budde, H.: *Kroll blieb ungerührt.* Neue Ruhr Zeitung, 10.4.1982

Callmann, R.: *»Menschenfresser« von Duisburg – Spitze eines Eisbergs.* Die Zeit, 16.7.1976

Conrad, A. / Merta, A.: *Sexualforscher sollen Joachim Kroll untersuchen.* Neue Ruhr Zeitung, 16.7.1976

Diebäcker, J.: *Kroll – ein »Mörder ohne Linie«?* Rheinische Post, 3.10.1979

Diebäcker, J.: *Scheußlichkeiten in Saal 201.* Rheinische Post, 5.10.1979

Diebäcker, J.: *Hiebe für Streiche anderer.* Rheinische Post, 12.10.1979

Diebäcker, J.: *Zuletzt war Kroll »Putzfrau«.* Rheinische Post, 19.10.1979

Diebäcker, J.: *Kroll hat Angst vor sich selbst.* Rheinische Post, 3.11.1979

Diebäcker, J.: I*m Kroll-Prozeß bewacht Polizei die Saaltüren.* Rheinische Post, 10.11.1979

Diebäcker, J.: *Gefangen mit unmenschlicher Tat.* Rheinische Post, 16.11.1979

Dunning, J.: *German Cannibal Ate Little Girls.* Master Detective, Dezember 1976

Dunning, J.: *Little Girl Stew.* Strange Deaths, 1981

Emde, P.: *Verteidiger: Kroll ist ein Bruder Mitmensch.* Westdeutsche Allgemeine Zeitung, 23.3.1982

Emde, P.: *Kroll-Verteidiger: Neun Freisprüche.* Westdeutsche Allgemeine Zeitung, 27.3.1982

Emde, P.: *Kroll: Lebenslänglich für acht Morde und eine versuchte Tat.* Westdeutsche Allgemeine Zeitung, 10.4.1982

Engel, G. / Wagner, F. / Watzlawik, F.: *Der Menschenfresser von Duisburg.* Bild, 12.7.1976

Engel, G. / Giott, W. / Watzlawik, F.: *Menschenfresser schlachtete Hunde.* Bild, 12.7.1976

Engel, G. / Watzlawik, F.: *Der Menschenfresser von Duisburg – Landkarte des Todes.* Bild, 15.7.1976

Engel, G. / Wagner, F. / Watzlawik, F.: *Der Nachmittag am Bach, den Gabriele nie vergessen wird.* Bild, 16.7.1976

Engel, G. / Wagner, F. / Watzlawik, F.: *Das kleine Mädchen, das zweimal starb.* Bild, 17.7.1976

Engel, G. / Wagner, F. / Watzlawik, F.: *»Pfarrer? Für mich?« – Da lachte Sexmörder Kroll.* Bild, 19.7.1976

Engel, G. / Wagner, F. / Watzlawik, F.: *Kroll war bei den Nackten von Sylt.* Bild, 20.7.1976

Engel, G. / Wagner, F. / Watzlawik, F.: *Krolls 9. Mord – und warum er so jämmerlich weinte.* Bild, 21.7.1976

Engel, G.: *Der letzte Tag des Frauenmörders Kroll.* Bild, 1.7.1991

Febel, S.: *Blick auf einen Mörder.* Ruhr-Nachrichten, 22.4.1993

Führmann, U.: *Baldeneysee: Kroll kommt zum Ortstermin.* Neue Ruhr Zeitung, 19.5.1980
Führmann, U.: *Kroll bekam kalte Füße.* Neue Ruhr Zeitung, 31.5.1980
Führmann, U.: *Kroll will sein Schweigen jetzt brechen.* Neue Ruhr Zeitung, 23.1.1985
Gennat, E.: *Die Düsseldorfer Sexualverbrechen.* Kriminalistische Monatshefte 1930, S. 2-7, 27-32, 49-54, 79-82
Gennat, E.: *Der Kürtenprozeß.* Kriminalistische Monatshefte 1931, S. 108-111, 130-133
Hajduk, R.: *Kroll gestand 10. Mord – an einem kleinen Mädchen.* Bild, 3.8.1976
Hajduk, R.: *Der Anwalt Krolls attackiert Gutachter.* Die Welt, 27.12.1976
Hajduk, R.: *»Achim, waren hier damals schon die Bäume so hoch?«* Die Welt, 28.9.1979
Hajduk, R.: *Platzt der Prozeß gegen Joachim Kroll?* Die Welt, 5.10.1979
Hajduk, R.: *Im Prozeß gegen Kroll ging es bisher nur um den Anwalt.* Die Welt, 12.10.1979
Hajduk, R.: *Kroll: »Ich hatte vor mir selbst Angst«.* Die Welt, 3.11.1979
Hajduk, R.: *»Er issen Schleicher gewesen«.* Die Welt, 1.12.1979
Hajduk, R.: *Joachim Kroll geht durch jede Tür, die sich vor ihm öffnet.* Die Welt, 1.3.1980
Hallard, J. : *Il devient cannibale par peur des femmes.* Nouveau Détective, 1982
Harbort, S.: *Das Hannibal-Syndrom. Phänomen Serienmord.* Leipzig 2003 (4. Aufl.)
Harbort, S.: *Mörderisches Profil. Phänomen Serientäter.* Leipzig 2003 (2. Aufl.)
Hauptvogel, P.: *Das Gericht sprach ihn frei – doch für die Nachbarn blieb er der Mörder.* Quick, 19.8.1976
Hauptvogel, P.: *Der vergessene Prozeß.* Quick, 15.10.1981
Heiden, A.: *Mädchenmörder gesteht sechs weitere Morde.* Kölner Stadt-Anzeiger, 9.7.1976
Heiden, A.: *Versagt – da stach er zu – Mädchen-Mord auf dem Weg ins Kino.* Express, 11.7.1976
Heiden, A.: *Der Mörder schweigt – dann plaudert er.* Kölner Stadt-Anzeiger, 12.7.1976
Heiden, A.: *Kroll zählt einen Mord zuviel.* Kölner Stadt-Anzeiger, 13.7.1976
Heiden, A. / Redder, R.: *Kroll schwärmt von »netten Polizisten« – Ein Geständnis dauert tagelang.* Express, 16.7.1976
Heiden, A.: *Unschuldigen statt Kroll verurteilt?* Kölner Stadt-Anzeiger, 27.7.1976

Heiden, A.: *Wegen Schulden Mord gestanden.* Kölner Stadt-Anzeiger, 28.7.1976
Heiden, A.: *Unschuldige für Kroll eingesperrt.* Kölner Stadt-Anzeiger, 6.8.1976
Heiden, A.: *Nachts erzählt er von seinen Morden.* Abendzeitung, 12.10.1976
Heiden, A.: *Elf Morde: Kroll hat widerrufen.* Kölner Stadt-Anzeiger, 26.11.1976
Hentig, H., von: *Zur Psychologie der Einzeldelikte II – Der Mord.* Tübingen, 1956
Herlyn, W.: *»Dieser Mann ist kein Wolf im Schafspelz«.* Die Welt, 5.3.1982
Herlyn, W.: *Die große Angst vor dem kurzen Prozeß.* Die Welt, 9.3.1982
Herlyn, W.: *Fotografien beweisen Lücken im Gedächtnis von Kriminalbeamten.* Die Welt, 23.3.1982
Herlyn, W.: *Kroll-Verteidigung: Freispruch für den »Bruder Mitmensch«.* Die Welt, 27.3.1982
Herlyn, W.: *Kroll ist höchst gefährlich und darf nie mehr in Freiheit kommen.* Die Welt, 10.4.1982
Hinrichs, H.: *Der Fall Jürgen Bartsch.* Kriminalistik 1968, S. 306-310
Hinrichs, H.: *Die Verbrechen des Jürgen Bartsch.* Kriminalistik 1968, S. 116-120
Hipp. D.: *Die meisten Täter sind frei.* Der Spiegel, 20.10.2003
Hollweg, P. / Kistenfeger, H.: *Die schärfste Strafe.* Focus, 20.10.2003
Horn, A.: *Heiße Spur nach fast 14 Jahren?* Kölner Stadt-Anzeiger, 28.7.1976
Jamin, P. / Neikes, J. / Remplewski, E.: *Kripo: Das ist eines der größten Verbrechen der Nachkriegsgeschichte.* Westdeutsche Allgemeine Zeitung, 9.7.1976
Jamin P. / Neikes, J.: *Duisburger fühlte sich gehänselt und erstach ein Mädchen.* Westdeutsche Allgemeine Zeitung, 13.7.1976
Jamin P. / Neikes, J.: *Kroll gestand sechsten Mord – Kinder hatten Leiche entdeckt.* Westdeutsche Allgemeine Zeitung, 15.7.1976
Jamin P. / Neikes, J.: *Joachim Kroll führte sein »Opfer« beinahe liebevoll an den Tatort.* Westdeutsche Allgemeine Zeitung, 17.7.1976
Jamin P.: *Pflichtverteidiger: Kroll erhält die besten Gutachter.* Westdeutsche Allgemeine Zeitung, 20.7.1976
Jamin P. / Neikes, J.: *Nach längerer Pause gestand Kroll noch zwei weitere Morde.* Westdeutsche Allgemeine Zeitung, 27.7.1976
Jamin P. / Neikes, J.: *Kripo steht vor einem Rätsel: Auf Kroll paßt keine Schablone.* Westdeutsche Allgemeine Zeitung, 28.7.1976

Jamin P. / Neikes, J.: *Waschraumwärter Kroll gestand weitere Morde an einem Kind und einer Frau.* Westdeutsche Allgemeine Zeitung, 5.8.1976

Jamin, P. / Neikes, J.: *Kroll: »Ich wollte sehen, wie jemand ertrinkt«.* Westdeutsche Allgemeine Zeitung, 6.8.1976

Jamin, P.: *Kroll zur Kripo: »Zeigen Sie mir Tatorte«.* Westdeutsche Allgemeine Zeitung, 20.8.1976

Keller, I.: *Der freundliche Nachbar war plötzlich das Monster.* Kölner Stadt-Anzeiger, 2.10.1979

Keller, I.: *Kroll lehnte Verteidiger ab.* Kölner Stadt-Anzeiger, 5.10.1979

Keller, I.: *Mit neun Kindern in zwei Zimmern.* Kölner Stadt-Anzeiger, 12.10.1979

Keller, I.: *Erster Mord nach Tod der Mutter.* Kölner Stadt-Anzeiger, 19.10.1979

Keller, I.: *Kroll fand nie zu den Mädchen.* Kölner Stadt-Anzeiger, 27.10.1979

Keller, I.: *Kroll zu einem Geständnis bereit.* Kölner Stadt-Anzeiger, 10.11.1979

Koch, H. / Möller, A. / Henschke, H.: *»Ich sehe jede Nacht, wie Marion dem Kroll in die Arme läuft…«.* Bild, 5.10.1979

Köhler, O.: *Menschenfresser.* Stern, 22.7.1976

Krause, W.: *Ein Mord, für den der Falsche büßte?* Stern, 22.7.1982

Krieg, B.: *Kriminologie des Triebmörders.* Frankfurt a. M. 1996

Kubsch, E.: *Bleiben für den Mord an Jutta nur die Akten?* Düsseldorfer Nachrichten, 13.11.1971

Kusserow, R.: *Häufig nichts als fauler Zauber.* Stern, 6.5.1982

Lammers, F.: *Im Sexrausch das Opfer zerstückelt.* Rheinische Post, 5.7.1976

Lammers, F.: *Bei den Geständnissen bat er um Käsebrote.* Rheinische Post, 9.7.1976

Lammers, F.: *Kroll tötete vier Menschen.* Rheinische Post, 9.7.1976

Lammers, F.: *Weitere sechs Morde gestanden.* Rheinische Post, 9.7.1976

Lammers, F.: *Wie oft mordete er wirklich?* Rheinische Post, 10.7.1976

Lammers, F.: *Kroll wünschte sich Reibekuchen.* Rheinische Post, 12.7.1976

Lammers, F.: *Fünf Morde sind jetzt aufgeklärt, Krolls sechstes Opfer überlebte.* Rheinische Post, 13.7.1976

Lammers, F.: *Grausame Morde mahnen zur Aufklärung.* Rheinische Post, 13.7.1976

Lammers, F.: *Mit Pornoheften Kind angelockt.* Rheinische Post, 13.7.1976

Lammers, F.: *Kroll erwürgte Frau am Rhein.* Rheinische Post, 15.7.1976

Lammers, F.: *Kroll: »Sie hatte wunderbares Haar«.* Rheinische Post, 15.7.1976

Lammers, F.: *Kroll nannte auch am Tatort alle Einzelheiten.* Rheinische Post, 17.7.1976
Lammers, F.: *Kroll zeigte, wie er mordete.* Rheinische Post, 17.7.1976
Lammers, F.: *Er hat noch nicht alles gestanden.* Rheinische Post, 21.7.1976
Lammers, F.: *Keine neuen Geständnisse.* Rheinische Post, 22.7.1976
Lammers, F.: *Krolls Memoiren sind gefragt.* Rheinische Post, 24.7.1976
Lammers, F.: *Ein anderer büßte für Krolls Tat.* Rheinische Post, 27.7.1976
Lammers, F.: *Spuren verliefen damals im Sande.* Rheinische Post, 27.7.1976
Lammers, F.: *Präzise Aussagen.* Rheinische Post, 6.8.1976
Lammers, F.: *Wenn Kroll ins Blaue fuhr, suchte er Opfer.* Rheinische Post, 6.8.1976
Lammers, F.: *Mißtrauen nicht gerechtfertigt.* Rheinische Post, 12.10.1979
Lammers, F.: *Als die Katze kratzte, schlug Kroll kräftig zu.* Rheinische Post, 27.10.1979
Lammers, F.: *Angst vor Frauen.* Rheinische Post, 27.10.1979
Lammers, F.: *Kroll klagt über Kopfschmerzen.* Rheinische Post, 3.11.1979
Lammers, F.: *Im Kroll-Prozeß nun um einen neuen Fall.* Rheinische Post, 12.4.1980
Lammers, F.: *Eine höchst abnorme Person.* Rheinische Post, 17.2.1982
Lammers, F.: *Krolls Freund kam aus dem Knast.* Rheinische Post, 18.2.1982
Lammers, F.: *Noch mehr Morde nicht auszuschließen?* Rheinische Post, 18.2.1982
Lamprecht, P. / Wagner, J.: *Warum wurde Kroll zum Massenmörder?* Bild, 23.7.1976
Lösch, P. / Beranek, S.: *Der »Würger« Prigan.* Kriminalistik 1955, S. 201-205, 242-246, 294-297
Marriner, B.: *Kroll's Deep-Freeze.* Cannibalism, The Last Taboo, 1992
Mauz, G.: *Damit haben wir aber nichts zu tun!* Der Spiegel, 1.10.1981
Mauz, G.: *Gleichsam wie ein geschickter Jäger.* Der Spiegel, 19.4.1982
Meiser, T.: *Tatort Revier: Sexualmörder Kroll.* Die Tageszeitung, 3.12.1998
Meyer, A.: *Zum Kroll-Prozeß nur mit einer Einlasskarte.* Rheinische Post, 3.10.1979
Meyer, A.: *Blitzlicht-Gewitter über Joachim Kroll.* Rheinische Post, 5.10.1979
Meyer, A.: *Tod der Mutter nicht vergessen.* Rheinische Post, 19.10.1979
Meyer, A.: *Kroll kippte als Kind mit einer Fußbank um.* Rheinische Post, 26.10.1979
Meyer, A.: *Jemand will Kroll an die Kehle.* Rheinische Post, 10.11.1979
Meyer, A.: *Kroll hatte Angst vor einem Lügendetektor.* Rheinische Post, 17.11.1979

Meyer, A.: *Kroll will aus Angst unterschrieben haben.* Rheinische Post, 23.11.1979
Meyer, A.: *Marion nur noch für Joachim Kroll.* Rheinische Post, 24.11.1979
Meyer, A.: *Ein unauffälliger Mitbewohner im Hause.* Rheinische Post, 30.11.1979
Meyer, A.: *Spielte keinen Skat und trank kein Bier.* Rheinische Post, 1.12.1979
Meyer, A.: *Kindergroße Puppen saßen auf dem Bett.* Rheinische Post, 7.12.1979
Meyer, A.: *Kinder begeistert von »Onkel Jochen«.* Rheinische Post, 8.12.1979
Meyer, A.: *Ihr seid bloß scharf auf die Belohnung.* Rheinische Post, 14.12.1979
Meyer, A.: *Zwei Hauptkommissare schellten an der Tür.* Rheinische Post, 15.12.1979
Meyer, A.: *Joachim Kroll lebt nur noch von Brei.* Rheinische Post, 11.1.1980
Meyer, A.: *Vom Lügendetektor war nie die Rede.* Rheinische Post, 19.1.1980
Meyer, A.: *Wegen Kroll verging der Appetit auf Erbsensuppe.* Rheinische Post, 25.1.1980
Meyer, A.: *Kroll hatte Rasierklinge in der Hand.* Rheinische Post, 5.2.1980
Meyer, A.: *Kroll bat aus der Zelle Richter um Unterredung.* Rheinische Post, 9.2.1980
Meyer, A.: *Kroll-Prozeß geht in eine neue Phase.* Rheinische Post, 5.4.1980
Meyer, A.: *Der mehrfache Mörder.* Rheinische Post, 19.4.1980
Meyer, A.: *Kroll-Prozeß und kein Ende.* Rheinische Post, 26.4.1980
Meyer, A.: *Auf Juttas Schulweg.* Rheinische Post, 10.5.1980
Meyer, A.: *Gericht verhandelte unter Regenschirmen.* Rheinische Post, 31.5.1980
Meyer, A.: *Kripo im Fall Kroll.* Rheinische Post, 14.6.1980
Meyer, A.: *Rentner will Kroll im Wald gesehen haben.* Rheinische Post, 6.9.1980
Meyer, A.: *Kroll will in die Rente gehen.* Rheinische Post, 13.9.1980
Meyer, A.: *Vor vier Jahren zeigte Joachim Kroll den Tatort.* Rheinische Post, 27.9.1980
Meyer, A.: *Kroll-Prozeß heute ein Jahr alt.* Rheinische Post, 4.10.1980
Meyer, A.: *Kroll-Prozeß im Sommer zu Ende?* Rheinische Post, 28.2.1981
Meyer, A.: *Schwurgericht wickelt ein »Sparprogramm« ab.* Rheinische Post, 7.3.1981
Meyer, A.: *Im Kroll-Prozeß ist der »Wurm«.* Rheinische Post, 14.3.1981

Meyer, A.: *Krolls Raucherbein.* Rheinische Post, 21.3.1981
Meyer, A.: *Prozeß hat »Verspätung«.* Rheinische Post, 25.4.1981
Meyer, A.: *Sorgen um den Kroll-Prozeß.* Rheinische Post, 8.5.1981
Meyer, A.: *Fünf Gutachter und ein Mantel.* Rheinische Post, 23.5.1981
Meyer, A.: *Mädchen mit giftgrünem Schal.* Rheinische Post, 28.5.1981
Meyer, A.: *Kroll suchte nach einem Tannenwald.* Rheinische Post, 30.5.1981
Meyer, A.: *Das Mädchen mit der Schildkröte.* Rheinische Post, 4.6.1981
Meyer, A.: *Kroll bekam Reibekuchen.* Rheinische Post, 11.6.1981
Meyer, A.: *Kroll-Prozeß ist noch gut für Überraschungen.* Rheinische Post, 13.6.1981
Meyer, A.: *Überlebende auf dem Zeugenstuhl.* Rheinische Post, 27.6.1981
Meyer, A.: *Kroll tat wieder den Mund auf.* Rheinische Post, 1.7.1981
Meyer, A.: *Gegensätze bleiben.* Rheinische Post, 4.7.1981
Meyer, A.: *Mädchen im Kornfeld.* Rheinische Post, 8.7.1981
Meyer, A.: *Kind mit rotem Mantel.* Rheinische Post, 11.7.1981
Meyer, A.: *Schwurgericht mußte alte Wunden aufreißen.* Rheinische Post, 14.7.1981
Meyer, A.: *Das Mädchen lag im lichten Wald.* Rheinische Post, 18.7.1981
Meyer, A.: *Der Weg von der Kirmes in den Tod.* Rheinische Post, 25.7.1981
Meyer, A.: *Umarmung für Kripo-Kommissarin.* Rheinische Post, 5.9.1981
Meyer, A.: *Wochenendgespräch mit Joachim Kroll.* Rheinische Post, 12.9.1981
Meyer, A.: *Hauptkommissar als »Alleinunterhalter«.* Rheinische Post, 24.9.1981
Meyer, A.: *Verdächtiger nicht vernehmungsfähig.* Rheinische Post, 29.9.1981
Meyer, A.: *Schwurgericht tagte in einem Krankenhaus.* Rheinische Post, 14.10.1981
Meyer, A.: *Kroll mit Aggression und Abwehr.* Rheinische Post, 17.2.1982
Möller, A.: *Lebenslänglich! Reglos hörte der Kinderschlächter Kroll sein Urteil.* Bild, 10.4.1982
Müller, B.: *Joachim Kroll in die Seele geschaut.* Rheinische Post, 27.5.1980
Müller-Engstfeld, A.: *Immer wieder: Kind vermißt.* Neue Ruhr Zeitung, 21.6.1962
Neikes, J.: *Kind vom lieben Onkel ermordet.* Westdeutsche Allgemeine Zeitung, 5.7.1976
Neikes, J.: *Staatsanwaltschaft spricht von einem entsetzlichen Fall von Kannibalismus.* Westdeutsche Allgemeine Zeitung, 5.7.1976
Neikes, J.: *Ein Mensch – zu allem fähig ...* Westdeutsche Allgemeine Zeitung, 9.7.1976

Neikes, J.: *Geständnis im Flüsterton: Ich liebte nur Langhaarige.* Westdeutsche Allgemeine Zeitung, 9.7.1976
Neikes, J.: *Kripoleute tun alles, um »Achim« bei Laune zu halten.* Westdeutsche Allgemeine Zeitung, 12.7.1976
Neikes, J.: *Kripo schaltet auch DDR-Behörden ein.* Westdeutsche Allgemeine Zeitung, 12.7.1976
Neikes, J.: »*Da war doch noch, was war denn da. Ein Kind. Eine Frau*«. Westdeutsche Allgemeine Zeitung, 15.7.1976
Neikes, J.: *1961: »Panische Angst« im Süden.* Westdeutsche Allgemeine Zeitung, 15.7.1976
Neikes, J.: *Kripo steht vor einem Rätsel. Auf Kroll paßt keine Schablone.* Westdeutsche Allgemeine Zeitung, 20.7.1976
Neikes, J.: *Die Strecke des Jägers.* Stern, 27.9.1979
Neikes, J.: *Kittel oder Uniform.* Die Zeit, 29.1.1982
Neikes, J.: *Kroll hörte das Urteil ungerührt.* Kölner Stadt-Anzeiger, 10.4.1982
Pollheim, A. / Redder, R.: *Der 2. Liebhaber war ihr Mörder...* Express, 15.7.1976
Praschl, P.: *Die Menschen-Schlächter.* Stern, 29.9.1991
Redder, R.: *Morde ersetzten ihm Liebe.* Express, 9.7.1976
Redder, R. / Pollheim, A. / Neubauer, B.: *Sieben Morde. Grauenhafter als Bartsch.* Express, 9.7.1976
Redder, R. / Pollheim, A. / Neubauer, B.: *6 Mädchen: Der Schlächter von Duisburg war grausamer als Bartsch.* Express, 9.7.1976
Redder, R.: *Massenmörder trieb einen Unschuldigen in den Tod.* Express, 10.7.1976
Redder, R.: *Sie entkam dem Schlächter.* Express, 10.7.1976
Redder, R.: *Freundin beim Mörder gesucht.* Express, 12.7.1976
Redder, R.: *Der Kroll schlachtet auch Hunde und Katzen.* Express, 13.7.1976
Redder, R.: *28 Morde? Kroll weiß es nicht mehr.* Express, 13.7.1976
Redder, R.: *Zweimal hat der Mörder geweint.* Express, 14.7.1976
Redder, R.: *Lachend zeigte Kroll, wie er mordete.* Express, 17.7.1976
Redder, R.: *Für Krolls Morde büßten Unschuldige.* Express, 25.7.1976
Redder, R.: *Der Massenmörder ist verzweifelt.* Express, 19.9.1976
Redder, R.: *Kroll: Ich bin unschuldig!* Express, 13.8.1978
Reichert, L.: »*Ich wollte sehen, wie das Kind von innen aussieht*«. Neue Ruhr Zeitung, 9.7.1976
Reichert, L.: *Ließ Kroll elf Jahre kein Blut fließen?* Neue Ruhr Zeitung, 15.7.1976
Reichert, L.: *Am Tatort – Sanft und liebevoll – Noch eine Untat?* Neue Ruhr Zeitung, 17.7.1976

Reichert, L.: *Kroll gesteht Mord in Essen.* Neue Ruhr Zeitung, 27.7.1976
Reichert, L.: *Tötete Kroll auch Manuela?* Neue Ruhr Zeitung, 27.7.1976
Reichert, L.: *Vor seinem 7. Mord ging Kroll am See spazieren.* Neue Ruhr Zeitung, 27.7.1976
Reichert, L.: *»Ich wollte mal sehen, wie einer ertrinkt«.* Neue Ruhr Zeitung, 6.8.1976
Reichert, L.: *Kroll wird noch untersucht.* Neue Ruhr Zeitung, 19.11.1976
Reichert, L.: *Gutachter lassen sich viel Zeit mit Massenmörder Kroll.* Neue Ruhr Zeitung, 30.8.1977
Reichert, L.: *Wird Kroll niemals verurteilt?* Neue Ruhr Zeitung, 13.10.1978
Reinke, H.: *Angst vor dem Mädchenmörder.* Bild, 20.6.1962
Sabinski, P.: *Kroll tötete kleine Marion nach der fünften Begegnung.* Westdeutsche Allgemeine Zeitung, 16.11.1979
Sanders, H.: *Der Massenmörder Peter Kürten.* Archiv für Kriminologie Bd. 90, S. 55-82, 151-163
Schaeffer, M.-P.: *Mörder, die man nie vergißt.* Bild, 13.6.1990
Schroeder, K.: *Schwerst defekte Persönlichkeit.* Rheinische Post, 25.2.1982
Schulte, L.: *Verwirrspiel nach Kroll-Geständnis.* Rheinische Post, 12.8.1976
Schurr, P.: *Dieses kleine Mädchen erwürgt, zerstückelt und gekocht.* Bild, 5.7.1976
Seufert, M.: *Das Geständnis eines Versagers.* Stern, 22.7.1976
Sips, T.: *Duitse gruwelmoordenaar bekent nog zes moorden.* De Nieuwe Gazet, 12.7.1976
Süto, W.: *Huiveren over wat mens vermag.* De Volkskrant, 29.7.1994
Takx, F.: *In het spoor van de Wurger.* BLVD, Oktober 1994
Trunk, L.: *Das falsche Geständnis.* Stern, 21.2.1985
Ullers, W.: *Der Triebverbrecher und Raubmörder Pommerenke.* Polizei-Digest 1983, Heft 3, S. 10-15
Ullrich, W.: *Der Fall Rudolf Pleil und Genossen.* Archiv für Kriminologie Bd. 123, S. 36-44, 101-110
Uster, W.: *Ein Waldläufer mit Spürnase...* Neue Ruhr Zeitung, 18.8.1976
Wagemann, K.: *Die Mütter haben Angst um ihre Kinder.* Neue Ruhr Zeitung, 20.6.1962
Wagner, F.: *Hätte ich Kroll doch ersaufen lassen.* Bild, 15.7.1976
Wagner, F. / Lamprecht, P.: *Warum wurde Kroll zum Massenmörder?* Bild, 23.7.1976
Wehner-Davin, W.: *Rudolf Pleil, Totmacher a. D.* Kriminalistik 1985, S. 339-341
Welling, W.: *Nachbarssohn soll der Mörder der Schülerin sein.* Rheinische Post, 11.6.1970

Wennekes, F.: *Joachim Kroll bekende al acht moorden op meisjes.* Gazet Van Antwerpen, 13.7.1976

Wieschen, R.: *Kommt der Schlächter von Duisburg nie vor Gericht?* Express, 28.2.1977

Wiese, W.: *Ist Petra Giese auch Kroll-Opfer?* Rheinische Post, 28.3.1981

Wilson, C. / Seaman, D.: *Profile of a Serial Killer.* The Serial Killer, London 1992

Wilson, C. / Seaman, D.: *Kroll, Joachim. The Cannibal Killer.* Encyclopedia of Modern Murder, London 1983

Wilson, C.: *The Crime Explosion.* A Criminal History of Mankind, London 1984

Wimmer, W.: *Triebverbrecher – Tiger im Schafspelz.* Kriminalistik 1976, S. 241-248

Wüllenweber, H.: *Trotz Geständnis: Drei Morde Krolls fallen unter den Tisch.* Kölnische Rundschau, 13.10.1978

Wüllenweber, H.: *Muß Kroll für elf Morde nicht ins Gefängnis?* Neue Ruhr Zeitung, 28.12.1978

Ziegler, H.: *Verhör eines Mörders.* Rheinischer Merkur, 13.8.1976

Zimmermann, H.: *Kroll: Ekel vor den Frauen.* Welt am Sonntag, 11.7.1976

Zimmermann, H.: *Neu im Fall Kroll: Mord hängt auch vom Opfer ab.* Welt am Sonntag, 26.9.1976

Zimmermann, H.: *Er lebt, als sei nichts geschehen.* Hamburger Abendblatt, 2.10.1979

Zimmermann, H.: *Als er die Anklage hörte, verzog Joachim Kroll keine Miene.* Hamburger Abendblatt, 5.10.1979

Zimmermann, H.: *»Der sieht ja gar nicht aus wie ein Ungeheuer«.* Welt am Sonntag, 7.10.1979

Zizmann, O. / Gut, R.: *Der Triebverbrecher und Raubmörder Heinrich Pommerenke.* Kriminalistik 1961, S. 56ff., 89-92, 150-153, 185-189

Danksagung

Dieses Buch konnte nur entstehen, weil mir geholfen wurde. Ein besonders herzlicher Dank gilt meiner Verlobten Ilona Gantzek. Sie hat wieder und wieder meine Entwürfe gelesen, mich auf diesem langen und beschwerlichen Weg begleitet, korrigiert und kritisiert. Das war notwendig und hilfreich. Wir waren nicht immer einer Meinung. Aber der Diskurs war stets fruchtbar. Ilona hat wesentlich mehr geleistet, als ich hätte erwarten dürfen. Und sie hat es aus freien Stücken und mit Hingabe getan. Wie kann ich das nur wiedergutmachen!

Großen Dank schulde ich auch Leo Gantzek für seine Lektorentätigkeit. Er war immer dann zur Stelle, wenn ich seinen geschätzten Rat nötig hatte. Bedanken möchte ich mich auch bei Hildegard Adams, Detlev Fromm, Hans-Hermann Graber, Dorothea Hoss, Stefan Koppelmann, Daniela Leopold, Bärbel Sachs und Wolfgang Ullrich. Sie alle haben mich bei meinen Recherchen uneigennützig unterstützt. Auch den Verantwortlichen der Mannesmann Krupp Hüttenwerk und der Thyssen-Krupp Stahl AG sei an dieser Stelle für ihre Unterstützung gedankt. Gleiches gilt in besonderem Maße für all jene, die mir in zahlreichen Interviews zur Verfügung gestanden haben, aber aus nachvollziehbaren Gründen nicht genannt werden wollten. Ich werde mich an diese Vereinbarung halten.

Stephan Harbort